그림책
클래식
365

곁에 두고 매일 읽는
그림책 명작들

그림책
클래식
365

• 그림책사랑교사모임 지음 •

케렌시아

서문

아이들이 꼭 한 번은
만나길 바라는 그림책들

시대를 초월하는 '클래식' 같은 그림책

우리 아이들은 디지털 시대의 도래에 따라 많은 시각적 자극과 빠른 정보 전달에 노출되어 있다. 이로 인해 전통적인 문학과 그림책에 대해 흥미와 이해력이 저하되는 경향이 있다. 따라서 우리는 아이들에게 365권의 그림책의 명작들을 소개함으로써, 전통적인 문학과 그림의 아름다움을 경험하고 이해하는 기회를 제공하고자 했다.

좋은 그림책은 시대를 초월하여 아이들에게(그리고 어른들에게도) 꾸준한 관심과 사랑을 받는다. 이러한 작품들은 고전적인 테마와 가치관을 담고 있어 아이들의 성장과 교육에 긍정적인 영향을 미친다. 또한, 언어와 상상력이 향상하며, 문학적인 표현과 예술적인 감성을 계발하는 데도 큰 도움이 된다.

어린 자녀를 둔 부모라면 그림책을 읽히고 싶어 한다. 최근에 그림책에 관한 관심이 더욱 커졌지만, 그림책이 너무 많아 무엇을 선택해야 할지 어려워하는 사람이 많다. 수많은 그림책 중 어떤 책을 선택할지 고민될 때, 오랫동안 자녀 교육을 위한 지침서처럼 읽히고 있거나 전문가의 추천이 있는 그림책을 고른다면 만족스러운 선택이 될 수 있다.

그림책의 힘

친구와 싸웠을 때, 지루하고 심심할 때, 누군가가 자기 마음을 알아주지 않을 때, … 아이들의 마음은 하루에도 수십 번 요동친다. 이럴 때 그런 상황에 맞는 적절한 (그림)책은 때로는 아이에게 그 어떤 위로나 격려보다 큰 울림을 주기도 한다. 선생님이 무섭다고 느끼는 아이에게 『선생님은 몬스터』가 처방전이 되어주는 것처럼 말이다. 그림책을 통해서 친구와의 관계가 어려웠던 아이는 화해하는 방법을 배우고, 화가 많은 아이는 화를 조절하는 방법을 알게 된다. 그림책 덕분에 독서 습관이 생겼다며 스스로 대견해하는 아이도 있다. 그림책을 좋아하는 아이는 그림책 작가가 되는 것이 꿈이라며 그림책을 만들어보기도 한다. 그림책을 통해 누군가는 위로받고, 누군가는 꿈이 생긴다. 이런 게 그림책의 힘이 아닐까, 생각한다.

그림책은 아이들의 성장과 발달에 큰 영향을 미치는 동시에, 부모와 아이 사이의 소중한 소통 도구이다. 그림책은 아이들의 상상력과 창의력을 발달시키는 중요한 매체이며, 그림과 이야기를 통해 다양한 가치와 문화적인 경험을 전달하고, 언어와 감정 표현 능력을 성장시킨다.

그림책은 짧지만, 그 안에 담긴 내용은 방대하다. 보편적으로 아이를 위한 책이지만, 어른들을 위해 만들어진 책도 있다. 어떤 것은 그림으로만 이야기를 전달하기도 하지만, 대부분 그림과 글이 어우러져 이야기를 들려준다. 글이 없어도 그림책이 되지만, 그림이 없으면 그림책이라 할 수 없으니 그림책에서 '그림'은 필수적이고 절대적인 요소다.

지식과 정보를 담은 짧은 글과 그림으로 아이에게 과학적 지식을 쉽게 이해하게 도와주는 지식 전달 그림책도 있다. 이야기책은 그림과 흥미 있는 이야기를 통해 아이들에게 교훈을 주기도 하고 책 읽는 즐거움, 상상력, 창의력을 키워준다. 그림책은 다양한 주제와 장르를 다루어 아이들의 호기심과 관심을 자극하고, 언어 발달과 독서 습관 형성에 도움을 주는 등 아이들의 성장과 교육에 중요한 역할을 하는 문학적인 작품이다.

'클래식' 그림책의 기준

『그림책 클래식 365』는 아이에게 좋은 책을 건네고 싶은데 어떤 책을 아이에게 권해야 할지 몰라 헤매는 이들에게 도움이 되기를 바라는 마음으로 그림책 중 기본이 되는 그림책들을 몇 가지 기준을 세워 선정하였다.

첫째, 우리나라, 미국, 일본, 중국, 유럽 등 각국의 유명 그림책을 골고루 선정하였다. 오랜 역사를 가진 해외 그림책뿐만 아니라 짧은 기간에 비약적으로 성장한 우리나라 그림책까지 골고루 들어갈 수 있게 하였다.

둘째, 다작 작가의 그림책은 5권 미만으로 추천하였다. 한 작가만이 아닌 여러 작가의 다양한 그림책을 독자에게 소개하여 다양한 작가와 그림책을 두루 알리고자 하였다.

셋째, 최신간 그림책은 가급적 제외하되, 3년 미만의 출판 책이라도 객관적 근거가 있는 책은 추천하였다. 최신간이지만 주목할 가치가 인정된 작품은 빼지 않고 넣어 소개하고자 하였다.

넷째, 고전은 그 시대의 문화와 가치관을 대표하는 작품인 동시에 보편성을 지닌다. 따라서 시대를 관통하여 아이들에게 큰 영향을 주었고, 변함없는 가치를 간직한 그림책은 수상 여부와 별개로 선정하였다.

또한, 이 책에 수록된 그림책은 아동 문학의 발전에 큰 역할을 한 작품들이다. 혁신적인 스토리텔링 방식, 창의적인 일러스트레이션 기법, 아이들의 상상력과 교육적인 가치를 고려한 작품으로 뉴욕 타임스, 어린이도서연구회, 책따세 등 공신력 있는 국내외 기관의 추천 도서와 칼데콧, 볼로냐 라가치, 케이트 그린어웨이 등 전 세계적으로 권위 있는 상을 받은 작품이 다수 실려 있다. 이처럼 『그림책 클래식 365』의 목록은 현직에서 오랜 경력이 있는 사서 교사들이 보편타당한 기준에 부합하는 작품만 엄선하였기 때문에 믿고 선택해도 좋을 것이다.

그림책을 읽고 아이와 생각 나누기

그림책을 접하는 유아, 아동기는 전 생애를 비추어 보았을 때 비교적 짧은 기간이지만, 가장 많은 것을 배울 수 있는 황금기다. 아이들은 인간의 가장 기본적인 감정부터 사회를 함께 살아가는 방법을 배우며 성장한다. 『그림책 클래식 365』는 '아이들에게 각 상황에 어떻게 적절한 배움과 도움을 줄 수 있을까?'라는 사서 교사들의 질문에서 시작되었다.

아이작 뉴턴은 "왜 사과는 아래로 떨어지는 걸까?"라는 질문을 시작으로 해서 만유인력의 법칙을 발견하는 큰 성과를 거뒀다. 질문의 힘을 보여주는 대표적 사례이다. 스스로 묻고 생각할 줄 아는 사람은 어떤 위기가 닥쳐도 자기만의 답을 찾아 헤쳐 간다. 이 책에는 그림책을 소개하는 글과 함께 그림책을 매개로 아이와 대화를 나눌 수 있는 질문을 담았다. 질문으로 대화를 이어가면서 질문하는 힘을 기를 수 있을 것이다. 책의 내용을 확인하는 질문이 아닌, 아이의 사고를 확장하고 주제 접근을 도울 수 있게 구성하였다. 솔직한 생각이나 느낌으로 나누다 보면, 그림책으로 다른 사람과 소통하는 것이 좋다는 것을 느낄 수 있다. 그림책을 통해 진정한 나를 오롯이 만날 수 있고, 의미 있는 타자가 나를 지켜주는 안전기지의 멘토를 발견할 수 있다.

아이는 그림책을 읽으면서 상상의 나래를 펼치며 책 속으로 빠져든다. 이야기 속의 다양한 사건과 문제를 접하면서 아이들은 일상생활 속에서 겪을 수도 있는 어려움을 극복하고 스스로 해결하는 능력을 키운다. 자기와 타인을 이해하고 공감하는 마음도 자연히 커지게 된다. 여기에 소개하는 그림책으로 재미와 함께 마음과 생각의 크기를 키우는 기회를 얻어보면 좋겠다. 그림책을 아직 잘 모르는 부모와 일반 사람에게도 그림책의 매력과 가치를 전하며, 어린이들의 성장과 교육에 긍정적인 영향을 미칠 것이라고 믿는다.

차례

서문	······ 4
ㄱ - ㄴ	······ 9
ㄷ - ㅂ	······ 101
ㅅ - ㅇ	······ 189
ㅈ - ㅎ	······ 299
도서목록	······ 383

ㄱ - ㄴ

"책 속에도 바로 그렇게 달콤한 게 있단다."

『꿀벌나무』

001

다시 가드를 올리고

가드를 올리고

고정순 글·그림, 만만한책방, 2017

나의 가드를 올리고, 다시 일어나자

가드(guard)는 방어, 방패, 경비병 등을 뜻하는 영어 단어다. 격투기에서 자신을 보호하는 자세를 '가드'라 부른다. 책은 무엇인지 알 수 없는 줄과 함께 '산을 오른다'라는 글로 시작된다. 권투 글러브가 등장한다. 빨간색, 검은색 두 글러브가 서로 얽혀 있다.

힘겹게 일어나 다시 가드를 올리는 모습에 코끝이 찡해진다. 누군가에겐 승리의 시간이고 누군가에겐 패배의 시간이겠지만, 힘겹게 일어나는 누군가를 향해 응원가를 불러주고 싶다. 박수를 보내주고 싶다. 계속 맞서고, 계속 쓰러지고, 계속 일어서고… 끝날 것 같지 않을 시간이 흘러간다. 일어나는 일도, 주저앉아 그대로 있는 것도 나의 선택이다. 주저앉음이 조금 오래일 수는 있겠지만, 언젠가는 다시 일어서게 된다.

한차례 폭풍우가 지나가면 언제 그랬냐 싶게 평온함이 찾아온다. 폭풍우가 없는 삶은 없겠지만, 맞서고 또 맞서다 보면 나의 가드를 다시 들어 올릴 수 있지 않을까? 다시 가드를 올리는 모든 이에게 따뜻한 응원의 메시지를 보낸다.

> **아이와 생각을 나누는 질문**
> Q. 언제 '가드'가 필요한가요?
> Q. 힘들 때, 누구에게 어떤 말을 듣고 싶나요?

 한국일보 추천

#오른다 #길 #어디 #바람 #가드 #올린다

002

> 토끼는 테일러의 이야기를 가만히 들어주었어.

가만히 들어주었어

코리 도어펠드 글·그림, 신혜은 옮김,, 북뱅크, 2019

나는 누구가를 위로한 적이 있나요?

테일러는 공을 들여 새롭고 특별한 걸 만들었다. 그런데 새들이 날아와 무너져 버리고 만다. 절망에 빠진 테일러에게 여러 친구가 다가온다. 다들 어떻게 된 일인지 말하라고 재촉하며, 자기만의 방식으로 조언을 한다. 테일러는 아무것도, 아무 말도 하고 싶지 않다. 그때 토끼가 조심스레 다가와 옆을 지켜준다. 그러자 테일러는 어느새 마음의 문을 열게 된다.

사람들은 주변 친구가 슬플 때 힘이 되어 주고 싶어 한다. 각자 나름대로 상대방을 위로해주려 하지만 중요한 건 그들이 필요한 순간, 원하는 방식으로 돕는 것이다. 이 그림책은 '가만히 들어주는' 힘을 잘 보여준다. 섣부른 위로나 조언이 아니라 따뜻한 체온만으로도 누군가에게 얼마나 도움이 되는지를 보여준다. 오히려 그렇게 기다려주고 옆에 있어 주는 것이 더 큰 다정함일 수 있다는 걸 깨닫게 해 준다.

친구가 힘들어할 때 어떻게 해야 할지 고민하는 아이에게 도움이 된다. 비단 아이뿐만 아니라 어른에게도 현명한 인간관계 기술을 알려준다.

아이와 생각을 나누는 질문
Q. 나에게 위로가 된 말은 무엇이었나요?
Q. 함께 있는 것만으로도 힘이 되는 사람이 있나요?
Q. 나는 경청하고 위로하는 사람인가요? 아니면 방법을 찾아주는 사람인가요?

🏆 타임지 선정 BEST 10 어린이책, 2018 뉴욕 타임스 눈에 띄는 어린이책, 뉴욕 타임스 편집자 추천, 월스트리트 저널 최고의 어린이책, 인디 넥스트 리스트 선정 올해의책, 뉴욕공립도서관 선정 최고의 어린이책, 커커스 리뷰, 퍼블리셔스 위클리 최고의 책

#경청 #위로 #친구 #수용

003

아닌데, 오리들에게 옷 속에 든 깃털을 모두 주었기 때문인데.

감기 걸린 날

김동수 글·그림, 보림출판사, 2020

언제나 어디서든 상상력을 펼쳐 보세요!

눈이 내리던 어느 날, 아이는 엄마가 사주신 따뜻한 옷을 입어보고 삐죽 나온 오리털 하나를 발견한다. 이 오리털은 왜 삐져나왔을까? 고민하다 잠든 아이는 추위에 떠는 오리 무리를 만나 오리털을 하나씩 심어주고, 함께 신나게 노는 꿈을 꾼다. 꿈에서 깬 아이가 감기에 걸렸는데 엄마는 이불을 덮지 않아서라고 말하지만, 아이는 오리털을 나누어 주어서 감기에 걸렸다고 생각하며 지난밤 꿈을 회상해본다.

상상력은 엄청 대단한 것처럼 보이지만, 사실 우리의 사소한 일상에서 펼쳐진다. 아이들은 떨어지는 낙엽 하나에도, 위잉~ 시끄러운 청소기 소리에도 기발한 상상력을 발휘해 어른들을 깜짝 놀라게 한다. 주인공 아이가 오리털 옷을 입어보고 털을 빼앗긴 오리들을 떠올렸던 것처럼, 실제로 상상력이 풍부한 아이들은 여러 가지 상황을 가정해보고, 이해하려고 해보기도 한다. 매일 보는 풍경이나 물건들도 새로운 눈으로 다시 한번 바라보면, 마법처럼 재미있는 일이 가득 펼쳐질지도 모른다. 책을 읽고 나서 일상적인 물건들로 기발한 상상의 이야기를 지어보자. 아이들의 작은 상상력이 좀 더 자랐을지도 모른다.

아이와 생각을 나누는 질문
Q. 아이가 감기에 걸린 이유는 무엇인가요?
Q. 책상 위에 놓인 물건들로 상상해본 적이 있나요?

 2002 보림창작그림책 공모전 우수상, 어린이도서연구회 권장도서, 한겨레신문 '서천석의 내가 사랑한 그림책', 경기도학교도서관사서협의회 권장도서, 프랑크푸르트도서전 '한국의 그림책 100선'

#상상력

004 당장 나가!

감기 걸린 물고기
박정섭 글·그림, 사계절, 2016

팩트 체크가 필요해(거짓 소문에 휘둘리지 않으려면)

배고픈 아귀가 물고기를 잡아먹기 위해 거짓 소문을 퍼트린다. 물고기들은 의심 없이 소문을 믿어버린다. 빨간 물고기가 감기에 걸려서 빨간색이라는 소문이 돌자, 물고기들은 빨간 물고기에게 무리에서 나가라고 한다. 노란 물고기도 전염되었다고 소문을 내니, 노란 물고기도 배척당한다. 다음은 누가 될까? 내가 빨간 물고기라면 어떤 기분이었을까? 나라면 무리에서 '당장 나가'라고 하면 그냥 나왔을까? 아니면 거부하고 저항했을까? 시작부터 아이와 나눌 이야기가 많다.

사람은 감기에 걸리면 열이 나고, 콧물이 나고, 으슬으슬 춥기도 하다. "물고기도 감기에 걸려요? 열나면 물 속이니까 바로 온도가 내려가지 않아요?" 등 아이의 시선에서 궁금한 질문이 꼬리에 꼬리를 문다. 물고기들은 왜 의심하지 않고 그대로 믿었을까? 사실인지 거짓인지 확인하지 않은 소문은 누군가에게 상처가 될 수 있다는 것을 이야기 나눠보자.

사소한 소문에 물고기 무리 전체가 아귀에게 먹히는 모습을 보면서, 다양한 정보가 가득한 사회에서 정보의 옳고 그름을 가릴 줄 알아야 한다는 것을 아이와 이야기하기 좋은 책이다.

아이와 생각을 나누는 질문
Q. 만약 나라면 아귀의 말을 듣고 어떻게 했을까요?
Q. 소문으로 속상하고 힘들었던 경험이 있나요?

 2017 세종도서 우수도서, 2017 서울시 올해의 한 책, 열린어린이, 한국그림책 연감, 어린이도서연구회 추천

#소문 #감기 #의심 #불안 #따돌림 #물고기 #의도 #진실

005

"난 더러운 똥인데, 어떻게 착하게 살 수 있을까? 아무짝에도 쓸 수 없을 텐데……."

강아지똥

권정생 글, 정승각 그림, 길벗어린이, 1996

운명의 짝

강아지똥은 자신을 더럽고 아무 도움도 안 되는 쓸모없는 존재라고 생각한다. 그러다가 민들레 싹이 예쁜 꽃을 피우는 데 자신이 꼭 필요함을 알게 되고 온몸을 바쳐 거름이 된다. 강아지똥은 비에 잘게 부서져 땅속에 스며들고 민들레 뿌리로 모여들어 줄기를 타고 올라가 꽃봉오리를 맺게 된다. 비 내리는 날 강아지똥이 민들레를 안고 있는 모습에서 희생의 숭고함이 느껴진다.

세상에 쓸모없는 존재가 있을까? 보잘것없어 보여도 누군가에겐 도움이 된다. 어미 닭이 강아지똥을 '찌꺼기'라고 했지만, 강아지똥은 민들레꽃을 위해 자신을 희생하는 큰일을 했다. 혼자서는 하기 어려운 큰일을 다른 이들과 함께라면 힘들이지 않고 해낼 수 있다. 이 책은 세상의 모든 것을 쓸모 있음과 쓸모없음으로 나누는 것이 더 불필요한 일임을 알려주며, 우리가 하는 일에 높고 낮음이 없으며 경중을 가리지 말라고 말하고 있다. 책을 다 읽고 마지막 장을 넘기면 노란 민들레꽃이 활짝 피어 있다. 우리의 마음도 맑아진다. 이 작품은 연극과 음악, 발레, 애니메이션으로도 만들어져 다양한 형식으로 우리에게 깊은 감동을 주고 있다.

아이와 생각을 나누는 질문
Q. 다른 사람에게는 쓸모없지만, 나에게는 소중한 물건은 무엇인가요?
Q. 쓸모 있음과 쓸모없음의 기준은 무엇일까요?
Q. 소달구지 아저씨가 흙덩이를 소중하게 가져갈 때 흙덩이는 어떤 마음일까요?

 기독교아동문학상(1969), 초등 교과서 수록, 중학교 국어 교과서 수록

#희생 #헌신 #사랑 #나눔 #생명 #운명 #짝

006
공주는 이 세상 누구도 자기를 믿어 주지 않았을 때, 자기를 믿어 준 사람이었습니다.

개구리 왕자 그 뒷이야기

존 셰스카 글, 스티브 존슨 그림, 엄혜숙 옮김, 보림, 2000

곁에 있는 사람의 감사함

개구리 왕자의 패러디 동화다. 공주의 입맞춤을 받은 개구리가 사람으로 변하여 결혼을 한 후, 두 사람이 어떻게 살아가는지를 유쾌하게 그렸다. 공주와 개구리 왕자는 결혼 후 사사건건 부딪친다. 둘은 성격이 달랐고, 서로에 대한 마음도 식어 버렸다. 왕자는 급기야 다시 개구리가 되길 꿈꾸며 갖은 방법을 찾는데, 그 과정의 고난을 통해 서로의 소중함을 깨닫는다.

가족이나 친구, 연인이 옆에 있으면 함께 있어 즐겁지만, 함께 하기 때문에 괴롭기도 하다. 혼자면 더없이 편하겠다는 생각이 들 정도로 옆에 있는 사람이 힘들게 느껴질 때도 있다. 하지만 막상 상대가 사라지면 걱정이 되고 허전해진다. 상대의 빈 자리를 느끼게 되면 소중함을 깨닫지만, 일상으로 돌아오면 다시 또 부딪친다. 함께 하면 힘들고, 혼자 있으면 외롭다. 사회적 동물로 태어난 인간은 이런 모순 속에서 함께 살아갈 수밖에 없는 존재다.

가족과 주위 사람의 감사함을 가르쳐주는 그림책이다. 옆에 있어 주는 그들이 있기에 내가 존재한다는 걸 아이들과 나눠보면 좋다.

아이와 생각을 나누는 질문
Q. 우리 가족은 함께 할 때 어떤 모습인가요?
Q. 가족과 떨어져 본 경험이 있나요?
Q. 나에게 가족이 없다면 어떨까요?

 『냄새 고약한 치즈맨과 멍청한 이야기들』(1993) 칼데콧상 수상 작가

#사랑 #결혼 #가족 #권태로움

007

거리에 핀 꽃

존아노 로슨 기획, 시드니 스미스 그림, 국민서관, 2015

작고 평범한 것들의 소중함

표지에 빨간 후드티를 입은 아이가 손에 작은 꽃을 들고, 아빠의 손을 잡고 어디론가 가고 있다. 표지를 넘기면 우리가 어디선가 볼 만한 작은 꽃들이, 중간중간 보이는 작은 새들이 함께 어우러진 잔잔한 그림이 펼쳐진다.

아이는 모든 것을 관찰한다. 엄마도, 아빠도, 동생도, 하늘도, 꽃도, 새들도, 나무도, 사람도. 아이들의 관찰 대상이다. 그 눈에, 그 마음에, 그 생각에 무엇이 담길지는 아무도 모른다. 작은 것을 사랑하고, 작은 것에 감탄하고, 작은 것을 존중하는가?

아이에게 관찰의 시간을 주자. 그냥 두자. 하늘을 바라보게 하자. 아무것도 하지 않는 고요의 힘을 주어보자. 아이는 관찰한다. 그냥 본다. 그리고 생각한다. 어쩌면 거리에 핀 꽃이, 나뭇가지에 앉은 작은 새가, 오늘 유난히 푸른 하늘이 그 마음에 품어지지 않을까? 책을 읽고 나서 아이와 함께 동네를 돌아보면서, 거리를 거닐면서 길가에 핀 꽃을 관찰해보는 것도 좋겠다.

아이와 생각을 나누는 질문
Q. 동네를 돌아다니면서 오늘 무엇을 보았나요?
Q. 혹시 거리에 핀 꽃을 본 적이 있나요?
Q. 누구에게 꽃을 선물하고 싶나요?

2015 캐나다 총독 문학상 수상, 2015 뉴욕 타임스 선정 올해의 그림책, 행복한아침독서 추천

#글_없는_그림책 #빨간_후드티_아이 #거리에_핀_꽃 #다양한_거리_풍경 #관찰
#우리를_둘러싼_작은_꽃_작은_동물들_작은_아이들

008

"사람들은 나무를 잘라내고 불태우는 일을 계속하고 있어.
그래서 숲이 계속해서 줄어들고 있거든."

거인 사냥꾼을 조심하세요

콜린 맥노튼 글·그림, 전효선 옮김, 시공주니어, 1993

초록 거인이 마음 놓고 살 수 있는 지구를 위하여

초록 거인과 꼬마의 대화를 통해 자연보호에 대한 경각심을 불러일으키는 그림책이다. '숲의 거인'은 소년에게 아마존까지 오게 된 사연을 들려준다. 사람들이 숲을 개발하자 착한 거인들은 깊은 숲속으로 이주하지만, 나쁜 거인들은 가축과 사람들을 잡아먹는다. 화가 난 사람들은 거인들을 사냥하기 시작한다. 결국, 초록 거인은 숲에 남은 마지막 거인이 되었고 사냥꾼을 피해 아마존까지 오게 되었다. 자취를 감춘 거인들은 환경오염으로 몸살을 앓고 있는 자연을, 나쁜 거인은 결국 '환경의 역습'을, 거인 사냥꾼은 자연을 파괴하는 인간을 비유하고 있다.

무분별한 농약 살포와 각종 플라스틱 쓰레기, 지구온난화, 사막화와 가뭄, 대기오염, 미세먼지, 빙하 감소로 인한 해수면 상승은 투발루 같은 저지대 국가의 침수를 가져오는 등 인간이 일으킨 환경파괴와 기후 재앙은 결국 다시 돌아와 인간을 위협하고 있다. 작가는 우리가 지구를 물려받은 것이 아니라 후손에게서 빌려 쓰고 있는 것이라고 말한다. 아이와 함께 푸른 지구를 지키기 위해 무엇을 할 수 있을지 이야기 나누기에 좋은 책이다.

아이와 생각을 나누는 질문
Q. 내 행동 중에서 숲의 거인을 사냥하는 것과 같이 지구를 아프게 하는 것은 어떤 것이 있을까요?
Q. 환경보호를 위해 내가 실천할 수 있는 작은 일은 무엇이 있을까요?

어린이도서연구회 추천

#자연보호 #환경오염 #환경의_역습 #환경보호 #거인_사냥꾼 #초록_거인 #숲의_거인

009

"정원에 아름다운 꽃들이 정말 많구나. 그렇지만 아이들이야말로 가장 아름다운 꽃이야."

거인의 정원

오스카 와일드 글, 리트바 부틸라 그림, 민유리 옮김, 베틀북, 2014

드디어 봄이 온 거야

욕심 많은 거인은 자신의 정원에서 아이들이 노는 것을 금지한다. 아이들이 오지 않은 정원에는 봄도 오지 않는다. 어느 날 아이들이 몰래 들어오자, 봄이 되어 버린 정원에서 거인은 나무에 올라가지 못하고 울고 있는 아이를 발견한다. 거인은 그 아이를 나무에 올려준다. 그 후로 그 아이를 찾지 못했지만, 거인은 아이들이 뛰어노는 정원에서 천국을 발견한다.

요정이나 동식물 등 다양한 요소가 그림에 숨어 있어 책 읽는 즐거움을 준다. 정원은 거인의 것이지만, 진정한 정원은 아이들에 의해 완성되었다. 자신의 것이라고 해서 혼자 즐기기보다는 다른 사람과 나눌 때 진정한 행복을 얻는다는 것을 알게 한다. 시대를 초월한 아동문학의 고전이기도 한 작품인데, 예술성이 돋보이는 섬세한 표현으로 장면마다 자세히 들여다보게 한다. 작가가 일 년 동안 공을 들인 만큼 완성도가 높아 아이들에게 미술 작품을 감상하는 안목을 키워준다.

그림에 숨어 있는 작은 요정을 찾아 이야기를 만들어보거나, 장면마다 이야기를 만들어 하나로 엮어 보자. 장면 장면에서 끊임없이 질문하면서 읽을 수 있는 그림책으로 추천한다.

아이와 생각을 나누는 질문

Q. 거인이 나무 위에 올려준 아이를 그림으로 표현하지 않은 이유는 무엇일까요?
Q. 우리 집 봄은 누구를 쫓아서 집 안으로 들어왔을까요?
Q. 작가가 그림 속에 요정이나 동물들을 숨겨둔 이유는 무엇일까요?

🏆 행복한아침독서 추천, 초등 교과서 수록

#나누는_삶 #거인 #아이 #정원 #겨울 #봄 #나무

010

> 아니, 거짓말 같은
> 우리의 진짜 이야기란다.

거짓말 같은 이야기

강경수 글·그림, 시공주니어, 2011

지구촌 한구석에서 울고 있는 어린이들

각 나라 어린이가 각자 자기를 소개하는 논픽션 방식의 그림책이다. 간결한 드로잉과 색감이 있는 콜라주 기법으로 표현한 그림이 독자의 시선을 집중시킨다. 대한민국에서 사는 솔이의 꿈은 화가다. 자신이 그린 그림을 벽에 붙이고 그림을 그리는 모습은 개구쟁이 소년의 모습이다. 그러나 다음에 나오는 각 나라 어린이의 모습은 가슴을 아프게 한다. 배고픈 동생을 위해 매일 무거운 석탄을 지하갱도에서 실어 나르는 키르기스스탄의 하산, 말라리아에 걸려 무덤 사이에서 죽음을 기다리는 우간다의 키잠부, 총을 들고 전쟁터로 내몰리는 콩고의 칼라미 등 초점을 잃어버린 어린이들이 등장한다. 자신이 선택할 수 없는 여러 상황 속에서 그저 하루하루를 살아내는 어린이들의 이야기가 거짓말이기를 바라는 마음이 담긴 말로 이야기가 끝이 난다.

기본적인 인권조차 누리지 못하는 여러 나라 어린이의 현실을 보여주고 있어 페이지를 넘길 때마다 어린이들의 슬픔과 아픔이 느껴진다. 이런 아이들을 돕는 방법에는 어떤 것이 있는지 함께 생각해보고, 기부와 후원에 관해서도 이야기해보고 실천해보자.

아이와 생각을 나누는 질문
Q. 어른들이 일으킨 전쟁 때문에 총과 칼을 들고 전쟁터로 내몰린 어린이들의 마음은 어떨까요?
Q. 우리나라에서도 아동 인권의 보호를 받지 못하는 얘기를 들은 적이 있나요?

🏆 2011 볼로냐 국제어린이도서전 논픽션 부문 라가치상, 국립어린이청소년도서관 사서 추천, 한국출판문화산업진흥원 청소년 추천도서, 행복한아침독서 추천, 그림책박물관 추천, 2021년 그림책 BASIC 추천

#아동_인권 #불평등 #관심 #나눔 #기아 #논픽션

011

괜찮아! 펑, 나도 그래! 펑,
할 수 있어! 펑, 잘 될거야! 펑!

걱정 상자

조미자 글·그림, 봄개울, 2019

걱정을 날려 버리는 방법

도마뱀 주주는 걱정에 둘러싸여 지낸다. "걱정이 많아서 걱정이고, 그러다 보면 또 걱정이고……." 주주의 걱정을 덜어주기 위해 호랑이 호가 나섰다. 호는 주주에게 커다란 상자를 보여주며 거기에 걱정을 모두 담으라고 말한다. 건넨 상자보다 걱정이 산더미처럼 많아서 호도 놀란다. 이때 호는 새총에 주주의 걱정 상자를 날려 보낸다.

걱정이라는 우울한 감정을 다루었지만, 재기발랄한 캐릭터들이 재미있게 이야기를 끌어 나간다. 자녀가 무언가로 걱정하고 있다면, 어떤 방법으로 걱정을 날릴 수 있을까 이야기를 나누어 볼 수 있다. 걱정 많은 주주와 다정한 호, 유쾌한 부를 통해서 서로 다른 친구들의 걱정 해결법을 이야기한다. 자녀가 시무룩할 때 이 그림책으로 한바탕 웃어볼 수 있다. 걱정을 찌그러트리는 모습에 웃음이 난다. 지금 걱정이 있다면 상자에 걱정을 넣어보자. 가족과 함께 상자에 털썩! 앉아서 잠시 쉬어가도 좋다. 지금 내 걱정을 아무것도 아닌 것으로 만들 수 있는 신기한 그림책으로 어른이 읽어도 좋다.

아이와 생각을 나누는 질문
Q. 지금 나의 걱정은 무엇인가요?
Q. 그 걱정을 어떻게 해결할 수 있을까요?
Q. 내가 부라면, 마지막 남은 걱정 상자를 어떻게 해결할 건가요?

행복한아침독서 추천

#아동_인권 #불평등 #관심 #나눔 #기아 #논픽션

012

*"참 재미있는 상상이로구나.
그건 네가 바보 같아서 그런 게 아니란다, 아가야."*

겁쟁이 빌리

앤서니 브라운 저, 비룡소, 2006

걱정이 많아서 걱정이에요!

언제나 걱정이 가득한 아이 빌리의 이야기다. 과테말라 인디언들에게 전해 내려오는 걱정 인형을 소재로 한 이 책은 걱정 인형의 옷처럼 알록달록 화사해서 눈이 즐겁다. 빌리의 지나친 걱정은 사라질 수 있을까?

빌리에게는 세상이 온통 걱정거리뿐이다. 할머니는 아이의 감정을 있는 그대로 수용해주면서 오래전부터 전해 내려온 걱정 인형으로 빌리의 걱정을 덜어준다. 아이는 꿈과 현실을 잘 구별하지 못한다. 또한, 상상력이 풍부한 아이들은 세상을 걱정거리의 공간으로 생각하기도 한다. 기발하고 유쾌한 상상력으로 동심을 꿰뚫어 볼 수 있다. 걱정을 떠안은 걱정 인형이 걱정되어 걱정 인형을 위한 인형을 만들겠다는 빌리의 깜찍한 발상은 웃음을 자아낸다. 결국, 문제를 해결한 사람은 빌리 자신임을 보여줌으로 아이에게는 자신의 문제를 스스로 해결할 내적 힘과 능력이 있다는 것을 일깨워준다.

이 책은 색깔의 변화로 아이의 감정변화를 살펴볼 수 있는 불안한 마음과 심리를 전달해준다. 표지가 본문에 나오는 걱정 인형 옷과 같은 무늬라는 것을 알게 될 때 한층 더 흥미롭다.

아이와 생각을 나누는 질문
Q. 어떤 사람을 겁쟁이라고 할까요?
Q. 겁쟁이 빌리에게 어떤 말을 해주고 싶나요?
Q. 내 걱정을 잘 들어주고 이해해주는 사람은 누구인가요?

 한스 크리스티안 안데르센상

#불안 #상상력 #배려 #동심 #유머 #안전기지

013

"많이많이 먹고 얼른 아빠처럼 되고 싶어요."

고 녀석 맛있겠다

미야니시 타츠야 글·그림, 백승인 옮김, 달리, 2004

자녀가 부모에게 주는 사랑

초식 공룡 안킬로사우루스는 알에서 태어나자마자 처음 본 포악한 육식 공룡 티라노사우루스를 굉장히 멋지고 대단한 아빠라고 여기며 따른다. 아빠가 아이에게 지어준 '맛있겠다'라는 황당한 이름에서 웃음이 터지면서, 책 제목인 '고 녀석 맛있겠다'의 의미를 알게 된다.

내리사랑은 있어도 치사랑은 어렵다고 한다. 안킬로사우루스가 아빠를 위해 위험을 무릅쓰고 멀리까지 가서 딴 빨간 열매는 자식이 부모에게 보내는 사랑이다. 빨간 열매를 통해 내리사랑뿐만 아니라 치사랑도 얼마나 크고 아름다운지 느끼게 된다. 아이들은 아직 작고 나약하지만, 부모를 기쁘게 할 수 있는 일은 크고 대단한 것이 아니라 일상 속 작은 것이라는 것을 깨닫는다.

사랑을 표현하고 부모의 가르침을 긍정적으로 받아들이는 아이에게 칭찬만큼 힘이 되는 건 없다. 그래서 아이의 작은 도움이나 잘한 행동을 칭찬하여 자존감을 심어주는 것이 중요하다. 그렇게 어른으로부터 사랑을 배운 아이는 주변 사람들에게도 따뜻한 마음을 나누는 다정한 사람으로 성장한다. 부모를 향한 아이들의 치사랑을 통해 가슴 벅찬 행복을 느끼게 해주는 책이다.

아이와 생각을 나누는 질문
Q. 안킬로사우루스처럼 부모님에게 어떤 음식을 주고 싶나요?
Q. 안킬로사우루스를 떠나보내는 티라노사우루스의 마음은 어떨까요?

🏆 그림책박물관 추천, 꿈꾸는도서관 추천, 어린이도서연구회 추천, 2011 조선일보 Books 북Zine 추천, 한겨레신문 '서천석의 내가 사랑한 그림책'

#다양한_가족 #공룡 #치사랑 #자존감

014 한나는 고릴라를 무척 좋아했어.

고릴라

앤터니 브라운 글·그림, 장은수 옮김, 비룡소, 1998

다양한 상징과 의미로 가족의 소통을 이야기하는 책

앤서니 브라운은 고릴라를 작품에 자주 등장시키는데 작가의 작품 중 최초로 고릴라가 등장한 책이다. 주인공 한나는 항상 바쁘고, 딸에게 무관심한 아빠 때문에 외롭다. 딸과 눈도 잘 마주치지 않는 아빠는 차가운 푸른색 계열로, 한나는 동심을 상징하듯 빨간색, 파란색, 노란색 등 밝고 경쾌한 색으로 되어 있다. 고릴라를 좋아하는 한나와 동물원에 가기로 한 약속을 어긴 아빠는 딸의 생일선물로 고릴라 인형을 선물하지만 실망한 한나는 선물을 구석에 치워버린다. 한나는 그날 밤 실제 살아 움직이는, 아빠만큼 커다란 고릴라로 변한 인형과 동물원, 극장 등에서 멋진 시간을 보낸다. 다음 날 아침, 한나처럼 유채색의 파란 청바지와 빨간 스웨터를 입은 아빠가 동물원에 가자고 제의한다.

바지 뒷주머니에 바나나를 꽂은 사람은 아빠로 변한 고릴라일까, 아니면 한나가 아직도 꿈을 꾸는 것일까? 함께 손을 잡고 걸어가는 뒷모습으로는 아빠인지 고릴라인지 분간할 수 없다. 하나밖에 없는 가족인 아빠와 소통하지 못했던 한나가 아빠와 화해하는 내용으로 아이의 상상력을 자극하는 책이다.

아이와 생각을 나누는 질문
Q. 한나는 고릴라를 좋아합니다. 내가 좋아하는 동물은 무엇인가요?
Q. 한나는 좋아하는 고릴라를 보기 위해 동물원에 가고 싶어 합니다. 내가 가족과 함께 가고 싶은 곳은 어디인가요?

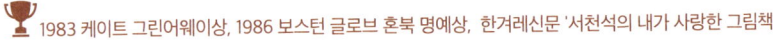 1983 케이트 그린어웨이상, 1986 보스턴 글로브 혼북 명예상, 한겨레신문 '서천석의 내가 사랑한 그림책'

#고릴라 #아빠 #가족 #동물원 #소통

015

"넌 읽을 수 있어, 틀림없어."

고맙습니다, 선생님

패트리샤 폴라코 글·그림, 서애경 옮김, 미래엔아이세움, 2001

선생님과 함께 얻은 지식의 달콤함!

작가에게 지식의 맛을 알려준 실제 선생님의 이야기를 담고 있다. 난독증이 있던 주인공 트리샤는 5학년이 될 때까지 글을 읽지 못해 친구들에게 놀림을 받는다. 트리샤가 전학 간 학교에서 만난 폴커 선생님은 글을 읽지 못하는 트리샤에게 글을 알려주고 용기를 준다. 날마다 수업이 끝나면 트리샤와 폴커 선생님은 남아 글을 읽는 연습을 한다. 결국 선생님의 노력과 도움, 트리샤의 꾸준한 노력이 빛을 발해 마침내 글을 읽을 수 있게 된다.

지식의 맛을 느끼게 되는 순간은 달콤하지만, 그 달콤한 맛을 느끼기 위해 치러야 하는 노력의 과정은 지치고 쓰디쓰다. 지식을 얻는 힘들고 쓴 과정에서 늘 우리 곁에 있어 주는 존재는 선생님이다. 선생님은 지식을 쉽게 얻고 이해할 수 있도록 도와주기도 하고, 힘든 배움의 과정에서 든든한 버팀목이 되어 주기도 한다. 선생님과 함께하며 힘든 과정을 건너 지식을 얻었을 때 그 지식은 말로 표현할 수 없는 달콤함으로 다가온다. 이 그림책을 통해 그동안 당연하게 여긴 선생님의 존재를 떠올리며 감사할 수 있을 것이다.

아이와 생각을 나누는 질문
Q. 할아버지가 책 표지에 꿀을 끼얹어 트리샤에게 맛보게 한 이유는 무엇일까요?
Q. 에릭은 왜 트리샤를 계속 놀리며 괴롭혔을까요?
Q. 하지 못할 것이라고 생각했지만, 노력하여 이루어낸 경험이 있나요?

 그림책박물관 추천, 2021 '그림책 BASIC' 추천, 한겨레신문 '서천석의 내가 사랑한 그림책'

#선생님 #학습 #독서 #극복 #성장

016

"요호! 나는 고슴도치야."

고슴도치 X(고슴도치 엑스)

노인경 글·그림, 문학동네, 2014

나의 '가시'를 찾아 떠나보자

고슴도치들이 살아가는 도시 '올'은 고슴도치의 필수조건이라 할 수 있는 '가시'에 대한 규칙이 엄격하여 부드러운 가시를 유지하도록 강요한다. 학교의 규칙도, 도서관의 책도 온통 '가시를 부드럽게 하는 착한 아이'와 관련된 것뿐이다. 주인공 엑스는 뾰족한 가시로 동물들을 도운 고슴도치 이야기책을 도서관에서 우연히 발견하고, '부드러운 가시'에 대해 의문을 품게 된다.

이 책에서 '가시'가 뜻하는 것은 무엇일까? 다른 동물들에게는 없지만 고슴도치의 특징인 '개성'일 수도 있고, '착한 아이'가 되기를 강조하는 사회에 저항하는 마음일 수도 있다. 다양한 해석이 있을 수 있지만, 결국 '가시'는 자기 정체성을 의미할 것이다. 이 책은 사회가 강요하는 규칙이나 착한 아이이길 바라는 누군가의 기대에 부응하기보다 '나다움'을 알고, 그 가치를 우선순위에 둘 때 진정한 행복을 찾을 수 있다고 이야기한다.

아이가 걷게 될 '나만의 길'은 엑스가 도착한 숲처럼 축축하지만 보드럽고, 낯설지만 자유로운 곳일 것이다. 진정한 행복을 찾기 위해 첫발을 떼려는 아이에게 용기를 심어줄 수 있을 것이다.

아이와 생각을 나누는 질문
Q. 엑스가 도서관에서 발견한 '꽁꽁 싸맨 책'은 어떤 내용일까요?(책을 읽는 중간에 질문해주세요)
Q. 내가 갖고 있는 '가시'는 무엇인가요?

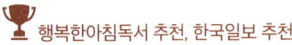
행복한아침독서 추천, 한국일보 추천

#나다움 #착한_아이란? #개성 #나 #응원 #기대 #행복

017

> 그 누구도 아이를 자기 것으로 만들 수는 없어요.

고슴도치 아이

카타지나 코토프스카 글·그림, 최성은 옮김, 보림출판사, 2005

진정한 사랑이 필요한 아이

여자와 남자는 앞으로 태어날 소중한 아이를 기다린다. 하지만 아이는 오지 않는다. 둘은 다른 방법으로 아이를 찾아 나선다. 아이를 원하는 간절함이 고슴도치 아이와 만나게 한다. 부부의 사랑으로 아이의 가시가 하나씩 사라지면서 하나의 가족이 완성된다.

이 책은 작가의 실화를 바탕으로 입양이라는 과정을 통해 아이를 만나고 아이가 독립하기까지를 담담한 어투로 말하고 있다. 입양 전 아이를 만나기 전에 부모로서 준비가 되었는지, 아이를 어떤 마음으로 키울 것인지를 충분히 생각해야 한다는 것도 알려준다. 충분히 준비되었다고 생각했지만, 힘든 과정이 있을 수 있음을 암시한다. 어른이 되었다고 모두 훌륭한 부모가 되는 것은 아니다. 부모도 가족이 되는 과정을 통해 진정한 사랑을 배운다.

아이는 가족의 의미를 생각해볼 수 있다. 혈연관계가 아니더라도 가족이 될 수 있다는 것을 자연스럽게 받아들이고 가족에는 다양한 형태가 있음을 알게 된다. 그리고 진정한 사랑과 신뢰로 가시가 떨어져 나가는 과정을 통해 하나의 가족이 완성되는 것을 보면서 자신도 사랑으로 귀하게 키워졌음을 알게 될 것이다.

아이와 생각을 나누는 질문
Q. 가시 돋친 마음으로 다른 사람의 마음을 아프게 한 경험이 있나요? 그때의 기분은 어땠나요?
Q. 부모님께 가장 감사함을 느낀 순간은 언제였나요?

국제아동도서협의회(IBBY) 추천, 폴란드 어린이인권보호위원회 선정 최우수 도서, 국제아동도서협의회 폴란드 지부 선정 올해의책, 폴란드 최대 일간지 <가제타 비보르차> 선정 올해의책

#입양 #가족 #사랑 #가시 #경계심 #부모 #진심 #고슴도치

018

"고양이처럼 몸을 크게 부풀리고 마음도 크게 부풀려.
어떤 것도 겁나지 않을 만큼.
그리고 이제 밖으로 나가는 거야!"

고양이는 나만 따라 해

권윤덕 글·그림, 창비, 2005

고양이처럼 당당하게 용기를 내보자

고양이랑 집안에서만 놀던 아이가 용기를 내어 세상 밖으로 나가 친구들을 사귀는 내용으로 고양이는 그냥 반려동물이 아니라 아이의 외로움을 달래주고 세상 밖으로 인도하는 다리 역할을 한다. 전통적인 민화 기법의 화려한 오방색을 사용해 삽화는 집안을 환상적인 공간으로 탈바꿈시킨다.

고양이는 아이의 유일한 친구다. 둘이 놀다가 심심해서 바라본 창밖에는 아이들이 신나게 놀고 있다. 엄마를 기다리다가 무서워 이불 속에 숨던 아이가 고양이를 따라 하기로 마음을 바꾼 순간 아이의 눈은 고양이 눈으로 바뀐다. 어떤 것도 겁나지 않을 만큼 몸도 마음도 크게 부풀리고는 밖으로 나간다. 두 주먹을 맞대고 당당하게 선 아이와 고양이의 기에 눌렸는지 아이들은 화분 뒤에 숨어서 조심스럽게 살핀다. 그리고는 어느새 다 같이 신나게 뛰어논다. 아이에게 친구는 고양이밖에 없었는데 이제는 새로운 친구가 생겼다.

친구를 사귀는 것과 도전하는 것을 어려워하는 아이들이 있다. 세상 밖으로 나가 당당하게 서 있는 고양이와 아이의 모습을 보는 것만으로도 세상을 대면할 용기와 할 수 있다는 자신감이 생길 것이다.

아이와 생각을 나누는 질문
Q. 친구를 사귀기 위해 용기를 낸 일이 있었나요? 어떤 방법을 썼나요?
Q. 좋은 친구를 사귀는 것도 좋지만, 내가 먼저 좋은 친구가 되어주면 더욱 좋겠지요. 좋은 친구가 되어주기 위해 어떤 노력을 해보았나요?

🏆 행복한아침독서 추천, 한겨레신문 '서천석의 내가 사랑한 그림책'

#친구_사귀기 #용기 #도전 #고양이

019

"아가야, 미안해."

고함쟁이 엄마

유타 바우어 글·그림, 이현정 옮김, 비룡소, 2005

사랑해, 미안해

엄마 펭귄의 눈꼬리는 올라가고 목젖은 날이 서고 머리카락은 뻣뻣하게 하늘을 향한다. '내가 뭘 잘못했지?' 아기 펭귄은 영문도 모른 채 몸을 부르르 떤다. 온몸이 흩어져 날아가 버리고 오직 두 발만 남은 아기 펭귄은 엄마의 차가운 소리에 심장이 얼얼하다. 마음은 상처받아 조각났다. 두 발로 몸을 찾으며 걷다가 사막에 도착한 아기 펭귄, 엄마를 만날 것이라고 생각했을까? 읽는 이로 하여금 불안함이 허공을 맴돌 때, 엄마 펭귄의 "아가야, 미안해"라는 말에 독자는 불안한 마음이 다소 누그러진다.

이 책은 엄마의 '소리 지름'이 아이와 엄마에게 어떤 아픔과 상처로 남게 되는지를 알게 해준다. 아이와 함께 읽으면서 언제 화가 나는지, 그 화를 어떻게 가라앉히면 좋을지 이야기해보면 좋겠다. 우리는 저마다 가슴에 기쁨만큼 아픔을 차곡차곡 쌓아둔다. 야단치는 엄마 때문에 힘겨운 아이가 이 책을 읽고 엄마의 사랑을 확인하여 상처가 치유되고 행복하기를 기대해본다. "사랑해", "미안해"라는 두 가지 말은 화를 가라앉힐 마법의 말이다. 꼭 기억하자.

아이와 생각을 나누는 질문

Q. 엄마에게 혼이 났을 때 어떤 기분이었나요?
Q. 엄마 펭귄이 "아가야, 미안해"라고 말했어요. 내가 만약 아기 펭귄이라면 엄마에게 뭐라고 말하고 싶나요?

🏆 '독일의 가장 아름다운 책' 선정, 2010 한스 크리스티안 안데르센상, 독일 아동청소년 문학상

#펭귄 #엄마 #아가 #고함소리 #사과 #사랑

020

> 곰 잡으러 간단다.
> 큰 곰 잡으로 간단다.

곰 사냥을 떠나자

마이클 로젠 글, 헬린 옥슨버리 그림, 공경희 옮김, 시공주니어, 1994

가족과 함께라면 두려울 게 없다

반복되는 문장과 글의 구조를 통해 언어의 맛을 느끼게 하는 그림책이다. 간결하게 반복되는 문장은 온 가족이 호기롭게 곰 사냥을 떠나는 모습을 신나게 표현한다. 운율감이 느껴지는 문장에 음을 얹혀 읽으면, 입에 착착 감기는 리듬감이 책 읽기에 자신감을 불어넣는다. 사냥길에서 풀잎, 강물, 진흙탕, 숲, 눈보라를 만난다. 나아가는 길에 놓인 장애물을 지날 때, 나는 소리를 같은 글의 구조에 넣어 의성어로 표현한다. 어려움을 이기고 거침없이 헤치고 나아가는 장면이 생동감 넘치게 느껴진다. 그리고 어려움을 만나는 장면에서는 흑백으로, 용기를 내어 지나가는 장면에서는 유채색으로 표현하여 더욱 신난다.

막상 동굴에서 곰과 마주치니 가족은 온 힘을 다해 왔던 길을 되짚어 줄행랑을 친다. 집 안으로 도망친 가족은 힘을 합쳐 곰에 맞서 현관문을 닫는다. 그리곤 침대 이불로 들어간다. 곰이 쫓아 오는 긴박한 상황에서 안도감을 주는 장면의 전환은 가족이, 집이 안전한 기지임을 알게 한다. 그리고 가족이 함께하면 그 어떤 어려움도 극복하지 못할 것은 없다는 것을 느끼게 한다.

아이와 생각을 나누는 질문

Q. 곰 사냥을 떠날 때 지나갈 수 있는 또 다른 장소는 어디가 있을까요?
Q. 위 질문에서 답한 장소를 지날 때는 어떤 흉내 내는 말을 쓸 수 있을까요?

EBS 당신의 문해력 말놀이 추천, 1989 스마티즈상

#의성어 #의태어 #흉내_내는_말 #가족 #집 #안전기지 #모험 #용기

021

> 바로 그 순간, 톱밥과 스펀지로만 가득 채워진 워셔블의 가슴이 온통 따뜻한 기운으로 가득 차기 시작했어요.

곰돌이 워셔블의 여행

미하엘 엔데 글, 코르넬리아 하스 그림, 유혜자 옮김, 보물창고, 2015

살아가는 이유

귀여운 곰돌이 인형인 워셔블은 오래되어 낡았고 놀아주는 이가 없어 늘 소파 구석에 앉아 있다. 어느 날 파리의 "왜 사니?"라는 한마디에 깊이 고민하다 해답을 찾기 위해 여행을 떠난다. 만나는 동물들은 자기만의 이유를 갖고 살아가고 있다. 워셔블은 자기와 처지가 같은 소녀를 만나 안도와 행복을 느낀다. '뭐 하러 사냐'면서 워셔블을 놀리던 파리는 '찰싹!'하는 소리와 함께 사라져 버린다.

워셔블이 삶의 이유를 고민하듯이 독자도 '왜 사니?'를 진지하게 고민하게 한다. 워셔블의 가슴을 따뜻하게 해준 이는 다름 아닌 처지가 비슷한 소녀였다. 우리는 누군가에게 필요한 존재가 된다는 것만으로도 행복함을 느낀다. 소녀와 워셔블은 서로에게 좋은 에너지를 주면서 행복하게 살 것이다.

아이들은 자라면서 많은 친구를 만난다. 서로 곁에 있기만 해도 좋은 친구를 만드는 건 중요하다. 삶의 이유를 묻는 말에 스스로 답할 수 있다면, 자기 자신뿐만 아니라 다른 사람에게도 좋은 영향을 주는 관계를 맺을 수 있을 것이다.

아이와 생각을 나누는 질문
Q. 워셔블처럼 오래되어 지금은 가지고 놀지 않는 인형이나 장난감의 마음은 어떨까요?
Q. 내가 존재한다는 것만으로도 행복함을 느끼는 사람은 누구일까요?
Q. 누군가 나에게 "왜 사니?"라고 묻는다면 무엇이라고 말할 건가요?

🏆 초등 국어 교과서 수록, 국립어린이청소년도서관 사서 추천

#철학동화 #삶의_이유 #곰돌이 #생각거리

022

그럼 누구의 팬티일까요?

곰돌이 팬티
투페라 투페라 글·그림, 김미대 옮김, 북극곰, 2014

팬티 입은 그림책

팬티를 잃어버린 하얀 곰돌이는 생쥐와 함께 팬티를 찾아다닌다. 화려한 줄무늬 팬티, 먹을 게 잔뜩 그려진 팬티 등 여러 팬티를 만나면서 다음 장에 나올 팬티 주인공을 상상하게 한다. 마지막 새하얀 팬티를 보고 곰돌이는 팬티를 잃어버린 것이 아니라 팬티를 입고 있었다는 것을 알게 된다.

팬티 무늬를 보고 팬티 주인이 어떤 동물일지를 추측해보게 하고, 마지막의 반전으로 미소 짓게 하는 재미있는 그림책이다. 책을 손에 잡으면 쉽게 놓을 수 없게 하는 매력이 있다. 이 책에는 빨간색 팬티로 변해 있는 특별한 띠지가 있는데, 이 띠지를 절대 버릴 수가 없다. 띠지 팬티를 그림책에 입히는 활동이 아이의 조작 능력에 도움이 될 것이다. 반복되는 구성을 통해 '그럼 이 팬티는 누구의 팬티일까요?'를 노래하듯 외치게 한다. 책 읽기 싫어하는 아이들도 책을 장난감처럼 재미있게 가지고 놀 수 있는 그림책이다.

아이와 색별로 팬티를 만들어서 입혀보자. 또는 동물을 정하고 그 동물들이 입었을 만한 팬티 무늬를 상상하며 만들어보자. 즐거운 시간이 될 것이다.

아이와 생각을 나누는 질문
Q. 나비의 팬티는 왜 예쁜 꽃무늬일까요?
Q. 친구가 어려움을 겪고 있을 때 나는 어떻게 해주어야 할까요?
Q. 팬티를 머리에 쓰고 있는 토끼에게 어떤 말을 해주고 싶나요?

2014 일본 그림책 독자상, 2014 일본 서점 그림책 대상 수상, 행복한아침독서 추천, 열린어린이 추천

#재미 #무늬 #반전 #곰돌이 #팬티

023

그동안 말하지 못했던 속마음을 하나하나, 천천히 말했습니다.

곰씨의 의자

노인경 글·그림, 문학동네, 2016

누군가 함께 지내기 위해서는, 솔직해질 용기가 필요하다

성격과 기질이 다른 곰씨과 토끼가 서로 인정하고 존중하며 어울리는 방법을 따뜻하고 유쾌하게 그려낸 그림책이다. 서로 다른 사람이 만나 관계를 맺다 보면 불편함을 감수해야 하는 경우가 생긴다. 관계는 배려와 이해로 유지된다. 한 사람의 일방적인 희생만으로는 관계가 오래 지속될 수 없으며, 함께 행복하려면 각자 행복할 수도 있어야 한다.

또한, 그림책은 서로 다름을 인정하며 함께 있어도 편안할 수 있는 심리적 거리, 즉 적당한 거리에 관해서도 생각거리를 준다. 건강한 관계를 유지하려면 감정과 요구를 적절히 말하고 동의와 거절은 명확히 표현해야 한다는 것을 고군분투하는 곰씨의 내밀한 심리 변화를 따라가며 알게 된다.

아이들 역시 대인관계에 어려움을 겪으며, 원만한 관계를 위한 방법을 찾고 싶어 한다. 그림책을 통해 아이들은 서로 다른 개성과 성향을 이해하고 인정하는 법을 배우며, 자신을 돌아보고 변화하는 계기를 얻을 수 있다. 기질과 성향이 다른 사람들이 서로 인정하며 좋은 관계를 유지하는 방법으로 어떤 것이 있을지 함께 생각해보고 이야기를 나눠볼 수 있다.

아이와 생각을 나누는 질문
Q. 곰씨처럼 다른 사람으로 인해 불편한 기분이나 감정을 느낀 경험이 있었나요?
Q. 다른 사람이 나를 불편하게 할 때, 어떻게 해결하려고 하나요?
Q. 곰씨와 토끼처럼 서로 이해하고, 좋은 관계를 유지하는 데 필요한 것은 무엇이 있을까요?

🏆 2018 서울시 올해의 한 책, 한국그림책연감 추천, 세종도서 선정, 가온빛 추천

#관계 #다름을_인정 #다름의_이해 #적당한_거리 #공생 #감정_표현 #이중_언어

024

그럼 너는?

괜찮아

최숙희 글·그림, 웅진주니어, 2005

단점이 장점이네요!

누군가가 '너는 이것이 단점이야, 이것이 약해, 이건 못해!' 이렇게 말할 수 있다. 이런 말을 들을 때, 어떤 반응을 보일까? 주눅 들거나, 소심해지거나, 화가 나거나 하는 등 아마도 부정적인 반응이 대부분일 것이다. 나의 단점을 생각해본 적이 있는가? 장점은 바로 생각날 수도 있다. 하지만 단점은 쉽게 떠오르지 않을 수도 있고, 누군가에게 들었던 단점이 쉽게 수긍이 되지 않을 수도 있다.

단점이 단점인 것만은 아니다. 단점이 장점이 될 수도 있다. 단점의 다른 점을 확대해서 본다면, 나를 더 잘 나타낼 수 있는 또 다른 장점이 될 수 있다. 나의 단점은 무엇인지 생각해보고, 어떤 면을 어떻게 다르게 볼 것인가를 살펴보는 시간을 갖자. 단점의 새로운 면이 보일 것이다. 단점이 더 이상 단점이 아니라, 나를 더 잘 드러내는 좋은 면으로 보이는 순간을 만나게 될 것이다. 아이 스스로 자신감을 갖는 데 도움이 되는 좋은 책이다.

> **아이와 생각을 나누는 질문**
> Q. 나의 단점은 무엇인가요?
> Q. 나의 단점에 좋은 점은 없을까요?

 2005 볼로냐 국제아동도서전 '올해의 일러스트레이션' 작가 선정

#개미 #고슴도치 #뱀 #타조 #기린 #너 #괜찮아

025

저녁밥은 아직도 따뜻했어.

괴물들이 사는 나라

모리스 샌닥 글·그림, 강무홍 옮김, 시공주니어, 2002

어린이의 화를 다룬 최초의 그림책

벽에 못질을 하고, 반려견을 괴롭히던 맥스는 야단을 치던 엄마에게 "그럼, 내가 엄마를 잡아먹어 버릴 거야!"라고 소리친다. 결국, 벌로 저녁밥을 굶고 방에 갇힌 맥스는 시무룩해하는 대신 환상의 나라로 여행을 떠난다. 맥스의 상상 세계가 커질수록 책 속 삽화의 크기가 점점 커진다. 긴 항해 끝, 괴물들이 사는 나라에 도착한 맥스는 괴물들에게 압도되지 않고 오히려 괴물들의 왕이 되어 신나게 한바탕 논다. 갑자기 쓸쓸해진 맥스가 현실 세계로 돌아가려고 하자, 괴물들은 "제발, 가지 마. 가면 잡아먹어 버릴 테야. 우린 네가 너무 좋단 말이야!"라고 울부짖는다. 현실 세계, 아직 따뜻한 저녁밥을 보며 맥스는 엄마의 사랑을 느낀다.

그림책에서 달이 계속 맥스를 따라다닌다. 초승달에서 보름달로 변화하는 달은 맥스를 항상 지켜보는 엄마일 수도 있고, 시간의 흐름, 맥스의 성장 등을 의미할 수도 있다. 아이들의 화를 최초로 다룬 그림책으로 "엄마를 잡아먹어 버릴 거야!"라는 문장 때문에 한때 금서였지만, 2016년 미국 오바마 대통령 부부가 어린이들을 백악관에 초대해 읽어주기도 했다.

아이와 생각을 나누는 질문
Q. 표지의 괴물은 로댕의 생각하는 사람과 닮았습니다. 괴물은 무엇을 생각할까요?
Q. 엄마에게 혼난 적이 있나요? 무엇 때문에 혼이 났나요?
Q. 화가 날 때 그 화를 어떻게 푸나요?

 1963 뉴욕타임즈 올해의 그림책, 1964 칼데콧상, 한겨레신문 '서천석의 내가 사랑한 그림책'

#괴물 #엄마 #분노 #화 #판타지 #모험 #사랑 #금서

026

> 구덩이 안에서 올려다본 하늘은,
> 여느 때보다 훨씬 파랗고 훨씬 높아 보였다.

구덩이

다니카와 슌타로 글, 와다 마코노 그림, 김숙 옮김, 북뱅크, 2017

나의 구덩이에 초대할게

아이나 어른 모두에게 있는 마음속 깊은 곳 나만의 '구덩이'에 관한 이야기다. '일요일 아침, 아무 할 일이 없어 히로는 구덩이를 파기로 했다.' 히로가 왜, 어떤 목적으로 구덩이를 파는지 굳이 설명하지 않는다. 책에 등장하는 누구도 구덩이를 파는 이유를 묻지 않는다. 왜 아무도 이유를 묻지 않을까? 그건 아마도 누구라도 마음 저 밑바닥에 많게든 적게든 가지고 있는 '아무런 이유도 없이, 어느 날, 불현듯 구덩이를 파고 싶어지는 기분'을 이미 알고 있어서가 아닐까 생각합니다.

일본에서 1976년에 초판이 나온 이 그림책은 40년이 지난 지금도 글이나 그림이 신선하다. 우리는 언제든 나만의 공간이 필요할 때면 주인공처럼 구덩이 속에 앉아 하늘을 올려다볼 수 있다. 그 속에서 위로도 받고 위안도 받고 다시 움직일 마음의 힘도 얻게 될 것이다. 가슴속에 자신만의 구덩이가 하나씩 들어 있으니 말이다. 간결한 그림과 담담하게 진행되는 이야기 속에는 우리는 생각한다는 것에서 깨달음을 얻는 과정을 경험하게 된다. 이런 것을 바로 철학이라고 하죠.

아이와 생각을 나누는 질문
Q. 주인공처럼 다른 사람이 알지 못하는 이유로 나만의 공간을 갖고 싶었던 일이 있었나요?
Q. 나만의 구덩이를 파본 적이 있나요?

🏆 일본도서관협회 선정도서, 일본 전국도서관협의회 선정도서, 2018 어린이도서연구회 추천, 2019 어른의 그림책 추천

#마음 #친구 #상상력 #놀이 #감정

027

구룬파는 이제 외롭지 않습니다.

구룬파 유치원

니시우치 미나미 글, 호리우치 세이치 그림, 이영준 옮김, 한림출판사, 1997

너도 할 수 있어!

구룬파는 외톨이 코끼리다. 더럽고 냄새나는 구룬파를 친구들은 독립할 수 있도록 세상으로 나가게 한다. 구룬파는 여러 일을 경험하고 또 실패한다. 그리고 마침내 자신이 잘할 수 있는 일을 찾게 된다.

이 책은 아이가 세상에 나갈 때 용기를 주는 사람이 필요함을 알려준다. 외톨이 구룬파를 도운 것은 코끼리 친구들이었다. 아이에겐 양육자가 그 몫을 해주어야 한다. 새로운 것을 시작하는 것에 두려움을 느끼는 아이가 있다면, 이 책을 읽으며 구룬파를 함께 응원해보자. 구룬파를 응원하면서 자연스럽게 자신도 응원하게 된다.

그리고 구룬파가 노력한 경험들이 자신에게 쓸모 있게 돌아오는 것을 보고, 아이는 실패가 나쁜 것이 아님을 알게 된다. 기준에 맞지 않게 너무 크게 만들어 실패작이었던 큰 비스킷은 많은 아이의 간식이 되고, 큰 접시는 멋진 수영장이 되고, 큰 구두는 놀이터가 된다. 세상엔 쓸모없는 물건도 쓸모없는 경험도 없다는 것을 보여준다.

실패는 새로운 것을 도전하는 계기가 되기도 하고, 생각지도 못한 일의 밑바탕이 되기도 한다. 이 책은 아이들에게 '너도 잘할 수 있어!'라고 말해준다.

아이와 생각을 나누는 질문
Q. 구룬파는 왜 외톨이가 되었을까요?
Q. 내가 잘할 수 있는 것은 무엇이 있나요?

 어린이도서연구회 추천, 한우리독서문화운동본부 추천

#외톨이 #친구 #용기 #재능 #적성 #자신감 #직업

028

"맛있게 잘 익은 구름빵들이 두둥 실 떠올랐어요."

구름빵

백희나 글·그림, 한솔수북, 2004

구름빵의 맛

비 오는 날 아침, 남매가 가져다준 작은 구름으로 엄마는 구름빵을 만든다. 허둥지둥 회사로 뛰어나가는 아빠를 위해 남매가 구름빵을 먹고 두둥실 떠올라 아빠에게 빵을 전해주는 가슴 따뜻한 가족 이야기이다. 10여 개국 이상에 번역 출간되었고, TV 애니메이션, 뮤지컬, 노래 등 2차 콘텐츠로 가공될 만큼 인기가 높다. 가족의 소소한 일상을 통해 아이들은 작은 행복의 가치와 구름빵의 맛을 상상하는 즐거움을 느낄 수 있다.

소중한 가족이 아침을 거르고 나갔다면 허기질까 걱정된다. 구름빵은 단순한 빵이 아니라, 아빠를 걱정하며 만든 아이들의 예쁘고 따뜻한 마음이 담긴 음식이다. 허둥지둥 서둘렀던 아빠도 아이들이 가져다준 구름빵을 먹고 두둥실 날아 회사에 지각하지 않는다. 구름빵이 어떤 맛일지 상상하고, 구름처럼 두둥실 떠올라 아빠에게 빵을 건네줄 때의 기분을 이야기하다 보면 진정한 행복은 작은 일상에서 온다는 것을 깨닫는다. 『구름빵』 이야기처럼 함께 빵을 만들어 먹으며 오순도순 이야기 나누다 보면 일상의 작은 행복과 소중한 가족의 의미를 알게 될 것이다.

아이와 생각을 나누는 질문
Q. 나뭇가지에 걸린 작은 구름으로 음식을 만들 수 있다면 무엇을 만들고 싶나요?
Q. 아침도 못 먹고 급하게 출근한 아빠를 보면 어떤 마음이 드나요?

🏆 2005 볼로냐 국제아동도서전 '올해의 일러스트레이터', 2005 프랑크푸르트 도서전 '한국 그림책 100선', 2005 창비어린이 선정 '올해의 어린이책', 2005 어린이도서연구회 추천

#걱정 #모험 #비_오는_날 #상상 #일상의_행복 #가족의_소중함

029

우리들 이름은 구리와 구라
세상에서 제일 좋은 건
요리 만들기와 먹는 일.

구리와 구라의 빵 만들기

나카가와 리에코 글, 오무라 유리코 그림, 이영준 옮김, 한림출판사, 1995

구리와 구라의 신나는 빵 만들기

요리 만들기와 먹는 일을 세상에서 제일 좋아하는 들쥐 형제 구리와 구라의 빵 만드는 과정을 살짝 따라가보자. 도토리를 주우면 설탕을 담뿍 넣어서 삶고, 밤을 주우면 말랑하게 삶아서 크림을 만들자고 신나게 재잘대던 구리와 구라는 숲속에서 요리 재료를 찾다가 커다란 알을 발견한다. 큰 알로 빵을 만들기로 하고, 집까지 옮길 궁리를 하다가 알이 깨질 수도 있으니, 집에서 프라이팬과 베이킹용 재료들을 가지고 와 숲에서 만든다. 커다란 알을 깨트려 설탕, 우유, 밀가루를 넣고 반죽을 한다. 신나게 노래를 부르며 빵을 굽기 시작하자 맛있는 냄새에 동물들이 모여들어 사이좋게 나눠 먹는 한바탕 잔치가 벌어진다.

귀엽고 정감이 가는 들쥐 형제는 먹는 걸 좋아하는 아이들과 많이 닮았다. 문제에 부딪힐 때마다 서로 의견을 나누고 지혜를 모아가는 들쥐 형제의 모습은 아이들이 문제에 부딪힐 때 어떻게 해결해나가야 하는지 보여준다. 완성된 빵을 친구들과 나누어 먹는 구리와 구라의 마음이 참 따뜻하다. 먹고 남은 알껍데기를 자동차로 만들어 집으로 돌아가는 반짝이는 아이디어는 재미를 더한다.

아이와 생각을 나누는 질문
Q. 내가 가장 좋아하고 재미있게 할 수 있는 일은 무엇이 있을까요?
Q. 무언가를 하다가 잘 안 될 때 해결하는 나만의 방법이 있나요?
Q. 남을 도와주고 무언가를 나눠준 경험이 있나요?

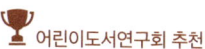 어린이도서연구회 추천

#모험 #숲_속_놀이 #구리 #구라 #빵_만들기 #나눠먹기 #문제해결방법

030

"진실은 스스로 나서지 않으면 찾을 수 없어."

그 소문 들었어?

하야시 기린 글, 쇼노 나오코 그림, 김소연 옮김, 천개의바람, 2017

거짓 정보 속에서 찾는 진실의 가치

왕이 되고 싶은 금색 사자는 왕의 후보로 거론되는 마음씨 착한 은색 사자의 평판을 떨어뜨리고 거짓 이야기를 만들어낸다. 처음에는 다른 동물들도 금색 사자의 말을 의심한다. 하지만 입에서 입으로 전해지며 점점 부풀려지는 거짓 소문을 믿은 동물들은 의심 없이 또 다른 누군가에게 그 소문을 전달한다. 결국, 금색 사자가 왕이 되었고 나라는 황폐해지고 모두 후회한다.

현대 사회는 미디어의 발달로 누구나 정보를 쉽게 만들고 공유할 수 있는 시대가 되었다. "이게 과연, 동화 속에서만 있을 법한 이야기일까요?" 이 그림책 첫 장의 문구는 우리 사회 속에서 잘못된 정보나 루머 등이 미디어를 통해 확산되는 인포데믹 현상을 보여준다. 허위 조작 정보를 만들어낸 금색 사자도 잘못이 있지만, 정말로 금색 사자만이 잘못한 것일까? 거짓 정보의 위험성을 알려줌과 동시에 거짓 소문을 대하는 동물들의 다양한 모습을 통해 정보의 거짓과 진실을 식별하는 미디어 리터러시 능력의 중요성을 일깨워준다.

아이와 생각을 나누는 질문
Q. 내가 들은 정보의 참과 거짓을 어떻게 구별할 수 있을까요?
Q. 내가 만약 금색 사자의 소문을 들었다면 어떤 행동을 했을까요?

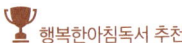 행복한아침독서 추천

#진실 #거짓말 #소문 #허위_조작_정보 #미디어_리터러시

031

조금 끼나?

그건 내 조끼야

나카에 오시오 글, 우에노 노리코 그림, 박상희 옮김, 비룡소, 2000

조끼의 변신

엄마가 떠 준 빨간 조끼를 입고 자랑하는 꼬마 생쥐와 빨간 조끼를 입어보는 덩치 큰 동물 친구들의 모습에 저절로 미소가 지어지는 유쾌한 그림책이다. 조끼를 입어보는 동물 친구들의 몸집이 점점 커지는 것을 보면서 자연스럽게 크기 비교가 가능하다. 생쥐의 빨간 조끼를 입은 동물 친구들이 "조금 끼나?" 하면서 보이는 민망한 표정은 재미와 웃음을 유발한다. 어느새 빨간 조끼를 입고 있는 코끼리를 보고 놀란 생쥐는 펄쩍 뛰며 조끼를 되돌려 받지만, 조끼는 이미 늘어날 대로 늘어나 버렸다. 질질 끌리는 조끼를 입고 고개를 푹 숙이며 걸어가는 어린 생쥐의 발걸음은 무겁고 안쓰러워 위로가 필요해 보인다. 조끼의 새로운 쓸모를 발견한 생쥐는 코끼리와 신나게 노는 모습으로 반전의 묘미를 보여준다. 엄마가 떠 준 빨간 조끼를 더 이상 입을 수 없지만, 덕분에 즐겁게 놀 수 있는 친구를 얻었다.
짧은 문장과 단순 반복되는 간결한 구조, 아이들의 마음을 단숨에 사로잡은 매력적인 그림책에 빠져들어 보자.

아이와 생각을 나누는 질문
Q. 생쥐 엄마가 떠 준 조끼처럼 나에게 소중한 물건은 무엇이 있을까요?
Q. 내 소중한 물건을 친구가 망가뜨렸다면 어떻게 해야 할까요?
Q. 소중한 것은 어떻게 다뤄야 할까요?

 일본 고단샤 출판문화상, 어린이도서연구회 추천, 한국유치원총연합회 추천

#소중한_물건 #친구 #빌려주기 #재활용 #조끼 #나눔

032

"이건 책이야."

그래, 책이야!

레인 스미스 글·그림, 김경연 옮김, 문학동네, 2011

종이책의 즐거움 속으로

스마트폰이나 유튜브 등 어린 나이 때부터 전자기기와 디지털 환경에 익숙한 우리 아이들을 '디지털 네이티브 세대'라고 한다. 활자나 텍스트보다는 영상에 익숙한 우리 아이들에게 종이책은 신선하고 낯설게 느껴질 수도 있다.

이 책은 몽키와 동키의 대화를 통해 종이책이 주는 즐거움과 가치를 생각할 수 있게 한다. 종이책보다는 전자기기에 익숙한 동키는 책이 어떤 것인지 궁금해하며 전자기기들과 비교하면서 낯선 물건에 대해 호기심을 갖기 시작한다. 책은 어디에 쓰냐며 묻던 동키는 나중엔 몽키가 읽고 있는 '책'의 매력에 푹 빠지게 된다.

이 책은 실제 책을 읽는 경험과 전자기기를 사용하는 경험을 대조하여 각각의 고유한 즐거움과 이점을 강조한다. 그러면서도 점점 디지털 미디어가 지배하는 세상에서 전통 서적의 가치를 강조하여 미묘하게 독서를 장려한다. 이 책을 한 장씩 넘기며 감각적 경험을 함께 느끼면 아이는 더욱 책에 호기심과 즐거움을 가질 것이다. 그림책을 읽고 나서 전자기기는 가지지 못한 책이 가진 본질적인 가치와 독서의 즐거움에 대해 이야기를 나눠보기를 추천한다.

아이와 생각을 나누는 질문
Q. 내가 가장 좋아하는 책은 무엇인가요? 왜 그 책을 가장 좋아하나요?
Q. 종이 책만이 가진 매력은 무엇일까요?

 뉴욕타임스 베스트셀러, 학교도서관저널 추천, 동아일보 추천, 칼데콧 아너상 수상 작가

#종이책 #디지털세대 #호기심 #독서

033

그림자 놀이

이수지 저, 비룡소, 2010

불을 끄고 그림자놀이 해볼까요?

아이들이 좋아하는 그림자 놀이를 이용해서 상상력을 자극하고, 무슨 이야기를 하고 있을지를 생각하게 하는 그림책이다. 신나게 노는 아이의 모습과 그림자를 통해 살아나는 동물의 모습을 자연스럽게 상상하게 한다. 글밥은 거의 없고 문자는 엄마가 주인공을 부를 때 '저녁 먹자', 전등 끌 때 '딸깍' 정도 나오고 나머지는 하얀색 배경에 어두운 그림자로 표현되다가 점점 노란 세상으로 다가오는 그림책이다.

그림으로 펼쳐지는 그림자 놀이는 한쪽은 실제 모습과 다른 한쪽은 그림자들이 어떻게 상상하는지를 보여준다. 소녀의 손 모양이 비둘기 그림자로 보이고, 소녀의 손 모양 비둘기 그림자가 날아가는 그림자 세상이 되어간다. 다양한 그림자의 모습은 아이들의 호기심을 자극하는 흥미로운 책이다. 잠자기 전에 불을 끈 후 스마트폰 플래시를 켜놓고 읽어준다면 아이의 상상력도 풍부해지고 초집중으로 몰입할 수 있을 것 같다. 실제로 손 모양, 발 모양의 몸짓으로 그림자를 만들면서 가족과 소통하고 호기심 세상을 펼칠 수 있는 재미있고 신기한 그림책이다.

> **아이와 생각을 나누는 질문**
> Q. 그림자로 표현해보고 싶은 나의 몸짓 행동은 무엇인가요?
> Q. 내가 글 작가가 되어 이 그림책 어느 장면에 글을 적어보고 싶나요?

 국립어린이청소년도서관 사서 추천, 초등 교과서 수록

#그림자 #상상력 #호기심

034

어? 또 달아나네.

금붕어가 달아나네

고미 타로 글·그림, 엄기원 옮김, 한림출판사, 2003

금붕어가 여행을 떠나요

금붕어 한 마리가 보금자리 어항에서 탈출하여 이리저리 도망간다. 금붕어는 자기 몸 색과 비슷한 색깔 커튼에 몸을 숨기다 또 달아난다. 금붕어는 도대체 어디로 가는 걸까? 금붕어는 자신을 찾지 못하게 위장하는 것 같다. 한참을 쳐다보다 찾았다 싶으면 다른 곳으로 가버린다. 어항 속으로 돌아온 금붕어는 잠시 여행을 떠났었나 보다. 아이들이 숨은그림찾기라도 하듯 금붕어를 찾아 손가락으로 가리킨다.

이 책을 읽는 아이는 "어디에 있니?"를 따라 읽으며 책에서 금붕어를 찾기 놀이를 한다. 엄마랑 친구랑 같이 금붕어 찾기 놀이를 할 수 있는 책이다. 숨어 있는 금붕어를 찾겠다며 자꾸 읽어달라고 할지도 모른다.

티브이, 서랍장, 우산 등 우리가 사용하는 사물과 과일, 동물들이 있어 이제 막 사물의 이름을 알아가는 아이들이 읽으면 좋다. 조금 더 큰 아이라면 물건의 쓰임새도 알아가는 시간이 될 것이다.

아이와 함께 그림책 속 물건을 집에서 찾아보는 놀이를 해보자. 물건 찾기 놀이를 하며 신나는 시간을 보낼 수 있다.

아이와 생각을 나누는 질문
Q. 어항에서 탈출한 금붕어는 어떤 기분일까요?
Q. 금붕어가 이리저리 돌아다니다가 다시 어항으로 돌아온 이유는 무엇일까요?

일본 북스타트 운동본부 선정도서

#금붕어 #어항 #벗어남 #틀 #안정

035

기분이 어때?

기분을 말해봐!

앤서니 브라운 글·그림, 홍연미 옮김, 웅진주니어, 2011

감정을 솔직히 표현해요

아이가 슬픔, 속상함, 화남 등 많은 감정에 대해서 자기의 마음을 확실히 모를 때, "짜증 나!"라는 한마디로 표현할 수 있다. 이 책은 아이가 느끼는 다양한 감정을 보여줌으로써 기분을 이해하고 자연스럽게 표현할 수 있도록 안내한다.

오늘 아이의 기분이 행복, 즐거움, 신남과 같은 긍정적인 감정인지 슬픔, 화남, 아픔과 같은 부정적인 감정인지부터 이야기해본다. 이때 부모가 "넌 어떤 기분이 들어?"라고 감정에 대해 질문하고 아이가 자기 마음을 솔직히 표현할 수 있도록 코칭해주면 좋다. 어떨 때 행복하고 슬프며, 또 어떨 때 숨고 싶을 만큼 부끄러운지 등을 말하는 것만으로도 아이는 자기감정을 바라보고 이해하게 된다. 그러면서 다양한 상황에 따라 사람들이 느끼는 감정도 모두 다를 수 있다는 것도 자연스럽게 받아들인다.

자기의 기분이 어떤지 알고 이해하며, 그것을 스스로 말로 표현하는 것으로부터 건강한 마음이 시작된다. 아이뿐 아니라 사람들의 감정에 공감하고 존중하는 태도를 갖도록 돕고 싶다면 이 책처럼 기분에 대해 이야기를 나누는 것부터 시작해보면 좋겠다.

아이와 생각을 나누는 질문
Q. 정말 정말 행복할 때가 있었다면 언제였나요?
Q. 숨고 싶을 만큼 부끄러울 때가 있나요?
Q. 배가 불렀을 때의 기분은 어떤가요?

 초등 국어 교과서 수록, 행복한아침독서 추천

#기분 #감정 #표현 #말하기

036

"할아버지가 나눠주신 추억을
이제 네가 가지고 있는거야."

기억의 풍선

제시 올리베로스 글, 다나 울프카테 그림, 나린글 편집부 옮김,
도서출판 나린글, 2019

우리의 빛나는 풍선들을 나눠보아요

할아버지는 치매로 인해 풍선을 자주 잃어버리지만, 주인공은 할아버지와 함께한 추억을 간직하고 있다. 마침내 주인공과 할아버지의 추억을 담은 풍선마저 날아가 버리면서 주인공은 슬퍼하지만, 할아버지의 추억이 주인공의 마음에 남아 있음을 깨닫게 된다.

이 책은 주인공과 할아버지의 감동적인 이야기를 통해 인지증에 대해 생각하게 한다. 어린 주인공이 할아버지와 함께 공유하는 소중한 추억을 풍선으로 표현하며, 할아버지의 인지증과 그로 인한 변화를 통해 아이들은 사랑하는 가족이 직면한 어려움(인지증)을 이해하고 공감할 수 있다.

주인공과 할아버지가 기억의 풍선을 공유했던 것처럼 아이들과 형형색색의 풍선을 불어 서로의 즐거웠던 추억을 함께 이야기 나누는 건 어떨까? 아이들이 가족 및 세대 간의 관계와 소통을 중요하게 여기고 가족의 유대감을 느끼는 계기가 될 것이다.

아이와 생각을 나누는 질문
Q. 나의 즐거웠던 추억을 풍선의 색깔에 빗대어 이야기해볼까요?
Q. 내 가족이 나와 함께했던 추억을 잊는다면 어떤 기분일까요?
Q. 내 가족이 나와 함께했던 추억을 잊는다면 어떻게 할 것인가요?

2019 슈나이더 패밀리 북어워드 수상

#풍선 #추억 #가족 #할아버지 #치매(인지증)

037

기차 ㄱㄴㄷ

박은영 글·그림, 비룡소, 1997

여행을 떠나요

어느 화창한 날 빨간 기차가 여행을 떠난다. 나무 옆을 지나 다리도 건너고, 터널을 통과해서 비바람을 뚫고 숲속을 지나는 동안, 해가 지고 노을이 져도 빨간 기차는 어디론가 계속 달려간다. 빨간 기차를 타고 여행하는 달과 별의 행복한 표정을 엿볼 수 있다. 저녁이 되어서도 빨간 기차는 멈추지 않고 어딘가를 향해간다. 달과 별은 기차를 타고 어디로 향해가는 것인지 궁금증을 자아낸다.

기차가 가는 길을 따라 'ㄱ'부터 'ㅎ'까지 한글의 자음 순서대로 이야기가 진행된다. 각 자음의 단어로 시작한 이야기는 마지막 장에 이르러서야 비로소 마침표를 찍는, 한 문장으로 구성된 이야기 그림책이다. 간결한 어구가 반복되는 구성이기에 소리 내어 읽다 보면 운율을 갖고 읽게 되는 매력을 느낄 수 있다. 음을 넣어 신나게 읽다 보면 아이는 책과 자연스럽게 친해질 것이다.

빨간 기차의 하루처럼 아이가 자신의 하루를 말로 표현하고 일상을 나눠보는 것은 어떨까. 일상에서 지나쳤던 풍경과 사건들을 말놀이하듯 나열해보며 하루를 마무리하는 시간을 가져보는 것도 좋을 것이다.

> **아이와 생각을 나누는 질문**
> Q. 기차에 타고 있는 달과 별들은 어디로 가고 있는 걸까요?
> Q. 나는 빨간 기차를 타고 어디에 가고 싶나요?

1997 볼로냐 국제아동도서전 논픽션 부문 선정, EBS 문해력 유치원 선정도서, 초등 국어 교과서 수록, 고래가슴 쉬는도서관 추천

#한글 #말놀이 #일상 #행복

038

"여보게, 우리 서로 도와가면서 살도록 하세."

길 아저씨 손 아저씨

권정생 글, 김용철 그림, 국민서관, 2006

사람은 무엇으로 사는가?

다리가 불편해 걷지 못하는 길 아저씨와 눈이 보이지 않는 손 아저씨가 서로의 눈과 다리가 되어 도우면서 오래오래 행복하게 살았다. 부족한 두 사람이 서로 도와가며 사는 모습은 우리가 이 세상을 어떻게 살아야 하는지 보여준다. 서로 배려하고 격려하면서 부족한 부분을 메우고 '하나'를 이루어낸 과정이 우리 마음을 따뜻하게 녹인다. 손 아저씨 등에 업혀 돌다리를 건너는 길 아저씨의 모습은 닫혀 있던 인생의 문을 여는 아름다운 동행의 시작이다. 꼭 움켜쥐고 앞만 보고 달려가는 삶에서 열린 마음으로 옆도 뒤도 돌아볼 수 있도록 쉼표가 되어준다.

내 앞에 꽉 닫힌 문이 있다면, 이제 그 문을 활짝 열고 나갈 시간이다. 어떻게 살아야 할지 고민이라면, 누군가의 닫힌 문을 마주한다면, 열어주고 싶은 마음이 살며시 자리 잡을 수 있도록 돕는 그림책이다. 성공하는 사람은 기버들이다. 본인 위주로 생각하기 쉬운 아이들이 도움을 주고받으며 기버로 살 수 있도록 징검다리가 되어주는 따뜻한 책을 만나보자.

> **아이와 생각을 나누는 질문**
> Q. 내가 부족하다고 느끼는 부분은 무엇인가요?
> Q. 서로 부족한 부분을 채워주는 소중한 친구가 되려면 어떤 방법이 있을까요?

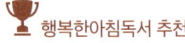

#도움 #돕다 #서로_돕기 #배려 #채움 #부족함_채우기 #친구 #기버 #장애

039

으리으리한 집으로 이사를 하였지만, 명성이라는 감옥에 갇힌 죄수처럼 살았다.

길거리 가수 새미

찰스 키핑 글·그림, 서애경 옮김, 사계절, 2005(원작 1984년 출간)

행복한 삶을 위한 조건

새미는 지하도에서 노래하고 춤추며 자신의 공연을 사랑하는 사람들의 박수와 동전으로 살아가는 길거리 가수이다. 어느 날, 서커스 단장과 흥행업자에게 빠져 더 큰 성공과 부를 얻게 되지만 오히려 진정한 행복을 잃게 된다. 그림책은 부와 명성만으로는 행복해질 수 없으며, 자기 자신이 원하는 행복이 무엇인지 생각해보게 한다. 진로와 연결하여 아이들이 돈과 명예보다 자신의 가치와 만족에 대해 고민하는 시작점이 되기도 한다. 그림책을 읽고 What-How-Why 질문에 순차적으로 답을 생각해보는 시간을 가져본다. 무엇을(what)에 대한 답으로 어떤 직업을 선택해야 하는지, 어떻게(how)에 대한 답으로 직업을 갖기 위해 어떤 준비를 해야 하는지, 왜(why)에 대한 답으로 직업을 통해 나는 어떤 만족과 행복을 얻으며 나눔의 가치를 실현하려고 하는지 떠올려본다. 질문에 대한 구체적인 답을 정리하다 보면, 행복은 멀지 않은 곳에 있고, 내가 하고 싶고 잘할 수 있는 일을 즐겁게 하는 것에서 찾을 수 있다는 것을 자연스럽게 느낄 수 있다.

아이와 생각을 나누는 질문
Q. 부와 명성이 행복의 조건이 될 수 있을까요?
Q. 나를 진정 행복하게 하는 것은 무엇인가요?
Q. 진로와 직업을 선택할 때 무엇을 우선으로 생각해야 할까요?

🏆 한국일보 추천, 케이트 그린어웨이 수상 작가

#진로와_적성 #삶의_만족과_행복 #직업_가치관 #대중문화_비판 #군중심리

040

큐가든에 있는 기러기들은 깃털 없는 보르카를 보고도 전혀 아랑곳하지 않았습니다.

깃털 없는 기러기 보르카

존 버닝햄 글·그림, 엄혜숙 옮김, 비룡소, 2001(1996)

차별을 내려놓고, 차이를 존중해요

기러기 보르카는 언니, 오빠들과는 달리 태어날 때부터 깃털이 없는 장애가 있다. 그래서 수영도 배울 수 없었고, 기러기들이 먹이를 구하러 더 따뜻한 동네로 날아가는 시기에도 함께 이동할 수 없었다. 모두가 떠나고 혼자 남겨진 보르카는 비를 피하러 크롬비 호에 들어갔다. 크롬비 호의 선장은 보르카에게 뱃삯으로 밧줄 감기나 바닥 청소를 시키는 대신, 맛있는 음식을 제공하고 런던의 큐가든까지 데려다주었다. 큐가든의 기러기들은 보르카를 있는 그대로 받아들여 주었고 보르카는 그곳에 정착해서 살 수 있게 된다.

어떤 친구들은 장애인들은 스스로 아무것도 할 수 없다고 생각한다. 장애가 있다는 것은 모든 것을 도움받아야 한다는 뜻일까? 기러기 보르카를 도왔던 선장 아저씨는 보르카가 할 수 있는 일을 맡겨서 보르카가 제 몫을 하도록 도와주었다. 이처럼 장애가 있는 친구들만 도움을 받는 것은 아니다. 우리는 모두 서로를 돕고 살아가는 관계이기 때문이다. 보르카의 이야기를 통해 장애에 대해 오해하고 있는 것은 없는지 돌아보면 좋겠다.

아이와 생각을 나누는 질문
Q. 보르카가 가족과 함께 따뜻한 나라로 가지 못했던 이유는 무엇인가요?
Q. 런던에 도착한 선장은 왜 보르카를 다시 데리고 가지 않았을까요?

🏆 케이트 그린어웨이 수상, 고래가숨쉬는도서관 추천, 어린이도서연구회 권장도서, 열린어린이 선정 좋은 어린이책

#장애

041 내가 미키웨이에서 밀크를 구해 오겠어요!

깊은 밤 부엌에서
모리스 샌닥 글·그림, 강무홍 옮김, 시공주니어, 2017(1994)

모두가 잠든 밤, 부엌에서는…

어두운 밤, 작은 소리에도 예민했던 미키는 시끄러운 제빵사들 때문에 잠 못 이룬다는 핑계로 침대를 빠져나온다. 빵 반죽에 떨어지기도 하고, 빵과 함께 오븐에 구워질 뻔한 미키는 제빵사들에게 줄 우유를 찾아 모험을 떠난다. 캄캄한 밤, 혼자서 잠 못 이루는 어린이들이 책의 마지막 장면, 만족스러운 얼굴로 잠자리에 드는 미키를 보면 어떤 생각을 할까? 미키의 꿈 이야기를 읽으면 어두운 밤에 대한 두려움이 좀 없어지지 않을까?

화면을 분할한 만화풍의 표현기법을 활용한 이 책은 모리스 샌닥이 어린 시절 몸이 약해 침대에서 미키 마우스 등의 디즈니 등장인물을 자주 옮겨 그린 경험이 많은 영향을 미쳤다고 한다. 모리스 샌닥의 3부작 『괴물들이 사는 나라』, 『깊은 밤 부엌에서』, 『잃어버린 동생을 찾아서』 중 『깊은 밤 부엌에서』는 출판되었을 당시 논란이 많았다. 주인공 꼬마 미키의 성기가 여러 번 등장해 일부 교사와 사서가 그 부분을 테이프로 붙이거나 사인펜으로 칠했다고 한다. 주방에서 찾아볼 수 있는 양념통, 잼통, 크림병 등으로 한밤중 도시의 배경을 표현한 것도 눈여겨볼 만하다.

> **아이와 생각을 나누는 질문**
> Q. 미키는 왜 한밤중에 잠들지 못했나요?
> Q. 다시 침대로 돌아온 미키는 어떤 꿈을 꿀까요?
> Q. 밤새 맛있는 빵을 만들기 위해 열심히 일하는 제빵사처럼 밤에 일하시는 분들은 어떤 분들이 있을까요?

 1970 뉴욕타임즈 올해의 그림책, 1971 칼데콧 영예상

#밤 #부엌 #빵 #우유 #상상 #금서 #상상

042

"참다운 빛은 마음 속에 있는 거란다."

까막나라에서 온 삽사리

정승각 글·그림, 도서출판 여가, 1994

참다운 빛은 너에게 있어

우리나라의 귀신을 쫓는 개, 삽사리의 유래와 관련된 설화처럼 풀어낸 그림책이다. 책을 펼치면 오방색의 강렬한 색감으로 표현한 삽화와 동서남북을 지키는 사신의 웅장한 분위기 덕분에 신비로운 삽사리의 이야기에 몰입하게 된다.

깜깜하고 어두운 까막나라의 임금님은 나라를 밝히기 위해 불을 찾아올 이를 찾는다. 용감한 개가 자신이 가겠다며 나타나고, 임금님은 그 개에게 '불개'라는 이름을 내려준다. 여기저기 돌아다니며 까막나라의 빛을 담아가기 위해 노력하는 불개는 과연 임무를 수행할 수 있을까?

현무는 '참다운 빛은 마음 속에 있는 거란다'라며 까막나라에 빛을 가져갈 수 있는 답을 알려주었지만, 불개는 그 뜻을 이해하지 못한 채 해와 달을 열심히 깨문다. 현무가 말한 '참다운 빛' 실제로 보이는 빛이 아니라, '마음속의 따뜻하고 밝은 빛'을 의미한다. 모든 아이는 각자의 '참다운 빛'을 갖고 있지만, 그 사실을 모른다. 불개의 '빛'은 용기와 헌신이었다면, 아이는 어떤 '빛'을 갖고 있는 것일지 스스로 생각해볼 수 있다. 아이들이 불개의 이야기를 통해 나 자신의 빛에 대해 생각해보길 바란다.

> **아이와 생각을 나누는 질문**
> Q. 마지막 장면에서 불개는 왜 눈물을 흘렸을까요?
> Q. 나의 마음 속 참다운 빛은 무슨 색인가요?

 한겨레신문 '서천석의 내가 사랑한 그림책', 교보문고 1학년 추천

#전통 #용기 #마음속_빛 #가치 #유래

043

양들의 생김새나 색깔은 모두 달랐지만 이제는 아무 문제 없어요.

까만 아기 양

엘리자베스 쇼 글·그림, 유동환 옮김, 푸른나무, 2021(푸른그림책, 2006)

너는 이상한 게 아니고 특별한 거야

할아버지는 알프스 중턱에서 양치기 개 폴로와 함께 양을 치면서 양털로 실을 뽑아 뜨개질하며 산다. 폴로는 자신의 명령에 순종하지 않는 까만 양과 갈등을 겪는다. 우박과 눈보라가 치던 날 까만 양은 모든 양을 안전한 동굴로 피신시키고, 할아버지는 하얀 눈 속에서 까만 양의 털빛으로 모든 양을 찾게 된다. 할아버지는 하얀 양털과 까만 양털로 하얀 실, 까만 실을 뽑아 여러 무늬의 털옷을 만들어 팔면서 양 떼를 키운다.

첫 페이지에 '그림 속 판다를 찾아라'는 메시지가 있어 책 읽는 재미를 더해준다. 까만 양은 다른 양들과 달리 까만 털을 가지고 있어서 폴로에게 더 미움을 받는 것 같아 속상해했지만, 다르기 때문에 쉽게 눈에 띌 수 있었고 더 다양한 무늬의 옷감을 얻을 수 있었다.

우리는 외모도 성격도 취미도 모두 다르다. 다를 뿐이지 틀린 것이 아니다. 다양한 것들이 모여 화합하면 더 아름답다. '아동문학의 고전'으로 평가받는 그림책으로 자신의 가치와 소중함을 깨닫게 한다. 이 그림책은 다양함이 존재하는 사회에서 자기 자신을 신뢰하고 당당하게 여기도록 해줄 것이다.

아이와 생각을 나누는 질문
Q. '다르다'와 '틀리다'의 차이는 무엇일까요?
Q. 가족 중 누군가가 내 말을 듣지 않을 때 나의 속상한 마음을 어떻게 전할 수 있을까요?

🏆 초등 국어 교과서 수록, 일본 제40회 청소년 독서감상문 전국대회 대상 도서

#다름 #편견 #화합 #다양함 #자신의_가치 #소중함 #까만_양

044

"까망이 너, 대단하구나"

까만 크레파스

나카야 미와 글·그림, 김난주 옮김, 웅진주니어, 2002

모두의 불꽃놀이

심심한 어느 날, 형형색색의 크레파스들은 하나둘씩 크레파스 통에서 나와 흰 종이에 그림을 그린다. 크레파스들은 각자의 예쁜 색을 뽐내며 그림을 그리지만, 어두운색의 까망이는 그림을 망칠 것이라는 이유로 함께 그림을 그리지 못하게 된다. 각자 그리는 것에 열중하다 보니, 서로의 그림을 가려 망치게 된다. 과연 크레파스들의 그림은 어떻게 될까?

주위에서 보기 쉬운 종이, 크레파스, 샤프가 주인공으로 등장하여 친숙한 느낌을 주는 그림책이다. 각기 다른 재능은 '색'으로, '함께의 가치'를 모두의 색을 담은 불꽃놀이로 표현한다. 아이마다 재능은 각각 다르다. 알록달록한 크레파스처럼 그림을 잘 그릴 수도 있고, 까망이처럼 모두의 재능을 돋보이게 만들어주기도 하며, '샤프형'처럼 속상한 마음을 어루만져주고, 해결책을 알려주기도 한다.

『까만 크레파스』는 모두가 주인공인 그림책이다. 아이는 까망이처럼 알지 못했던 나의 재능을 생각해보고, 각자의 재능을 모아 멋진 불꽃놀이를 만들어내는 크레파스처럼, 함께 할 때 서로 더욱 빛나게 해준다는 것을 배울 수 있을 것이다.

> **아이와 생각을 나누는 질문**
> Q. 친구들과 함께 그림을 그리지 못했을 때, 까망이의 마음은 어땠을까요?
> Q. 내가 생각하는 나의 재능은 무엇인가요?

제12회 겐뷸이 그림책의 마을 대상 수상

#함께의_가치 #재능 #주인공 #배려 #공감 #협동

045

그 다음 날에도 도깨비가 또 왔어.

깜박깜박 도깨비

권문희 글·그림, 사계절, 2014

약속과 측은지심만은 까먹지 않는 도깨비

돌봐주는 사람 한 명 없이 혼자 사는 아이가 있다. 마을 사람들의 궂은일을 거들면서 근근이 살아간다. 그러다 어느 날 밤 만난 도깨비 덕분에 오래오래 행복하게 살았다는 옛이야기 그림책이다.

친근한 외모에 깜박깜박 잘 까먹는 도깨비. 무언가를 자꾸 잊어버리는 허술한 도깨비의 인물 설정이 재밌고, 도깨비의 특이한 건망증이 흥미를 불러일으킨다. 도깨비는 자기에게 손해가 되는 일을 까먹는다. 그건 바로 아이에게 꾼 돈을 갚고도 갚았다는 사실을 자꾸만 잊어버리고 돈 갚는 일을 매일 반복하는 것이다. 그러나 잘 까먹는 도깨비가 잊어버리지 않는 것이 있다. 닳은 냄비를 쓰는 아이의 처지를 안쓰럽게 생각하는 마음이다. 그래서 냄비를 매일매일 아이에게 가져다준다. 도깨비가 가진 이상한 건망증은 어려운 처지에 놓인 사람을 측은하게 생각하고 도와주려는 마음을 가지게 한다.

이 그림책의 또 다른 매력은 자꾸만 까먹기를 반복하는 장면을 소리 내어 읽다 보면 읽는 것만으로도 어느새 책 읽는 즐거움에 빠지는 것이니 꼭 소리 내어 한 호흡으로 읽어보자.

아이와 생각을 나누는 질문
Q. 표지에 있는 두 아이 중 누가 도깨비일까요? 왜 그렇게 생각했나요?
Q. 내가 만약 도깨비라면 어떤 사람을 어떻게 도와주고 싶은가요?
Q. 우리가 살면서 잊지 말고 꼭 기억해야 할 미덕에는 어떤 것이 있을까요?

🏆 어린이도서연구회 추천, 행복한아침독서 추천, 한겨레신문 '서천석의 내가 사랑한 그림책'

#옛이야기 #도깨비 #건망증 #측은지심

046

"내 우유를 다시 가져오너라. 그러면 꼬리를 돌려주마."

꼬리를 돌려주세요

노니 호그로지안 글·그림, 홍수아 옮김, 시공주니어, 2017(2001)

교훈을 품은 옛이야기의 매력

옛이야기는 이야기의 구조가 단순해 쉽게 이해되고 재미있다는 매력이 있다. 이 책은 오랜 시간이 지났지만 지금 읽어도 재미있다. 내용이 반복되는 구성이어서 아이들이 이해하기도 쉽다.

할머니의 우유를 훔쳐 먹던 여우는 화가 난 할머니에게 꼬리를 잘리고 그 꼬리를 돌려받기 위해 할머니에게 드릴 우유를 찾는 여정을 떠난다. 여우는 암소를 찾아가 우유를 부탁한다. 암소는 우유가 필요하면 풀을 가져다 달라고 한다. 암소에게 줄 풀을 얻기 위해 들판에 가니 들판은 물을 달라고 한다. 이렇게 물물교환을 하듯 꼬리에 꼬리를 물고 이어지는 과제를 완수해야 우유를 얻어 할머니께 드리고 꼬리를 돌려받을 수 있다. 꽤 쉽지 않은 일이다.

이런 힘든 과정을 거쳐야 자신이 저지른 잘못을 수습할 수 있다는 이야기를 보면 아이들도 나쁜 일을 하면 벌을 받고 그것을 되돌리기 위해서는 대가를 치러야 한다는 교훈을 알게 될 것이다. 옛이야기를 통해 권선징악의 개념을 알고 스스로 옳은 일과 그른 일을 구분할 수 있는 지혜를 배울 수 있기를 바란다.

아이와 생각을 나누는 질문
Q. 내가 할머니라면 우유를 몰래 먹은 여우에게 어떻게 했을까?
Q. 우유를 구하러 간 여우는 어떤 기분이었을까?

 1972 칼데콧상

#옛이야기 #동물 #교훈

047

이제 모든 사람들의 색깔이 같아진 거죠.

꼬마 구름 파랑이

토미 웅거러 글·그림, 이현정 옮김, 비룡소, 2001

평화가 좋아요

자유로운 영혼을 가진 꼬마 구름 파랑이는 어른 구름이 겁을 줘도 비를 내리지 않는다. 자기 하고 싶은 일만 한다. 하지만 시뻘건 불길에 휩싸인 도시를 보고선 비를 내리기로 결심한다. 파랑이는 전쟁이 끝나길 바라며 마지막 한 방울까지 남김없이 비를 뿌린다. 사람들은 이런 파랑이의 마음을 기억한다.

파랑이는 자신의 몸을 통과하면 자신의 구름 색깔로 변하게 만드는 특별한 능력이 있다. 피부색이 다른 사람끼리 서로 싸우는 장면에서도 파랑이의 특별한 능력을 볼 수 있다. 파랑이는 모두에게 비를 뿌려 파랗게 만든다. 여기에서 사용된 파란색의 의미는 평화다. 파랑이가 내린 비는 모두를 파랗게 만들고 시뻘건 불길도 잠재운다.

꼬마 구름 파랑이는 전쟁 상황에서 자신이 할 수 있는 일에 최선을 다해 마지막 한 방울도 남기지 않고 비를 뿌린다. 어른들의 말을 듣지 않는 꼬마 구름이지만, 전쟁이 벌어진 상황을 보고 이성적으로 판단하고 결정한다. 그리고 그 일에 최선을 다한다. 어떤 상황이든 내가 할 수 있는 일이 있을 때 최선을 다하는 건 아주 멋진 일이다.

아이와 생각을 나누는 질문
Q. 파란색이 평화를 상징한다면, 책에 나온 빨강, 노랑 등은 어떤 의미일까요?
Q. 전쟁으로 고통받는 아이들을 위해 할 수 있는 일은 무엇이 있을까요?

어린이도서연구회 권장도서, 열린어린이 선정 좋은 어린이책, 학교도서관저널 추천, 한스 크리스티안 안데르센상 수상작가

#파랑이 #구름 #비 #색깔 #전쟁 #파란색 #평화

048

"만약 저를 살려 주신다면
다음 해에 수많은 꽃들을 보실 수 있을 거예요."

꽃을 선물할게

강경수 글·그림, 창비, 2018

마음을 움직이는 간절한 부탁

무당벌레는 간절했다. 거미가 오기 전에 거미줄에서 벗어나야만 했다. 곰이 아침, 점심, 저녁 시간을 두고 지나간다. 무당벌레는 거미가 오기 전에 자신을 거미줄에서 벗어나게 해달라고 곰에게 간절히 부탁했다.

간절한 부탁으로 누군가의 마음을 움직인 적이 있는가? 때로는 소심하게, 때로는 대담하게, 때로는 능청스럽게 부탁을 한다. 간절할 마음으로 부탁할 때도 있지만, 귀찮고 어려운 상황을 모면하고 싶어질 때도 '부탁합니다'를 외치는 경우가 있다. 어떤 마음으로 부탁해야 할까?

모든 부탁이 다 수용되는 것은 아니다. 어떤 부탁은 누군가를 곤란하게 만들 수도 있다. 현재 어려운 상황을 외면하고 싶어서 아무 생각 없이 부탁이나 요청을 한다면, 상대편도 당황스러울 것이다. 아주 급하면 이런저런 생각을 할 수가 없겠지만, 좋은 부탁이 될 수 있도록 잘 설명한다면, 긍정적인 반응을 만날 수 있을 것이다. 서로를 살피는 좋은 부탁을 많이 시도해보자. 그 부탁으로 모두를 편안하고 포근하게 만들 수도 있다.

아이와 생각을 나누는 질문
Q. 누군가에게 부탁이나 요청을 해본 적이 있나요?
Q. 그 요청이나 부탁은 무엇이었나요?
Q. 그 요청이나 부탁에 상대방은 어떻게 반응했나요?

🏆 문학나눔 선정, 행복한아침독서 추천, 가온빛 추천, 『거짓말 같은 이야기』로 볼로냐 국제아동도서전 라가치상 논픽션 부분 스페셜 멘션을 수상한 작가의 작품

#무당벌레 #거미줄 #지나가는_곰 #간청 #반복 #어필 #도움

049

"페르디난드는 아주 행복해요."

꽃을 좋아하는 소 페르디난드

먼로 리프 글, 로버트 로슨 그림, 정상숙 옮김, 비룡소, 2017(1998)

나다울 때 비로소 행복할 수 있어요

꽃을 좋아하는 소 페르디난드가 엉뚱한 오해로 사람들의 눈에 띄어 투우 소가 되었다가 다시 행복해하는 일상으로 돌아오게 되는 이야기이다. 흑백의 그림들은 고전 동화를 읽는 듯한 느낌을 주고, 세밀한 펜선이 살아있는 그림체는 소를 역동적으로 그려내고 있어 소가 실제 움직이는 듯한 느낌을 준다. 다른 황소들이 꿈꾸는 투우 경기는 겉만 보았을 때는 화려하고 수많은 사람의 시선을 받는 자리이지만, 실제 그 안을 들여다보면 소들에게 잔인한 경기이다. 열광적인 인기와 남들과 다르다는 우월감을 얻는 것도 잠시, 경기장에 오른다면 가장 소중한 자신의 삶을 잃게 된다.

그림책을 읽다 보면 그동안 다른 사람들의 시선을 신경 쓰느라 화려한 겉모습만을 챙기지는 않았는지, 내가 진정으로 좋아하는 것들을 잃고 살아가고 있는 것은 아닌지 되돌아볼 수 있다. '나'의 진정한 행복이 무엇인지, 앞으로 어떠한 삶을 추구하며 살아야 하는지 생각해볼 수 있는 책이다. 내가 진짜 좋아하고 싫어하는 것은 무엇인지 스스로 생각해보기 좋아 모든 학년에 추천한다.

아이와 생각을 나누는 질문
Q. 다른 황소들과는 다른 것을 좋아하는 페르디난드는 이상한 것일까요?
Q. 페르디난드는 왜 투우사가 무슨 짓을 해도 싸우지도 화를 내지도 않았을까요?
Q. 페르디난드가 가장 바라는 일은 무엇이었을까요?

아마존 선정 '어린 시절 꼭 읽어야 할 세계 동화 TOP 100', 타임 매거진 '어린이들을 위한 책 TOP 100', 스쿨 라이브러리 저널 '그림책 TOP 100' 애니메이션 '페르디난드' 원작

#다양성 #편견 #개성 #존중 #나다움 #행복

050

꾸다는 친구들이 뭐라 해도 아랑곳하지 않았어요.

꾸다, 드디어 알을 낳다!

줄리 파슈키스 글·그림, 이순영 옮김, 북극곰, 2015

자신을 믿고 나아가는 힘과 다름을 인정하는 마음

알을 낳는 것이 암탉의 책임이라 암탉들은 꼬박꼬박 알을 낳는다. 그 속에서 암탉임에도 암탉의 일을 하지 않는 '꾸다'가 있다. 꾸다가 하는 일은 농장 주변을 살피며 배회하는 것이다. 다른 암탉들은 꾸다를 이해하지 못한다. 그러나 꾸다는 아랑곳하지 않고 세상의 아름다움을 모으는 자기 일을 계속한다. 주변의 나무람에도 흔들림 없이 자기 길을 가는 힘은 어디서 나오는 것일까? 이 그림책은 남들과 다른 자기를 발견할 때, 자신을 믿고 정진하는 힘은 어떻게 키울 수 있을까를 생각하게 한다.

아이들도 자기가 속한 세계에서 꾸다와 같은 친구를 만날 수 있다. 이 그림책을 읽고 다양성의 가치를 마음에 품은 친구라면 꾸다처럼 공동체 문화에 동참하지 않는다고 해서, 우리와 다르다고 해서 따돌리거나 거부하지 않을 것이다. 열린 마음으로 친구의 다름을 있는 그대로 받아들일 것이다.

다른 암탉의 권유로 꾸다도 알을 낳는다. 꾸다가 낳은 알을 보고 친구들은 감탄한다. 세상에서 배운 것들을 자기 것으로 만들기까지 충분히 기다렸기에, 자기만의 때에 그토록 아름다운 알을 낳을 수 있었을 것이다.

> **아이와 생각을 나누는 질문**
> Q. 만약 꾸다 같은 친구가 주변에 있다면, 어떤 말을 해주고 싶은가요?
> Q. 흔들림 없이 자기 길을 가는 힘은 어떻게 키울 수 있을까요?
> Q. 꾸다가 낳은 알이 아름답게 느껴지는 이유는 무엇일까요?

 행복한아침독서 추천, 한국어린이교육문화연구원 으뜸책 선정

#다양한_삶 #다름 #존중 #자기만의_길 #정진 #다양성

051 내가 예전에 책 나부랭이라고 했던 것을 이제는 읽을 수 있다

꿈을 나르는 책 아주머니

헤더 핸슨 글, 데이비드 스몰 그림, 김경미 옮김, 비룡소, 2012

미국 도서관의 역사

오래된 도서관, 마을마다 있는 도서관. 미국의 도서관은 정말 부럽다. 그런데 그렇게 도서관이 발전하기까지 이 책의 '책아주머니'와 같은 사람들의 희생이 있다는 것을 알게 되었을 때 그 감동을 잊을 수 없다.

미국은 초기에 넓은 땅덩어리에 학교도 수만 킬로미터 떨어진 곳에 하나뿐인데 도서관은 꿈도 꾸지 못했다. 그래서 아이들은 학교에 다닐 수 없고 거의 집안에서 부모의 일을 도우면서 살았다. 2주에 한 번 말 등에 책을 잔뜩 실은 아주머니가 비가 오나 눈이 오나 한 번씩 찾아온다. 와서는 책을 주고 간다. 부모님과 여동생 라크는 마치 보물을 받은 듯이 좋아한다. 돈도 없는 우리에게 책을 주러 오는 아주머니를 소년은 이해할 수 없다. 그리고 책이 오면 집안일도 하지 않고 가만히 앉아 책을 읽는 여동생이 얄밉기도 하다. 도대체 무엇일까? 궁금해진 소년은 책을 펼쳐 동생에게 읽는 법을 배운다. 그리고 소년은 책을 통해 집이 아닌 다른 곳으로 갈 수 있었다.

책을 읽는다는 것이 얼마나 중요한지, 또 얼마나 즐거운 것인지 이 책은 확실하게 알려준다.

아이와 생각을 나누는 질문
Q. 소년은 어떻게 책을 읽게 되었나요?
Q. 책을 읽는다는 것은 어떤 의미인가요?

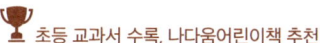 초등 교과서 수록, 나다움어린이책 추천

#도서관 #독서 #꿈 #사서

052

나는 기다립니다.

나는 기다립니다

다비드 칼리 글, 세르주 블로크 그림, 안수연 옮김, 문학동네, 2007

기다리는 즐거움

키가 크기를, 크리스마스가 오기를 기다리던 어린아이가 성장해서 사랑하는 사람을 만나고 결혼하여 아이를 낳고 배우자를 떠나보내기까지, 인생은 수많은 기다림의 연속이라는 메시지를 담고 있는 책이다. 유난히 붉은 털실은 기다리는 대상과 그때의 감정을 보여준다. 색채 없이 단순한 그림에 눈에 띄게 붉은 실을 따라 움직이다 보면 아이들은 어느새 다음 기다리는 대상을 상상하게 된다.

크리스마스나 케이크가 다 구워지기를 기다리는 일은 신나고 기대되지만, 헤어진 사람이나 아픈 몸이 회복되는 것을 기다리는 일은 지치고 힘들다. 그러나 붉은 실을 통해 아무리 힘든 일이라도 기다리면 좋은 일이 다가온다는 믿음이 생긴다.

아이들이 속상하거나 어려운 일을 겪고 있다면, 인내하면서 기다리는 것이 필요하다는 것을 일깨워줄 필요가 있다. 아이들은 붉은 실을 보며 기다림이란 기분 좋은 설렘과 흥분의 감정이라는 것 그리고 무언가를 기대하면서 기다리는 것이 행복할 수 있다는 것을 알게 된다. 우리가 기다리는 모든 것과 따뜻한 관계를 맺고 싶다면, 인연에 감사하며 열린 마음으로 기다리는 자세가 필요하다는 것을 보여준다.

아이와 생각을 나누는 질문
Q. 내가 가장 기다리는 것은 무엇인가요?
Q. 기다리는 일이 일어나지 않았을 때, 어떤 마음이 드나요?

🏆 2005 바오밥상 수상, 그림책박물관 추천, 행복한아침독서 추천

#성장 #기다림 #인연 #붉은_실 #삶의_의미

053

나는 나의 주인이니까요.

나는 나의 주인

채인선 글, 안은진 그림, 토토북, 2010

나를 제일 잘 아는 사람은 바로 나!

나의 몸과 마음이 하는 말을 가장 먼저 알아차려야 하는 사람은 바로 나다. 내가 좋아하는 것과 싫어하는 것, 잘하는 것과 못하는 것도 내가 가장 잘 안다. 나는 나의 주인이니까.

아이들에게 스스로를 사랑해야 함을 알려주고, 나를 들여다보기 좋은 책이다. 소리 내어 읽으면 나는 어떤 사람이 되어야 할지를 다짐도 할 수 있다. '내 기분을 나아지게 할 책임이 나에게 있다'는 부분에서는 감정의 책임이 나에게 있음을 알고, 화가 나거나 무서울 때 어떤 방법으로 해소하는지 이야기하기 좋다. 감정을 무시하거나 누르는 것보다 감정을 해소할 방법을 함께 이야기하면 아이는 긍정적으로 감정을 전환하는 방법을 알게 된다.

스스로가 잘하고 있다고 느낄 수 있도록 칭찬해주고, 격려해주면 아이의 자존감은 높아진다. 자신의 강점과 약점을 이야기할 때 부모도 자신의 강점과 약점을 함께 이야기하면 아이는 공감하며 더 잘 받아들일 수 있다.

부록으로 제시된 나만의 책 만드는 법은 나를 알아보기에 좋은 활동지로 독후활동을 하기 위해 다른 것을 고민하지 않고 그대로 사용하기 좋다.

아이와 생각을 나누는 질문
Q. 내가 나여서 좋았을 때는 언제였나요?
Q. 나의 자존감을 높여주는 최고의 말은 무엇인가요?

🏆 초등 교과서 수록, 국립어린이청소년도서관 사서 추천, 열린어린이 2010 여름방학 권장도서, 학교도서관저널 추천

#자존감 #몸 #마음 #주인

054

> 그렇지만 나는 자라요,
> 하루하루 아주 조금씩조금씩.

나는 자라요

김희경 글, 염혜원 그림, 창비, 2016

그렇지만, 그래서, 그래도 나는 자라요

엄마 품에 폭 안길 만큼 아주 작은 아이. 아이는 하루하루 키를 재기도 하고 스스로 단춧구멍에 단추를 넣거나 스스로 양말을 신고, 혼자 밥을 먹고, 물을 마시고 색종이를 오려 붙이거나, 이름을 쓰고 놀이터에서 친구와 놀다 헤어질 때 등 특별하진 않지만 소소하고 다양한 경험을 매순간 한다. 한 번씩 실패를 경험할 때도 있지만 짜릿한 성공의 경험도 한다. 얼마나 자랐는지 매일매일 아이는 궁금해서 확인을 한다. 아이는 기쁘고 즐거운 모습만 아니라 심심하기도, 슬프기도 하며 괴로운 순간을 만나기도 한다. 경험하는 모든 것이 키를 자라게 하고 몸도 자라게 하고 생각도 마음도 자라게 한다.

엄마에게 돌봄을 받으며 자라다가 하나씩 스스로 할 줄 아는 특별하지 않지만 작은 성공의 경험을 한다. 조금씩 스스로 할 수 있는 것이 많아지면서 아이 스스로 자신에 대한 믿음과 신뢰가 커지고 작은 독립이란 것을 하게 되고 성장하고 있다는 경험을 하게 된다. 하루하루 아주 조금씩조금씩 빛나게 자라는 나의 성장 이야기입니다.

아이와 생각을 나누는 질문
Q. 자란다는 의미는 무엇이라고 생각하나요?
Q. 힘들다고 생각한 일에서 성공했을 때 어떤 감정이었나요?
Q. 실패했다고 생각했던 일에서 성장했다고 느낀 적이 있나요?

 초등 교과서 수록, 중앙일보·국민일보·서울신문 추천

#성장 #시간 #자존감 #오디오_책

055

**아이, 좋아라. 정말 행복해!
모두들, 모두들, 나하고 놀아 주니까.**

나랑 같이 놀자

마리 홀 에츠 글·그림, 양은영 옮김, 시공주니어, 2017(1994)

다가가기와 기다리기

흑백에 단색으로 포인트를 잡아 표현한 그림책이다. 색이 있는 곳을 손가락으로 짚어주면 더욱 읽기가 좋다. 따뜻하고 고즈넉한 세계로 빠지게 하는 그림책으로, 화려한 그림책과는 조금 차별화된 작품이다. 수수함 속에서 단조로운 색감으로 시선을 주목시키며 마음을 차분하게 가라앉혀 준다.

노란 머리에 리본을 한 예쁜 꼬마 아이는 해가 뜨자 들판으로 나간다. 꼬마 아이의 관심에 동물들은 화들짝 놀라 자리를 피한다. 혼자 쓸쓸히 앉아 있는 꼬마 아이에게 평안함으로 다가가 아무 말 없이 앉아 있는 동물들의 모습이 마치 친구와의 관계 같다. 모든 장면에 해님이 나오는데, 따스한 미소로 늘 뒤에서 지켜보는 부모님을 떠오르게 한다.

아이들은 친구 관계에서 생각과 마음이 많이 자란다. 친구는 그림책에서처럼 동물일 수도 있고, 사람이나 식물 또는 사물일 수도 있다. 이제 막 친구를 사귀기 시작하는 아이들이 읽으면 좋다. 친구는 내 마음 가는 대로 사귀는 것이 아니라는 것을 가르쳐주는 좋은 안내자이다. 친구에게 다가가는 것과 기다림을 알게 해주는 그림책이다.

> **아이와 생각을 나누는 질문**
> Q. 모든 그림에 나오는 해님은 왜 미소를 짓고 있을까요?
> Q. 반가운 마음에 다가갔는데, 동물이 도망갔을 때 꼬마 아이의 기분은 어떠했을까요?

 1956 국제 안데르센상 수상, 칼데콧 아너상, 그림책박물관 추천, 2019년 100권의 그림책 추천, 2021년 그림책 BASIC 추천

#다가가기 #기다리기 #사귐 #행복 #친구 #자연 #동물

056

나무늘보가 사는 숲에는
이제 나무가 한 그루밖에 남지 않았어요.

나무늘보가 사는 숲에서

아누크 부아로베르, 루이 리고 글·그림, 이정주 옮김, 보림, 2014

나무늘보가 사는 숲이 언제나 평화롭고 풍요롭기를

숲은 사라지고 인간들에게 편리한 방향으로 자연은 개발되고 있다. 그로 인해 피해를 보는 것은 서식지를 잃은 동물들만이 아니다. 숲이 사라지면서 이산화탄소가 늘어나고 그 결과는 다시 기후변화로 우리에게 돌아온다. 풍요로운 숲이 인간들에 의해 파괴되고 강이 메마르고 동물들이 도망치듯 사라지는 과정은 팝업북을 통해 더 선명하게 느낄 수 있다. 숲이 울창할 때는 찾기 어렵던 나무늘보를 손쉽게 찾을 만큼 숲이 파괴되었구나, 하는 안타까움을 느낄 때 한 사람이 나타나 숲을 되살리기 위해 희망의 씨앗을 뿌린다. 그리고 그 작은 생명이 다시 싹트는 것을 보며 이 지구상 어딘가에 있을 나무늘보가 사는 숲이 언제나 평화롭기를 바란다.

우리의 편의를 위해 하는 개발이 생태계에 어떤 영향을 미치는지, 그런 행동이 우리에게 어떻게 돌아오는지를 아이와 심도 있게 이야기를 나누어보자. 뉴스에서 종종 보도되는 멧돼지의 도심 출몰 역시 이렇게 개발로 인해 서식지를 빼앗긴 탓일 테니 아이들과 인터넷으로 뉴스 기사도 검색해보면서 환경보호에 대한 관심을 키워주자.

> **아이와 생각을 나누는 질문**
> Q. 나무늘보가 사는 숲을 지키기 위해서는 내가 할 수 있는 일은 무엇일까요?
> Q. 우리가 편리하게 살기 위해 숲을 개발하는 것에 대해 어떻게 생각하나요?

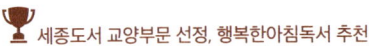 세종도서 교양부문 선정, 행복한아침독서 추천

#환경보호 #팝업북 #공존

057

고결하기 그지없는 일을 그토록 우직하게 계속하다니, 마을이나 관청에서 누가 상상할 수나 있었겠는가?

나무를 심은 사람

장 지오노 글, 프레데릭 백 그림, 햇살과나무꾼 옮김, 두레아이들, 2002

고결하기 그지없는 일

저자의 긴 여행에서 있었던 실화를 바탕으로 한 책이다. 저자는 여행에서 양치기인 한 노인 엘제아르 부피에를 만난다. 그는 인간들의 이기심으로 점점 죽음의 도시가 되어 버린 곳에서 묵묵히 매일 도토리를 100개씩 심는다. 3년간 심은 참나무 중 1/10만이 살아남는다고 한다. 노인의 우직한 행동은 무려 35년 동안 지속되고 드디어 숲을 만들어낸다.

첫 장면과 마지막 장면의 삽화 색감이 바뀌면서 독자의 마음을 푸근하게 만든다. 숲이 사라지면 수자원도 줄어들게 되고 결국은 인간이 살 수 없는 곳이 되어 버린다. 노인은 숲만 살린 것이 아니다. 자기 행복을 잘 알았고 그 행복을 추구하며 산 것이다. 한 노인이 만들어낸 숲이 있다는 사실이 독자에게 깊은 울림과 감동을 준다. 엘제아르 부피에는 우리에게 말이 아닌 행동으로 메시지를 주고 있다. 힘없는 노인이지만, 그는 위대한 삶을 살았고 타인들에게 행복한 삶을 선물한 것이다. 그림을 그린 프레데릭 백이 애니메이션으로도 제작한 작품이 있으니, 아이와 함께 감상해보길 추천한다.

아이와 생각을 나누는 질문
Q. 자연을 위해 집에서 할 수 있는 일은 무엇이 있을까요?
Q. 엘제아르 부피에는 어떤 마음으로 이런 일을 할 수 있었을까요?
Q. 거실에 화분이 있는 것과 없는 것에는 어떤 차이가 있을까요?

초등 교과서 수록, 어린이도서관연합회 권장도서, 2018년 한국학교사서협회 추천, 경향청소년 문학대상 한국출판문화산업진흥원 청소년 권장도서, 우수환경도서, 2018년 어른을 위한 그림책테라피 추천, 열린어린이 추천, 그림책박물관 추천

#나무 #환경 #자연파괴 #이기심 #탐욕 #성실 #숲 #전쟁 #산림 #황무지 #프로방스

058

"넌 앞으로도 오래오래 너일 거야."

나부댕이!

제니 오필 글, 크리스 아펠란스 그림, 이혜선 옮김, 봄나무, 2015

있는 그대로 인정해주세요

반려동물을 갖고 싶었던 아이는 한 달 동안이나 엄마를 졸랐다. 엄마는 '산책시키지 않아도 되고, 목욕시키지 않아도 되고, 먹이를 주지 않아도 되는 동물'을 찾는다면 허락해주겠다고 한다. 아이는 고심하다가 '나무늘보'를 반려동물로 결정하고 엄마의 허락을 받아낸다. 그런데 아이의 반려동물이 된 나무늘보 '나부댕이'는 도무지 다른 친구들에게 자랑할 만한 게 없다. 사람들 앞에서 반려동물을 자랑하고 싶었지만, 실망만 돌아온다. 하지만 아이는 나부댕이를 있는 그대로 인정해주겠다고 마음먹는다. 반려동물 나부댕이를 사랑하기 때문이다.

아이들은 칭찬받는 것을 좋아한다. 어른들에게 혹은 친구들에게 인정받고 싶기 때문이다. 나부댕이에게 자랑거리가 없어도 사랑해주었던 주인공은 마치 자녀를 조건 없이 사랑해주는 부모의 모습 같다. 우리는 각자 소중한 존재이다. 다른 사람들에게 자랑할 거리가 있어야만 소중한 것은 아니다. 나부댕이 이야기를 통해 있는 모습 그대로 인정해주고 인정받는 아이가 되기를 바란다.

아이와 생각을 나누는 질문
Q. 아이는 왜 나무늘보를 반려동물로 골랐나요?
Q. 장기자랑 시간이 끝난 후 아이는 어떤 기분이었을까요?

🏆 2015 샬롯 졸로토 상, 행복한아침독서 추천

#인정 #반려동물

059

나도 처음부터 이렇게 삐딱했었던 건 아니야.

나쁜 씨앗

조리 존 글, 피트 오즈월드 그림, 김경희 옮김, 길벗어린이, 2018

아이의 마음에 귀를 기울이고 위로해주세요

"삐뚤어지고 싶을 때도 있지만, 사실 ... 내 마음은 이랬다저랬다 해!"라고 이야기하는 천방지축 말썽꾸러기의 진짜 속마음을 들여다보는 그림책이다. 나쁜 씨앗은 감정을 표현하는 것이 서툴러서 자기도 모르게 삐딱하게 행동하거나 반항한다. 나쁜 씨앗이 들려주는 이야기에 귀를 기울이다 보면 아이의 마음을 이해하게 된다. 말썽꾸러기 우리 아이를 더 깊이 사랑하는 마음을 가질 수 있습니다.

『나쁜 씨앗』은 세상에서 넘어지고 부딪히고 실수하면서 조금씩 자라나는 우리 아이의 성장 이야기이다. 아이들은 나쁜 씨앗이 그랬던 것처럼 다양한 방법으로 세상과 부딪히고 소통하면서 스스로 자기만의 길을 찾게 된다. 자녀와 함께 읽으면서 언제 화가 나는지, 말썽을 부리고 나면 어떤 기분인지 감정에 대해 솔직하게 이야기를 나누어보자. 자신의 기분을 잘 알고 표현하는 사람은 다른 사람의 마음과 입장도 이해할 수 있다. 이 책은 가족과 함께 감정을 잘 표현하는 방법에 관해 이야기를 나누고 배울 수 있다.

아이와 생각을 나누는 질문
Q. 나는 언제 나쁜 씨앗처럼 삐딱해지나요?
Q. 나쁜 씨앗이 착해지려고 노력할 때 어떤 말을 해주고 싶나요?

 행복한아침독서 추천

#위로 #응원 #관심 #수용 #사랑

060

"아파트도 좋지만
이런 동네도 있어야 하는 거 아니냐고"

나의 사직동

김서정 글, 한성옥 그림, 보림, 2003

지키고 싶은 소중한 것들에 대한 향수를 간직한 나의 사직동

옛 모습을 잃어버린 사직동에 대한 아쉬움, 재개발로 보금자리를 잃은 사람들에 대한 안타까움, 어릴 적 살던 집과 동네에 대한 향수를 어린아이의 눈으로 담담하게 이야기한다. 사실감을 살리기 위해 사진과 그림을 합성한 삽화가 돋보인다. 주인공의 집과 마당은 담쟁이넝쿨과 이끼 묻은 기와지붕이 70년 세월의 흔적을 간직하고 있다. 옛일을 생생하게 기억하는 정미네 할머니, 채소 말리는 게 취미인 나물 할머니, 파마 아줌마, 스마일 아저씨, 해장국 집 아줌마, 슈퍼 아저씨, 재활용 아줌마와 아저씨는 정겨운 터줏대감들이다.

재개발로 동네가 해체되어 가는 과정에서의 갈등과 안타까움을 녹여냈다. 사직동 아파트 건설 현장에서 굴착기가 땅을 파는 것을 보며 화자는 "내 마음에 구덩이가 푸욱 파이는 것 같고, 쇠갈퀴가 뱃속을 긁는 것 같은" 심정을 느낀다. 재개발이 끝나고 다시 돌아온 사직동은 같이 놀던 아이들이 보이지 않고, 개 짖는 소리도 들리지 않는다. 화자의 사직동은 사라져 버렸지만, 소중한 추억의 장소이자 영원히 간직하고픈 고향 사직동을 그림책에서 만날 수 있다.

아이와 생각을 나누는 질문
Q. 나에게 가장 의미 있는 장소는 어디인가요?
Q. '나의 사직동'처럼 되살리고 싶은 공간과 시간이 있나요?
Q. 재개발 과정에서 얻은 것은 무엇이고, 잃은 것은 무엇인가요?

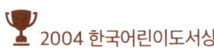 2004 한국어린이도서상

#사직동 #고향 #향수 #재개발 #집

061

맘마, 엄마…, 맘마

나의 엄마

강경수 글·그림, 그림책공작소, 2016

엄마를 부르는 그 모든 순간

아이가 태어나 처음 배우는 말, 맘마. 아이가 성장하면서 엄마를 부르는 순간들. 아이는 성인이 되고 엄마를 떠나보낸다. 그리고 작은 생명이 찾아와 엄마가 되는 순간까지 부모 세대와 다음 세대를 잇는 모든 엄마를 그린 그림책이다.

그림책에 나오는 단어는 딱 2개다. 맘마와 엄마. 그러나 첫 장면과 마지막 장면에서 나오는 '맘마'를 제외하고 중간에 나오는 '엄마'는 다 다르게 읽힌다. 때로는 간절하게 때로는 단호하게 때로는 화난 어투로 읽게 되는 엄마라는 두 글자. 이렇게 다르게 읽히는 것은 오롯이 그림의 역할이다. 글자 수만큼 그림도 채색도 간결하지만, 그림책에서 느끼는 엄마의 사랑은 깊고 따뜻하며 무한하다.

갓난아이로 태어나서 엄마가 되기까지 장면들을 보면서 책을 읽는 아이는 어린 시절의 엄마도 자기와 같은 감정과 마음을 가졌다는 것을 알게 될 것이다. 그 알아차림으로 엄마라고 부르는 모든 순간, 엄마의 사랑을 느낄 수 있다. 그리고 그 사랑은 멈추지 않아 끝없이 흐르는 강과 같고, 넓고 깊어 바다와 같음을 느끼게 한다.

아이와 생각을 나누는 질문
Q. 본문에 나오는 '엄마' 글자체는 왜 다 다를까요?
Q. 표지 제목을 점과 선으로 표현한 이유는 무엇일까요?
Q. 우리 엄마가 내게 빛났던 순간은 언제였나요?

 2016 문학나눔 선정, 행복한아침독서 추천, 2017 한국그림책연감 추천

#엄마 #딸 #부모 #죽음 #탄생 #사랑

062

랄랄라 룰루룰루 나의 멋진 원피스.
랄랄라 룰루룰루 후후후.

나의 원피스

니시마키 가야코 글·그림, 황진희 옮김, 한솔수북, 2020

주변을 담아내는 원피스

토끼는 하늘에서 떨어진 새하얀 천으로 원피스를 만들어 입는다. 랄랄라 룰루룰루 콧노래를 부르며 꽃밭으로 놀러 가는데, 가는 곳마다 무지개, 노을, 별로 변하는 신기함에 토끼는 마냥 행복하다. 토끼의 원피스 무늬는 어떤 때는 꽃밭으로, 빗방울로, 풀씨로 바뀌고, 하늘을 나는 새 무늬로 변해서 토끼가 하늘을 날기도 한다.

이 책은 어린 독자들이 입고 있는 옷무늬가 주변과 같은 무늬로 변하는 신기한 즐거움을 준다. 아이가 그린 듯이 단순하면서도 앙증맞은 토끼 모습에 아이들은 더욱 친근함을 느낄 수 있다. 1969년에 출간된 이후로 독자들에게 꾸준히 사랑받은 하얀 토끼 캐릭터는 인형과 머그잔 등 각종 굿즈로 만들어질 정도로 인기를 누렸다.

아이들이 쉽게 따라 그릴 수 있는 그림이라 꼭 잘 그려야 한다는 부담감을 덜어줄 그림책으로 그림에 자신이 없는 아이들에게 적극 추천한다. 하얀 토끼가 만든 원피스를 입고 펼치는 멋진 패션쇼를 감상하며 즐거운 상상의 세계를 경험하게 해줄 것이다.

아이와 생각을 나누는 질문
Q. 내가 바라보는 장면이 입고 있는 옷 무늬로 변한다면 어떤 마음일까요?
Q. 그림책의 원피스 무늬 중 가장 맘에 드는 것은 무엇이고, 그 이유는 무엇인가요?
Q. 이 그림책에 어떤 무늬의 원피스를 추가하고 싶나요?

 『조그만 노란우산』으로 산케이 아동출판문화상, 『그림을 좋아하는 고양이』로 고단샤 출판문화상 그림책상 수상

#무늬 #원피스 #패션쇼 #토끼 #자연 #일본_그림책

063

"클라우디아가 어른이 되면 진짜 이 집을 볼 수 있을까?"

나의 집, 너의 집, 우리의 집

루카 토르톨리니 글, 클라우디아 팔마루치 그림, 이현경 옮김, 웅진주니어, 2022

나의 집은 어떤 모습일까?

그림책 속 아이들의 집과 삶은 모두 다르다. 어떤 아이는 극장이 있는 건물에 집이 있기도 하고, 어떤 아이는 호텔에서 산다. 가족이 많아 늘 활기찬 집이 있고, 반대로 잿빛의 쓸쓸한 집도 있다. 마지막에서는 저자가 자신의 어린 시절 꿈이 가득 담긴 집을 소개하며 마무리한다.

'집'이라는 개념에는 함께 살아가는 가족, 집을 구성하고 있는 각종 물건, 집 자체가 풍기는 분위기 등 여러 의미가 포함된다. 따라서 집의 모양, 크기, 함께 사는 가족, 분위기가 모두 다르듯 살아가는 모습은 모두 다르고, 아이마다 각자의 집에서 갖게 되는 꿈도 다르다.

'집'이라는 소재를 통해 아이와 물리적 공간, 꿈과 감정을 담는 심리적 공간의 측면에서 다양하게 생각의 가지를 뻗어나갈 수 있다. 아이와 함께 읽으며 가족 구성원 측면에서 다양한 형태의 가정에 대해, 감정을 담는 심리적 공간을 드러낸 잿빛의 집을 보며 현재의 감정을 공유할 수 있다. 혹은 책의 마지막에 등장한 저자의 어린 시절 꿈이 담긴 집을 보며 나의 꿈이 가득 담긴 집에 대해 생각해볼 수 있다.

아이와 생각을 나누는 질문
Q. 나의 꿈을 상상해봅시다. 그 꿈을 이룬 나의 집은 어떤 모습일까요?
Q. 나의 감정이 담긴 마음 속 집은 지금 어떤 모습인가요?
Q. 작가는 왜 마음을 집에 빗대어 표현했을까요?

2016 볼로냐 라가치상 스페셜 멘션 수상작

#집 #가치관 #가족 #삶 #기억 #꿈 #나

064

"정말 곰이라면 그 사실을 나한테 증명해야 하네"

난 곰인 채로 있고 싶은데…

요르크 슈타이너 글, 요르크 뮐러 그림, 고영아 옮김, 비룡소, 1997

내가 나를 증명하는 방법

곰이 겨울잠을 자는 동안 숲에 공장이 세워지면서 이야기가 시작된다. 봄에 깨어난 곰은 자신이 진짜 곰이라고 주장하지만, 공장 직원들은 곰의 말을 믿지 않는다. 심지어 동물원과 서커스단으로 데려가서 곰이란 것을 증명하라 한다. 하지만 그곳에서도 곰이 아니라고 주장되며, 곰은 결국 공장에서 일하기로 한다. 다시 겨울이 찾아오고 곰은 계속 졸다가 공장에서 해고를 당한다. 곰은 방황하며 숲으로 들어가 "무언가 중요한 것을 깜빡했던 것 같은데, 그게 뭐였더라?"라고 되뇌며 동굴로 들어가 이야기가 마무리된다.

이 이야기는 겨울 동안 잠자는 곰이 숲을 잃게 되는 상황을 통해서 아이들에게 야생 동물과 자연 서식지의 보존이 얼마나 중요한지를 알려준다. 또한, 주인공 곰이 자신이 진짜 곰임을 증명하려고 노력하는 모습을 통해 아이들은 자신의 자아정체성과 개성에 대해 생각해보고, 다른 사람의 기대에 부응하는 것보다 스스로가 누구인지 깨달아야 한다는 중요한 교훈을 얻을 것이다.

> **아이와 생각을 나누는 질문**
> Q. 내가 만약 곰이었다면, 어떻게 곰인 것을 증명할 수 있을까요?
> Q. 동굴로 들어간 곰은 나중에 어떻게 되었을까요?
> Q. 숙소의 주인은 주인공 곰이 곰이란 것을 알아챌 수 있었을까요?

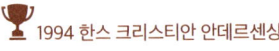 1994 한스 크리스티안 안데르센상

#자아 #자연파괴 #환경문제 #정체성

065

"우리는 교양있는 동물들이야"

난 무서운 늑대라구!

베키 블룸 글, 사스칼 비에 그림, 아기장수의 날개 옮김, 고슴도치, 1999

우리는 왜 책을 읽을까요?

한 마을에 무서운 늑대가 나타났다. 배고픈 늑대는 농장의 동물들이 모여 책을 읽는 장면을 보며 변화한다. 처음에 늑대는 농장에 무서운 모습으로 뛰쳐들지만, 젖소와 돼지, 오리는 늑대를 무시하고 책에 몰두한다. 마음의 상처를 받은 늑대는 학교에서 글을 배우고, 도서관에서 많은 책을 읽는다. 그리고 책방에서 한 권의 책을 사서 열심히 읽는다. 이런 변화를 겪은 늑대를 농장의 동물들은 이야기꾼으로 칭찬하며 친구가 된다.

이 책은 면지를 통해 아이들의 호기심을 자극한다. 앞 면지에서는 늑대의 등장에 마을 사람들이 두려움을 느끼지만, 뒷 면지에서는 늑대를 중심으로 밝은 표정을 지은 아이들이 몰려 있다. 이렇게 대비된 장면들은 무슨 일이 일어났을지 궁금증을 불러일으킨다.

또한, 늑대는 독서를 통해 자신을 변화시키고 성장하는 과정을 거친다. 이러한 변화는 아이들에게 책을 읽는 의미와 독서의 가치를 전달한다. 학교와 도서관을 통해 교양을 쌓는 것이 인생을 풍요롭게 만드는 중요한 요소임을 강조하며, 독서는 자신의 역량을 향상시키고 다양한 경험을 얻을 수 있는 수단임을 알게 될 것이다.

아이와 생각을 나누는 질문
Q. 농장을 찾아가는 늑대의 행동은 왜 변화되었을까요?
Q. 책을 읽으면 어떤 점이 좋을까요?
Q. 마지막 장면에서 늑대는 마을 아이들에게 어떤 이야기를 해주었을까요?

#책 #교양 #독서 #방법

066

"우아, 넌 정말 커다란 털북숭이 곰이구나!"
하지만 난 한스이기도 해.

난 커다란 털북숭이 곰이다

야노쉬 글·그림, 조경수 옮김, 시공주니어, 2003

너는 커다란 털북숭이 곰으로 무엇을 하고 싶었니

커다란 곰이 빨간색 조그만 의자를 들고 있다. 한스는 엄마가 자신을 화나게 하거나 잔소리를 하면 "수리수리 마수리, 난 커다란 털북숭이 곰이다"라고 주문을 외우고 커다란 곰이 되어서 밖으로 나간다.

아이들이 하고자 할 때 어른들은 잔소리를 하며 앞을 막아선다. 아이들은 자기만의 세상으로 들어가 놀고 싶을 때 놀고, 자동차도 마음대로 운전하고, 더 높은 곳으로 올라가서 스릴도 느껴보며 마음껏 세상의 즐거움을 느껴본다. 아이는 친구 앞에서 가장 멋지고 힘센 존재이고 싶고, 자기 마음대로 다스릴 수 있는 세계에서도 참 영웅의 모습을 잃지 않는다. 친구를 소중히 여기고, 나보다 약한 이를 존중하고, 환경을 보호한다. 그러나 이 모든 즐거움에도 가장 돌아오고 싶은 곳은 엄마와 가족, 친구들이 있는 공간이다.

세상이 자기 뜻대로 되지 않지만, 언제나 함께해주는 친구 페터 프레제와 다정한 여자 친구 푸티가 있어 한스가 다시 돌아올 수 있었던 것이 아닐까? 내 마음을 알고 안아주는 가족과 위로해주고 함께해주는 친구가 필요하다는 것을 말해준다.

아이와 생각을 나누는 질문
Q. 변신 후 가장 먼저 하고 싶은 일은 무엇인가요?
Q. 우리 가족을 변신시킨다면 무엇으로 변신시켜 주고 싶은가요?

 초등 교과서 수록, 중앙일보·국민일보·서울신문 추천

#친구 #상상력 #놀이 #자존감

067

"혹시 이걸 토마토로 안 건 아니겠지? 그치, 오빠?"

난 토마토 절대 안 먹어

로렌 차일드 지음, 조은수 옮김, 국민서관, 2007

편식은 안돼

롤라는 아주 까다롭고 고집 센 꼬마이다. 그녀는 편식이 아주 심하다. 그런데 엄마와 아빠가 오빠 찰리에게 롤라의 밥을 챙겨주라고 한다. 롤라는 식탁에 앉자마자 먹지 않을 음식을 말하기 시작한다. 당근, 콩, 감자, 버섯, 스파게티, 달걀, 소시지 등등. 특히 토마토는 절대 먹지 않겠다고 강조한다. 오빠 찰리는 롤라가 싫어하는 것은 우리 집에 하나도 없다고 말한다. 그리고 당근을 '오렌지뽕 가지뽕'이라고 알려준다. 롤라는 당근을 닮은 신기한 이름의 '오렌지뽕 가지뽕'을 한 입 베어 물고는 "맛이 괜찮은데" 하며 한 입 더 베어 문다. 그렇게 찰리는 롤라가 싫어하는 음식들에 새로운 이름을 붙여 롤라의 호기심을 자극하여 그동안 롤라가 먹지 않던 것들을 다 먹게 한다. 마지막 토마토는 롤라가 직접 달라고 한다. 토마토의 다른 이름은 어떻게 지었을까?

콜라주 기법의 그림이 아이들의 호기심을 끌어당긴다. 이 책을 읽으며 그동안 싫어했던 음식들에 다른 이름을 붙이며 관심 가져 보면 편식이 없어지지 않을까?

아이와 생각을 나누는 질문
Q. 책에 나온 당근, 토마토, 콩, 감자, 생선튀김의 다른 이름은 무엇인가요?
Q. 내가 싫어하는 음식에 어떤 이름을 붙일 수 있을까요?

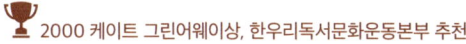 2000 케이트 그린어웨이상, 한우리독서문화운동본부 추천

#편식 #토마토 #남매

068   형이 대체 뭔데?

난 형이니까
후쿠다 이와오 글·그림, 김난주 옮김, 아이세움, 2002

나도 동생이고 싶어

유이치는 아무것도 모르는 말썽꾸러기 동생 다카시 때문에 힘들고, "넌 형이잖아"라고 하는 엄마의 말 때문에 속상하다. 유이치는 어느 날 다카시가 행방불명됐다는 엄마의 편지에 동생이 없으면 엄마의 사랑을 더 받을 거라고 생각하는 대신 다카시를 걱정한다.

"형이니까, 그 정도는 참아야지"라는 엄마 말에 유이치는 동생에 대한 부글거리는 마음에 꽁꽁 언 팥빙수가 부글부글 끓는 꿈마저 꿀 정도다. 동생이 태어나자마자 평생 형이 됐으니 얼마나 원통할까. 어린 동생이 형 나이가 되어도 달라지는 건 없다. 형과 동생은 내내 평행선이다. 동생을 걱정하는 마음에 좋아하는 초코파이를 그대로 두고 유이치가 '난 형이니까'라고 고백하는 모습에서 단단해진 형의 의젓함이 보인다. '많이 컸구나. 역시 형은 형이야'라는 생각이 든다. 동생은 성가신 존재이면서도 감싸고 싶은 또 하나의 '나'이기 때문이 아닐까.

이 책은 형이 겪는 슬픔, 응석받이 동생을 둔 형의 답답한 심정을 잘 보여준다. 동생의 소중함과 형제의 관계를 잘 표현했다. 동생을 가진 형의 마음속 갈등을 잘 보여준다.

아이와 생각을 나누는 질문
Q. 형제나 자매가 없고 외동이라면, 아이는 더 행복할까요?
Q. 형제나 자매가 있어 행복할 때는 언제일까요?
Q. 엄마, 아빠가 형과 동생을 어떻게 대해주면 좋을까요?

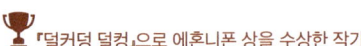「덜커덩 덜컹」으로 에혼니폰 상을 수상한 작가

#말썽장이 #미움 #동생 #형 #질투

069 낱말들은 반짝이는 보석처럼 날아갔어요.

낱말 공장 나라

아네스 드 레스트라드 글, 발레리아 도캄포 그림, 신윤경 옮김, 세용출판, 2009

사랑의 언어

공장에서 만든 낱말을 돈을 주고 사서 삼켜야만 말을 할 수 있는 나라가 있다. 부자는 하고 싶은 말을 마음껏 할 수 있지만, 가난한 사람들은 말을 아껴야 한다. 낱말을 살 돈이 없는 필레아스는 시벨에게 사랑을 전하고자 소중한 세 낱말로 마음을 표현하는데, 수중에 낱말이 하나도 없는 시벨은 필레아스에게 어떻게 좋아하는 마음을 전달할까?

우리는 다른 사람에게 자기 생각을 말로 표현하며 관계를 이어간다. '말'이란 일방적이지 않아야 하며, 서로 마주하여 주고받는 대화여야 한다. 말로 소통하는 것이 힘들어 SNS를 이용하는 사람이 많다고 하는데, 몸을 마주하고 얼굴을 바라보고 눈빛을 교환하면서 말로 서로를 이해해야 한다.

'한번 뱉은 말은 주워 담을 수 없다'라는 속담이 있다. 내 입장만 생각하고, 상대를 배려하지 않고 말하고 나서 뒤돌아 후회하는 경우를 말한다. 점점 문자메시지와 통신 대화로만 소통하는 아이들이 이 책을 읽고 말과 언어의 소중함을 알고 친구와 즐거운 소통으로 좋은 관계를 이어 나가기를 바란다.

아이와 생각을 나누는 질문
Q. 돈을 주고 낱말을 사게 된 이유는 무엇일까요?
Q. 말하고자 하는 낱말이 없을 때 대신할 수 있는 건 무엇일까요?

🏆 행복한아침독서 추천, 어른의그림책 추천

#낱말 #돈 #가난 #부자 #소중함 #쓰레기 #공장

070

"처음으로 리키도, 친구들도 모두 똑같아졌답니다!"

내 귀는 짝짝이

히도 반 헤네흐텐 글·그림, 장미란 옮김, 웅진주니어, 1999

남들과 다른 점들을 스스로 인정할 때 건강한 사람이 될 수 있어요

다른 사람과 똑같은 것을 갖고 있어도 남의 것보다 내 것이 한참 부족해 보이고 작아 보일 때가 있다. 이럴 때는 부족해 보이는 것에 나도 모르게 집중하게 되고 그 마음은 거대해져 어느 순간 거대한 단점만을 가진 나만 남게 된다. 이 그림책은 토끼의 귀를 활용해 같은 귀일지라도 각자의 개성을 띤 다른 모습일 수 있다는 것을 알려준다. 부족하게 느껴지는 나의 한 부분을 스스로 건강한 시선으로 바라볼 때, 단점이라 느끼는 것을 비로소 극복할 수 있다는 것을 보여준다.

또 타인과 내가 다르게 보이는 것들을 나와 다르다는 이유로 놀리고 배척하는 것이 아니라 인정하고 존중할 때 우리 사회가 '함께'라는 이름으로 건강한 사회로 거듭날 수 있다는 것을 알려준다. 타인과 다르다고 느껴지는 나의 일부분을 더 이상 숨기고 감춰야 하는 것이 아니라 나 자신부터 인정하고 다양한 것의 하나로 존중해줘야 하는 것임을 말하고 있다. 다양성의 존중을 쉽게 풀어 얘기하기 좋아 저학년부터 시작해 외모에 관심이 많아 친구들과 자신을 많이 비교하는 고학년까지 모두가 읽기 좋은 그림책이다.

아이와 생각을 나누는 질문
Q. 나에게 리키와 같은 짝짝이 귀는 무엇이었나요?
Q. 나의 짝짝이 귀라고 생각하는 부족한 부분을 극복할 방법에는 어떤 것이 있을까요?

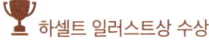 하셀트 일러스트상 수상

#단점 #다양성 #인정 #극복 #존중

071

"내 꼬리! 괜히 걱정했잖아!"

내 꼬리

조수경 글·그림, 한솔수북, 2008

지금 하고 있는 걱정이 괜한 걱정일 수 있어요

자고 일어난 지호는 갑자기 생겨난 꼬리 때문에 당황스럽다. 학교에 가는 내내 꼬리 때문에 친구들에게 놀림을 받을까 봐 걱정이 이만저만이 아니다. 이처럼 콤플렉스에 대한 생각이나 걱정은 하면 할수록 깊어지고 자신감의 상실로 이어져 내 마음이 나도 모르게 쪼그라들어 작아진다.

다른 사람을 의식하고, 남들과 내가 다르다고 생각하는 점 때문에 놀림거리가 되지 않을까 하는 걱정은 마치 지호의 꼬리와 같다. 걱정하면 할수록 커지는 지호의 꼬리처럼 우리의 걱정도 하면 할수록 커진다. 그림책의 끝에는 주인공 지호가 걱정하던 꼬리는 결국 별것이 아닌 일이 된다. 걱정하던 일은 결국에는 걱정을 그렇게 많이 하지 않아도 되는 일이었는데 괜스레 내가 걱정한 일이 되었다. 끝에는 알고 보면 걱정하지 않아도 되는 작은 일임에도 불구하고 나에게는 한없이 크게 보이고 전전긍긍하게 되는 요소가 되는 것이다. 걱정이 많은 아이들이 지호처럼 '괜히 걱정했네' 하며 훌훌 마음의 짐을 덜어낼 수 있게 평소 걱정이 많은 아이들에게 추천해주고 싶은 그림책이다.

아이와 생각을 나누는 질문
Q. 지호의 꼬리와 같은 것이 나에게도 있나요?
Q. 지호의 꼬리는 나중에 어떻게 될까요?
Q. 내 마음 속에 걱정 많을 때 걱정을 줄이는 방법에는 무엇이 있을까요?

🏆 열린어린이 추천, 고래가숨쉬는도서관 추천, 2014년 '아빠와 함께 그림책 여행' 추천

#걱정 #콤플렉스 #극복 # #자신감

072 오웬은 뿌뿌를 너무너무 사랑했어요.

내 사랑 뿌뿌
케빈 헹크스 글·그림 이경혜 옮김. 비룡소, 1996

나의 뿌뿌가 새롭게 변화되었습니다

오웬은 노란 담요 뿌뿌를 너무 좋아해서 어디에나 가지고 다닌다. 오웬과 뿌뿌 사이에 큰 위기가 닥쳐온다. 엄마와 아빠는 걱정이 되어 담요를 뺏으려고 하지만 쉽지 않다. 며칠 뒤에 학교를 가야 하기 때문이다. 결국, 엄마는 담요를 잘라서 손수건을 만들어주고 오웬은 손수건 뿌뿌를 가지고 다닌다.

아이들은 어릴 때 쓰던 자기만의 물건에 집착한다. 아이는 집착하는 물건에서 편안감과 안정감을 얻는다. 우리 아이는 어떤 물건에 집착하나? 엄마와 아빠의 어릴 적 뿌뿌는 무엇이었는지, 그 물건을 통해서 엄마와 아빠는 어떤 마음이 되었는지 자녀와 이야기를 나누어 보면 아이의 마음을 이해할 수 있을 것이다. 아이의 뿌뿌와 엄마(아빠)의 뿌뿌를 그려보고 서로 이야기를 나누어보는 것도 좋다.

엄마의 어린 시절 이야기가 자녀에게는 흥미로 다가오고 '엄마도 나랑 똑같구나!'라는 안심이 생겨서 그 물건에 집착하는 시간이 조금씩 짧아질 것이다. 엄마가 나를 이해한다고 생각하니 자녀는 기분이 좋아질 것이다. 아이들의 애착 물건에 대한 불안감과 이를 극복하는 이야기를 재치 있게 풀어낸 그림책이다.

아이와 생각을 나누는 질문
Q. 뿌뿌를 생각하면 어떤 기분이 드나요?
Q. 뿌뿌와 헤어지고 현재 새롭게 만난 제2의 뿌뿌가 있나요?

 어린이문학상 수상, 1996 칼데콧 아너상

#애착_대상 #대치 #포근함

073

"이 곰 인형이랑 내 동생 인형이랑 바꿀래?"

내 인형이야

셜리 휴즈 글·그림, 조숙은 옮김, 보림, 2003

가족 그리고 사회집단에서 배우는 가치들

데이브가 잃어버렸던 애착 인형 '몽이'를 다시 만나는 과정에서 가족의 관심과 사랑이 고스란히 전해지는 그림책이다. 사라진 몽이를 찾아 엄마와 누나는 집 안 구석구석 뒤지고, 퇴근 후 돌아온 아빠는 창고와 뜰까지 찾아본다. 데이브가 가족에게 얼마만큼 존중받고 있는지 엿볼 수 있다. 그리고 동생을 위해 자기 것을 기꺼이 내어주는 누나의 넉넉한 마음이 흐뭇한 미소를 짓게 한다.

가족은 가장 기초적인 사회집단이다. 가족 안에서 아이는 사회생활에 필요한 기본적인 기술을 배우고 연습할 수 있다. 특히, 타인의 슬픔을 알아차리고 반응하며 함께 해결해주려는 마음을 가족 공동체에서 배울 수 있다.

학교 바자회를 통해 물건을 나눠 쓰는 장면에서 내게는 쓸모가 사라진 물건이 다른 사람에게는 가치가 있는 물건이 될 수 있음을 보여준다. 물질적으로 풍부한 시대인 요즘 잃어버린 물건을 찾기 위해 애쓰는 사람은 드물다. 심지어 쓸 만한데도 버리고 새로 사는 일이 허다하다. 그림책은 유한한 자원의 활용과 지구 환경보호 차원에서 아이들과 나눠야 할 이야깃거리를 제공해준다.

아이와 생각을 나누는 질문
Q. 데이브에게 몽이는 어떤 존재일까요? 몽이를 잃어버렸을 때 데이브는 어떤 마음이었을까요?
Q. 어떨 때 가족에게 존중받고 있다고 느끼나요?

 1997 케이트 그린어웨이상

#곰돌이 #애착인형 #아나바다 #나눔 #재활용 #가족 #사랑 #우애 #존중

074

"정말 내 탓이 아닐까?"

내 탓이 아니야

레이프 크리스티안손 글, 딕 스텐베리 그림, 김상열 옮김, 고래이야기, 2023(2007)

옳지 못한 일에 대한 침묵은 동의와 같습니다

교실에서 한 친구를 대상으로 일어난 괴롭힘에 관한 이야기를 담고 있다. 한 친구는 울고 있고 여러 명의 친구가 돌아가면서 자신이 목격한 상황과 자기 입장에 대해 말한다. '겁이 나서', '혼자여서' 등 다들 자기만의 이유를 들며 하나같이 '내 탓이 아니야'라고 말한다. 모두가 같이 때렸기 때문에, 그 행동을 한 것에 각자 자기만의 이유가 있다고 한다면 정말 다들 아무런 책임이 없게 되는 것일까? '정말 내 탓이 아닐까?'라고 질문하며 책은 끝이 난다.

실제 가해자가 아닌 옆에만 있었다고 해서, 지켜보기만 했다고 해서 책임을 피할 수 있는 것은 아니다. 옳지 못한 일에 대한 침묵은 일어난 상황의 동의일 수 있다. 나만 아니면 괜찮다는 생각으로 문제를 방관하고 지나치는 순간 문제는 더욱 커지게 된다.

내 탓이 아니라는 식으로 문제를 마음에서 밀어내는 것이 아니라 잘못을 바로잡기 위해 외칠 수 있는 용기와 건강한 사회를 만들어나가기 위한 책임감이 필요하고 함께 해나가야 하는 것임을 아이들에게 알려주는 그림책이다.

아이와 생각을 나누는 질문
Q. 그림책 속 교실에서 벌어진 이 일은 누구의 책임일까요?
Q. 내가 피해 학생일 때, 친구들이 모두 자기 탓이 아니라고 말한다면 어떤 마음이 들까요?

🏆 그림책박물관 추천, 2019년 '100권의 그림책' 추천, 2021년 그림책 BASIC 추천

#친구 #왕따 #책임 #괴롭힘 #학교폭력

075

네 꼬마 토끼를 찾게 되어서 너무 기뻐!

내 토끼 어딨어?

모 윌렘스 글·그림, 정회성 옮김, 살림어린이, 2008

꼬마 토끼가 바뀌었어요!

뉴욕 브루클린 프로스펙트 공원 어스름한 어둠 그리고 그것을 밝히는 가로등, 책 양쪽 끝에 새끼손톱만 한 잠옷 바람으로 아이들 손을 잡고 내달리는 아빠들의 모습이 담긴다. 이 애잔하며 코믹한 현실을 어둠이 깔린 도심 속 질주 모습이 무엇을 말하고 있는 것일까? 도심 한복판의 야심한 시간 인형 교환식이 이루어진다. 서로의 세상 소중한 진짜 토끼 인형을 받아들고 행복한 표정을 짓고 있는 트릭시와 소녀. 내가 가장 애착하는 인형, 이 인형으로 위로를 받고 편안함과 행복함을 누린다.

시간이 지나고 몇 번인지도 모를 위기를 경험하며 겪게 되는 나의 성장통은 이 애착 인형으로 이겨내며 위로와 마음의 평안을 얻게 된다. 아이는 이 인형을 친구라고 여긴다. 이 친구를 잃어버리고 되찾는 과정의 일을 겪으며 상대의 마음에 공감하는 방법을 깨닫게 된다. 나에게 소중한 것이 있듯 상대도 소중한 것이 있고 그것을 대하는 마음은 서도 같은 크기라는 걸 받아들입니다. 서로의 마음을 공감된 아이들이 정말 친구가 되는 것은 아마도 당연한 것 아닐까 하는 생각이 든다.

아이와 생각을 나누는 질문
Q. 트릭시처럼 나에게 너무도 소중하게 여기는 애착 물건이 있나요?
Q. 애착물건을 잃어버린다면 어떤 마음이 들까요?
Q. 다른 친구의 애착 물건이 나와 같으면 어떤 이야기를 나눌 수 있을까요?

🏆 2008 칼데콧 아너상. 뉴욕타임즈 선정 베스트셀러, 한겨레신문 '서천석의 내가 사랑한 그림책', 2007년 학부모 추천 도서, 미국도서관협회 '가장 주목할 만한 책', 2007 스쿨 라이브러리 저널 최고의 책 외

#친구 #우정 #놀이 #편견 #애착인형 #역지사지 #성장 #이해

076

"아가야, 아빠는 달까지 갔다가, 다시 돌아오는 길만큼 널 사랑한단다."

내가 아빠를 얼마나 사랑하는지 아세요?

샘 맥브래트니 글, 아니타 제람 그림, 김서정 옮김, 배틀북, 1997

얼만큼? 이만큼!

아기 토끼가 잠들기 전, 아빠에게 자신이 아빠를 얼마나 사랑하는지 아느냐고 물어보며 이야기가 시작된다. 첫 장면부터 마지막 장면까지 끊임없이 자신의 사랑이 얼마나 큰지 서로 고백하는 아기 토끼와 아빠 토끼의 모습이 사랑스럽다.

아이들은 엄마와 아빠가 자기를 얼마나 사랑하는지 늘 궁금해한다. 늘 사랑을 확인하고 싶어 하는 아이에게, 아이의 눈높이에서 이해할 수 있도록 그려낸 그림책이다. 큰 글자와 대화체로 구성되어 있어 이제 막 한글을 떼고 읽기 시작한 아이와 번갈아 읽기 좋다. 굵은 글씨로 된 '이만큼'을 큰 소리로 강조해서 읽을 때 재미도 더욱 커진다.

대부분의 그림책이 엄마와 아이의 관계에서 이야기를 풀어나가는데, 이 책은 아빠와 아이를 중심으로 이야기를 전개하여 좀 더 특별하게 느껴진다. 아기 토끼와 아빠 토끼가 잠들기 전 대화를 나누는 것처럼, 잠들기 전에 아이에게 읽어주기 좋은 그림책이다. 아빠는 달나라에 갔다가 돌아오는 길만큼 아이를 사랑한다는 마지막 장면에서 아이를 꼬옥 안아준다면 사랑하는 마음이 온전히 전달될 것이다.

아이와 생각을 나누는 질문
Q. 나는 아빠(엄마)를 얼만큼 사랑하나요?
Q. 사랑을 표현하는 방법에는 어떤 것이 있을까요?
Q. 가족과 '사랑한다'는 말을 나누는 시간은 언제가 좋을까요?(예, 아침, 낮, 저녁, 잠들기 전)

 1994 Kunt Maschler 상, 어린이책 일러스트레이터 상, 1994 영국 도서상 수상

#아빠와_아이 #잠들기_전 #사랑 #부모 #표현

077

빨리 좀 걸어! 시간이 없어.

너 왜 울어?

바실리스 알렉사키스 저, 장-마리 앙트낭 그림, 전성희 옮김, 북하우스, 2009

지금 나는 아이에게 어떤 말투로 이야기하고 있나요?

표지에 기다랗고 뾰족한 새빨간 손톱의 손가락, 그것이 향하고 있는 건 주눅 든 작은아이가 보인다. '자녀 교육 그림책'이라는 부제를 달고 있는 이 책의 제목은 '너 왜 울어?'이다.

어디선가 한 번쯤은 내 입을 통해 내 아이에게 들렸을 말들… 아이의 행동, 아이의 모습에서 화가 나기 시작하면 부모도 인간이어서 분별력이 흐려진다. 이 책은 그런 점을 정확히 집어내어 표현한 점이 탁월하다.

이 책의 특이한 점은 아이의 목소리가 전혀 없다는 것이다. 그저 엄마의 말만이 잔뜩 들어있을 뿐이다. 생각해보면 엄마도 일방통행으로 아이를 대하지 않았나 싶다. 좋지 않은 순간에도 판단력을 잃지 않고 아이를 대한다면 정말 훌륭한 엄마가 아닐까? 아이에게 던지는 질문들이 어떤 상처로 남을지 생각해보니 두렵기만 하다. 독이 되기도 하고 약이 되기도 하는 말, '나는 아이에게 어떻게 말을 쓰고 있는가?'를 한 번쯤 생각해보면 좋을 것 같다. 책을 통해 엄마가 이런 말을 했을 때 자녀가 하고 싶은 말을 적어보는 시간을 가지면 자녀의 마음을 잘 알 수 있을 것 같다.

아이와 생각을 나누는 질문
Q. 아이는 엄마에게 무슨 말을 하고 싶은가요?
Q. 아이가 엄마에게 듣고 싶은 말은 무엇인가요?

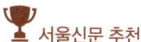 서울신문 추천

#말투 #상처 #배려 #수용 #존중

078
너는 단지 너라는 이유만으로 특별하단다.

너는 특별하단다
맥스 루케이도 글, 세르지오 마르티네스 그림, 아기장수의날개 옮김, 고슴도치, 2002

있는 그대로의 나를 사랑합니다

목수 아저씨 엘리는 웸믹이라는 작은 나무 사람들을 만든다. 웸믹은 금빛 별표와 잿빛 점표를 붙이며 서로 평가하는데, 금빛은 칭찬을 의미하고 잿빛은 실수를 뜻한다. 펀치넬로는 늘 실수를 해 잿빛 점표를 받게 되고 의기소침해진다. 그러던 어느 날 루시아를 만나는데, 그녀의 몸에 어떤 표시도 붙지 않은 걸 보고 놀란다. 루시아는 그 비결은 엘리 아저씨를 만나는 것이라 알려준다. 펀치넬로는 자기를 창조한 엘리 아저씨를 통해 자기 존재의 소중함을 깨닫는다.

우리는 매일 서로를 평가하고 점수 매긴다. 상대방에 대한 평가, 나에 대한 평가. 존재의 소중함은 온데간데없고, 능력, 외모, 조건으로 서열화한다. 인정받지 못한 사람은 우울해지고 자존감이 떨어진다. 타인의 평가는 그들의 몫이라지만, 나에 대한 비난과 자책감은 자신을 더 옥죈다.

자존감, 자기애를 이야기할 때 가장 좋은 그림책 중 하나이다. 나는 존재만으로도 인정받고 사랑받아도 마땅하다는 위안을 건넨다. 따뜻한 치유의 시간을 선물 받을 수 있을 것이다.

아이와 생각을 나누는 질문
Q. 나의 장점은 무엇인가요? 나의 단점은 무엇인가요?
Q. 나는 어떤 점이 특별한가요?
Q. 나는 왜 사랑받아 마땅한 존재라고 생각하나요?

 ECPA 골드메달리언상 수상 작가 작품

#자존감 #사랑 #종교 #자기애

079

"넉 점 반, 넉 점 반."

넉 점 반

윤석중 시, 이영경 그림, 창비, 2004

궁금한 게 많은 아이

아이는 엄마의 심부름으로 가겟집에 가서 시간을 물어본다. 시간을 잊지 않으려고 "넉 점 반, 넉 점 반"을 되뇌며 발걸음을 옮기는데, 시선을 이끄는 재미난 것들에 정신이 팔려 해가 져서야 집으로 돌아간다. 아이의 집 옆집이 가겟집인데 말이다. 한복을 입고 검정 고무신을 신은 아이, 옛 물건이 가득한 가겟집, 그 시절의 교복과 저녁 풍경은 요즘과는 달라 과거의 농촌 생활 모습을 이야기해주기 좋다. 반복되는 시구를 통해 운율을 알게 되고, 운율을 살려서 읽어주면 아이들은 동시의 맛을 저절로 느낄 수 있다. 책을 덮으면서 자신도 모르게 "넉 점 반, 넉 점 반"을 흥얼거리게 된다.

늦게 온 아이를 위해 밥 한 그릇을 미리 퍼 놓은 장면에선 엄마의 마음이 고스란히 느껴진다. 먹을 게 풍족하지 않았지만, 가족의 온기가 느껴지는 장면이다.

이 책은 아이의 얼굴을 통해 동심을 사랑스럽게 보여준다. 아이의 동심을 지켜주고 싶지만, 시간이 부족하다는 이유로 아이를 재촉하기만 한 것은 아니었을까? 아이에게 충분히 탐색할 시간을 주지 않은 건 아닌지 생각해볼 만하다.

아이와 생각을 나누는 질문
Q. '넉 점 반' 대신에 넣고 싶은 시간이 있나요? 이유는?
Q. 시간 가는 줄 모르고 놀다가 늦게 들어간 적이 있나요? 무엇에 집중하고 있었나요?

🏆 초등 국어 교과서 수록, 2004 문화체육관광부 추천, 2004 한국출판문화산업진흥원 청소년 권장도서

#동시 #동심 #우리_시_그림책 #농촌 #호기심

080

넌 기적 같은 선물이야.

네가 태어나는 날엔 곰도 춤을 추었지

낸시 틸먼 글·그림, 이상희 옮김, 내인생의책, 2009

놀랍고도 경이로운 탄생

산들바람은 아기가 태어났다는 소식을 모든 동물에게 노래로 전한다. 소식을 들은 동물들은 한 아기의 탄생을 축하하기 위해서 밤새 춤을 추고 노래를 부른다. 기러기들이 날아오고, 무당벌레들이 내려앉고, 달이 아침까지 머문다.

이 세상 만물이 아기의 작은 몸짓을 기다리며 아기가 태어난 날 밤이 더없이 멋지고, 근사했다고 표현한다. 시적인 아름다운 글과 미소 짓게 하는 그림으로 '나는 사랑 받으면서 태어났구나'라는 메시지를 독자에게 준다.

아이들은 자라면서 자신과 남을 비교하고, 부족함을 느껴 자존감이 낮아진다. 자존감이 낮은 아이가 '내가 할 수 있을까?' 하며 주저할 때 이 그림책은 아이들에게 자신의 탄생이 얼마나 놀랍고 경이로웠는지를 알려준다. 아이는 그림책을 보다가 책에 나오는 달님처럼 입가에 환한 미소를 지을 것이다. 부모님뿐 아니라, 온 세상이 기뻐해주고 축하해주었다는 것에 감사하며 용기 있게 삶을 헤쳐나갈 것이다. 자신이 특별하다는 생각을 하게 되면서도 나뿐 아니라 타인의 삶도 중요하다는 것을 알게 될 것이다.

아이와 생각을 나누는 질문
Q. 달님이 계속 미소를 짓는 이유는 무엇일까요?
Q. 내가 태어났을 때 북극곰은 왜 춤을 추었을까요?
Q. 누군가 나에게 "넌 기적 같은 선물이야"라고 한다면 기분이 어떨까요?

 초등 국어 교과서 연계도서, 행복한아침독서 추천, 조선일보 추천, 그림책박물관 추천, 아이가 태어난 집에 선물하고 싶은 책 1위, 아마존 최장기 베스트셀러, 뉴욕 타임스 베스트셀러, 2019년 100권의 그림책 추천, 2021년 그림책 BASIC 추천

#탄생 #기쁨 #감동 #자존감 #특별한 존재 #아기 #북극곰

081

노란 우산

류재수 글, 신동일 작곡, 보림, 2007

소리 없는 경쾌함

이 책은 그림만으로 이야기를 전달함으로 아이들의 창의력과 상상력을 자극한다. 길 위에 노란 우산 하나가 그려져 있는 표지를 보면, 고개를 갸우뚱하고 있을 꼬마 여자아이의 귀엽고 사랑스러운 표정을 상상하게 된다. 신동일 작곡가의 피아노곡이 수록되어 있어 배경음악을 들으면서 읽으면 빗방울이 마치 피아노를 두드리는 것과 같은 느낌이 든다.

노란 우산은 꼬마 여자아이 어깨에 기대어 있다. 꼬마는 마치 피아노 소리에 맞추어 종종걸음으로 나아가며 경쾌한 발걸음을 내딛는 듯하다. 잔잔히 비가 내리기 시작한 거리에 색색의 우산들이 속속들이 모여든다. 노란 우산은 또 다른 색의 우산들과 어울려 한 곳을 향해 간다. 작가는 색색의 우산과 주변 환경을 잘 어울리게 표현했다. 높은 곳에서 바라보는 시점으로 그림을 표현하여, 평온하고 멀리 퍼져 있는 경치를 감상할 수 있다. 수록된 피아노곡을 들으면서 책을 읽다 보면 비 오는 날이 주는 푸근한 행복을 맛볼 수 있을 것이다. 독특한 형식을 지닌 그림책으로 독자들에게 무한 상상력을 선물한다.

아이와 생각을 나누는 질문
Q. 위에서 바라보는 시점과 옆에서 바라보는 시점의 차이는 무엇일까요?
Q. 그림책에 나온 우산의 색깔을 말해보세요. 그 색은 어떤 느낌을 주나요?
Q. 비가 내리는 소리를 잘 들어보세요. 어떤 소리로 들리나요?

 2002 뉴욕타임즈 우수 그림책, 국제어린이도서협의회(IBBY) 선정 세계의 우수 그림책, 한겨레신문 추천

#글_없는_그림책 #빗소리 #우산 #피아노곡 #음악

082

'이제 즐거운 시간을 보낼 수 있겠어'

노를 든 신부

오소리 글·그림, 이야기꽃, 2019

남들과 똑같아지려고 노력하지 말아요

외딴섬에 살고 있던 소녀는 친구들처럼 신부가 되어 섬을 나가려고 마음먹었다. 소녀의 부모는 모험을 떠나려는 신부에게 선물로 멋진 드레스와 노 한 짝을 주었다. 더 넓은 세상을 향해 나아가려는 신부가 배에 태워달라고 부탁했지만, 사람들은 노 한 짝을 가진 사람은 배를 태워줄 수 없다며 거절한다. 신부는 굴하지 않고 산으로 올라가서는 노 한 짝으로도 할 수 있는 일이 무엇인지 드디어 찾아낸다. 누군가를 도울 수도 있고, 요리를 할 수도 있고, 멋진 폼으로 야구를 할 수도 있다는 사실을 알게 된다. 스스로 자신의 꿈을 찾은 신부를 사람들은 좋아했다. 외딴섬의 소녀는 다른 친구들과 똑같은 모습으로 섬을 떠나지는 못했지만, 스스로 잘 할 수 있는 재능을 찾은 덕분에 배를 타는 대신 비행기를 타고 섬을 떠날 수 있게 되었다.

사람들이 원하는 모습으로 사는 것이 아니라, 씩씩하게 자신의 꿈을 찾은 신부처럼 스스로를 사랑해주자. 자신의 가능성을 끝까지 믿고 스스로를 아껴준다면, 자신의 꿈과 아무 상관없는 다른 사람들에게 휘둘리지 않는 멋진 내가 될 수 있을 것이다.

아이와 생각을 나누는 질문
Q. 신부의 부모님은 왜 노를 한 짝만 주었을까요?
Q. 낙심하지 않고, 자신감을 가지려면 어떤 태도를 가져야 할까요?

 행복한아침독서 추천, 나다움어린이책 추천

#꿈 #자신감 #고정관념 #성역할 #나다움

083

피터는 눈밭에서 겪은 모험들을 이야기했어요.

눈 오는 날

에즈라 잭 키츠 글·그림, 김소희 옮김, 비룡소, 1995

눈 오는 날이면 피터처럼 신나게 놀아요

잠에서 막 깨어난 피터는 밤새 내린 눈으로 온 세상이 하얗게 뒤덮인 모습을 본다. 밖으로 나간 피터는 하얀 눈 위에 발 도장을 찍고 눈사람을 만들고 눈싸움도 하며 신나게 친구들과 어울려 논다. 천진난만하게 하얀 눈밭을 뒹구는 아이들의 웃음소리가 장면 밖으로까지 들릴 것 같다.

『눈 오는 날』은 미국 그림책 역사에서 처음으로 흑인 아이가 주인공으로 등장한다. 작가 자신의 어린 시절을 떠올리며, 콜라주와 마블링 등 독특한 기법으로 소박한 서민의 일상을 있는 그대로 표현했다. 아이들이 겪는 일상의 경험을 통해 내면의 성장을 이루어가는 모습을 담고 있어, 어른들도 어린 시절을 회상하며 가슴 한편이 찡해오는 감회를 느낄 수 있다.

유년 시절 온몸으로 체험한 기억은 성장 후에도 생생한 감각으로 남는다. 아이들은 학교와 학원에 바쁘게 몰두하고 있지만, '눈 오는 날'처럼 다양한 감정과 오감을 느끼는 경험도 필요하다. 첫눈을 맞으며 친구들과 즐겁게 뛰어놀다 보면, 자연과 친구들과의 소중한 연결을 느끼며 긍정적인 자아를 만들어갈 수 있다. 하얀 눈이 내리는 겨울을 기다리게 만드는 그림책이다.

아이와 생각을 나누는 질문
Q. '눈 오는 날'은 나에게 어떤 하루를 선물해주었나요?
Q. 『눈 오는 날』은 최초로 유색 어린이가 주인공인 그림책이에요. 이런 점이 특별한 이유는 무엇일까요?

🏆 1963 칼데콧 위너상, 고래가숨쉬는도서관 추천, 2021 '그림책 BASIC' 추천, 가온빛 추천

#눈_오는_날 #평범한_일상의_즐거움 #최초_흑인_아이_주인공 #콜라주 #마블링

084 시원하다, 후아!

눈물바다
서현 글·그림, 사계절, 2009

눈물의 힘

시험을 망치고, 선생님께 혼나고, 갑자기 비가 오고, 집에 오니 부모님까지 싸운다. 결국 눈물이 터져버린다. 내 방이, 세상이 눈물바다로 변한다. 모든 것이 떠내려가니 주변 사람들에게는 미안하지만, 실컷 울고 나니 시원하다.

감정이 무엇인지, 감정을 어떻게 다루면 좋은지 배운 적이 없다 보니, 우리는 대부분 '감정'을 어려워한다. 특히, 부정적 감정에는 큰 불편함을 느낀다. 『눈물바다』는 감정을 해소하는 법을 잘 그려낸 그림책이다. 주인공은 온종일 쌓인 마음의 불편감을 어떻게 해야 할지 모른다. 아이가 학교에서 받은 스트레스는 집에 와서 부모의 갈등을 목격하면서 더욱 커지고, 끝내는 눈물과 함께 터져버린다. 이때 눈물은 아이의 홍수처럼 터져버린 감정을 해소하는 좋은 치료제이자 도구이다.

그림책에는 스파이더맨, 피노키오, 심청이 등 다양한 캐릭터가 담겨 있어 숨은그림찾기를 하는 듯한 재미도 있다. 아기자기한 그림에 글밥이 적어서 평소 책을 즐겨 찾지 않는 아이도 편안하게 책 속으로 빠져들게 한다. 눈물바다에 풍덩 뛰어들어 보자.

아이와 생각을 나누는 질문
Q. 언제 눈물이 나나요?
Q. 실컷 울고 나서 기분이 나아진 적이 있나요?
Q. 친구가 울고 있을 때 어떻게 위로해줄 수 있을까요?

🏆 YES24 2010 제8회 올해의책 후보, 2021 책따세 여름방학 추천도서, 2012 시사IN 추천, 한겨레신문 '서천석의 내가 사랑한 그림책'

#감정해소 #눈물 #치유 #후련함

085

눈사람 아저씨

레이먼드 브리그즈 글·그림, 마루벌, 1997

눈사람 아저씨와의 추억

잠에서 깬 아이는 창밖으로 눈이 내리는 것을 보고 밖으로 뛰어나간다. 커다란 눈사람을 만든 아이는 잠이 들 때까지 온통 눈사람만 생각한다. 잠들기 전 다시 한 번 눈사람을 보러 간 아이는 눈사람 아저씨와 잊지 못할 추억을 만든다.

만화 형식으로 구성된 글자 없는 그림책으로 누구나 즐겁게 내용에 빠져든다. 아이는 눈사람 아저씨와 마법 같은 시간을 보내고 잠자리에 드는데, 깨어보니 눈사람은 사라졌다. 아이들은 마지막 장면에서 너무 아쉬워한다. 하지만 이내 뒷이야기를 상상한다. 그리고 나라면 눈사람 아저씨와 이런 것을 함께 했을 것이라고 말한다.

아이들은 눈 오는 날을 상상하는 것만으로도 즐거워한다. 눈 오는 날에 하고 싶은 일도 많고, 만들고 싶은 추억도 많다. 그리고 눈 오는 날에 있었던 행복한 기억을 떠올리기도 좋다.

글자 없는 그림책이기에 아이들은 그림에 집중하고 더 많은 상상을 한다. 눈사람 아저씨는 애니메이션으로도 만들어졌는데, 책에는 없고 애니메이션에만 있는 장면을 찾아내는 것도 즐거운 활동이 된다. 행복한 겨울을 상상하며 그림책 만들기를 해보는 것도 좋다.

아이와 생각을 나누는 질문
Q. 눈 오는 날 있었던 일 중 가장 기억에 남은 일은 무엇인가요?
Q. 눈사람 아저씨는 왜 아침에 사라졌을까요?
Q. 눈사람 아저씨와 하루를 더 보낼 수 있다면 어떤 것을 해보고 싶나요?

🏆 미국 프랜시스 윌리엄스 어린이책상, 보스턴 글로브 혼북 수상, 한겨레신문 '서천석의 내가 사랑한 그림책'

#글_없는_그림책 #눈사람 #상상 #우정 #아이

086

"너도 눈을 감고 느껴봐!"

눈을 감고 느끼는 색깔여행

메네나 코틴 글, 로사나 파리아 그림, 유 아가다 옮김, 고래이야기, 2020(2008)

무슨 색일까?

시각을 한 번도 사용해본 적 없는 사람들은 색을 어떤 이미지로 떠올릴까? 온통 까만색으로 뒤덮인 이 책은 텍스트를 읽을 수 있는 사람과 점자로 읽는 시각장애인 모두를 위한 그림책이다. 보통 시각으로 느끼는 '색'을 눈을 감고도 충분히 느낄 수 있게 '색'에 대해 다양한 감각적 표현을 사용해 묘사하고 그려내고 있다. 화자인 시각장애인 토마스는 딸기와 수박의 새콤하고 달콤한 맛, 넘어져 무릎이 까지고 피가 날 때의 느낌을 통해 빨간색을 설명한다. 색에 대한 토마스의 설명을 읽다 보면 '나는 색을 어떻게 표현할까?' 생각하게 된다.

'장애'는 가볍지도 무겁지도 않은 단어다. 하지만 많은 사람이 장애를 이해하고 장애가 있는 사람을 어떻게 대해야 하는지 어려워한다. 그저 다를 뿐임을 알고, '다름'을 존중해야 한다. 세상을 보는 방법은 모두에게 다르다. 누군가는 손으로, 누군가는 눈으로 세상을 이해한다. 이 그림책을 통해 아이는 '다름'을 존중하기 위한 이해를 직접적으로 느낄 수 있을 것이다. 자연스럽게 이해의 태도 그리고 존중의 방법을 배울 수 있을 것이다.

아이와 생각을 나누는 질문
Q. 더불어 살기 위해서 필요한 능력은 무엇일까요?
Q. 나와 다른 사람을 존중(배려)하는 방법에는 무엇이 있을까요?

🏆 2007 볼로냐 라가치상 뉴호라이즌 부문 수상, 행복한아침독서 추천

#장애이해 #색 #다양성 #표현 #이해

087

"그럼, 눈을 감아 보렴!"

눈을 감아 보렴!

빅토리아 페레스 에스크리바 글, 클라우디아 라누치 그림, 조수진 옮김,
한울림스페셜, 2016

다른 사람들의 생각도 이해하고 존중할 수 있어요

눈이 보이지 않는 형과 눈이 보이는 동생이 나누는 대화를 통해 시각장애가 있는 형이 세상을 접하고 인식하는 방법이 동생과는 다를 수 있다는 것을 알려주는 그림책이다. 동생은 사람, 사물 등을 눈으로 보고 형에게 설명하려고 하고, 형은 눈이 아닌 다른 감각들로 인식하고 동생에게 설명하려고 한다. 만지고, 듣고, 향을 맡으면서. 시각장애인의 상황과 입장에서 풀어서 이야기해서 눈이 보이지 않았을 때 접하게 되는 상황과 느끼는 세상에 대한 이해를 도와주고 있다.

그러나 이 책이 우리에게 알려주는 것은 시각장애만이 아니다. 눈에 보이는 것만 바라보는 것이 아니라 세상을 넓게 여러 가지 방식으로 바라보아야 함을 알려준다. 또한 나의 관점뿐 아니라 다른 사람의 관점을 보여줌으로 내 생각만 옳은 것이 아니라 다른 사람들의 생각도 이해하고 존중하며 상대방과 나와의 다름을 인정하고 받아들이는 것이 중요하다는 메시지를 준다. '나'만 생각하던 세상에서 벗어나 다른 사람들을 이해하고 존중하는 힘을 기를 수 있는 울림이 있는 그림책이다.

아이와 생각을 나누는 질문
Q. 표지에서 왜 눈을 감아보라고 했을까요?
Q. 같은 세상을 살고 있는 사람들은 세상이 같아 보일까요?
Q. 눈을 감으면 어떤 것이 보이나요? 무엇이 들리나요? 어떤 향이 나나요?

 2017 세종도서 교양부문, 중앙일보·한겨레신문 추천

#장애 #형제 #장애공감 #시각장애 #이해 #관점_존중 #다름_인정

088

"어제 한밤중부터 눈이 펑펑 내렸거든."

눈이 그치면

사카이 고마코 글·그림, 김영주 옮김, 북스토리아이, 2015

눈이 오는 날

밤부터 펑펑 내린 눈이 도톰히 쌓인 아침, 잠에서 깬 아기 토끼는 펑펑 내리는 눈을 보며 바깥에서 눈과 함께 놀 시간만 기다린다. 눈이 그치길 기다리는 동안, 출장 가셨던 아빠의 비행기가 폭설로 인해 오지 못한다는 전화가 걸려 온다. 아기 토끼는 엄마와 고요하고 적막한 바깥 풍경을 바라보며 눈이 그치길 기다린다. 『눈이 그치면』은 눈 내리는 겨울날에 기다림을 더한 이야기다.

얼른 바깥에 나가 놀고 싶은 아기 토끼의 마음을, 엄마와 함께 발자국을 찍고 눈덩이를 굴리는 아기 토끼의 기분을, 아이는 깊이 공감하며 읽을 것이다. 겨울과 눈에 대한 기대감과 아이의 시선에서 전개되는 흐름이 그림책 속으로 몰입하게 만든다.

겨울에만 내리는 눈이 선물같이 느껴지는 아이의 시각에서 '기다림'을 함께 표현한다. 눈이 그치면 비행기를 타고 집으로 돌아올 아빠를 기다리며 만든 우리 가족의 눈사람 3개에서 사랑과 기다림이 가득 담긴 마음이 엿보인다. 눈과 관련된 기분 좋은 추억, 가족을 기다리는 마음이 느껴지는 따뜻한 그림책이다. 눈이 포근히 내린 어느 날 아이와 함께 읽어보자.

아이와 생각을 나누는 질문
Q. 눈이 와 고요하고 적막한 바깥 풍경을 보는 나의 기분은 어떠한가요?
Q. 폭설이 내린 날, 누군가를 하염없이 기다려본 경험이 있나요?
Q. 누군가를 기다리며 어떤 마음이 들었나요?

2009년 네덜란드 '은 석필상' 수상, 2009년 뉴욕 타임스 '우수 그림책 베스트 10', 행복한아침독서 추천

#기다림 #기억 #추억 #눈

089

"이게 바로 진짜 이야기지."

늑대가 들려주는 아기 돼지 삼형제 이야기

존 셰스카 글, 레인 스미스 그림, 황의방 옮김, 보림, 1996

가짜뉴스 때문에 누명을 쓴 늑대

이 책은 '아기 돼지 삼 형제'를 패러디한 그림책으로 늑대 입장에서 하는 이야기는 아무도 들은 적이 없어서 진짜 이야기는 아무도 모른다고 말하며 시작한다. 가짜뉴스 때문에 오해받아 나쁜 늑대가 되었다는 이야기는 아이들에게 진실에 대한 궁금증을 유발한다.

'돼지 신문'이 독자의 흥미를 끌기 위해 가짜뉴스를 만들었고 늑대는 돼지를 잡아먹은 사납고 무서운 동물이라고 누명을 쓰게 됐다는 반전 이야기에 주목해보자. 아이들과 거짓 소문이나 가짜뉴스로 오해받은 사람들의 마음이 어떨지 이야기하다 보면 늑대의 억울한 상황을 자연스럽게 이해하게 된다. 그리고 가짜뉴스로 오해받는 사람들의 마음을 공감하고, 그 출처나 진실 여부를 진지하게 고민하고 말하는 태도를 갖게 된다. 자극적인 언론을 비판적으로 바라보고 판단할 필요가 있다는 것도 돼지 신문을 통해 깨닫는다.

바라보는 시각과 상황에 따라 입장은 다를 수 있다. 그렇기에 상대방의 입장에서 생각해보는 노력이 필요하다. 가짜뉴스나 소문 때문에 상처 입은 사람들의 마음을 이해하고 진짜와 가짜뉴스를 구별하는 것이 중요하다는 교훈을 주는 책이다.

아이와 생각을 나누는 질문
Q. 돼지가 늑대의 말을 듣지도 않고 험한 말을 할 때 어떤 마음이 들었나요?
Q. 늑대는 '돼지 신문'에 실린 이야기가 흥미를 끌기 위한 가짜라고 말했어요. 늑대의 말이 진짜라고 믿나요?

🏆 어린이도서연구회 추천, 꿈꾸는도서관 추천, 행복한아침독서 추천, 초등 국어 교과서 수록, 경향신문 추천

#역지사지 #오해 #소문 #진실 #가짜뉴스 #패러디_그림책

ㄷ - ㅂ

나는 이따금 너의 보물이 되는 바람을 품곤 해.
하지만 내 안에서 보물을 발견하는 건 바로 너야.
나는 언제나 준비되어 있어.
나는 너의 책이니까.

『나 책이야』

090

"내 생각엔 저게 바로 시 같아."

다니엘이 시를 만난 날

미카 아처 글·그림, 이상희 옮김, 비룡소, 2018

일상 속에서 만나는 시

다니엘이라는 소년이 시가 무엇인지 발견하기 위해 일주일 동안 여행을 시작한다. 다니엘은 자연을 탐험하고 다양한 동물들과 대화하며 우리 주변 곳곳에서 시를 찾을 수 있다는 사실을 깨닫는다.

이 책의 그림은 복잡한 콜라주 기법을 활용하여 생생한 색상과 질감의 표현으로 자연의 아름다움을 매력적으로 표현하고 있다. 특히나 가을의 아름다운 색채와 섬세한 질감을 표현하여 생동감 넘치는 가을의 분위기와 시각적인 즐거움을 전달한다. 아이들에게는 '시'라는 단어가 다소 생소하고 시의 서정적인 아름다움을 알기엔 어려울 수 있다. 하지만 시가 무엇인지 이해하려는 다니엘의 탐구를 통해 아이들이 공감할 수 있고 접근하기 쉬운 방식으로 시의 개념을 소개한다. 또 시에 대한 관점과 감상을 가진 다양한 동물과 자연들과의 상호작용을 통해 시에 대한 관점이 정형화된 것이 아님을 간접적으로 보여준다. 다니엘처럼 우리 아이들과 하루에 한 문장씩 비유적인 표현을 사용해 문장을 만들고 일주일 동안 만든 문장들을 모아 시를 작성한다면 아이들의 창의력을 자극하는 계기가 될 것이다.

아이와 생각을 나누는 질문
Q. 이 책에서 가장 마음에 드는 단어나 문장은 어떤 것인가요?
Q. 연못에 비친 노을을 바라보며 다니엘이 발견한 시는 어떤 것일까요?
Q. 오늘의 날씨나 기분을 비유적 표현을 사용해 만들어볼까요?

 2017 에즈라 잭 키츠 상 수상, 행복한아침독서 추천, 어린이도서연구회 추천

#시 #일주일 #가을 #자연 #아름다움

091   달님이 웃고 있네

달님 안녕
하야시 아키코 글·그림, 이영준 옮김, 한림출판사, 1990

우리 아이 첫 그림책

'달님 안녕'은 이제 막 세상에 호기심을 갖고 이것저것 물어보는 아이와 엄마가 밤 산책을 하며 나눌 것 같은 대화를 담은 그림책이다. 저녁 무렵 두 마리 고양이는 밤마실 중이다. 깜깜한 밤이 찾아오자 지붕 위로 환하게 달이 떠오르고, 고양이들은 달님에게 인사를 건네며 낭만 가득한 시간을 보낸다. 밤하늘에 떠 있는 달과 구름을 의인화하여 안부를 묻는 모습이 사랑스럽다. 마치 유아기 아이가 모든 사물에 인격을 부여해 말하는 것처럼 느껴진다.

단순하고 간결한 문장과 선명한 그림이 인상적인 '달님 안녕'은 우리 아이 첫 그림책으로 안성맞춤이다. 달님 얼굴이 아기 얼굴과 같아 영유아에게는 그림만 보여줘도 좋아한다. 말을 배우기 시작하는 유아에게는 인사 놀이에 활용할 수 있다. 크고 두꺼운 글씨체로 인쇄되어 이제 막 한글을 더듬더듬 읽기 시작한 아이가 직접 읽기에도 좋다.

그림책에 등장하는 고양이들 모습을 구경하는 재미도 쏠쏠하다. 까만 실루엣으로 다양한 반응을 보이는 고양이들의 모습을 보며 아이는 고양이의 기분과 생각에 대해 상상의 나래를 펼칠 것이다.

아이와 생각을 나누는 질문
Q. 달님과 구름 아저씨는 어떤 이야기를 나눴을까요?
Q. 구름에 달님이 가려졌을 때, 고양이는 어떤 기분이었을까요?

 한우리독서문화운동본부 추천, 2022 '그림책 BASIC' 추천

#달님 #고양이 #밤_산책 #한글_깨치기 #물환론적_사고

092

**호기심을 채우고 나서
달 사람은 다시는 지구로 되돌아 오지 않았습니다.**

달 사람

토미 웅게러 지음, 김정하 옮김, 비룡소, 1996

달 사람은 왜 다시 돌아오지 않을까?

달에서 사는 달 사람은 지구를 바라보는 것을 좋아했다. 그리고 특히 지구의 사람들이 춤추는 것을 아주 부러워했다. 어느 날 유성의 꼬리를 붙잡고 지구로 왔지만 덩치가 큰 달 사람은 사람들에게 금방 들켜 버리고 만다. 사람들은 달 사람을 침입자라고 여기고 감옥에 넣어 버린다. 그래서 달 사람의 꿈을 이룰 수가 없어 우울한 날을 보내고 있었다. 그러나 달이 기울수록 달사람은 점점 작아지는 것이다. 기어코 달사람은 쇠창살을 빠져나갈 만큼 작아져 어느 날 탈옥을 하게 된다. 탈옥한 달 사람은 2주가 지나자 다시 보름달만큼 커졌고 꽃과 나비를 만나면서 여기저기 돌아다녔다. 그렇게 바라던 가면무도회에서 춤도 추었다. 그러나 달 사람은 곧 쫓기는 신세가 되어 아주 오래된 성으로 들어가게 된다. 그 성의 주인은 오랫동안 달로켓을 만드는 과학자였는데 마침 완성된 로켓에 달 사람을 태워 보내게 되었다. 달 사람은 달로 돌아가게 되었고 다시는 지구로 오지 않았다는 이야기이다. 상상의 세계 달이 이제 곧 사람들에게 정복될 것이다. 달 사람을 만나면서 마지막 상상을 해보는 것은 어떨까?

아이와 생각을 나누는 질문
Q. 달 사람이 지구에 와서 지낸 날짜는 며칠이었을까요?
Q. 달 사람은 왜 다시 지구에 오지 않았을까요?

 1998 한스 크리스티안 안데르센상

#달 #지구 #달탐사 #로켓

093

'하늘에 조그만 우유 접시가 있네.'

달을 먹은 아기 고양이

캐빈 헹크스 글·그림, 맹주열 옮김, 비룡소, 2005

밤하늘에 뜬 아기 고양이의 우유 접시

배가 고팠던 걸까? 우유를 먹고 싶었던 걸까? 아기 고양이는 처음 본 달을 우유 접시라고 생각하며 자기를 기다리는 것만 같은 우유 접시를 따라 작은 여행을 한다. 흑백의 그림 속에서 아기 고양이의 노력과 실패를 보여준다. 아기 고양이는 우유 접시에 가까이 가기 위해 여러 번의 안타까운 실패를 맛보지만, 포기하지 않고 자기가 할 수 있는 최고의 노력을 해나간다.

우리는 내 생각만으로 하찮고 귀찮게 여겨 행동으로 옮기지 않는 일이 허다하다. 시도조차 하지 않아 작더라도 실패나 성공을 경험해볼 기회를 놓친다. 이런 인생의 경험을 통계 낸 것이 인생의 경험 총량의 법칙이다. 이 통계를 보면 사람이 태어나서 죽을 때까지 살아가면서 겪는 인생에는 성공과 실패의 법칙이 있다. 비록 도전이 작고 실패도 작지만, 그것을 두려워하지 않고 목표를 향해 도전함으로써 겪어낸다면 성공의 경험확률이 더 높아질 것이다.

그렇다면 한번, 두 번, 세 번의 실패에도 포기하지 않고 우유 접시를 향한 아기 고양이는 어떻게 될까? 결말이 궁금해지는 책이다.

아이와 생각을 나누는 질문
Q. 내 일생에 예측할 수 있는 고난은 어떤 고난이 있을까요?
Q. 고난에 대해 나는 어떤 준비를 하려고 하나요?

 2005 칼데콧

#친구 #상상력 #놀이 #모험 #도전

094 바라던 모든 것이 다 이루어졌으니까요.

당나귀 실베스터와 요술 조약돌
윌리엄 스타이그 글·그림, 이상경 옮김, 다산기획, 1994

실베스터의 운수 좋은 날

소원을 들어주는 요술 조약돌이 있다면 어떤 소원을 빌게 될까? 당나귀 실베스터의 황당한 소원으로 실베스터는 가족의 품으로 돌아가는 데 오랜 시간이 걸린다. 이 과정에서 실베스터는 가족의 소중함을 알게 되고, 부모의 사랑을 느끼게 된다. 당나귀 실베스터는 어떤 소원을 말할지 고민하던 중 갑자기 사자를 만난다. 실베스터는 두려움에 순간적으로 바위로 변하게 해달라는 당황스러운 소원을 빈다. 바위가 된 실베스터는 움직일 수 없게 되고, 그것을 모르는 부모님은 하염없이 실베스터를 기다린다. 실베스터를 기다리는 부모님의 모습을 통해 아이는 자신을 걱정하고 기다릴 부모님의 마음을 대신 느낄 수 있다. 구석구석 찾아봐도 실베스터가 보이지 않는 장면, 뜨개질하다가도 눈물 흘리는 엄마, 그리고 슬퍼하는 아빠, 계절이 바뀌고 시간이 흘러도 실베스터를 기다리는 모습을 통해 아이는 가족의 사랑이 무엇인지 저절로 느끼게 된다.

요술 조약돌의 이야기를 들은 아빠는 조약돌을 금고에 넣어서 잠가 버린다. 완전체가 된 그들에겐 지금은 아무것도 필요하지 않다. 가족이 함께 있으면 부러울 게 없다.

아이와 생각을 나누는 질문
Q. 요술 조약돌이 생긴다면 어떤 소원을 빌고 싶나요? 그 소원을 빌고 싶은 이유는?
Q. 네가 실베스터였다면 사자를 만났을 때 어떤 소원을 빌었을까요?
Q. 만약에 밖에서 놀다가 가족이 보이지 않는다면 어떻게 할 건가요?

🏆 1970 칼데콧상 Medal Winner, 미국교사협회 '아동 권장 도서 100권' 선정, 미국도서관협회 '올해의 주목할 만한 책' 선정, 어린이도서연구회 권장도서

#조약돌 #요술 #가족 #사랑

095 사랑하는 할머니 할머니 말씀이 다 옳았어요!

당당해라, 몰리 루 멜론
패티 로벨 글, 데이비드 캐트로 그림, 신현건 옮김, 보물창고, 2020
[초판] 땅꼬마 뻐드렁니가 뭐 어때 - 정미영 옮김, 문학동네, 2008

당당한 몰리

몰리는 아주 작고 못생긴 아이이다. 그런 외모를 가졌다면 대부분 사람은 자존감이 떨어져 늘 자신 없는 얼굴을 하고 살 것이다. 그러나 몰리의 얼굴은 언제나 당당하다. 그녀는 늘 당당하게 걷고, 환한 웃음을 짓고, 자신을 믿는다. 실수를 하게 되더라도 자신을 탓하거나 남에게 혼날까 겁내지 않는다. 친구들이 무시하고 놀려도 주눅이 들지 않는다. 자신의 약점을 강점으로 바꿔 친구들의 박수를 받는 것이 몰리의 특기이다. 어느 날 몰리는 전학을 가게 되었다. 전학 간 학교에서 쫓아다니며 놀리는 로널드를 항상 납작코를 만들어버리는 몰리를 보면서 통쾌함을 느낀다. 몰리의 약점을 꼬집으면서 아무리 놀려도 몰리는 그 약점을 딛고 일어선다. 목소리가 병든 오리 같다고 놀리면 그의 앞에서 더 크게 꽥꽥거린다. 그리고 자신만의 능력으로 친구들에게 인정받는다. 그런데 이 모든 것은 몰리와 똑같이 작고 못생긴 할머니의 조언이 있었기 때문인 것을 마지막 장에서 알 수 있다. 자신감이 없는 아이가 읽으면 반드시 자신감을 얻게 될 것이다.

> **아이와 생각을 나누는 질문**
> Q. 몰리는 어떻게 항상 자신감이 있을까요?
> Q. 마지막에 로널드는 동전을 가지고 몰리를 찾아갑니다. 어떤 의미인가요?

#자신감 #자존감 #강점 #약점

096

"대단해!"

대단해, 아담!

에다 라이블 글·그림, 김서정 옮김, 봄볕, 2016

재능은 그냥 얻어지지 않아요

아담은 예술가로, 춤, 노래, 악기 연주 등 다재다능한 곡예사이다. 어느 날, 임금님이 아담을 불러서 공연을 감상하고 "대단해!"라 칭찬한다. 그러나 공연 대가를 지불하지 않아 혼란이 시작된다. 아담은 여행 중에 "대단해!"라고 인사하면서 값을 치르지 않고 빵을 먹고, 이를 지켜본 사람들은 아담과 똑같이 행동하기 시작한다. 이로 인해 도시는 혼란에 빠지지만, 임금님은 자신의 잘못을 깨닫고 아담에게 멋진 말을 선물하여 이야기가 마무리된다.

눈에 보이지 않는 재능에도 값어치가 있음을 알려주는 이 책은 아이들에게 설명하기 어려운 저작권의 개념을 간접적으로 전달할 수 있다. 예술가들의 재능은 특별한 이유가 있다. 오랜 노력과 연습을 통해 뛰어난 예술적 기술을 개발하며 사람들에게 감동과 즐거움을 선사한다. 음악, 춤, 연극 등을 통해 감정을 표현하고 공감하게 만들어준다. 예술가들은 예술을 통해 우리의 삶을 더 풍요롭게 만들어주며, 그들의 재능과 노력은 우리에게 문화적 가치를 제공한다. 이 책은 아이들에게 예술가들의 노력과 권리를 존중하고 감사해야 함을 알려주는 계기가 될 것이다.

> **아이와 생각을 나누는 질문**
> Q. 내가 임금님이라면 공연 값으로 무엇을 선물할 것인가요?
> Q. 음악, 춤, 연극 등을 하는 예술가들의 노력과 권리를 어떻게 지켜줄 수 있을까요?

#저작권 #예술가 #공연 #권리

097

> 저게 저 혼자 둥글어질 리는 없다.

대추 한 알

장석주 글, 유리 그림, 이야기꽃, 2015

대추 한 알에 담긴 고마움

장석주의 시 '대추 한 알'에 농촌의 봄과 여름 그리고 가을을 담은 그림책이다. 각 계절의 아름다운 농촌의 풍경과 자연에서 단란하게 살아가는 한 가족을 보여준다. 장면 장면을 깊숙이 들여다보고 어떤 의미가 담겨 있는지 아이와 이야기 나누다 보면 고마운 마음이 절로 든다.

첫 번째는 자연이다. 우리가 대추 한 알을 먹기까지 고마운 마음을 전할 대상은 많다. 꿀벌 덕분에 대추나무는 꽃을 피울 수 있다. 무당벌레 덕분에 대추나무는 병들지 않는다. 바람 덕분에 잎은 적당히 떨어지고 쏟아지는 비와 햇살로 나무는 자란다. 태풍과 천둥 그리고 벼락 덕분에 쭉정이는 떨어지고 남은 대추들은 속이 알차고 튼실해진다. 비로소 둥글고 붉어진 대추를 수확할 수 있다.

두 번째 고마운 대상은 농부이다. 봄에 모를 심고, 여름에 피를 뽑는다. 태풍이 몰아치는 궂은날에는 논을 돌본다. 쓰러진 벼를 세운다. 가을에는 벼를 벤다. 이 모든 과정에는 농부의 땀방울이 담겨있다.

고마움을 아는 아이로 자라길 바란다면 이 그림책을 절대 놓쳐서는 안 될 것이다.

아이와 생각을 나누는 질문
Q. 대추가 둥글고 붉어질 수 있었던 이유는 무엇이라고 생각하나요?
Q. 우리 식탁에 있는 음식은 어떤 과정을 거쳐 올라오는 걸까요?

🏆 행복한아침독서 추천, 56회 한국출판문화상, 어린이도서연구회 추천

#시_그림책 대추나무 #봄 #농부 #땀 #벼 #고마움

098

"좋아, 나에게 맡겨!"

도깨비를 빨아버린 우리 엄마

사토 와키코 글·그림, 이영준 옮김, 한림, 2016(1991)

엄마, 내 마음을 헤아려주세요

빨래하는 것을 좋아하는, 힘이 센 엄마는 집안의 모든 물건과 아이들까지 빨아버린다. 그런 엄마 앞에 험상궂고 지저분한, 버릇없는 도깨비(어른에게 반말하는)가 등장한다. 화가 난 엄마는 무시무시해 보이지만, 어딘가 모르게 어리숙해 보이는 도깨비를 깨끗하게 빨아주고, 아이들은 눈, 코, 입이 없어진 쭈글쭈글한 도깨비의 얼굴을 웃는 표정으로 그려준다.

'빨래'는 어떤 의미일까? 지저분한 것을 깨끗하게 만드는 것뿐만 아니라 화나거나, 힘든 마음을 정화해주는 행위가 아닐까? 금방망이, 은방망이를 찾아 이리저리 헤매던 불안해 보이던 도깨비는 빨래를 통해 말과 행동, 마음까지 편안해진다. 엄마는 아이 자신도 잘 모르는 속마음을 헤아려줄 수 있는 존재이다. 빨래라는 행위로 더러웠던 얼룩이 지워지듯, 엄마는 아이의 마음속 작은 흠집도 치유해 줄 수 있는 존재다. 엄마의 말 한마디, 따뜻한 눈길 한 번, 엄마의 작은 행동 하나하나가 아이를 안정적으로 변화시킬 수 있다. 다만 집안일을 엄마 혼자 하는 것, 그리고 웃는 아이, 고분고분하게 말을 잘 듣는 아이가 착한 아이라는 내용은 조금 아쉬운 점이다.

아이와 생각을 나누는 질문
Q. 도깨비는 왜 금방망이, 은방망이를 찾을까요?
Q. 마지막 장면에서 지저분한 도깨비들은 '빨아주세요. 씻겨주세요. 예쁜 아이로 만들어주세요'라고 말합니다. 왜 그럴까요?

🏆 한겨레신문 '서천석의 내가 사랑한 그림책', 2017 '포근하게 그림책처럼'

#엄마 #도깨비 #빨래 #얼굴

099

> 토끼는 슬그머니 문을 열고……
> 아무도 없는 집 안으로 들어왔어요.

도대체 그동안 무슨 일이 일어났을까?

이호백 글·그림, 재미마주, 2000

아무도 없는 집에서 반려동물은 무슨 생각을 할까?

아파트 베란다에서 지내는 토끼는 가족이 모두 집을 비운 사이 베란다에서 탈출하여 아무도 없는 집 안으로 들어간다. 토끼는 냉장고 문을 열어 사람처럼 식사를 하고, 소파에 앉아 만화영화를 보고, 아주머니처럼 화장도 하고, 평소 입고 싶었던 막내의 돌옷도 입어본다. 신나게 먹고 놀고 즐기던 토끼는 지쳤는지 한숨 늘어지게 자고 일어나 가족이 돌아오는 아침이 되어서야 자기 집인 베란다로 슬그머니 돌아간다.

반려동물의 일상에서 잠시 벗어나 일탈 중인 토끼는, 어른들이 금지한 것을 하고 싶어서 몰래 규칙을 깨보고 싶어 하는 아이들과 닮았다. 토끼가 사람들의 삶을 살고 싶었듯 평소 어른들을 닮고 싶은 아이들의 모습이 생각난다. 엄마 몰래 어른처럼 엄마 화장품으로 화장도 해보고, 커피 마시는 척도 해보는 것처럼. 아이들이 어른의 삶을 부러워하듯 토끼도 사실 여유 있어 보이는 가족의 삶이 부러웠던 건 아닐까 싶다. 만약 어른이 된다면 어떤 모습이 되고 싶은지, 그리고 아이들은 언제 어른이 되고 싶어 하는지 이야기 나누어봐도 좋겠다.

아이와 생각을 나누는 질문
Q. 반려동물과 대화가 가능하다면, 어떤 말을 주고받게 될까요?
Q. 토끼는 왜 구석구석에 토끼똥을 남겨두었을까요?

2003 뉴욕타임스 올해의 그림책

#동심 #역할놀이 #반려동물 #상상력

100

**둘은 하루가 멀다하고 도서관을 찾았어요.
걸어가면서도 책장을 넘기고, 넘기고,**

도서관

사라 스튜어트 글, 데이비드 스몰 그림, 지혜연 옮김, 시공주니어, 1998

진정한 독서란?

엘리자베스 브라운은 마르고 눈이 나쁘고 수줍음이 많은 아이다. 인형 놀이도, 스케이트에도 관심이 없고 오직 책 읽기에만 관심이 있다. 그녀는 매일 잠들 때까지 책을 읽었다. 엘리자베스 브라운은 데이트도 하지 않고 친구들이 밤새도록 댄스파티를 즐길 때도 책을 읽었다. 어느 날 엘리자베스 브라운은 기차를 타고 나갔다가 길을 잃어 할 수 없이 그 마을에서 아이들을 가르치며 살게 되었다. 그곳에서도 책방이 아니면 나가는 곳이 없었다. 물구나무 설 때도, 청소를 할 때도 책에서 눈을 떼지 않았다. 이제 엘리자베스 브라운 집에는 더 이상 책을 둘 곳이 없었고 그녀는 법원에 가서 자신의 전 재산인 집과 책을 마을에 기증했다. 그녀의 집은 엘리자베스 브라운 도서관이 되었고 친구와 함께 살게 된 그녀는 여전히 매일 책을 읽고 매일 도서관에 간다. 그녀의 책으로 마을 사람들은 독서를 할 수 있게 되었다.

이렇게 독서를 좋아하는 사람이 있을까? 이 그림책은 어린이들에게 독서가 왜 좋은지를 구구절절 설명하지 않아도 한 장 한 장 넘길 때마다 알게 한다. 그리고 책의 소중함도 알게 될 것이다.

아이와 생각을 나누는 질문
Q. 독서는 왜 해야 할까요?
Q. 나는 하루 얼마 동안 독서를 하나요?

🏆 1995 뉴욕타임스 북리뷰 뛰어난 어린이책 선정, 라키비움J 수록도서, EBS 문해력 유치원 선정도서

#도서관 #독서 #기증 #책방 #책

101

"재미있는 상상의 세계로
여러분을 초대합니다."

도서관 생쥐

다니엘 커크 글·그림, 신유선 옮김, 푸른날개, 2007

글쓰기의 즐거움

독서를 좋아하는 도서관에 사는 생쥐 샘은 생쥐로 산다는 것에 대해 쓴 책이 인기를 얻게 되자 작가의 만남에 초대받게 되고 어린이들에게 누구나 작가가 될 수 있다는 메시지를 전한다.

쓰는 것은 읽는 것으로부터 시작된다. 아이들은 책을 읽으면서 자연스럽게 뒷이야기를 상상하는데 이때 상상의 즐거움이 창작으로 연결된다. 더불어 독서를 통해 지식과 정보를 얻고 주인공의 마음을 이해하기도 하면서 감정을 해소한다.

글쓰기는 즐겁고 재미난 일이며 어린이들도 작가가 될 수 있다고 이 책은 응원한다. 글쓰기를 어떻게 시작하면 좋을까? 아이들은 재미있는 것을 생각하는 것만으로도 즐거워한다. 그래서 자기가 좋아하는 것이나 신나는 경험을 떠올려보게 하고 그에 관해서 자연스럽게 글을 써보게 하면 좋다. 그렇게 쓴 글을 보면, 아이가 특별히 무엇을 좋아하고 집중하는지, 최근에 겪었던 경험이나 감정을 이해할 수도 있다.

글쓰기는 어렵고 지루한 일이 아니라 즐겁고 행복한 일이라는 것을 느끼고 싶다면, 그리고 작가가 되는 성취감을 얻고 싶다면, 이 책을 읽어보자.

아이와 생각을 나누는 질문
Q. 최근에 가장 재미있게 읽은 책은 무엇인가요?
Q. 내가 작가라면 어떤 제목과 내용으로 글을 쓰고 싶나요?

 그림책박물관 추천, 학교도서관저널 추천, 행복한아침독서 추천

#도서관 #독서 #즐거움 #작가 #글쓰기 #창작 #직업

102

> "때로는 규칙을 어길 수밖에 없는 이유가 있게 마련이니까요."

도서관에 간 사자

미셸 누드슨 글, 케빈 호크스 그림, 홍연미 옮김, 웅진주니어, 2007

때로는 규칙보다 우선인 것이 있어요

이야기 듣기와 도서관을 좋아하는 사자가 도서관에 왔다는 재미있는 상상에서 이 책은 시작한다. 도서관에는 사자가 와서 지키기 어려운 뛰면 안 되고 조용히 해야 하는 규칙이 있다. 도서관 관장님은 규칙만 잘 지킨다면 사자도 도서관에 언제든 와도 좋다고 허락한다. 그러던 어느 날, 갑자기 관장님은 사고를 당하게 되고, 다친 관장님을 돕기 위해 사자는 어쩔 수 없이 규칙을 어기게 되고 스스로 도서관을 떠나게 된다. 도서관에 사자가 오지 않자 사서가 사자를 찾아가 으르렁거리면 안 되지만 그럴만한 이유가 있는 경우에는 예외라는 규칙에 대해 알려준다.

규칙을 잘 지키는 것은 사회질서를 유지하기에 중요하다. 하지만 규칙은 우리가 사회를 잘 살아가기 위해 만들어진 하나의 질서 도구지 사람보다 우선될 수는 없다. 이 세상에는 모든 경우에 완전히 다 적용할 수 있는 완벽한 규칙은 없다. 규칙과 사회질서를 배워나가는 아이들에게 이 책을 통해 규칙을 지킬 수 없는 상황의 판단과 유연한 사고를 할 수 있도록 규칙의 예외 상황에 대해 함께 알아보는 것도 좋을 듯하다.

아이와 생각을 나누는 질문
Q. 사자는 동물원에 가거나 공원에 갈 수도 있었을 텐데 도서관에 간 이유는 무엇일까요?
Q. 규칙을 어기게 되거나 규칙을 지킬 수 없는 경우에는 어떻게 할까요?

🏆 그림책박물관 추천, 2019년 '100권의 그림책' 추천, 2021년 그림책 BASIC 추천, 2021년 '그림책 속으로' 추천, 고래가숨쉬는도서관 추천

#도서관 #규칙 #질서 #책 #화합

103

도착

숀 탠 글·그림, 사계절, 2008

알 수 없는 두려움을 이기는 힘은 무엇일까요?

이 책은 호주 이민자 출신인 작가가 그려낸 글 없는 그림책으로 가족을 떠나 홀로 다른 곳으로 이민 가게 된 한 아버지의 이야기다. 말도 통하지 않고, 아무 정보도 없는 새로운 땅에서 아버지는 때론 절망하고, 슬퍼하며 적응해 간다. 증명사진처럼 늘어놓은 다양한 국적의 사람들은 난민이나 이주노동자를 떠오르게 한다. 이주노동자에게 새로운 땅은 외롭고 힘든 곳이지만, 이 두려움을 이기게 한 힘은 가족이다. 이 책은 현실의 이야기를 마치 판타지처럼 그려낸 것이 특징이다. 글이 없는 그림책이다 보니 주인공의 표정과 상황에 집중하며 읽어야 하는 그림책이다. 마치 한편의 애니메이션 같은 느낌이 들기도 한다.

혹시 가족과 오랫동안 떨어져 있었거나 기다려 본 경험이 있다면, 가족과 헤어지고 오랜 시간 동안 슬픔을 간직한 주인공의 입장에 공감하며 그림을 자세히 살펴보자. 예상하지 못한 전쟁이나 다양한 이유로 헤어짐을 겪는 사람들은 어떤 감정을 느끼게 되는지, 더불어 평소 가까이 있어서 잘 몰랐던 가족의 소중함을 깨닫는 계기가 될 것이다.

아이와 생각을 나누는 질문
Q. 태어난 나라가 아닌 다른 나라로 와서 살게 된 사람들이 겪는 어려움에는 어떤 것들이 있을까요?
Q. 낯선 곳에 갔을 때 어떤 기분이 드나요?

2007 볼로냐 라가치 특별상 수상

#글_없는_그림책 #이주노동자 #난민 #이방인

104

행복해지는 것은
돌멩이국 끓이는 거만큼이나 간단한 일이지요

돌멩이국

존 J. 무스 지음, 이현주 옮김, 달리, 2003

행복해지는 아주 쉬운 방법

세 스님이 산길을 따라 걸으면서 이런저런 이야기를 나누다 가장 어린 복스님이 가장 나이가 많은 수 스님에게 "스님, 무엇이 사람을 행복하게 하나요?"하고 물었다. 어느 마을에 도착했는데 그 마을 사람들은 다른 사람들에게는 전혀 관심이나 배려가 없었다. 아무도 스님들을 맞아 주지 않았다. 스님들은 길거리에서 국을 끓이기 위한 준비를 시작하고 한 아이가 무엇을 하느냐 물었다. 돌멩이국을 끓이는데 돌멩이 3개가 필요하다고 했더니 소녀는 돌멩이를 구해오고, 더 큰 냄비가 필요하다 하니 집에서 큰 솥을 가져 나온다. 소녀의 행동을 보고 엄마와 마을 사람들이 궁금해지고 국에 필요한 음식 재료를 각자 집에서 가지고 와서 솥에 넣는다. 맛있는 국이 끓여지고 오랜만에 잔치가 벌어졌다. 그리고는 스님들에게 잠자리까지 내주었다. 함께 하면서 마음이 넉넉해지고 사람들은 행복해졌다. 돌멩이국은 무엇으로 마을 사람들을 행복하게 해주었을까? 코로나 이후 사람들이 모이는 것을 꺼리고, 함께 하는 것이 미숙한 요즘 사람들에게 읽어주고 싶다.

> **아이와 생각을 나누는 질문**
> Q. 나는 어느 때 행복한가요?
> Q. 작가는 사람들에게 행복해지려면 어떻게 해야 한다고 말하나요?

 2006 칼데콧상

#돌멩이 #행복 #이웃

105

"아니, 근데 누가 여기다 빈 병을 버렸누? 쯧쯧."

동강의 아이들

김재홍 글·그림, 길벗어린이, 2000

아름다운 자연을 느끼기 위해서는 자연을 지키는 일부터

짙푸른 녹음과 맑고 깊은 동강, 바위와 모래밭에서 엄마와 아빠를 그리며 노는 동이와 순이의 모습이 정겹다. 자연은 항상 그 자리에 있는 듯하지만, 무료하게 무언가를 기다리거나 결핍이 있는 상황에서는 재미와 상상력을 채워준다. 구름을 보고 공룡을 상상하듯 항상 보아오던 동강의 바위가 공룡의 모습이 된다. 엄마를 찾아 징얼거리던 어린 동생과 오빠는 마음이 누그러지고 그리움에 적응하며 자연과 함께 무료한 시간을 이겨낸다. 그림에는 또 하나의 그림이 숨어 있어 찾는 재미가 있다. 투명한 강물에 비친 물그림자가 그것이며, 공룡이 되었던 바위의 눈이 누군가 버린 빈 병이라는 것에도 작가의 의도가 숨어 있다. 이 그림책은 당시 동강댐 건설 추진(1997년)에 반대하며 전시한 작품을 기반으로 출판되었으며, 자연과 환경 보호의 중요성을 강조한다. 아이와 함께 읽다보면 이미 직면한 지구 온난화, 자원 고갈, 쓰레기 문제 등을 통해 우리는 환경의 소중함을 더욱 느낄 수 있다. 아이들은 일상에서 환경을 보호하고 지속 가능한 실천 방법을 생각해볼 수 있다.

아이와 생각을 나누는 질문
Q. 작가가 동감 댐 건설을 반대했던 이유는 무엇일까요?
Q. 아름다운 자연을 보호하기 위해 내가 할 수 있는 것은 무엇이 있을까요?

🏆 2009년 CJ 특별전 초청 그림책, 2004년 에스파스 앙팡상, 한우리독서문화운동본부 추천

#동강의_아름다운_자연환경 #환경보호 #그림_속의_숨은그림찾기 #자연_속_동심

106

"동물원은 동물을 위한 곳이 아닌 것 같아. 사람들을 위한 곳이지."

동물원

앤서니 브라운 글·그림, 장미란 옮김, 논장, 2019(2002)

동물원의 동물들은 행복할까? 소통이 되지 않는 가족들은 행복할까?

우리가 떠올리는 동물원은 어떤 공간일까? 동물원은 어린이들이 좋아하는 장소이기는 하지만, 아쉬움의 공간이기도 하다. 주말 오전, 막히는 길을 뚫고 겨우 도착한 동물원의 동물들은 한쪽 구석에서 꼼짝하지 않고 잠을 자거나, 우리 안쪽으로 들어가 버려 텅 비어 있기도 하다. 동물들의 분변 냄새 때문에 얼굴을 찡그리기도, 동물들을 구경하러 갔지만, 오히려 갇힌 동물들을 안타까워하는 장소이기도 하다. 이런 이중적인 공간에 네 명의 가족이 동물원에 놀러 간다. 가족과 소통이 되지 않는 고압적인 아버지, 동물원의 동물보다는 오늘 먹은 점심이나 기념품이 더 기억나는 철부지 아이들, 멍하니 텅 빈 곳을 바라보는 동물들이 불쌍하기만 한 매사 의욕이 없어 보이는 엄마.

아이는 그날 밤, 동물 우리에 갇혀 있는 듯한 이상한 꿈을 꾼다. 타인을 배려하지 않고, 철저히 파편화된 개인은 어쩌면 동물원 우리에 갇혀 있는 동물들처럼 소외되고 외롭다는 것을 은유하는 걸까? 가족 간의 소통과 동물권에 대해 생각해볼 수 있는 책이다.

아이와 생각을 나누는 질문
Q. 동물원 우리에 갇힌 동물들은 어떤 기분일까요?
Q. 표제지의 햄스터가 의미하는 것은 무엇일까요?
Q. 가장 기억에 남는 동물은 어떤 동물이었나요?

 1992 케이트 그린어웨이상, 한겨레신문 '서천석의 내가 사랑한 그림책'

#동물원 #동물권 #인간 #가족 #소통 #단절

107

돼지 앞에 돼지?
돼지 뒤에 돼지?

돼지 안 돼지

이순옥 글·그림, 반달, 2016

한 가지 물음에는 한 가지 답만 있지 않다

"한 가지 물음에는 한 가지 답만 있는 게 아니라 수많은 답이 있다는 얘기를 여러분과 함께 나누고 싶습니다"라는 작가의 말처럼 이 책은 다양한 생각을 할 수 있게 구성되어 있다. 작가는 이야기에 마침표(.)가 아니라 물음표(?)를 붙여 두었다. '돼지, 적다.', '돼지, 많다?'에 왜 물음표를 붙여두었는지는 연결된 장을 펼쳐보아야 알 수 있다.

이 책을 읽다 보면 눈에 보이는 것만 보고 답을 단정 짓는 것이 아니라 무엇이든 상대적이라는 것을 쉽게 이해할 수 있다. 아이들이 이해하기 쉽게 책을 접었다 펼쳤다 하면서 적다, 많다, 크다, 작다, 멀다, 가깝다, 무겁다, 가볍다, 같은 여러 개념도 배울 수 있다. 말놀이하듯 짧은 단어 뒤에 물음표를 달고 꼬리에 꼬리를 무는 질문에 대답하면서 내 눈에 보이는 것만으로 사물을 판단하지 않고 무엇이든 상대적으로 비교해서 생각해야 한다는 법을 자연스럽게 아이들이 알 수 있어 좋다. 아이와 책을 읽으면서 질문하고 답하는 것으로 끝내지 말고 재질문을 통해 사고의 폭을 넓혀주기 바란다.

아이와 생각을 나누는 질문
Q. 작가는 왜 제목을 '돼지 안 돼지'로 지었을까요?
Q. 우리는 왜 질문을 해야 하는 걸까요?

2017 볼로냐 올해의 일러스트레이터 수상작, 행복한아침독서 추천

#비교 #생각 #질문 #사고의_전환

108

> 그것이 돼지들에게는
> 처음이자 마지막 외출이었습니다.

돼지 이야기

유리 글·그림, 이야기꽃, 2013

돼지의 외출

돼지 한 마리가 눈 내리는 하늘을 바라보고 있다. 돼지는 땅을 밟고 하늘을 보며 바깥세상의 공기를 맘껏 흡입하는 자유를 누리고 있다. 돼지는 첫 외출로 땅을 밟은 것이다. 자신의 목적지가 어디인지 모르면서, 돼지는 구덩이 속으로 떨어지기 전까지는 옴짝달싹할 수 없는 답답한 틀을 벗어나 잠시나마 행복했을지도 모른다. 2010년 12월부터 이듬해 4월까지 우리나라에서 구제역이 발병했다. 구덩이 안에 살아 있는 돼지 331만 8천 마리를 '살처분'한 것이다. 작가는 돼지가 탄생하여 어디서 어떻게 사육되어 삶을 마치는지를 보여준다.

인간을 위해 자기 살을 내어주는 돼지의 삶이 슬프다. 작가는 인간이 만든 무자비한 돼지의 일상과 구제역으로 인한 처참한 뒤처리를 보여주며 인간에게 돼지의 삶을 바꾸면 좋겠다며 세세한 그림과 글로 우리에게 강조하며 설명하고 있다. 모습이 다르긴 하나 돼지도 우리와 같은 생명임을 아이들이 제대로 아는 계기가 되길 바란다. 모든 생명은 소중하다.

> **아이와 생각을 나누는 질문**
> Q. 어미 돼지는 새끼들을 핥아 주거나 안아줄 수 없어요. 어떤 마음일까요?
> Q. 돼지가 질병에 걸린 이유는 뭘까요?

 한국출판문화산업진흥원 '2013 우수출판기획 지원사업' 선정, 행복한아침독서 추천, 한국유치원총연합회 추천

#돼지 #축사 #구제역 #살처분 #구덩이 #질병 #고통

109

"너희들은 돼지야"

돼지책

앤서니 브라운 글·그림, 허은미 옮김, 웅진주니어, 2022(2001)

그림책 속 숨은 재미와 상징 찾기

피곳 부인은 평소 혼자서 집안일을 떠맡고 힘겨운 생활을 하던 어느 날 피곳 씨와 두 아들을 두고 휴가를 떠난다. 홀로 남은 피곳 씨와 아들들은 피곳 부인 없이 지내는 동안 자신들의 행동을 반성하고 피곳 부인에게 돌아와 달라며 한

자칫하면 무거울 수 있는 성역할과 고정관념에 대한 주제를 피곳 씨와 아들들이 돼지로 변하는 등의 풍자와 해학을 통해 유머러스하게 풀어낸다. 나아가 가족 구성원의 역할과 타인에 대한 공감과 배려라는 주제까지 생각하고 이야기를 나눌 수 있다. 등장하는 다양한 상징성을 하나씩 찾아 분석하는 재미를 느낄 수 있다. 특히나 앤서니 브라운은 세밀하고 표현력이 풍부한 일러스트레이션으로 돼지책에서는 상징성과 오마주 기법이 풍부하게 드러나고 우리에게 생각할 내용을 많이 제공한다. 예를 들면, 숨은그림찾기를 하듯 이야기가 진행될수록 점점 늘어나는 돼지 캐릭터와 숨겨진 돼지들을 찾으며 돼지의 상징성에 대한 대화를 나누고 삽화에 숨겨진 오마주를 찾으며 더욱 재미있게 그림책을 즐길 수 있다.

아이와 생각을 나누는 질문
Q. 피곳 씨와 두 아들은 왜 다른 동물도 아닌 돼지로 변하였을까요?
Q. 우리 가족에도 피곳 가족과 같은 문제가 있나요?

 한스 크리스티안 안데르센상, 2002 문화관광부 추천

#가사노동 #성역할 #풍자 #유머 #가족

110
두 사람이 함께 사는 것은 함께여서 더 쉽고 함께여서 더 어렵습니다.

두 사람

이보나 흐미엘레프스카 저, 이지원 옮김, 사계절, 2008

두 사람이 함께 살아간다는 것

세상에서 가장 가까운 두 사람 사이에 깃들어 있는 의미를 깊은 생각을 통해 비유에 담아 들려주는 시처럼 아름다운 그림책이다. 두 사람이 함께 살아간다는 것은 자물쇠처럼 닫힌 서로의 마음을 열어주는 열쇠가 되기도 한다. 하지만 함께여서 어려운 부분도 있다. 예를 들면, 열쇠가 갑자기 사라져서 자물쇠를 열지 못해 애태우기도 한다. 하지만 함께한다는 것은 함께여서 흥미롭기도 하다. 두 사람이 힘을 모은다면 무엇이든 만들어낼 수 있다. 노란색과 초록색이 함께하면 따뜻하고 진실하며 즐겁고 서늘한 들판의 색깔을 만들어낼 수 있다. 왼손과 오른손이 함께 하면 다양한 소품을 만들어낼 수 있다.

비유가 담긴 장면을 만날 때마다 아이들은 상상력이 자극되어 생각이 확장된다. 장면마다 펼쳐지는 시적인 이미지를 그림으로 풀어내고 있다. 책장을 넘기면서 작가의 깊은 비유를 만날 때마다 자기 둘레의 어떤 '두 사람'에 대해 생각해보게 된다. 관계가 어렵다면 생각의 다양성으로 이 그림책을 만나보자.

> **아이와 생각을 나누는 질문**
> Q. 일상에서 둘이 모여 하나가 되는 물건에는 어떤 것이 있을까요?(예. 젓가락, 신체 두 개의 귀)
> Q. 엄마 아빠를 보고 떠오르는 짝이 되는 물건은 무엇인가요?

행복한아침독서 추천

#생각 #상상 #호기심

111

"두더지는 더 이상 혼자가 아니었어."

두더지의 고민

김상근 글·그림, 사계절, 2015

고민을 함께 나누면 가볍게 해결할 수 있어요

두더지의 할머니는 두더지에게 고민이 있을 때는 눈덩이를 굴려 보라고 조언한다. 눈이 펑펑 오는 날, 두더지는 자신에게 왜 친구가 없는지 고민이 되어 할머니의 조언대로 눈덩이를 굴리기 시작한다. 고민을 해결하지 못한 두더지의 고민 눈덩이는 점점 커진다. 자신의 고민에 빠져 고민을 커다란 눈덩이처럼 키우던 두더지는 같은 고민을 하며 친구가 오기만을 기다리고 있던 동물 친구들을 미처 보지 못하고 지나쳐 간다.

고민이 생기면 생각이 꼬리에 꼬리를 물고 점점 커져 주인공 두더지처럼 앞을 마주하면 쉽게 해결될 수 있는데도 혼자 고민에 묻혀 바로 앞을 못 보고 지나칠 때가 많다. 고민을 끌어안고 나 혼자 해결하겠다고 주변에 도움을 구하지 않고, 말하지 않는다면 그 누구도 도움을 줄 수도 없고 해결에 더 어려움을 겪을 수 있다.

아이에게 고민을 주위 사람과 나눈다면 내가 고민하는 문제가 친구 또한 갖고 있는 같은 고민임을 알게 될 수도 있고 서로 다르더라도 고민을 함께 나누면 서로 마음으로 연결되어 무거웠던 나의 마음이 한결 가벼워질 수 있다는 것을 느끼게 해 줄 수 있을 것이다.

아이와 생각을 나누는 질문
Q. 왜 할머니는 두더지에게 고민이 생겼을 때 눈덩이를 굴리라고 했을까요?
Q. 현재 나도 눈덩이를 굴리고 있나요? 있다면 나의 눈덩이는 어떤 눈덩이인가요?
Q. 고민이 생겼을 때 해결할 수 있는 나만의 방법이 있나요?

 2015 한국출판문화산업진흥원 청소년 권장도서, 2015 '100권의 그림책' 추천, 어린이도서연구회 추천, 한국그림책연감 추천, 행복한아침독서 추천, 2021 '그림책 BASIC' 추천, 한겨레신문 추천, 가온빛 추천

#고민 #나눔 #공감 #극복 #해결방법

112

> 앞 집 아이들은 진짜 시끄럽습니다.
> 그래도 준범이는 좋습니다.

뒷집 준범이

이혜란 지음, 보림, 2001

친구와 노는 것은 재미있어

할머니와 둘이 사는 준범이가 시장 골목 낮은 집 작은 방에 이사 왔다. 집 밖으로 나가지 말라는 할머니의 부탁에 준범이는 작은 창밖을 내다보면서 그 동네 친구들을 살핀다. 동생이 있는 슈퍼집 충원이, 엄마가 늘 예쁘게 머리를 빗겨 주는 미용실 딸내미 공주, 중국음식점 딸 강희와 아들 강우. 그들은 유치원 갈 때, 올 때 늘 함께 다닌다. 그리고 마당에서 항상 같이 논다. 그들은 밥도 같이 먹는다. 맛있는 자장면으로. 그러나 그들은 준범이를 잊지 않는다. 그리고 아이들은 준범이네 방으로 들어와 함께 논다. 엄마들은 창문으로 음식을 들여보내 함께 먹도록 한다.

조금만 스쳐도 폭력이라느니, 신고를 한다느니 하는 요즘 아이들과는 완전 다른 정겨운 모습이다. 이웃이 함께 믿으며 의지하며 사는 것이 얼마나 아름답고 든든한 일인지 요즘 사람들은 모른다. 아주 급한 일이 있어도 아이 맡길 곳이 없어 아주 곤란하면서도 이웃에 대해 알려고 하지 않는다. 아이들이 아무리 시끄럽게 굴어도 준범이는 그게 좋단다. 아이들과 노는 것은 완전 재미지니까.

> **아이와 생각을 나누는 질문**
> Q. 창문을 통해 친구들이 노는 모습을 본 준범이는 어떤 마음이었을까?
> Q. 나는 어느 친구와 놀 때 가장 좋은가요? 왜 그런가요?

2012 초등학교 도서관용 추천도서

#뒷집 #앞집 #친구

113

**도대체 엄마 아빠가 왜 저러실까?
혹시 우리 때문이 아닐까?**

따로 따로 행복하게

배빗 콜 글·그림, 고정아 옮김, 보림, 1999

따로따로여도 행복할 수 있어

그동안 어린이책에서는 금기시했던 '이혼'을 다룬 책이다. 드미트리어스와 폴라는 마음이 전혀 맞지 않아 항상 서로에게 으르렁거리는 엄마, 아빠 때문에 걱정이 많다. '혹시나 우리 때문에 저러시는 게 아닐까?' 걱정하지만 주변 친구들의 부모님들도 종종 그런 모습을 보인다는 것을 알게 되고 본인들의 잘못이 아니라고 결론 내린 아이들은 부모님과 자신들의 행복을 위해 끝혼식을 준비한다. 결혼식처럼 격식을 갖추어 주례를 맡아주실 목사님, 끝혼 청첩장, 끝혼 케이크를 준비한다. 끝혼식의 예복은 새 하얀색이 아닌 검정색, 케이크도 검정색이다. 비밀통로가 연결된 엄마 집, 아빠 집, 두 채의 집에서 아이들은 따로따로 행복한 부모님과 2배의 행복한 삶을 누린다.

책 속 부모님처럼 이미 돌이킬 수 없는 관계의 부부라면 이혼이라는 절차가 부부와 자녀에게 바람직한 해결책일 수도 있다. 드미트리어스와 폴라처럼 두 부모님이 아이들 양육을 책임지고 그 안에서 행복할 수 있다면 불행 중 다행이라고 말할 수 있지 않을까? 이 책을 읽고, 다양한 형태의 가족을 이해하는 측면으로 아이들과 이야기를 나누면 좋을 것 같다.

> **아이와 생각을 나누는 질문**
> Q. 아이들은 왜 부모님의 끝혼식을 준비했을까요?
> Q. 아이들은 부모님이 따로따로 살지만 두 배로 행복해졌다고 합니다. 왜 그럴까요?

나다움어린이책 추천

#이혼 #가족 #자녀 #행복

114

"우웩! 똥 맞잖아!"
"거 봐, 벌써 똑똑해졌네!"

똑똑해지는 약

마크 서머셋 글, 로완 서머셋 그림, 이순영 옮김, 북극곰, 2013

똑똑해지는 약이 똥이라니!

"아, 심심해!"라는 말로 시작하는 걸 보니 뭔가 재미난 일이 생길 것 같다. 시작부터 장난꾸러기 양 메메는 화려한 말솜씨로 칠면조 칠칠이의 정신을 쏙 빼놓는다. 칠칠이는 메메의 질문이 이상하다 느끼지만, 메메의 말솜씨에 또 당하고 만다. 그리곤 결국 똑똑해지는 약인 똥을 스스로 먹는다. 그 순간 안타까움과 함께 웃음이 새어 나온다.

이 책은 대화체로 구성되어 지루할 틈이 없다. 둘의 핑퐁 대화에 빠져들어 읽고 또 읽게 되는데, 역할을 나누어 읽어도 되고, 한 사람이 역할에 맞게 목소리를 변형하여 읽어도 좋다. 대화의 방법도 앞 사람이 한 말을 따라 하는 게 대부분이라서 글자를 모르는 아이도, 글 읽기를 시작하는 아이도, 글 읽기가 어려운 아이도 자신감을 갖고 말할 수 있다. 역할을 바꾸어 읽으면 자연스럽게 역할극을 경험하게 되고, 어느덧 천연덕스럽게 연기하는 모습도 볼 수 있다.

마지막 장면에서 어리바리 염소 빌리가 다가오면서 끝난다. 무슨 일이 생길지 궁금해진다. 아이와 함께 다음 이야기를 상상해보기 좋은 책이다. 아이는 상상하지 못했던 일을 만들어낼 수도 있다.

아이와 생각을 나누는 질문
Q. 나는 심심할 때 친구에게 어떤 장난을 치나요?
Q. 내가 칠면조 칠칠이라면 과연 똑똑해지는 약을 먹을까요?

뉴질랜드 포스트 어린이 도서상, 서울시교육청 어린이도서관 가정의달 권장도서, 한국어린이교육문화연구원 으뜸책, 학교도서관사서협의회 추천, 행복한아침독서 추천

#호기심 #재미 #흥미 #유머 #장난꾸러기_메메_시리즈 #똥 #똑똑해지는_약

115

"아이쿠, 이게 웬 똥벼락이냐!"

똥벼락
김회경 글, 조혜란 그림, 사계절, 2001

착하게 살면 복이 와요

김부자에게 30년 동안 일한 값으로 돌밭을 받은 돌쇠네는 밭을 기름지게 하기 위해 온갖 똥을 모은다. 그러던 중 산도깨비를 만나게 되고 돌쇠의 정성에 감복한 산도깨비는 김부자네 똥을 선물로 준다. 넉넉한 비료 덕분인지 돌쇠네 농사는 풍년을 이루게 된다. 김부자는 돌쇠네 밭의 똥이 자기 집 똥인 걸 알게 되고, 농사한 농작물을 내놓던지 똥을 돌려달라며 우기기 시작한다.

『똥벼락』은 '똥'과 '도깨비'를 소재로 한 전래 동화이다. 전래 동화 특유의 권선징악 구조로 읽는 이에게 통쾌함을 선사한다. 욕심이 많고 악랄한 김부자와 착하고 성실한 돌쇠. 결국, 복을 받는 건 돌쇠다. 아이들은 똥과 관련된 이야기라면 무척 흥미로워한다. 여기에는 평소 알지 못했던 똥의 종류가 가득 나오기 때문에 아이들이 재미있게 읽을 수 있다.

아이들에게 권선징악을 알려주고 싶을 때, 재미있는 옛이야기를 들려주고 싶을 때, 주저 없이 『똥벼락』을 읽어보자. 멋스러운 옛 그림과 구성진 대사 속으로 빨려들 수 있을 것이다.

> **아이와 생각을 나누는 질문**
> Q. 산도깨비는 왜 돌쇠를 도와주었을까요?
> Q. 김부자는 왜 똥벼락을 맞았나요?
> Q. 내가 했던 착한 행동은 무엇이 있었나요?

한겨레신문 '서천석의 내가 사랑한 그림책'

#권선징악 #똥 #도깨비

116

"여자인 게 뭐 어떻습니까? 나라만 잘 지키면 되지 않겠습니까!"

똥자루 굴러간다

김윤정 글, 그림, 국민서관, 2010

여봐라, 똥임자를 찾아라!

표지에 나타난 대장은 무어라 소리치는 듯하고 옆의 군사들은 박장대소를 하는 모습이다. 속표지의 행복한 표정의 강아지는 어디선가 풍겨오는 냄새를 따라 움직인다. 무슨 냄새기에 저리 행복한 표정일까? 어제 먹은 식사의 흔적을 품은 압도적 크기의 똥자루가 나타난다. 길을 가던 대장과 부하들이 구린내가 나는 시냇가에서 엄청난 크기의 똥자루를 만난다. 누구의 것일까, 궁금하지 않을 수 없다. 한번 누면 뒷간이 막히고, 두 번 누면 앞길이 막혀 똥장군이라고 불리는 사람을 찾는다. 이 굵고 긴 똥덩이와 힘을 보고 대장은 이 사람의 능력을 단박에 알아챘다. 그래서 부장군으로 임명한다. 부하들은 똥자루가 굵어 부장군이 된 처녀를 비웃는다. 적군이 쳐들어온다는 소식을 듣고 여기저기 박씨를 심는 똥자루 주인은 어떤 이유였을지 궁금하다. 엉뚱하다고 생각할 수 있지만, 재치 넘치고 나라와 백성을 지키는 방법을 생각하고 행동하는 모습을 보게 된다. 이런 행동에서 우리 조상이 얼마나 지혜롭고 현명한 면이 있었는지 볼 수 있다. 강원도에서 전해 내려온 구전설화를 바탕으로 탄생한 이야기이다.

아이와 생각을 나누는 질문
Q. 편견이라고 생각이 드는 일을 경험해본 적이 있나요?
Q. 이 이야기에서 나타난 편견은 어떤 이유로 깨졌나요?
Q. 우리가 생각지도 못한 편견이 생기는 이유는 무엇일까요?

 문화체육관광부 우수도서, 행복한아침독서 추천, 2014 아빠와 함께 그림책 여행 추천

#똥 #장군 #지혜 #추리 #옛이야기 #반전 #편견

117

> 자기 힘으로 날 수 있으니,
> 정말 기쁘고 즐거웠거든요.

뛰어라 메뚜기

다시마 세이조 글·그림, 정근 옮김, 보림, 1996

메뚜기의 인생 역전

메뚜기는 아주 힘이 약한 곤충이다. 모든 곤충과 동물이 메뚜기를 보면 잡아먹으려고 노린다. 그래서 메뚜기는 항상 깜짝깜짝 놀라면서 살았다. 어느 날 메뚜기는 겁먹고 사는 것이 싫어졌다. 그래서 마음을 단단히 먹고 적에게 잘 보이는 바위에 올라가 햇볕을 쬐기 시작했다. 아니나 다를까 무서운 뱀과 사마귀에게 들키고 만다. 그들이 잡아먹으려고 달려들 때 메뚜기는 죽을힘을 다해 펄쩍 뛰어 뱀과 사마귀, 새를 물리쳤다. 메뚜기는 높이 올라가다 한없이 떨어졌다. 떨어지면서 자기 등에 있는 날개가 생각나고 지금까지 한 번도 써본 적이 없는 날개를 펴서 날갯짓을 했다. 지나가는 나비가 메뚜기의 나는 모습을 보고 이상하다고 놀렸지만, 메뚜기는 상관하지 않았다. 자기 힘으로 날고 있다는 것이 기쁘고 즐거웠기 때문이다.

약하게 태어났다고 늘 겁내고 떨며 살 필요가 없다. 이 메뚜기처럼 죽을힘을 다하면 인생 역전이 된다. 아무리 약하게 태어났어도 누구나 세상을 이길 힘을 가지고 태어난다. 자신의 모습이나 처지가 약하다고 해서 실망하지 말고 도전하면 자신이 원하는 것을 이룰 수 있다.

> **아이와 생각을 나누는 질문**
> Q. 메뚜기는 다른 동물에게 들킬 줄 알면서도 바위 위에 올라가 볕을 쬐었을까요?
> Q. 인생역전을 한 용감한 메뚜기에게 어떤 응원의 말을 해줄 수 있을까요?

#메뚜기 #용기 #두려움 #도전

118 라이카와 뿌그인들은 친구가 되었습니다.

라이카는 말했다

이민희 글·그림, 느림보, 2007

지구의 주인은 누구인가?

미국과 러시아의 우주탐사 경쟁이 치열했던 1957년 11월 3일, 러시아는 두 번째 인공위성인 스푸트니크 2호에 모스크바의 떠돌이 강아지 라이카를 태워 발사한다. 라이카는 최초로 우주로 떠난 동물이었다. 당시 러시아 과학계는 라이카가 우주선에서 편히 안락사되었다고 발표했지만, 사실 라이카는 우주선이 발사된 지 5~7시간 후, 우주선 내부의 고열, 극심한 공포와 스트레스로 목숨을 잃었다는 것이 2002년에 밝혀진다.

천문우주학을 전공한 작가는 라이카에 관한 진실을 알고 나서 오랫동안 천천히 이야기를 구상했고, '지구의 주인은 누구일까?'라는 의문을 데뷔작인 이 책에 그려냈다. 크레파스로 쓱쓱 그린 듯한 개성 있는 그림으로 최초의 우주인 유리 가가린과 아무도 기억하지 않는 라이카를 대비한 장면, 외계인 뿌그인과 라이카가 친구가 된 장면이 눈길을 끈다. 3~4학년 어린이라면 이 책을 읽고, 동물실험에 관해 이야기해보는 것도 좋을 듯하다. 아직 미지의 공간인 우주와 많은 영화와 책에서는 지구를 침략하는 존재로 그려지는 외계인에 대해 상상해볼 수 있는 책이다.

아이와 생각을 나누는 질문
Q. 지구의 주인은 누구일까요?
Q. 소중한 지구를 지키기 위해 내가 실천할 수 있는 것에는 어떤 것들이 있을까요?

🏆 2006 한국안데르센 미술 부분 대상, 2009 CJ 그림책상, 2010 서울동화일러스트레이션상, 한겨레신문 '서천석의 내가 사랑한 그림책'

#라이카 #우주 #우주인 #외계인 #우주탐사

119
당신과 나 모두 즐거운 시간이었습니다.

레스토랑 Sal
소윤경 글·그림, 문학동네, 2013

육식, 이대로 좋을까?

최고급 레스토랑 'Sal'을 방문한 소녀는 그곳에서 훌륭한 요리와 최상의 서비스를 제공받으며 만족감 있는 식사를 한다. 화장실을 다녀오던 소녀는 고양이를 구해주려다 은밀한 공간을 발견한다. 그곳에는 겁에 질린 동물들이 갇혀 있다. 소녀는 인간에 의해 희생되는 동물들을 보며 경악한다.

『레스토랑 Sal』은 동물 복지에 관한 그림책이다. 무분별하게 소비되는 육식과 다른 생명체에 대한 인간의 이기심을 강하게 비판한다. 글로는 인간의 즐거움을 설명하지만, 그림에는 동물들이 고통 받는 모습을 담았다. 글과 대비되는 그림 때문에 더 매력적이면서도 냉소적으로 느껴진다. 탐욕스럽게 먹는 인간의 모습과 두려움에 가득 찬 동물을 적나라하게 대비하여 우리를 되돌아보게 만든다.

인간에게 육식은 필요하다. 하지만 다른 생명체에게 이렇게 잔인해도 되는 걸까? 동물 사랑, 환경 보존, 채식 등에 관해 아이와 이야기 나눌 때 도움이 되는 작품이다. 아이들에게 다른 생명체에 대한 존중을 심어줄 수 있을 것이다.

아이와 생각을 나누는 질문
Q. 채식을 어떻게 생각하나요?
Q. 평소 동물을 어떻게 대하나요?

 행복한아침독서 추천, 동아일보·조선일보 추천

#육식 #채식 #먹방 #환경 #비건

120

암탉 로지가 산책을 나갔어요.

로지의 산책

팻 허친스 글·그림, 김세실 옮김, 봄볕, 2020

눈앞의 먹잇감을 노리는 여우와 여유만만 암탉 로지, 그림으로 알게 되는 진실

글과 그림이 서로 다른 이야기를 끌고 가는 그림책의 묘미를 잘 보여준다. 반쯤 감긴 눈과 느긋한 걸음으로 산책을 즐기는 암탉 로지를 묘사하는 글과 그림을 보아야 알 수 있는 여우의 좌충우돌이 긴장감 넘치는 재미를 준다. 글은 로지의 산책을 묘사한다. "마당을 가로지르고", "연못을 빙 돌아서", "방앗간을 쓱 지나더니", "울타리를 쏙 빠져나와", "저녁밥 먹을 시간에 꼭 맞춰 돌아왔답니다"가 전부이다. 하지만 로지의 등 뒤에는 계속해서 기회를 노리며 로지를 쫓아가는 여우가 있다. 서두르다 주변 물건으로 인해 실패하고, 때로는 소리 없이 뛰어올라 로지를 덮쳐도 보지만 오히려 곤경에 처한다.

로지의 입장에서 쓰인 짧은 글과 그림에서만 보이는 여우의 수난이라는 단순한 구성이 슬랩스틱 코미디를 연상하게 한다. 여유로운 암탉 로지를 설명해주는 글을 어른이 읽어주고, 수난을 겪는 여우의 상황을 아이가 의성어, 의태어로 표현하며 여우 입장의 글을 보충하여 함께 읽으면 그림책 읽기의 재미를 더 느껴볼 수 있을 것이다.

아이와 생각을 나누는 질문
Q. 성질 급한 여우에게 해주고 싶은 말은 무엇인가요?
Q. 나는 무엇이든 조급하고, 서두르는 여우에 가깝나요? 눈치 없는 듯하지만 여유롭게 자신에 충실한 로지에 가깝나요?

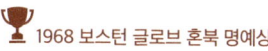 1968 보스턴 글로브 혼북 명예상

#글과_그림의_거리두기 #긴장과_유머 #자기에게_충실함 #여유 #서두름

121 그것은 대학에서 온 편지였어요. 루비가 그 대학 최초의 여학생이 된다면 자랑스러울 거라는 내용이었지요

루비의 소원

S.Y. 브리지스 글, S. 블랙올 그림, 이미연 옮김, 비룡소, 2004

남들과 다른 길을 가는 것을 두려워하지 않은 소녀

중국을 배경으로 하는 성평등 그림책이다. 우리나라도 그랬지만, 과거 중국은 남녀 차별이 아주 심했다. 그간 당연하게 받아들이던 여자다움, 남자다움에 대해 바르게 생각하게 한다.

루비는 족히 100명이 되는 식구가 아주 많은 집에 딸로 태어났다. 어릴 때는 공부하고 싶은 아이들은 모두 가정교사에게 공부를 하게 해주었다. 그러나 때가 되면 남자아이들은 대학으로 진학하지만, 여자아이들은 보통 결혼을 하여 집을 떠나게 되어 있다. 하지만 루비는 결혼보다는 대학에 가고 싶었다.

"아, 슬프다! 여자로 태어난 이 몸, 그보다 더한 불행은 남자만을 위하는 집에서 태어난 것이다"라고 쓴 루비의 시를 본 할아버지는 루비를 방으로 불렀고 집안에서 남자아이들을 우대한다고 생각하는 이유를 물었다. 루비는 그동안 생각했던 것을 또박또박 할아버지에게 말씀드렸다. 어느 설날 아침, 새해 인사를 한 루비에게 할아버지는 봉투를 준다. 봉투에는 세뱃돈이 아닌 대학 입학 허가서가 들어 있었다. 아무리 상황이 어려워도 포기하지 않고 뜻을 품으면 이룰 수 있다는 교훈을 주는 책이다.

아이와 생각을 나누는 질문
Q. 루비는 슬프다는 시를 썼습니다. 루비는 왜 슬펐을까요?
Q. 왜 예전에는 여자는 교육을 시키지 않았을까요?

 에즈라 잭 키츠상, 나다움어린이책 추천

#남녀_차별 #딸 #중국 #성평등

122

"저는 작아도 힘은 세답니다."

리디아의 정원

사라 스튜어트 글, 데이비드 스몰 그림, 이복희 옮김, 시공주니어, 1998

좋아하는 일에 집중해요

아버지의 오랜 실직과 경제적 어려움으로 어쩔 수 없이 가족과 떨어져 살아야 하는 주인공 리디아의 이야기를 소녀의 생각과 감정이 담긴 편지글로 풀어낸다. 사랑하는 가족과 떨어져 지내야 하는 작은 소녀가 할 수 있는 일은 과연 무엇이 있을까? 혼자 울다 지쳐 잠들 수도 있고, 자기가 좋아하는 일을 하며 일상을 버텨낼 수도 있으며, 집으로 다시 돌아가고 싶다고 투정을 부릴 수도 있다. 리디아는 가족과 헤어진 슬픔을 달래기 위해 꽃씨를 심고 정원을 가꾸며 웃음을 찾아간다. 아무리 힘없는 꽃씨도 고난을 이겨내면 결국엔 꽃이 피듯이, 어려움이 있어도 자기가 좋아하는 일에 몰두하다 보면 잘 이겨낼 수 있다는 위안을 준다. 화초를 가꾸며 이웃 사람들과 꽃을 나누는 밝고 씩씩한 소녀의 모습이 오히려 어른들에게 용기와 희망을 준다.

아름다운 리디아의 정원처럼 힘든 일이 생길 때 자기가 좋아하는 것에 집중하고 즐기면 아이는 어려움도 충분히 극복할 것이다. 고난을 겪어본 사람이 소소한 행복도 소중하듯, 작은 소녀로부터 나오는 커다란 희망의 이야기가 큰 매력으로 다가온다.

아이와 생각을 나누는 질문
Q. 가족과 떨어져 지내야 한다면 마음이 어떨까요?
Q. 어떤 꽃씨 선물을 받아서 키우고 싶나요?

🏆 1998 칼데콧 아너상, 그림책박물관 추천, 꿈꾸는도서관 추천, 어린이도서연구회 추천, 초등 국어 교과서 수록, 한겨레신문 '서천석의 내가 사랑한 그림책', 나다움어린이책 추천

#꽃씨 #정원 #성장 #희망 #경제적 어려움 #헤어짐

123

리본

아드리앵 파를랑주 글·그림, 박선주 옮김, 보림, 2017

갈피끈을 잡고 직접 참여하며 이야기를 만들어요

읽은 페이지를 표시하는 것 외에 별다른 기능을 하지 못했던 가름끈으로 만들어낸 기발한 상상력과 창의력이 가득한 그림책이다. 그림책을 재미있고 즐거운 매체로 새롭게 볼 수 있게 해준다. 이를 두고 예술 놀이 그림책이라는 의미로 '아티비티(ART + ACTIVITY)'라고 한다. 쉽고 즐거운 독자 참여형 책이다. 아이들은 갈피끈이 계속해서 쓰임과 용도가 달라지는 것을 보며 다음 장에는 또 어떤 모습일지 기대하며 몰입하게 된다.

생쥐, 큰 뱀, 작은 뱀같이 단순한 소재부터 위험, 영감, 승리와 패배 같은 추상적인 개념까지 두루 섞여 있다 보니 가름끈을 움직이며 이야기를 완성하는 놀이를 해볼 수도 있다. 예를 들어 '탈출'이라는 장면에서 아이가 가름끈을 이리저리 움직이다 아래로 떨어뜨리는 순간이 온다. 이때 정지된 장면이 아니라 전후 상황이 연결되는 서사가 완성되는 것을 느낄 수 있다. 아이와 다음에 나올 장면을 상상해본다든지, 가름끈을 직접 쥐고 가름끈으로 이야기를 완성하여 참여하는 책 놀이를 함께 한다. 감상에 그치는 것이 아닌, 활동하며 이야기를 만들어가는 즐거움을 느껴본다.

아이와 생각을 나누는 질문
Q. 가름끈으로 할 수 있는 책 놀이로 무엇이 더 있을까요?
Q. 가름끈 외에 책 커버, 책 띠지, 종이 재질, 크기 등 책의 물리적 특성을 이용하여 할 수 있는 놀이는 무엇이 있을까요?

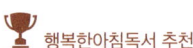 행복한아침독서 추천

#가름끈_오브제 #그림책_물성 #아티비티(ART + ACTIVITY) #참여형_그림책

124

"수리수리 마하수리 얍!"

마녀 위니

코키 폴 글, 밸러리 토머스 그림, 김중철 옮김, 비룡소, 1996

우리 모두를 위한 마법 주문, 수리수리 마하수리 얍!

마녀 위니는 요술 지팡이로 같이 사는 고양이 윌버의 털 색깔을 바꾼다. 자기 생활에 방해가 되기 때문이다. 윌버는 바뀐 자기 모습을 보고 슬퍼한다. 그런 윌버를 보며 위니는 다른 대안을 찾는다. 자기 자신만이 아니라 윌버도 함께 행복할 수 있는 방법을 찾아 요술 지팡이를 휘두른다.

생활에서 어떠한 불편을 겪으면 주변 환경을 바꾸려 한다. 이때 생각해야 할 것이 있다. 내 편안함과 만족만을 위해 변화시킬 것인가? 아니면 같이 사는 존재가 함께 편리하고 안전한 삶을 살 수 있는 방법을 고려하며 바꿀 것인가? 생활 속 불편을 해소하기 위해 주변을 둘러보고, 한 번 더 생각해야 한다. 함께 살아가는 다른 존재도 소중히 여겨, 나의 편의를 위해 타인이 피해를 보는 일은 없어야 할 것이다.

우리 아이들이 알록달록 각자 자기 색을 지키면서 더불어 살기 좋은 세상을 만들기 위해 무엇을 어떻게 해야 할지 생각하게 하자. 나와 너 그리고 우리를 두루 살펴 생각하고 행동하는 사람으로 자랄 수 있게 하자.

아이와 생각을 나누는 질문
Q. 내가 마녀라면, 어떤 마법을 쓰고 싶은가요?
Q. 일상 생활에서 불편했던 것이 있었나요? 그 불편을 해소하기 위해 무엇을 어떻게 변화시킬 수 있을까요?

🏆 책읽는교육사회실천협의회, 한우리독서문화운동본부 추천, 한겨레신문 '서천석의 내가 사랑한 그림책'

#마녀 #고양이 #요술지팡이 #이기심 #배려

125

여러분, 내 이가 흔들려요!

마들렌카

피터 시스 글·그림, 임정은 옮김, 베틀북, 2002

마들렌카가 세상을 여행하는 방법

작가는 뉴욕의 같은 아파트에서만 살아온 본인의 딸 마들렌카를 주인공으로 뉴욕 코스모폴리탄적 일상을 보여준다. 처음부터 가는 선으로 그려진 우주와 지구가 눈에 들어온다. 아무 곳에서 본 적이 없는 뉴욕 맨해튼을 조감도와 도시 속 평범한 빌딩들을 보여준다. 빌딩 위에서 아래로 직접 내려다보는 듯한 각도의 그림 속에 유독 빨간색으로 등장하는 마들렌카가 앞니가 흔들리는 것을 동네 사람들에게 알리러 분주히 돌아다닌다. 아이의 동선에서 뉴욕의 다양한 민족과 인종이 한동네에 살고 있음을 알 수 있다.

앞니가 흔들리는 것에 반응하는 어른들을 보며 진정한 어른은 아이가 상상하며 성장하는 것을 지켜주며 도와주는 것이 아닌가 싶다. 또 마들렌카에게 이가 흔들리는 것이 어떤 성장의 의미인지도 살펴보게 된다. 마들렌카는 동네를 한 바퀴 돌았지만, 유럽에서 온 친구, 아시아에서 온 친구 등을 만나는데 지구촌을 한 바퀴 여행한 것 같다. 세계를 여행한 듯한 구성과 그림, 아이의 생각과 감정, 성장 그것을 바라보며 지켜주는 어른들까지 참으로 오래도록 살펴보고 소장하고 싶은 책이다.

> **아이와 생각을 나누는 질문**
> Q. 이가 빠진 이야기를 하는 마들렌카를 이웃들은 어떤 아이로 대했나요?
> Q. 마들렌카가 세상을 자기에게 담는 방법은 어떤 것이었나요?

🏆 혼북 '명예의 도서'(글로브 혼북상), 뉴욕 타임스 '주목할 만한 책', 퍼블리셔스 위클리 '올해 최고의 어린이책', 한우리독서문화운동본부 추천

#친구 #상상력 #놀이 #편견 #여러_나라_문화 #전개도 #조감도

126

'절대로, 무슨 일이 있어도, 이 정원에 개를 데리고 들어오지 마시오.'

마법사 압둘 가사지의 정원

크리스 반 알스버그 글·그림, 정회성 옮김, 비룡소, 2019

꼬마 앨런의 모자

아이들이 판타지를 좋아하는 이유는 무엇일까? 현실에서는 힘없는 존재지만, 그런 상황을 역전시키고 싶거나 그저 자유롭게 상상하고 싶어서가 아닐까? 저자는 꿈인지, 현실인지 분간하기 힘든 이야기를 세밀한 삽화로 독자들이 실제처럼 느낄 수 있게 묘사했다.

이웃집 장난꾸러기 강아지 프리츠를 돌보게 된 앨런은 산책길에 '절대 정원에 개가 들어오면 안 된다'는 은퇴한 마법사 압둘 가사지의 경고판을 보게 된다. 마법사의 정원에서 오리가 된 프리츠가 자신의 모자를 물고 멀리 날아간 것을 본 앨런은 이 상황을 어떻게 해결해야 할지 걱정이다. 무거운 마음으로 헤스터 아줌마 집으로 돌아온 앨런은 놀랍게도 다시 강아지로 돌아온 프리츠를 만난다. 헤스터 아줌마는 그저 마법사가 앨런을 놀린 것뿐이라고 말하지만, 독자들만 알아차릴 수 있는 앨런의 모자가 마지막 반전으로 등장한다.

흑백의 목탄으로 세밀하게 묘사된 정원의 나무들, 입체감이 느껴지는 건물이나 조각이 부드럽고 따스하게 느껴진다. 상상의 즐거움을 느낄 수 있게, 그림의 의미와 행간의 의미를 파악할 수 있는 초등 3·4학년 이상이 읽는 것을 권한다.

아이와 생각을 나누는 질문
Q. 압둘 가사지의 정원 입구에 있는 두 조각상은 앨런에게 무슨 이야기를 해주고 싶어 하나요?
Q. 압둘 가사지는 정원에 개가 들어올 수 없다는 규칙을 만들었어요. 만약, 내가 마법사라면 나는 어떤 규칙을 만들까요?

🏆 1979 뉴욕타임스 올해의 그림책, 1980 보스턴 글로브 혼북상, 1980 칼데콧 명예상, 그림책박물관 추천

#마법사 #정원 #모자 #개 #오리 #반전 #판타지

127

> 이제 여러분은 이 말썽꾸러기 마법사의 장난 때문에 겪는 소동을 보게 될 거예요.

마법에 걸린 병

고경숙 글·그림, 재미마주, 2005

마법에 걸린 병 속엔 뭐가 숨어 있을까?

장난꾸러기 마법사가 병에 주문을 걸어 무언가를 병 속에 넣고 있다. 왜 이런 장난을 치는 걸까? 마법에 걸린 병들은 아무도 눈치 못 채게 동네 슈퍼 여기저기에 섞여 버려졌다. 책을 읽기 전 "마법사는 왜 이런 장난을 쳤을까? 대체 무엇을 숨겨두었을까?"라는 질문으로 책을 읽는 내내 아이가 생각할 수 있게 하면 좋다. 마법에 걸린 병들이 열려 다양한 소동이 벌어지기 전 힌트가 주어진다. "〈우유대장〉 속에는 우유가 없어요. 대신 우유를 엄청 먹을 만한 놈이 들어 있어요!"라는 글을 읽고 수수께끼를 풀어보는 것도 재미있다.

'내가 생각한 것이 맞을까? 아닐까?' 생각하면서 책을 읽는 내내 마법에 걸린 다양한 모양의 병들을 들춰보는 순간의 두근거림과 그 뒤에 풀리는 비밀 속에서 아이의 호기심과 상상력이 커져간다. 슈퍼에는 아직 수거되지 못한 병들이 있다고 하는데 아이와 함께 '어떤 병들이 남아 있을까?' '만약, 내가 그 병을 사왔다면 우리 집에 어떤 일이 벌어질까?' 이야기를 나누어보자. 책을 다 읽고 내가 마법사라면 어떤 동물을 숨기고 힌트글을 남길까 생각해보고 플랩북을 만들어보자.

> **아이와 생각을 나누는 질문**
> Q. 마법에 걸려 병에 들어갔던 동물들은 어떤 생각을 하고 있을까요?
> Q. 사람과 동물들이 사이좋게 어울려 지내기 위한 방법은 뭐가 있을까요?

2005년 BIB 한국 대표 우수작, 2006 볼로냐 픽션 부문 라가치상 수상

#플랩북 #동물 #상상력 #수수께끼

128 오늘은 어떤 마음을 먹었나요?

마음먹기

엄지짱꽁냥소(자현 글, 차영경 그림), 달그림, 2020

어떤 마음을 먹느냐에 따라 세상 사는 맛이 달라진다

마음의 다양한 상태를 귀여운 달걀 캐릭터로 표현하여 아이들의 호기심을 불러일으킨다. 우리가 일상에서 마주하는 감정과 마음을 능동적으로 다루는 방법을 알려준다. 어떤 날은 마음을 마구 두드리고, 어떤 날은 뒤집개로 휙 뒤집기도 한다. 또 마음을 들들 볶으면서 가만두질 않고, 이리저리 뒤섞기도 한다. 마음탕, 마음피자, 마음말이 등 달걀 하나를 가지고 다양한 요리를 하듯이 우리 마음도 매번 형태를 달리하면서 나를 지치고 힘들게 했다가, 다시 한껏 즐겁고 기분 좋게 만들기도 한다. 새카맣게 타서 먹을 수 없는 상태가 되었다 하더라도 자책보다는 처음부터 다시 만들어보라고 한다. 마음을 새로운 방식으로 조리하듯이 내가 원하는 마음을 만들 수 있으며 내 선택에 따라 우리의 하루와 인생이 달라질 수 있는 것이다.

어떤 마음을 먹을 것인지 선택의 물음은 아이 스스로 자기 마음을 인식하고 조절해보고 마음을 새롭게 먹는 과정을 생각하게 하며, 더 나은 방향으로 성장하고 배워나가도록 도와준다. 아이와 함께 재밌고 창의적인 마음 요리를 떠올려 보며 서로에게 긍정적인 메시지를 전달할 수도 있다.

아이와 생각을 나누는 질문
Q. 오늘 하루 나의 마음은 어떠했나요?
Q. 내가 선물하고 싶은 마음 요리는 무엇이며, 누구에게 주고 싶은가요?
Q. 다양한 마음 요리 메뉴를 만들어볼까요? 식당 이름과 메뉴 이름도 지어볼까요?

🏆 한겨레신문 추천, 행복한아침독서 추천, 한국학교사서협회 추천

129

> 저마다 모양은 다르지만
> 자기만의 마음샘을 가지고 있었던 거야.

마음샘

조수경 글·그림, 한솔수북, 2017

나는 마음샘에 비친 나를 인정할 수 있을까?

나의 진짜 모습은 어떤 모양일까? 어쩌면 한 번도 생각해보지 않았던 주제일 수도 있다. 늑대처럼 어느 날 갑자기 나의 진짜 모습이 마음샘에 나타났을 때, 당황스럽고 혼란스러울 수 있다. 늑대는 샘에 비친 토끼의 모습에 깜짝 놀라고 혹 누가 볼까? 주위를 둘러본다. 늑대는 자신의 진짜 모습과 대면한다.

가끔 나의 진짜와 마주 대할 때, 당황하고 혼란스럽고 인정하고 싶지 않다. 무시하고 외면하고 아니라고 부인도 한다. 하지만 나의 진짜와 대면할 수 있는 용기가 필요하다. 내가 생각하는 내 모습, 진짜라고 우겨서라도 갖고 싶은 모습이 있을 것이다. 분명히 용기 있고 멋있는 나였는데, 가만히 들여다보니 소심하고 못난 내가 있다. 감추고 인정하고 싶지 않다.

마음샘은 나 자신과 만나는 장소이다. 나의 진짜 모습을 내가 인정하고 알아줄 때, 자신과의 대면이 쉬워진다. 다른 누군가의 마음샘에게 '그렇구나!'라고 인정할 수 있는 마음이 생긴다.

아이와 생각을 나누는 질문
Q. 나만의 마음샘은 어떤 모습일까요?
Q. 마음샘의 모습을 어떻게 인정해야 하나요?
Q. 나를 위로할 때, 나는 어떤 말을 하나요?

 행복한아침독서 추천, 세종도서 우수도서

#마음샘 #늑대 #고요 #인정 #누구나 #그렇구나

130

> "그 마음들이 네 마음을 도와줄 거야.
> 언제나 너를 도와줄 거야."

마음의 집

김희경 글, 이보나 흐미엘레프스카 그림, 창비, 2010

마음의 집은 어디에

마음은 참 어려워서 기쁘다가도 슬퍼서 종잡을 수 없다. 작가는 그런 추상적인 '마음'을 '집'에 빗대어 설명한다. '마음을 연다'라는 표현을 문의 틈새로, '마음을 빚어내어 표현하는 것을' 마음의 집에 있는 부엌으로 이해하기 쉽도록 그려낸다. 만약 마음의 집이 부정적인 감정에 휩싸인다면, 이 세상에 존재하는 많은 마음이 도와줄 것을 알려주며 그림책은 끝난다.

마음은 곧 사람이고, 사람은 곧 마음이다. 마음을 표현하는 것이 서투른 사람, 마음이 늘 열려 있거나, 굳게 닫힌 사람. 사람들은 각자 다른 마음을 갖고 산다. '열 길 물속은 알아도 한 길 사람 속은 모른다'라는 속담이 있듯이 사람의 마음은 복잡하고 알기 어렵다. 그런 마음을 있는 그대로 표현하고 공유하는 것은 힘든 일이다. 이 책은 솔직하게 자신의 '마음'을 표현하는 방법을 알려준다.

아이의 마음 문이 완전히 닫혀 있다면, 또는 아이가 부정적인 마음의 집에 살고 있다면 이 책을 함께 읽어보자. 아이는 자신을 도와줄 수 있는 많은 마음이 곁에 있다는 사실을 알고, 도움을 요청할지도 모른다.

아이와 생각을 나누는 질문
Q. 현재, 나의 마음의 주인은 누구인가요?(예, 기쁨, 불안, 초조, 걱정, 화남 등의 감정)
Q. 내 마음의 집이 복잡해지거나 어두운 날, 내 마음이 나아지기 위해 할 수 있는 것은 무엇인가요?

🏆 2011 볼로냐 국제아동도서전 라가찌상 논픽션 부문 대상, 국립어린이청소년도서관 사서 추천, 학교도서관저널 추천

#속마음 #솔직함 #비유 #도움

131   마침내 마음은 제자리로 돌아왔습니다.

마음이 아플까봐

올리버 제퍼스 글·그림, 이승숙 옮김, 아름다운사람들, 2010

마음을 알아주세요

세상을 아주 궁금해하는 호기심 많은 소녀가 있다. 온 마음을 다해 진심으로 알고자 했고, 누군가에게 열심히 자신의 궁금증과 알게 된 것을 말한다. 의자에 앉은 인자한 할아버지가 소녀 앞에 있다.

궁금증은 어디에서 나오는 걸까? 반짝이는 눈에서, 물음표가 가득한 마음에서 나오는 것일까? 궁금증은 호기심에서 시작한다. 무언가를 향한 호기심이 궁금증을 만들어내고, 알아가고 싶은 마음을 키워간다. 이런 마음을 가진 아이들 옆에 누군가가 늘 들어주고 격려하고 알아준다면 아이들의 알고 싶은 마음은 더욱 커갈 것이다. 아마도 온 우주를 담을 정도의 호기심이 그 마음을 덮을 것이다.

마음이 닫혔다. 나를 알아주는 누군가의 부재는 마음을 가두는 것이 가장 좋고, 안전한 방법이라고 말하는 것 같다. 가둔 마음은 더 이상 아무것에도 호기심과 궁금증을 느낄 수가 없다. 가둔 마음을 어떻게 꺼낼 수가 있을까? 누군가의 마음을 알아주고, 누군가에게 마음을 열고 다가가는 일은 쉽지 않을 것이다. 하지만 쉽지 않은 다가감을 조금씩 시도하다 보면 마음이 통하는 소통의 즐거움을 맛보게 될 것이다.

> **아이와 생각을 나누는 질문**
> Q. 호기심을 느낀 적이 있나요? 무엇으로 호기심을 느끼고, 어떻게 해결했나요?
> Q. 내 마음은 어떤 모양이고, 무엇을 담고 있나요?

🏆 네스텔 어린이 도서 황금상, 올해의 블루 피터 도서 상, 아이리쉬 올해의 어린이 도서, 행복한아침독서 추천, 한겨레신문 '서천석의 내가 사랑한 그림책'

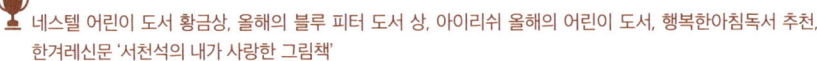

#할아버지 #소녀 #호기심 #마음 #유리병 #발견 #기쁨 #빈_의자 #채워짐

132 "침묵을 지킬 수는 없었니?"

마지막 거인

프랑수아 플라스 글·그림, 윤정임 옮김, 디자인하우스, 2002

인간의 명예욕이 부른 멸종

뱃사람에게 '거인의 이'를 사들인 루트모어는 '이'에 그려진 지도를 발견하고 탐험을 떠난다. 험난한 탐험 중 동행한 일꾼들의 죽음과 공포를 겪으며 드디어 거인 나라에 도달한다. 거인들과 열 달을 지내면서 거인 나라에 관해 기록하고 거인들의 도움으로 다시 영국으로 돌아온 후 9권의 거인에 관한 책을 집필한다. 두 번째 탐험의 시작이 될 축제 장소에서 친구였던 거인의 목을 보고 충격에 빠진다. 루트모어는 다시는 거인의 이에 관해 얘기하지 않고 조용히 선원으로 살아간다.

이 그림책은 여러 상을 받을 만큼 유명할 뿐 아니라 묵직한 메시지를 준다. 인간의 내면에는 명예욕에 사로잡혀 달콤한 비밀을 폭로하고 싶은 마음이 있다. 거인족의 사랑과 보살핌으로 목숨을 건진 루트모어는 거인들의 목숨을 명예욕과 바꾸고 말았다. 거인족은 마치 인간들이 파헤친 자연과 같다. 인간은 자연 속에서 살면서도 자연을 파괴한다. 자연을 보호하기 위해 우리가 해야 할 일이 무엇인지를 생각하며 읽을 수 있는 책이다. 글이 많은 편이지만, 자세히 표현한 삽화로 이해하기 쉽다.

아이와 생각을 나누는 질문
Q. 내가 루트모어였다면 나는 거인족의 이야기를 책으로 출간했을까요?
Q. 인간의 탐욕으로 사라져 버린 것은 무엇이 있을까요?
Q. 쉽지 않은 긴 탐험의 여행을 끝까지 감행했던 루트모어는 무슨 생각을 했을까요?

🏆 프랑스 문인협회의 어린이도서부문 대상, 벨기에 최우수어린이 그림책, 1994 프랑스 도서출판협회 명예도서 선정, 미국 헝그리 마인드 리뷰상, 1996 독일 라텐팡거상 수상, 환경부·환경보전협회 선정 우수 환경도서, 책 따세 추천, 국민일보 추천, 교보교육재단 추천 외

#탐험 #명예욕 #자연 #멸종 #자연탐사 #거인 #치아

133

> 이불에서 나는 햇빛 냄새는 엄마 냄새만큼 고소합니다.

만희네 집

권윤덕 글·그림, 길벗어린이, 1995

양옥집 구경하기

좁은 연립 주택에 살던 만희네가 마당이 넓은 할머니 댁으로 이사 가면서 이야기는 시작된다. 할머니 댁은 80년대 양옥집으로 마당 구석에는 꽃밭이 있고 방마다 옛날 물건이 가득하다. 만희네 집은 즐겁고 정겹고 평화롭다. 화목한 가족의 모습에, 그곳에 담긴 이야기가 궁금해진다.

이 그림책은 장면마다 자세히 보게 하는 매력이 있다. 자세히 보다 보면 전에 못 보았던 것이 보이기도 하고 남이 보지 못한 것을 찾아내는 재미도 있다. 내가 생활하고 있는 곳이 어떻게 꾸며있는지 찬찬히 살펴보게 한다.

표지에 그려진 만희네 집은 전체적으로 흑백인데 대문 안마당에 색감을 주어 호기심을 자극한다. 또한, 장면마다 다음 페이지를 흑백으로 처리하여 다음 장면에는 저 부분이 나올 것을 예측하게 한다. 세밀하게 표현한 그림을 보다 보면 작가의 인내심과 섬세함을 느낄 수 있다. 집안에서 본인들의 할 일을 묵묵히 감당하는 어른들의 모습이 있어 든든하다. 부모의 추억이 가득 담긴 집을 아이들에게 소개하기 좋고, 행복한 가족에 관해 이야기하면서 아이가 겪어보지 못한 집 이야기로 행복한 시간을 보내게 해줄 그림책이다.

아이와 생각을 나누는 질문
Q. 그림으로 표현된 만희네 집을 보면 어떤 느낌이 드나요?
Q. 만희네 집에서 제일 마음에 드는 공간은 어디인가요? 이유는 무엇인가요?

🏆 어린이도서연구회 권장도서, 포스코교육재단 필독서, 초등 교과서 수록, 한우리독서문화운동본부 추천, 그림책박물관 추천, 2019년 100권의 그림책 추천, 2021년 그림책 BASIC 추천, CJ 특별전 초청 그림책

#집 #가족 #세밀화 #부엌 #광 #장독대 #옥상 #양옥집

134

'나 혼자서만 달린다면
훨씬 쉽게 훨씬 빨리 달릴 수 있을 텐데.'

말괄량이 기관차 치치

버지니아 리 버튼 글·그림, 홍연미 옮김, 시공주니어, 2010

매일 똑같이 반복되는 것이 싫어질 때

꼬마 기관차 치치가 혼자서 빠르게 달리고 있다. 사람들도 짐승들도 무서워서 피하고 숨고, 온 도시가 소란스럽다. 꼬마 기관차 치치에게 무슨 일이 생긴 것일까? 어릴 때는 가끔 상상의 날개를 펼치며 혼자의 시간을 즐길 때가 있다. 어른이라고 상상의 날개가 없는 것은 아니지만, 어린아이들처럼 무모하지는 않을 것이다. 아이들도, 어른들도 가끔은 일상을 벗어나 다른 경험을 하고 싶을 때가 있다. 놀이나 여행, 새로운 만남, 새로운 취미, 새로운 그 무엇이 삶에 활력을 준다. 물론 이런 것들은 상식적인 선에서 할 수 있는 일들이다.

예측 불가능한 어떤 것은 모두를 놀라게도 하고 걱정을 하게도 한다. 아이들은 엉뚱한 상상이나 행동으로 어른들을 놀라게 할 때도 있다. 예측 불가능한 어떤 일을 한 아이들에게 어른들은 어떤 반응을 보여야 할까? 처음에는 놀라고 어이없기도 하고 두려울 수도 있다. 안아주자. 스스로 알 수 있게, 생각할 수 있게 시간을 주자. 그 안아줌의 의미가 무엇인지를 아이가 느낄 수 있게 하자.

아이와 생각을 나누는 질문
Q. 꼬마 기관차 치치의 행동에 찬성하나요, 아니면 반대하나요?
Q. 찬성 또는 반대의 이유는 무엇인가요?
Q. 언제 꼬마 기관차 치치처럼 혼자 행동하고 싶었나요?

🏆 『작은 집 이야기』로 칼데콧상을 수상한 버지니아 리 버튼의 작품. 출간된 지 50년이 넘은 지금까지도 탈것 그림책의 대표작으로 꼽히고 있음.

#기차 #기차역 #사람들 #물건 #나른다 #작은_마을 #대도시

135

"너, 자꾸 거짓말하면
망태 할아버지한테 잡아가라고 한다."

망태 할아버지가 온다

박연철 글·그림, 시공주니어, 2007

생소한 소재지만 시대와 공간을 뛰어넘는 주제

1970년대 무렵 대나무나 새끼줄로 만든 커다란 망태를 등에 지고 집게로 넝마나 고철을 줍는 이들을 '망태 할아버지'라 불렀다. 당시 "망태 할아버지한테 잡아가게 한다"라는 협박은 아마 아이 한두 명은 거뜬히 들어갈 것 같은, 무엇이 들었는지 알 수 없는 커다란 망태 때문일 것 같다. 아이의 말을 거짓말이라 다그치고, 아이가 좋아하는 간식 대신 먹기 싫은 밥을 억지로 먹이고, 밤 9시가 되었으니 일찍 잠자리에 들라는 엄마. 아이는 그때마다 맞서보려 하지만 엄마는 번번이 무서운 망태 할아버지를 들먹인다.

책에는 독자들이 다양하게 해석할 수 있는 힌트가 곳곳에 숨겨져 있다. 엄마는 백 번도 넘게 거짓말을 했다는 숫자 100, 일찍 잠들기 싫어 없앤 시계의 숫자 9, 엄마와 키가 비슷해지려고 올라선 의자의 다리 세 개에서는 아이의 불안한 마음이 느껴진다.

마지막에 망태 할아버지를 떠올리며 두려움에 떨던 나를 안아주던 엄마. 엄마 등에 찍힌 동그라미를 보고 아이는 어떤 생각을 할까? 엄마를 사랑하지만 잔소리와 통제 때문에 엄마를 미워하기도 하는 아이의 이중적인 마음이 잘 표현된 책이다.

아이와 생각을 나누는 질문
Q. 엄마가 가장 좋을 때는 언제인가요?
Q. 엄마의 등에 찍힌 동그라미는 무엇일까요?

 2007 볼로냐 국제어린이도서전 일러스트레이터 선정, 한겨레신문 '서천석의 내가 사랑한 그림책', 2010 CJ 특별전 초청 그림책

#망태_할아버지 #엄마 #잔소리 #화 #미움 #두려움 #공포

136

머나먼 여행

애런 베커 지음, 웅진주니어, 2014

마법 색연필 하나로 떠나는 상상의 여행

온통 무채색인 도시에 외로워 보이는 한 소녀가 있다. 소녀는 친구와도 어울리지 못하고 결국 집에 돌아와 가족과 함께 시간을 보내고 싶어서 기웃 기웃거리지만, 가족도 친구도 누구 하나 소녀와 놀아주는 사람이 없다. 소녀는 방에서 가만히 생각하더니 빨간 마법 색연필을 발견한다. 이내 마법 색연필로 상상의 문을 그려 신비한 세계로 혼자 여행을 떠난다. 소녀가 마법의 색연필로 그림을 그리면 어디든 갈 수 있는 이동 수단이 생겨난다. 멋진 상상력을 가진 소녀는 환상적인 세계로 들어가 즐거운 여행을 마치고, 돌아오는 길에 멋진 새를 데리고 온다. 이 멋진 새는 현실 세계로 돌아온 소녀가 그렇게 원했던 진짜 친구도 만들어준다.

여러분을 상상의 세계로 안내하는 도구는 무엇인가? 소녀에게 마법 색연필은 따분한 현실을 벗어날 수 있는 좋은 도구이자 현실의 따분함을 해결해주는 멋진 물건이었다. 마법 색연필로 상상의 공간을 그려 직접 여행했던 소녀처럼 여러분도 상상의 세계로 들어갈 수 있는 상상의 도구를 개발해보자. 상상의 세계에는 불가능한 것이 없다.

아이와 생각을 나누는 질문
Q. 소녀가 머나먼 여행을 떠난 이유는 무엇인가요?
Q. 소녀의 마법 색연필이 나에게 생긴다면 어디로 여행을 떠나고 싶은가요?

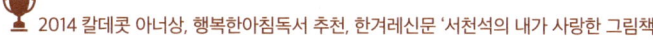 2014 칼데콧 아너상, 행복한아침독서 추천, 한겨레신문 '서천석의 내가 사랑한 그림책'

#글_없는_그림책 #여행 #판타지 #상상력

137 "멍멍 선생을 불러야겠어!"

멍멍 의사 선생님
베빗 콜 글·그림, 박찬순 옮김, 보림, 2000

멍멍 선생에게 배우는 건강상식

위생 습관은 중요하다. 특히, 코로나19 이후 마스크를 쓰고 손만 잘 씻었어도 많은 감염병을 예방할 수 있는 걸 잘 알게 되었다. 하지만 그 사실을 잘 알면서도 귀찮다는 이유로, 또는 자신은 괜찮을 거라 생각해서 많은 사람이 위생 습관을 지키지 않을 때가 있다.

여기 검보일 가족과 이 집의 강아지인 멍멍 의사 선생님이 있다. 뼈에 관한 강연을 하러 브라질로 멍멍 선생이 출장을 간 사이 검보일 가족은 모두 병에 걸리고 만다. 가족의 연락으로 집에 돌아온 멍멍 선생이 가족 한 명 한 명을 진찰하는 과정을 통해 담배를 피우면 왜 안 좋은지 추운 날 옷을 제대로 입지 않거나 볼일을 본 후 손을 씻지 않고 빨게 되면 몸이 어떻게 아픈지 등을 재치 있고 유쾌한 글과 그림으로 풀어나간다.

이 책을 읽다 보면 저절로 다양한 건강 상식이 쌓이는 것 같다. 책을 읽은 후 아이들과 건강한 위생 습관을 만드는 방법도 알아보고 손 씻기, 양치하기 등을 소홀히 했을 때 어떤 결과가 나올지 병원 놀이를 통해 멍멍 선생님처럼 생각하고 처방도 내리다 보면 저절로 위생 습관이 길러질 것이다.

아이와 생각을 나누는 질문
Q. 우리 집에 멍멍 의사 선생님이 있었다면?
Q. 출장에서 돌아온 멍멍 선생님은 검보일 가족이 아픈 것을 보고 어떤 생각이 들었을까?

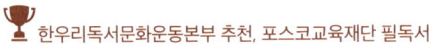
한우리독서문화운동본부 추천, 포스코교육재단 필독서

#건강 #생활습관 #위생습관

138

"너는 나의 진주야.
내가 너의 조가비가 되어 줄게."

메두사 엄마

키티 크라우더 글·그림, 김영미 옮김, 논장, 2018

홀로서기를 시작할 때

보름달이 유난히 빛나는 날, 메두사의 사랑스러운 딸 '이리제'가 태어난다. 아이를 만난 순간부터 사랑에 빠져버린 메두사. 메두사는 소중한 이리제를 머리칼 속에 꼭꼭 감싸 안전한 세상을 만들어준다. 그러던 어느 날, 이리제는 해변에서 뛰노는 친구들을 보며 학교에 가고 싶어 하고, 메두사는 반대한다. 소중한 딸 이리제에게 세상의 어려움과 위험을 막아주는 단단한 품이 되어주고 싶었던 엄마 메두사. 둘만 존재하던 세상이 어떻게 변화하게 될지 궁금해진다.

새로운 세상에 나아가기 위해 발을 떼려는 아이를 보며, 엄마와 아빠는 어떤 마음을 가져야 할까? 반대로 엄마와 아빠 곁에서만 살고 싶어 하는 아이에게는 무엇이 필요할까? 새로운 세상을 향하는 아이에게, 그런 아이를 바라보는 부모에게 필요한 것은 바로 용기일 것이다. 홀로서기를 시작하며 마주하는 새로움은 낯설고 두렵다. 처음이라 어렵겠지만, 용기를 내는 가장 좋은 방법은 응원을 가득 담아, 메두사와 이리제처럼 서로 힘껏 안아주자. 모두의 홀로서기를 응원하며.

아이와 생각을 나누는 질문
Q. 메두사는 마지막 장면에서 몸을 감고 다니던 길고 긴 머리칼을 자르고 나타납니다. 이것은 무엇을 의미하는 걸까요?
Q. 용기를 낼 수 있게 응원하는 방법에는 어떤 것이 있나요?
Q. 나에게 엄마는 어떤 존재인가요?(반대로, 엄마에게 아이는 어떤 존재인가요?)

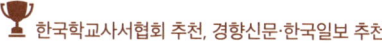 한국학교사서협회 추천, 경향신문·한국일보 추천

#부모 #자녀 #사랑 #독립 #용기

139

둘은 서로에게 큰 소리로 외쳤답니다.
"안녕 잘 자!"

메리와 생쥐

비벌리 도노프리오 글, 바버라 매클린톡 그림, 김정희 옮김, 베틀북, 2008

비밀의 친구

서로 피하라는 엄마의 말씀을 어기고 비밀스럽게 만나는 소녀와 생쥐를 그린 어린 시절 일기 같은 그림책이다.

아주 큰 집에 사는 메리네 가족도 5명, 메리네 집 안의 작은 집에 사는 생쥐네 가족도 5명, 메리와 생쥐는 학교에서도 집에서 하는 일이 비슷하다. 두 그림을 비교하면서 책을 감상하는 재미를 느낄 수 있다. 어느 날 메리는 식탁에서 포크를 떨어뜨려 줍다가 역시 포크를 줍던 생쥐와 눈이 마주치고 그 뒤로 매일 둘만의 비밀 만남이 계속된다. 메리와 생쥐는 성장하여 집을 떠나게 되었고 둘이는 서로 그리워한다. 메리와 생쥐가 결혼을 하여 그들의 딸 줄리와 샐리가 태어나고 그들은 엄마 메리와 생쥐가 똑같이 생활한 것처럼 똑같은 생활을 하게 된다. 그러던 중 떨어뜨린 책을 줍다가 서로를 보게 되고 엄마들과 똑같이 그 뒤로 비밀의 만남이 시작되는데…. 아이들은 서로에게 가까이 다가가 굿나잇 인사를 건네게 된다.

그림이 아주 따뜻하다. 이 책에서는 누구든 친구가 될 수 있음을 말해주고 있다. 그리고 비밀 친구의 짜릿함을 느낄 수 있다.

아이와 생각을 나누는 질문
Q. 만약, 내가 메리나 줄리라면 어떻게 했을까요?
Q. 엄마는 왜 쥐를 만나면 피하라고 했을까요?
Q. 생쥐 엄마는 왜 인간을 만나면 피하라고 했을까요?

 2007 뉴욕 공공도서관 선정 100권의 책, 2007 커커스 리뷰즈 편집자 선정 올해의책

#모전여전 #비밀 #친구

> **140** 비단으로 만들어져 반드르르 빛이 나고,
> 연분홍색 리본이 달린 모자였어요.

모자

토미 웅게러 글·그림, 진정미 옮김, 시공주니어, 2002

용기 있게 행동하는 이에게 찾아온 행운

반들반들 윤이 나는 검정 비단 위에 연분홍 리본이 멋들어지게 묶인 모자가 첫 페이지에 등장한다. 을씨년스러운 바람에 날아가는 모자 뒤로 전쟁으로 폐허가 된 황량한 풍경이 펼쳐진다. 전쟁에서 다리 하나를 잃은 가난한 퇴역군인 바도글리오는 어느 날 자유 의지를 가진 모자를 만나고, 모자 덕분에 영웅도 되고 부자가 된다. 많은 사건 사고를 해결한 모자는 바도글리오와 공주의 결혼도 성사시킨다. 모자가 바도글리오를 선택한 이유는 무엇일까? 가난하고 장애가 있었지만, 항상 주변을 따뜻한 눈으로 바라보는 그를 알아봤기 때문 아니었을까? 원래 모자의 주인이었던 부자는 날아가는 모자를 애써 잡으려 하지 않았다. 바도글리오 역시 마찬가지이다. 두 사람의 아내들은 "내버려둬요, 여보!"라고 외치고, 그들은 가려던 길을 계속 간다. 그들은 이미 충분히 행복하다고 생각하고 행운의 기회를 다음 사람에게 넘겨주려 했던 것은 아닐까?

마지막 장면, 우리는 강물에 빠져 허우적거리는 한 남자를 찾아볼 수 있다. 독후 활동으로 다음 모자 주인이 앞으로 어떤 모험을 겪게 될지 뒷이야기를 상상해보는 것도 좋겠다.

> **아이와 생각을 나누는 질문**
> Q. 바도글리오는 전쟁에서 다리를 잃었습니다. 사람들은 왜 싸울까요? 왜 전쟁을 할까요?
> Q. 모자의 주인들은 왜 바람에 날아가는 모자를 잡지 않을까요?

 1998 한스 크리스티안 안데르센상

#모자 #전쟁 #군인 #행운 #장애

141

"사람은 고은 마음씨만 있으면 해야 하는 일은 꼭 해내는 법이지"

모치모치 나무

사이토 류스케 글, 다키다이라 지로 그림, 김영애 옮김, 주니어RHK, 2020

나의 용기는 어디에서 나올까요?

겁쟁이 마메타가 용기를 낸다. 한밤중에 강아지처럼 몸을 웅크리고는 앞문을 몸으로 들이다 밀어젖히고 내달린다. 마메타에게 무슨 일이 생긴 걸까?

용기는 어떤 것일까? 단순히 겁쟁이를 겁으로부터 탈출시킨 그런 것일까? 아니면 해야만 하는 일을 꼭 할 수밖에 없게 만드는 그 무엇의 힘일까? 용기는 내면의 힘이다. 겉으로 표현된 이미지나 행동으로 용기의 있고 없음을 알 수 없다. 용기는 어떤 모습으로 언제 나오는 것일까? 아무도 알 수는 없다. 사람마다 용기가 필요한 순간이나 상황이 다를 것이다.

우리의 일상은 평범하다. 평범한 일상에 누군가는 작은 일에도 용기가 필요할 것이고, 누군가는 아주 큰 일에만 용기가 필요할 수도 있다. 각자의 용기의 모습이 다르다. 중요한 것은 용기를 낸다는 것이다. 나에게 맞는 용기를 알맞게 꺼낼 때, 해야 하는 일을 꼭 해낼 수 있을 것이다.

> **아이와 생각을 나누는 질문**
> Q. 언제 겁이 날까요?
> Q. 겁을 물리치는 방법은 무엇인가요?
> Q. 겁에 맞서는 용기는 무엇일까요?

 일본 초등 국어 교과서 수록, 일본 학교도서관협의회가 뽑은 좋은 그림책, 첫 출간 이후 일본에서 120만 부 이상 팔린 밀리언셀러

#할아버지 #겁쟁이 #밤 #달 #산_위 #사냥꾼 #오두막

142

엄마는 웃었고…… 나는 울었다.

무릎 딱지

샤를로트 문드리크 글, 올리비에 탈레크 그림, 이경혜 옮김, 한울림어린이, 2010

죽음이 끝이 아니도록!

아이는 아파서 떠날 수밖에 없는 엄마를 겉으로는 부정하면서도 안으로는 받아들인다. 자신이 아빠와 할머니의 슬픔을 보듬어야 한다고 생각하는 어른아이다. 엄마 냄새를 잊지 않으려고 애쓰는 아이의 절절한 모습이 곳곳에서 보인다.

아이들에게 엄마는 어떤 존재일까? 아마도 세상의 두려움으로부터 자신을 지켜줄 튼튼한 울타리이자 무조건적인 사랑으로 안아 줄 따뜻한 품일 것이다. 갑작스러운 엄마와의 이별로 아이는 잠시 온 세상을 잃었을지도 모른다. 엄마의 죽음을 받아들이지만, 엄마를 잊지 않고 간직하고 싶어 하는 아이에게 할머니는 '엄마가 내 안에 있음'을 알려준다. 아이는 엄마의 죽음이 암울하고 비통하지 않다. 아이의 곁을 떠난 엄마를 다만 눈으로 볼 수 없을 뿐 아이 안에 살아 있기 때문이다. 딱지를 뜯어내면 아프지만 조금만 견디면 새살이 돋아나는 것처럼 상실의 상처에도 새살이 돋을 것이다.

이 책을 읽고 아이들이 죽음과 이별도 우리 삶의 일부임을 알길 바란다. 가슴에 손을 올리고 엄마가 언제나 자기랑 함께 있음을 알고 잠드는 아이가 죽음이 끝이 아님을 깨닫고 행복한 미래를 꿈꾸면 좋겠다.

아이와 생각을 나누는 질문
Q. 죽음을 듣거나 경험하면 어떤 마음일까요?
Q. 할머니가 얘기해준 엄마를 잊지 않는 방법처럼 아픔을 잊는 나만의 방법이 있나요?

🏆 어린이도서연구회 추천, 한국유치원총연합회 선정 우수도서, 경남독서한마당 추천도서

#삶 #죽음 #엄마 #그리움 #기억 #상실 #애도

143

가벼운 것이든 심각한 것이든, 누구나 어떤 생각을 하죠. 나도 그렇고요!

무슨 생각하니?

로랑 모로 글·그림, 박정연 옮김, 로그프레스, 2015

다른 사람의 생각이 보인다면?

매일 얼굴을 보는 가족조차 가끔 무슨 생각을 하는지 알 수 없을 때가 있다. 조그만 아이가 어느새 자라 정말 무슨 생각을 하는지 궁금해 머릿속을 들여다보고 싶을 때가 있다. 만약, 다른 사람의 생각을 들여다볼 수 있다면 어떨까? '안나는 슬퍼요'라는 짧은 글 옆에는 안나의 얼굴이 있다. 그리고 그 얼굴이 그려진 종이를 들어 올리면 안나의 슬픔이 그림으로 표현되어 있다. 단순한 플랩 형식을 활용해 이렇게 기발한 책을 만들 수 있다니 놀랍다. 왼편의 글을 읽고 오른편의 그림을 본 후 종이를 올릴 때마다 어떤 그림으로 생각과 마음을 표현했을지 기대하며 읽게 된다. 책에 나오는 인물들은 서로 동떨어진 것 같지만, 때로는 서로에 대해 생각을 하기도 한다.

아이들은 아직 생각과 감정을 표현하는 데 능숙하지 않다. 이 책을 함께 읽으면서 '이 생각은 어떤 그림으로 그려졌을까?' 상상해보기도 하고, 내 생각을 그림으로 그려보기도 하면서 아이들이 자기 생각과 감정을 더욱 잘 표현하는 방법을 배울 수 있게 되기를 바란다.

아이와 생각을 나누는 질문
Q. 다른 사람의 생각을 볼 수 있다면 어떨까요?
Q. 내 생각을 다른 사람이 볼 수 있다면 기분이 어떨까요?
Q. 생각을 말로 다 표현하기 어려울 땐 어떻게 하면 좋을까요?

한겨레신문 추천, 국립어린이청소년도서관 사서 추천

#플랩북 #생각 #감정 #관점

144

"나누어 주면 줄수록
기쁨은 더욱 커졌습니다."

무지개 물고기

마르쿠스 피스터 글·그림, 공경희 옮김, 시공주니어, 1994

나눌수록 기쁨은 배가 됩니다

보기만 해도 눈과 마음이 행복해지는 책이다. 반짝이 비늘이 많아 다른 물고기들의 부러움을 사던 한 물고기가 자신의 예쁨을 뽐내기만 하다 친구를 어느 순간 모두 잃게 된다. 친구를 잃고 나서야 자기의 잘못을 깨달은 물고기는 자신의 반짝이 비늘을 친구에게 하나씩 나눠 주면서 진정한 나눔의 기쁨과 행복을 서서히 알게 된다.

이 책은 물고기의 반짝이 비늘을 홀로그램으로 표현함으로 이야기를 더 생동감 있게 해준다. 또한, 자신의 소중한 것을 누군가 함께 하고 나누었을 때의 기분과 느낌을 사실적으로 그려내어 다른 사람과 함께 하고 나누는 것이 얼마나 중요한 것인지, 거기서 찾아오는 행복감이 얼마나 큰지를 알려준다.

학교생활에서 다른 사람과 무언가를 나눠본 경험이 적은 아이들이 자기 것을 친구들과 나눠야 하는 상황을 어려워하는 경우를 자주 본다. 이 책을 통해 우리 아이들이 자신의 소중한 것을 다른 사람과 나눌 수 있고 나누었을 때 오는 진정한 기쁨을 배우는 계기가 되어 다른 사람들과 함께 살아가는 아름다운 사람으로 성장하길 바란다.

아이와 생각을 나누는 질문
Q. 다른 물고기들은 왜 무지개 물고기와 놀아주지 않았을까요?
Q. 무지개 물고기처럼 소중한 물건을 누군가에게 나눠준 적이 있나요?
Q. 무지개 물고기처럼 다른 물고기들도 보물을 나눠 주었을까요?

 교과서 수록 도서, 한겨레신문 '서천석의 내가 사랑한 그림책'

#친구 #우정 #나눔 #용기

145

"어머, 정말 예쁜 얼룩이구나!"

문제가 생겼어요!

이보나 흐미엘레프스카 글·그림, 이지원 옮김, 논장, 2010

실수의 다리미 자국과 용서의 다리미 자국

실수로 다른 사람의 소중한 물건을 훼손했을 때 아이들은 어떤 심경일까? 이 그림책은 이런 문제 상황에 봉착한 아이의 마음과 해결 방법을 알게 한다.

문제 상황과 맞닥뜨렸을 때, 가지게 되는 생각과 마음에는 단계가 있다. 먼저, 문제 상황을 인지한다. 다음으로 문제 해결 방법을 찾는다. 그 해결책을 찾지 못해 전전긍긍한다. 실수를 타인에게 전가할까 하는 비겁한 마음을 갖기도 한다. 여러 고민 끝에 결국, 아이는 알게 된다. 문제를 해결하는 방법은 잘못을 인정하고 용서를 구하는 것이라는 사실을 말이다.

이 책이 전해주는 또 다른 가치는 관용이다. 책에서 엄마는 아이를 혼내거나 실수를 따끔한 훈육으로 일깨워주지 않는다. 어떻게 만회할지 고심에 차 있는 아이가 너무 큰 죄의식을 갖지 않게 한다. 엄마는 아이의 실수로 생긴 다리미 자국처럼 일부러 다리미 자국을 만들고, 그 위에 아름답게 수를 놓는다. 아이의 실수 자국을 멋들어진 무늬로 탈바꿈함으로써 아이를 용서한다. 이런 너그러운 용서를 받아본 아이는 친구의 실수를 포용할 수 있는 사람으로 자랄 것이다.

아이와 생각을 나누는 질문
Q. 실수한 경험이 있었나요? 어떤 생각이 들었나요?
Q. 실수를 너그럽게 용서받은 경험이 있었나요? 그때 어떤 마음이었나요?
Q. 할머니와 엄마 그리고 내 추억이 담긴 물건이 있나요?

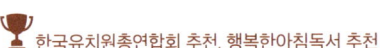
한국유치원총연합회 추천, 행복한아침독서 추천

#다리미 #연상 #상상 #실수 #관용

146

> "네가 해야 할 일이 한 가지 더 있단다."
> "세상을 좀 더 아름답게 만드는 일이지."

미스 럼피우스

바버러 쿠니 글·그림, 우미경 옮김, 시공주니어, 2017(1996)

아름다운 세상을 가슴에 품고 사는 아이

럼피우스는 어린 시절 할아버지에게 부여받은 사명이 있다. 그것은 세상을 좀 더 아름답게 만드는 일이다. 할아버지가 들려준 머나먼 세상 이야기로 럼피우스는 세계를 가슴에 품고 드넓은 세상을 여행하면서 살아간다. 노년을 맞이한 그녀는 바닷가 마을에 정착해 할아버지가 주신 사명을 비로소 찾는다. 자기가 좋아하는 루핀꽃으로.

우리는 이 세상에 무엇을 하러 왔을까? 이 질문을 가슴에 품고 사는 사람은 어떠한 방황에서도 자신을 일으켜 세울 힘을 키울 수 있을 것이다. 삶의 방향성을 묻는 이 질문을 담은 그림책이 '미스 럼피우스'다. 럼피우스가 세상을 품고 삶의 여정 속에서 자기를 탐색하고 진정한 자아를 찾고 자기의 길을 묵묵히 갈 수 있었던 것은 할아버지가 들려주신 세상 이야기와 가슴 속에 품은 사명 덕분일 것이다. 그러나 럼피우스가 이 세상을 더 아름답게 만든 것은 아이들에게 뿌린 씨앗이 아닐까? 할아버지가 어린 럼피우스에게 주신 것처럼 '네가 해야 할 일, 세상을 좀 더 아름답게 만드는 일'을 스스로 찾을 수 있게 하는 씨앗. 나다움을 찾아 여행하게 한 씨앗 말이다.

아이와 생각을 나누는 질문
Q. 미스 럼피우스가 세상을 아름답게 만들기 위해 선택한 일은 세상에 루핀 꽃을 피우는 일이었습니다. 미스 럼피우스가 그 일을 선택한 이유는 무엇일까요?
Q. 이 세상을 좀 더 아름답게 만들기 위해 어떤 일을 하고 싶은가요?

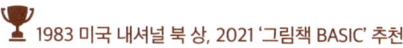 1983 미국 내셔널 북 상, 2021 '그림책 BASIC' 추천

#소녀 #루핀 #할아버지 #성장 #노력 #꿈 #사명

147 민들레는 민들레

민들레는 민들레
김장성 글, 오현경 그림, 이야기꽃, 2014

누가 뭐래도 나는 나인 것처럼

피고 지고 다시 싹틔우는 민들레의 생명 순환과 언제 어디서나 뿌리내리고 자라는 민들레의 모습을 통해 강한 생명력과 존재의 아름다움을 보여준다. 절제된 간결한 글, '민들레는 민들레'를 반복하며 리듬과 운율이 살아 있으며, 여백을 살린 섬세한 그림은 한 편의 시화를 보는 느낌도 받는다. 주변에 흔하게 피는 평범한 꽃이지만, 척박한 환경에서도 꿋꿋하게 제 빛깔과 향기를 드러내는 민들레는 어쩌면 우리의 모습일 수도 있다.

여러 번 소래 내어 읽다 보면 혼자이든 여럿이든 지금 놓인 환경에서 최선을 다하는 자기 모습을 돌아보며 긍정하는 힘을 얻게 된다. 겉으로 보이는 모습과 상관없이 '민들레'이듯이 나 또한 나인 것이다. 내가 가진 능력, 역할, 외모로 평가받는 내가 아닌, 무엇을 잘하지 못하더라도, 무엇을 꼭 하지 않더라도 존재만으로 가치 있다는 존중감을 아이에게 전해줄 수 있다. 자아정체성을 형성해가는 시기의 아이에게 자기 존중의 힘을 키워주며 행복감과 감동을 안겨주는 그림책이다.

반복되는 단어의 운율을 살려 색다르게 읽을 수도 있다. '옹달샘' 동요 반주에 맞추어 노래 부르듯 읽어보자. 부모와 아이 또는 친구들과 함께 즐겁게 부르며 그림책이 주는 감동을 나눌 수 있다.

> **아이와 생각을 나누는 질문**
> Q. 다양한 민들레의 모습 중에 현재 내 모습과 같다고 생각하는 모습은 무엇인가요?
> Q. '민들레는 민들레'처럼 나는 무엇이라고 표현할 수 있을까요?

 2015 볼로냐 라가치상 수상, 세종도서 선정

#자기다움 #자기_존중 #주체성 #생명력 #소중한_존재 #민들레_한살이

148

"어, 연이 날아가네!"

바람 부는 날

정순희 글·그림, 비룡소, 1996

연을 빨랫줄에 날려요

아이는 엄마랑 연을 만든다. 바람이 불면 연을 날리고 싶어 놀이터에 연을 가지고 나간다. 모래놀이하는데 갑자기 바람이 불어 미처 줄을 잡을 새 없이 연이 날아간다. 아이는 당황하여 허둥댄다. 나뭇가지에 걸린 연만 보고 쫓아가는 아이가 다칠지 걱정이다. 웅덩이 물에 젖은 연을 아이는 빨랫줄에 넌다. 아이는 연을 바람에 날린다. 연을 잘 말리는 아이의 기지가 느껴진다.

연이 자꾸 아이에게서 멀어지는 걸 보면 바람은 마치 심술쟁이 같다. 바람과 숨바꼭질하듯 연 찾기를 포기하지 않는 아이의 끈질김이 대견하면서도 기특하다. 엄마와 함께 만든 연을 소중히 다루는 아이가 바람을 잠재운 건 아닐까? 바람은 연 안으로 들어가 버렸나 보다.

아이들이 이 책을 통해 우리나라 전통 놀이를 체험하는 기회를 얻기를 바란다. 엄마와 아이가 함께 연을 만들어 연 바람을 타는 경험을 해보자. 멀어지는 연을 잡겠다고 부지런히 뛰어가는 아이를 보면서 부모님도 옛 추억과 함께 바람 속을 달리면 재밌을 것이다.

아이와 생각을 나누는 질문
Q. 연 대신 바람에 날릴 수 있는 것으로 무엇이 있을까요?
Q. 바람 부는 날에 하면 신나는 놀이는 무엇일까요?

🏆 제4회 황금도깨비상 수상, 초등 국어 교과서 수록, 책읽는교육사회실천협의회 추천, 어린이 도서연구회 권장도서, 문화일보 추천

#바람 #연 #엄마 #집착 #벗어남 #인정 #놀이 #전통

149

"그런데, 바람은 마치 싫증이라도 난 듯, 가지고 놀던 그 많은 것들을 마구 뒤섞더니 아래로 내동댕이쳤어."

바람이 불었어

팻 허친즈 글·그림, 박현철 옮김, 시공주니어, 2017(1997)

장난꾸러기 바람을 만나보세요

장난꾸러기 바람과 마을 사람들의 한바탕 소동을 그린 그림책이다. 볼수록 다양한 이야깃거리에 숨겨진 보물을 찾는 것 같은 재미를 준다. 나무가 흔들리고, 물건들이 날아오르는 것으로 보이지 않는 바람의 존재를 생동감 있게 표현했다. 짧은 문장에 바람이 불어 물건이 날릴 때마다 색다른 어휘를 사용한 표현이 탁월하다. 반복되는 리듬감도 재미있는 요소다.

물건들이 하늘로 날아올라 갈 때마다 옆에서 지켜보던 사람들은 구경꾼에서 당사자가 되어 물건을 쫓아간다. 남녀노소 다양한 연령과 인종, 판사, 우체부, 군인 등의 다양한 직업과 계층의 사람들이 등장한다. 자연 앞에서는 모두 다 평등하다는 것을 보여주기라도 하듯이 하늘로 날아간 물건을 쫓아간다. 장난꾸러기 바람은 사람들의 물건을 바람에 날려 돌려주지 않을 것처럼 가지고 놀더니 마구 뒤섞어서 아래로 내동댕이치는 반전을 보인다. 이제껏 바람을 쫓던 사람들은 머리 위로 떨어진 물건들에 놀람과 동시에 안도감으로 바다로 부는 바람을 향해 손을 흔들어준다. 바람은 또 어떤 장난을 칠지 다음 이야기를 기대하는 아이들을 만날 수 있다.

아이와 생각을 나누는 질문
Q. 바람 때문에 있었던 에피소드가 있으면 얘기해볼까요?
Q. 물건을 돌려주고 바다로 날아가 바람이 또 어떤 장난을 칠까요?

 1975 케이트 그린어웨이상

#바람 #장난꾸러기 #소동

150

> 어? 얘들은 누구지? 어째서 이런 곳에……
> 털도 빠져 있고, 똥에다가 쓰레기……
> 얘네 날 수는 있을까?

바삭바삭 갈매기

전민걸 글·그림, 한림출판사, 2015

정체성을 잃은 갈매기

섬에 갈 때 배를 타면, 갈매기가 아주 가까이 따라와서 사람들이 던져주는 과자를 받아먹는다. 사람들은 그 모습이 재미있다고 저마다 과자를 한 봉지씩 사서 배를 탄다. 그리고 아무 죄책감 없이 과자를 갈매기에게 던져주며 좋아하고 사진을 찍는다.

이 책에 나오는 갈매기는 스스로 물고기를 잡아먹는 평범한 생활을 하다가 어느 날 사람들이 던져주는 과자를 먹게 된다. 그렇게 갈매기는 쉽게 먹이를 얻고, 사람이 먹는 음식의 맛에 중독되어 과자를 찾아다니다가 자신의 정체성을 잃고 마치 거리의 쥐처럼 살게 된다. 그리고 자신을 잡아먹으려는 고양이를 만나 죽을뻔 하게 되었을 때 정신을 차려 그곳을 빠져나온다. 그리고 갈매기는 아직도 사람들이 탄 배 주위에 몰려 있는 다른 갈매기들을 보며 안타까워한다.

이 책은 사람의 즐거움을 위해 야생 동물에게 과자 같은 먹이를 주는 행위가 얼마나 나쁜 것인지 알게 한다. 인간의 그런 행위로 인해 동물의 정체성을 잃게 하는 것이 얼마나 나쁜 것인지를 아이들이 알 수 있을 것이다.

아이와 생각을 나누는 질문
Q. 왜 동물에게 인간의 음식을 주면 안 되는 걸까요?
Q. 우리 주변에 정체성을 잃은 동물이 있나요?

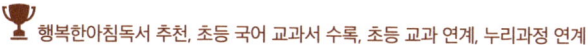 행복한아침독서 추천, 초등 국어 교과서 수록, 초등 교과 연계, 누리과정 연계

#환경 #경고 #정체성 #중독

151

> 아기별과 바위나리는 이야기도 하고 달음질도 하고 노래도 부르고 숨바꼭질도 하면서 밤 가는 줄도 모르고 놀았습니다.

바위나리와 아기별

마해송 글, 정유정 그림, 길벗어린이, 2012(1998)

내가 바위나리와 아기별이라면?

'바위나리와 아기별'은 1923년 「어린이」에 발표한 우리나라 최초의 창작동화이며 마해송 작가의 첫사랑 이야기이다. 감장돌 하나에 의지해 바닷가에 홀로 피어난 바위나리가 남쪽 하늘에 뜬 아기별과 맺는 우정과 사랑 그리고 바닷속 전설로까지 이어지는 이별은 더욱 애틋하다. 일제강점기에 쓰인 작품이지만 따뜻하고 환상적인 그림을 더한 그림책은 지금 아이들이 보아도 거리감이 없다.

절절하고 아름답게 펼쳐지는 바위나리와 아기별의 우정은 친구나 가까운 사람과의 관심과 사랑을 떠올려보게 한다. 아이에게는 내가 아닌 다른 사람과 관계를 맺는 것이 큰 관심사이며 고민거리이다. 먼저 다가가기, 사귐, 헤어짐, 소외되는 상황 등이 막연히 두렵기도 하다. 누군가를 간절하게 그리워하고, 헤어지고, 다시 만나는 과정은 가족 간에도 친구 간에도 있을 수 있는 자연스럽고 누구나 경험하는 일이다. 바위나리와 아기별의 이야기를 천천히 음미하며 내 상황을 떠올려보고 마음에 공감해본다. 나라면 어떤 마음이 들지, 어떻게 할지, 예측하며 이야기 나누다 보면, 막연한 두려움을 극복하는 연습이 된다.

아이와 생각을 나누는 질문
Q. 바위나리는 왜 울면서 동무를 기다렸나요? 나도 누군가를 기다린 적이 있나요?
Q. 바위나리는 생명을 잃어갈 때도 아기별을 그리워했어요. 나에게 있어 이처럼 사랑하는 존재는 누구인가요?

 초등 교과서 수록, 어린이도서연구회 권장도서, YMCA 추천

#우리나라_최초의_창작동화 #마해송 #아름답고_슬픈_우정과_사랑

152

박수 준비!

마달레나 마토소 글·그림, 민찬기 옮김, 그림책공작소, 2015

신나게 소리 내며 읽는 책 읽기

박수를 치면 '짝' 하는 소리가 난다. 그런데 박수 소리는 한 손으로는 낼 수 없다. 손바닥끼리 부딪쳐야 소리가 난다. '박수 준비'라는 말을 들으면 두 손을 몸 앞에 두고 '박수 세 번 시작'이라는 말을 들으면 '짝짝짝' 손바닥을 마주치는 것처럼 이 책은 손뼉을 치듯 읽는 책이다. 이렇게 설명해도 어떤 느낌인지 잘 상상이 가지 않는다면 출판사에서 만든 북 트레일러 영상을 시청해보자. 뒤표지에 북 트레일러 동영상 QR코드가 있는데, 이 영상을 보면 세계 각국의 독자들이 어떻게 책을 읽는지 잘 나와 있다.

이 책은 눈으로 보고 입으로 소리 내고 손을 움직이면서 보는 책이다. 그저 소리를 내고 손을 움직였을 뿐인데 역동적인 느낌이 든다. 책의 그림들은 왼쪽과 오른쪽의 빨간 점끼리 만나게 그려져 있는데 이 점을 만나도록 책을 접었다 펼 때마다 다양한 상황과 소리가 나오게 구성되어 있다. 책을 읽는 것이 정적인 행동이라 생각하는 아이들에게 이렇게 흥겹게 읽을 수 있는 책이 있다는 것을 알려주며 즐겁게 읽어보면 좋겠다.

아이와 생각을 나누는 질문
Q. 작가가 되어 독자가 참여할 수 있는 그림책을 만든다면 어떤 책을 만들 것인가요?
Q. 책을 조용히 읽는 게 아니라 소리 내고 손을 움직이며 읽어본 느낌이 어떤가요?

행복한아침독서 추천, 어린이도서연구회 추천, 열린어린이 추천

#참여_그림책 #인터랙티브_그림책 #상상력

153

> "우리가 여기 침대에 가만히 누워서 할 수 있는 일이 얼마나 많은 줄 알아?"

발가락

이보나 흐미엘레프스카 글·그림, 이지원 옮김, 논장, 2004

행복한 꿈 여행을 돕는 잠자리 책

잠들기 전 이불 밖에 얼굴을 내민 열 개의 발가락. 열 개의 발가락으로 상상의 여행을 떠나게 해주는 재미있는 그림책이며, 발가락뿐 아니라 우리가 가지고 있는 신체나 사물을 바라보면서 상상력을 자극해준다.

아이들의 상상력은 어른들의 상상을 초월한다. 상상의 날개를 펴다가 잠이 들기를 바라는 마음으로 이 책을 지었다는 작가의 말처럼 아이들이 잠자기 전에 들려주면 좋다. 아이들이 재미와 상상 속으로 들어갈 수 있게 도와주기도 하고, 콜라주 기법 및 다양한 미술 재료로 그림을 표현하는 것도 알게 된다. 마지막 장면에 지친 발을 이불 속으로 넣으며 "잘 자" 하는 인사와 함께 잠들어 보자. 잠들기 싫어하는 아이들에게 읽어주면 잠자리로 인도해주는 재미있는 좋은 책이 될 것이다.

이 책은 저자가 '여행'을 주제로 폴란드에서 열린 '책 예술' 공모전에 참가하기 위해 쓴 것이며, 2017년에 개정증보판으로 네 장면이 추가되어 다시 출간되었다. 그림들을 서로 연결하여 아이와 함께 이야기를 만들어보자. 또 다른 재미있는 이야기가 나올 것이다.

아이와 생각을 나누는 질문
Q. 그림책에 나와 있지 않은 발가락 여행 한 가지씩을 말해볼까요?
Q. 그림책처럼 상상의 여행을 떠나고 싶은 자신의 또 다른 신체는 무엇인가요?

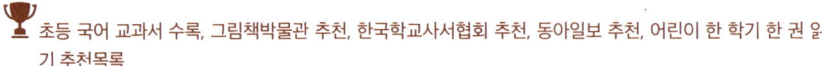

초등 국어 교과서 수록, 그림책박물관 추천, 한국학교사서협회 추천, 동아일보 추천, 어린이 한 학기 한 권 읽기 추천목록

#세계_최초로_한국에서_출간 #잠 #상상 #여행 #발가락

154 벨린다는 춤을 추고 또 출 수 있어서 행복했어요

발레리나 벨린다

에이미 영 글, 그림, 이주희 옮김, 느림보, 2003

행복한 발레리나 벨린다

발레리나는 작고 가냘프고 사랑스럽다는 고정관념이 있다. 이 책의 주인공 벨린다는 발레를 아주 좋아한다. 그런데 슬프게도 그녀는 아주 큰 발을 가졌다. 그래서 그녀는 발레 심사 때마다 큰 발 때문에 낙방하기 일쑤였다. 심사위원은 벨린다의 춤 실력은 보지 않고 언제나 큰 발만 본다. 그러던 어느 날 벨린다는 발레를 포기하고 식당에 취직한다. 싹싹한 벨린다는 식당 일도 아주 잘 하였지만, 발레에 대한 미련을 버리지 못했다. 식당에 악단이 와서 음악을 연주하면 벨린다의 발은 자신도 모르게 춤을 추게 되고 사람들은 벨린다의 춤을 좋아하게 되어 식당을 찾게 된다. 메트로폴리탄 극장의 단장까지도. 벨린다는 메트로폴리탄에서 춤을 추게 되었고 많은 사람의 박수갈채를 받는다. 심지어 그를 떨어뜨렸던 심사위원들에게까지도 그녀에게 큰 박수를 보냈다.

편견을 갖게 되면 이렇게 진짜 실력 있는 사람을 알아볼 수 없다. 그래서 차별을 하게 된다. 벨린다처럼 포기하지 않고 계속 노력한다면 반드시 기회가 온다는 큰 교훈을 준다.

아이와 생각을 나누는 질문
Q. 벨린다의 춤은 보지도 않고 큰 발만 보고 낙방시킨 심사위원에게 어떤 말을 해주고 싶은가요?
Q. 내가 가진 편견에는 무엇이 있나요?

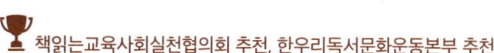
책읽는교육사회실천협의회 추천, 한우리독서문화운동본부 추천

#차별 #고정관념 #편견 #발레리나

155

"방귀를 참으면 쓰간디, 뀌어라 뀌어"

방귀쟁이 며느리

신세경 글·그림, 사계절, 2008

며느리 방귀는 복방귀

곱디고운 처자가 시집을 갔다. 그런데 방귀를 뀔 수 없어 곤욕이다. 얼굴색이 변해가는 며느리를 본 시아버지가 이유를 물었고, 며느리는 방귀 때문이라고 털어놓는다. 시원하게 방귀를 뀌라는 시아버지의 말에 며느리는 방귀를 뀌는데, 그 위력이 대단해 집안이 풍비박산 난다. 시아버지는 고심 끝에 며느리를 친정에 돌려보내기로 한다.

『방귀쟁이 며느리』는 방귀를 소재로 한 옛날이야기로 아이들은 '방귀'라는 단어만 들어도 재미있어하기 때문에 쉽게 읽을 수 있다. 다만, 이 그림책은 오른쪽에서 왼쪽이 아니라 왼쪽에서 오른쪽으로 넘어가는 구조이며, 가로쓰기가 아닌 세로쓰기로 글자가 배열되어 있어 읽을 때 주의가 필요하다. 흡사 옛날 책과 같은 느낌이다. 책 곳곳에는 패러디된 풍속화가 담겨 있어 그것을 찾아보는 재미 또한 쏠쏠하다.

이 그림책은 방귀 때문에 의기소침했던 며느리가 자신의 단점을 장점으로 어떻게 승화시키는지 흥미롭게 그리고 있다. 이야기의 재미, 소재의 참신함, 아름다운 그림, 이 세 박자를 모두 갖춘 그림책이다.

> **아이와 생각을 나누는 질문**
> Q. 며느리는 시댁에서 왜 방귀를 참았을까요?
> Q. 며느리의 방귀 뀌는 능력은 장점인가요, 아니면 단점인가요?
> Q. 나에게는 남들과 다른 재주가 있나요?

행복한아침독서 추천

#방귀 #며느리 #복 #옛이야기

156

> "나는 영원히 너희 곁에서 너희를 지킬 것이다. 언젠가 커다란 재앙이 올 때 나는 다시 깨어날 것이다."

백두산 이야기

류재수 글·그림, 보림, 2009

창조 설화로 보는 한국인의 민족성

백두산의 탄생 설화를 모티브로 우리 민족의 삶과 정체성을 담아낸 웅장한 그림책이다. 우리나라 최초의 창작 그림책이며, 전집 위주 그림책 시장에서 단행본으로 출간한 현대 그림책의 시초이기도 하다. 당시 낮은 인식으로 일본에서 먼저 출간하고 역수입한 안타까운 일화도 있다.

'우리나라는 어떻게 탄생했을까?' '태초의 모습은 어떠했을까?' '우리 민족은 어떤 모습으로 살아왔을까?' 등 한 번쯤은 가져봤을 궁금증을 위풍당당한 백두산의 탄생 설화로 풀어준다. 태초의 모습이 강렬한 색감과 거친 질감으로 표현되어 있고, 한국적인 정서와 문화가 곳곳에 묻어 있다. 고구려 벽화에서 본 듯한 일상의 모습과 전쟁을 벌이는 장면, 한바탕 벌어지는 탈춤과 농악대의 흥겨움, 환하게 웃는 사람들의 모습에서 옛 그림에서 보던 정겨움이 전해진다. 청룡, 백호, 해태와 같은 수호 사신을 찾는 재미도 있으며 우리 민족의 상징적인 존재에 대한 이해도 넓혀준다. 아이에게는 우리나라의 시조, 우리의 민족성과 정체성에 관심을 갖는 출발점이 된다. 더불어 한국 그림책의 역사와 문화적 가치를 이해하게 된다.

아이와 생각을 나누는 질문
Q. 백두산 이야기 외에 알고 있는 신화는 무엇이 있나요?
Q. 그림책에서 한국적인 정서가 느껴지는 사물과 동물, 공간으로 어떤 것이 있나요?
Q. 우리 민족의 모습과 정서는 무엇인지 이야기해볼까요?

🏆 1987 일본 '노마 그림책 원화전' 동상, 1990 볼로냐 국제 일러스트레이션 '올해의 일러스트레이션' 선정, CJ 특별전 초청 그림책, 행복한아침독서 추천

#한국_최초_창작_그림책 #한국_현대_그림책_시초 #백두산_탄생_설화 #한민족의_정체성 #민족성

157

그래! 옷을 벗을 수 없으면 안 벗으면 되지.
이렇게 쉬운 일이었다니!

벗지 말걸 그랬어

요시타케 신스케 글·그림, 유문조 옮김, 위즈덤하우스, 2016

옷을 뒤집어쓴 세상은 어때?

그래! 괜찮아! 나는 쭉 이대로 살래! 피할 수 없으면 즐겨라~처럼 고민에 빠져 있던 아이는 괜찮다고 스스로 위로하면서 이대로 쭉 살겠다고 결심한다. 옷을 벗다 목에 걸리는 그냥 지나칠 수 있는 사소한 소재로 기발한 이야기를 풀어낸 그림책이다. 배를 드러낸 채 버둥거리는 모습에서 어떤 이야기가 전개될지 흥미를 자아낸다. 티셔츠를 벗다가 목에 걸려 버린 아이가 풀어내는 상상의 세계가 가득하다. 엄마에게 큰소리치고 도움을 요청하기에는 자존심이 상한다. 아이의 걱정은 깊어만 간다. 걱정하는 아이의 천진한 고민이 기발하고 사랑스럽기까지 하다. 걱정을 애써 긍정으로 생각하는 모습도 깜찍하고, 어떡해야 할지 모르는 고민을 생생하게 묘사된 부분도 재미있다. 몸에 비해 머리가 커서 옷이 잘 안 벗겨지는 아이의 모습이 귀엽다.

이 그림책은 우리의 경험이 들어가서 재미있고 자기 일처럼 느껴져서 읽는 기쁨을 선사한다. 자녀와 소소한 사건이나 물건, 행동을 포착해 웃지 못할 일들을 이야기해보면 한바탕 웃음이 폭풍처럼 밀려올 것 같다. 웃음이 필요할 때 이 책을 권한다.

아이와 생각을 나누는 질문
Q. 생활 속에서 책의 이야기와 비슷한 경험이 있었나요?
Q. 내가 이런 상황이라면 어떻게 했을까요?

🏆 2017 볼로냐 라가치 픽션 부문 수상작, 행복한아침독서 추천, 세계일보 추천

#상상 #흥미 #유머

158

"멋진 트럼펫이구나."

벤의 트럼펫

레이첼 이사도라 글·그림, 이다희 옮김, 비룡소, 2017(2006)

꿈을 꾸면 이루어진다

벤은 재즈클럽에서 나오는 음악을 들으며 트럼펫 연주가를 꿈꾼다. 면지에서부터 시작되는 흑백으로 그려진 지그재그 선들은 책을 읽는 내내 트럼펫 연주가 함께하는 것처럼 느껴진다.

벤은 재즈클럽에서 나오는 음악을 들으며 트럼펫에 푹 빠져 상상 속의 트럼펫으로 연주하는 시늉을 한다. 친구들은 이런 벤을 무시하고, 가족들은 이런 벤에게 관심이 없다. 하지만 재즈클럽의 트럼펫 연주자는 벤의 열정을 알아챈다. 그리고 벤을 위한 멋진 선물을 준다. 벤은 트럼펫 연주자가 되었을까? 아이가 꿈이 생겼을 때 부모는 빨리 알아채고 응원해줘야 한다. 그러기 위해서 아이의 말과 행동에 관심을 가져야 한다.

아이들은 궁금해한다. 재즈에 사용되는 악기는 뭐가 있을까? 벤이 좋아하는 트럼펫은 어떤 소리를 낼까? 책을 읽고 나면 자연스럽게 재즈를 검색하게 되고, 트럼펫 소리를 찾아 듣게 된다. 그리고 책에 나온 다른 악기도 찾아보고, 연주해보고 싶은 악기도 생긴다. 또 연주곡을 들으면서 악기 맞추기를 해볼 수도 있다.

아이와 생각을 나누는 질문
Q. 어떤 사람이 되고 싶나요?
Q. 지금 가장 관심이 있는 건 무엇인가요?

🏆 1979 보스턴 글로브 혼북 명예상, 1980 칼데콧 명예상, 2003 뉴욕도서관 주최 '모두가 알아야 할 어린이 책 100권'

#트럼펫 #연주 #열정 #상상 #희망 #꿈

159

"야, 브라이언, 여기야!"

보이지 않는 아이

트루디 루드위그 글, 패트리스 바톤 그림, 천미나 옮김, 책과콩나무, 2013

혼자 있는 친구를 위해 내가 할 수 있는 일

브라이언은 친구들과 어울리기 힘들어한다. 친구들 역시 브라이언에게 먼저 손을 내밀어 주지 않는다. 친구들 사이의 브라이언 모습은 꼭 투명 인간 같다. 그러던 어느 날, 브라이언을 알아봐 주는 저스틴이 전학을 오면서 브라이언은 점점 투명 인간에서 벗어난다. 책의 그림 역시 이야기가 전개될수록 처음엔 회색이었던 브라이언이 다른 친구들처럼 색을 띠게 된다.

관계에 어려움을 느끼는 아이들에게는 누군가에게 자신을 먼저 표현하고 다가가는 것은 너무 힘들고 어려운 일이다. 그러나 누군가 나의 이름을 먼저 불러주고 나에게 작은 관심이나 친절을 보여주며 손을 내밀어 준다면 다른 이와 함께하는 것이 마냥 막막하고 어려운 일처럼 느껴지지 않을 것이다.

이 그림책은 내 주변에 브라이언처럼 작은 관심과 친절을 보여주기를 기다리며 소외당하고 있는 친구는 없는지 돌아볼 수 있게 해주고, 관계에 어려움을 겪고 있는 친구를 만난다면 어떻게 할 것인지 나의 태도와 행동에 대해 생각해볼 수 있게 해준다.

아이와 생각을 나누는 질문
Q. 책에서 바꾸고 싶은 장면이 있다면 무엇이 있을까요?
Q. 브라이언과 같이 보이지 않는 아이가 있다면 그 친구를 위해 내가 할 수 있는 일은 무엇이 있을까요?

 국립어린이청소년도서관 사서 추천

#소외 #관심 #친절 #자존감 #극복 #우정

160
> 부엉이 구경을 가서는 말할 필요도, 따뜻할 필요도 없단다.
> 소망 말고는 어떤 것도 필요가 없단다.

부엉이와 보름달
제인 욜런 글, 존 쇤헤러 그림, 박향주 옮김, 시공주니어, 2017(1996)

부엉이와의 눈맞춤

아이에게 인내와 기다림과 용기를 가르쳐 주는 그림책이다. 아이는 추운 겨울밤 아빠와 함께 부엉이 구경을 간다. 부엉이 구경을 나갈 때는 조용히 해야 한다는 아빠의 말이 있었기에 무서워도 추워도 용기를 내어 아빠의 뒤를 쫓아간다. 하얀 눈으로 뒤덮인 숲속에서 부엉이를 불러내는 아빠의 소리 때문인지 드디어 부엉이는 모습을 드러낸다. 부엉이 구경에는 소망 외에는 어떤 것도 필요치 않다는 마무리로 아이에게 소망이 무엇인지 알려준다.

부엉이 구경을 가기 위해서는 자격이 있어야 하고, 오로지 부엉이를 보겠다는 소망으로 추위와 무서움을 이겨내야 한다. 소망이라는 소중한 가치를 가슴에 새겼던 저자의 어릴 적 추억을 완벽하게 살린 작품이다.

달빛이 환한 한밤중의 배경이 고스란히 담겨 있다. 아빠와 아이의 뒤를 쫓는 건 그림자뿐이 아니다. 장면마다 등장하는 나무, 기차, 새, 노루, 여우, 쥐, 부엉이를 짚어 보면서 읽어보자. 또한, 추위와 무서움을 이겨내고 드디어 부엉이와 첫 만남을 갖는 주인공의 마음을 상상하면서 읽어보자.

아이와 생각을 나누는 질문
Q. 부엉이와 눈이 마주친 주인공의 마음은 어떠했을까요?
Q. 빨리 어른이 되고 싶나요? 그러면 어른이 된다는 건 무슨 뜻일까요?
Q. 소망을 이루기 위해서 해야 할 일은 무엇일까요?(책 주인공 또는 아이의 소망)

🏆 1988 칼데콧상, 한겨레신문 '서천석의 내가 사랑한 그림책', 그림책박물관 추천, 2014년 아빠와 함께하는 그림책여행 추천, 2019 '100권의 그림책' 추천, 2021 '그림책 BASIC' 추천

#소망 #통과의례 #자연 #성장 #인내 #용기 #기다림 #부엉이 #보름달

161

"분홍 몬스터는 늘 다른 세상을 꿈꾸었어."

분홍 몬스터

올가 데 디오스 글·그림, 김정하 옮김, 노란상상, 2015

나는 (   ) 색 몬스터!

하얀 구름, 하얀 집, 하얀 나무, 심지어 땅까지 온통 하얀 곳에 사는 분홍 몬스터는 어딜 가든, 무엇을 하든 눈에 띈다. 분홍 몬스터는 '진정한 나'를 찾기 위해 여행을 떠난다. 마침내 생김새와 색이 각자 다른 친구들을 만나고, 분홍 몬스터는 자신의 '분홍색'을 있는 그대로 받아들이게 된다.

무지개처럼 알록달록한 숲에서 몬스터 친구들이 행복하고 편안해 보이는 이유는 서로의 모습을 있는 그대로 존중하기 때문이다. 아이들은 종종 친구들과 다른 자신의 모습 때문에 주눅들기도 하고, 나와는 다른 친구의 모습에 다가가기 어려워하기도 한다. 분홍 몬스터와 친구들처럼 그저 생김새와 좋아하는 것이 다를 뿐, 모두와 친구가 될 수 있음을 배울 수 있는 그림책이다. '다름'의 의미를 정확히 알 때, 아이는 자신을 있는 그대로 드러낼 용기와 '다른 색'을 가진 사람들을 존중하는 마음을 갖게 될 것이다.

하얗기만 한 세상에서 점차 알록달록해지는 삽화를 구경하는 재미로 시작해 '다름'에 대해 질문을 던지는 그림책이다. 책을 읽고 아이와 함께 '나는 무슨 색 몬스터일까?' 생각해보자.

아이와 생각을 나누는 질문
Q. 나 자신이 '분홍 몬스터'라고 느낀 적이 있나요?
Q. 분홍 몬스터가 새로운 친구들을 만나게 되는 알록달록한 세상은 어떤 세상인가요?
Q. 하얀 세상에서 살던 분홍 몬스터의 기분은 어땠을까요?

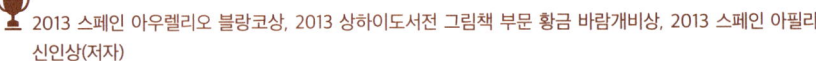

2013 스페인 아우렐리오 블랑코상, 2013 상하이도서전 그림책 부문 황금 바람개비상, 2013 스페인 아필라 신인상(저자)

#다양성 #사회 #다름 #차이 #이해

162 엄마는 좋다.

불곰에게 잡혀간 우리 아빠
허은미 글, 김진화 그림, 여유당, 2018

불곰 엄마가 좋은 이유

아이는 아침마다 아빠와 자기에게 무섭게 포효하는 엄마가 왜 좋은지 모르겠다. 하지만 아빠와 할머니에게 엄마가 어릴 때 착하고 이쁜 아이였다는 이야기를 들으며 엄마에 대한 생각이 이해로 점점 바뀐다.

우리 가족에 대해 왜 아픈지, 화를 내는지, 속상해하는지 잘 알고 있다고 확신할 수 있는지 자신에게 질문해보자. 내가 느끼는 것이 맞는지 상대와 이야기를 해보지 않고 '안다'라고 확신하면 오해를 할 수 있다. 나에게 보이는 사람들의 모습은 항상 좋은 모습만 보일까? 그리고 내가 상대방을 어떻게 보는지 모를 것이다. 나 역시 다른 이에게 내가 어떤 모습으로 보이는지 잘 알지 못한다. 그 사람은 다른 사람에게 보이는 모습이 자신이 보여주고 싶었던 모습일까? 아마 생각조차 못 하고 행동했을 것이다.

엄마는 불곰이 되고 싶어서 아침마다 소리 지르면서 아빠와 아이를 내쫓았을까? 엄마는 가족을 위해 자기를 돌볼 틈도 없이 열심히 살아가기 때문에 불곰의 모습도 신경 쓰지 않고 있을 것이다. 책에 표현된 수많은 비유를 보며 나는 어떤 모습으로 비유되고 있는지 생각해보게 된다.

아이와 생각을 나누는 질문
Q. 우리 가족을 동물로 표현해본다면, 어떤 동물로 표현할 수 있을까요?
Q. 엄마는 왜 불곰이 되었을까요?
Q. 아이는 왜 엄마를 불곰으로 표현할까요?

 세종도서 우수도서, 행복한아침독서 추천, 조선일보·중앙일보·한국일보·한겨레신문 추천, 2019 경남 독서한 마당 선정도서, 2019 전주 올해의 책 선정도서

#가족 #이해 #상상놀이 #비유

163 우리는 브레멘으로 가는 길이야.

브레멘 음악대

그림 형제 글, 리즈베트 츠베르거 그림, 서애경 옮김, 어린이작가정신, 2015(2010)

천하무적 브레멘 음악대, 강도들을 물리치다!

『브레멘 음악대』의 주인공들은 사람들을 위해 열심히 일했지만, 당나귀는 나이가 들어서 버려지고 개, 고양이, 수탉도 비슷한 이유로 쓸모없어져 버림받을 위기에 처한다. 그래서 살기 위해 주인 몰래 집을 나온 동물들은 브레멘 음악대에 들어가 음악을 연주하며 살기로 한다. 하지만 브레멘으로 가는 길은 멀었다. 브레멘으로 가는 중 쉬어 갈 곳을 찾다가 숲에서 작은 집을 발견하지만, 강도들의 소굴이었다. 집에 들어가려면 강도들을 쫓아내야 한다. 어떻게 해야 강도들을 내쫓을 수 있을까?

비록 나이 들고 쓸모가 없어져서 버려졌지만, 동물들이 힘을 모아 강도들을 물리친다는 이야기이다. 세상의 관심에서 밀려나 죽을 날만 기다리는 소외된 약자들이지만, 이 동물들은 주어진 상황대로 있지 않는다. 나만의 길, 새로운 목표를 찾기 위해 여행을 떠난다. 강도를 마주쳤을 때와 같이 약자들도 힘을 합치면 강자들에게 맞서 싸울 수 있다는 것을 보여준다. 아이들이 만나는 어려운 일과 마음속의 두려움을 어떻게 해결해나갈지를 깨닫도록 알려주는 이야기이다.

아이와 생각을 나누는 질문
Q. 나이가 들어 재능이 사라지면 세상에 필요가 없어질까요?
Q. 친구들이 힘을 모았을 때와 혼자 힘으로 해결하려 했을 때의 장단점은 무엇인가요?

🏆 브라티슬라바 국제 비엔날레 상, 볼로냐 국제 어린이 도서전 그래픽 상, 한스 크리스티안 안데르센 상을 수상한 일러스트레이터

#친구 #상상력 #놀이 #협력 #용기

164

> "책을 백날 읽어 봐야 소용없어. 같이 길을 떠날 친구를 찾아야 해."

브레멘 음악대 따라하기

요르크 슈타이너 글, 요르크 뮐러 그림, 김라합 옮김, 비룡소, 2007

꿈을 이루려면

선글라스 회사의 광고모델인 부엉이는 '브레멘 음악대'를 읽고 스스로 무언가를 해보기 위해 일을 그만두고 달아나기로 마음먹는다. 주인을 위한 상표 노릇에 지친 판다, 악어, 펭귄을 설득해 함께 떠난다. 디즈니랜드로 가서 음악대 활동으로 대접받는 삶을 꿈꾸는데, 그들의 계획은 성공할까?

책벌레 부엉이는 모험을 좋아하고 도전하기를 즐긴다. 친구들에게 자신의 '꿈'을 설득력 있게 말하여 동의를 얻어내지만, 즉흥적인 시도일 뿐 '미래'에 대한 촘촘한 계획이 없다. 악어와 펭귄은 그냥 현실을 벗어나고 싶어 부엉이 말에 동조하다가 결국 'TV'라는 매체에 안주한다. 판다는 자신의 삶을 찾기 위해 끝까지 길을 가겠다며 여행을 떠난다. 매사의 부정적이었던 판다의 소신 있는 용기가 멋지다. 아이들은 새로운 일에 발걸음하길 힘들어한다. 되든 안 되든 도전하는 아이들의 씩씩함을 보고 싶다. 순간적인 생각으로 확실치 않은 미래를 향한 무모한 발걸음보다는 '꿈'을 이루기 위해서는 친구들과 합심하여 계획을 잘 세우는 것이 중요하다는 것을 이 책을 읽는 아이들이 알기를 바란다.

아이와 생각을 나누는 질문
Q. 부엉이, 펭귄, 악어는 음악대가 되는 꿈을 포기하고 방송국에 남은 자신들의 결정을 어떻게 생각할까요?
Q. 끝까지 자기 길을 떠난 판다에게 어떤 말을 해주고 싶나요?

 1990 독일 아동 문학상

#꿈 #도전 #티비 #광고 #문명 #소신 #여행

165

> "날 어떻게 거기 데려간거니, 울라?
> 또 한 번 데려가 줄 수 있니?"

브루노를 위한 책

니콜라우스 하이델바흐 글·그림, 김경연 옮김, 풀빛, 2003

책 속 세계는 모험으로 가득 차 있어요

책 읽기를 좋아하는 울라와 책 읽는 것은 시시하다고 생각하는 브루노. 울라는 브루노와 책 읽기를 하면서 같이 오래 놀고 싶어 한다. 울라는 꾀를 내고 브루노는 그런 울라의 꾀에 넘어간다. 울라의 꾀로 인해 두 사람은 자연스럽게 책 속 세상으로 들어가 모험을 즐기게 된다.

이 책을 읽다 보면 아이들은 내가 주인공인지 주인공이 나인지 모르는 몰입의 경험을 하게 된다. 책의 세계로 들어가는 브루노와 울라의 모험을 담은 중간 부분부터 글 없이 그림으로만 볼 수 있게 구성되어 있는데, 그 그림들을 따라가면서 책을 읽는 아이들 또한 상상의 나래를 펼치게 된다.

상상의 세계에서는 무엇이든 허용되어 평소 용기가 없었던 아이들도 없던 용기가 불쑥 생기게 된다. 학교에서 수업 시간에 이 책을 아이들에게 소개해주었을 때 모두 하나 같이 책 속 모험에 빠져 상상 속에서 나가기 아쉬워했다. 아직 이 책을 접하지 못한 아이가 있다면 이 책을 읽고 책 속의 세계에 빠져보는 경험을 통해 책과 사랑에 빠지면 좋겠다.

아이와 생각을 나누는 질문

Q. 울라가 여행을 떠날 때 쥐고 있는 끈은 무엇일까요?
Q. 내가 만약 책에 들어가 계단을 내려간다면 계단 끝에는 무엇이 있을까요?
Q. 울라처럼 책의 세계로 같이 떠나고 싶은 친구가 있나요? 같이 떠나고 싶은 친구와 같이 읽고 싶은 책은 무엇인가요?

2021 '그림책 속으로' 추천

#글_없는_그림책 #책 #모험 #친구 #판타지 #상상력

166

"넌 정말 용기 있는 아이야.
저렇게 덩치 큰 무시무시한 녀석과 당당히 마주하다니."

블랙 독

레비 핀폴드 글·그림, 전미나 옮김, 북스토리아이, 2013

나는 두려움과 용기를 마주 봅니다

검은 개 한 마리가 호프 아저씨네 가족을 찾아왔다. 초대하지도 않은 검은 개는 보는 이의 눈에 따라 더 커져만 갔다. 꼬맹이 막내가 옷을 챙겨 입고, 문밖으로 나간다. 커다란 검은 개에게 이렇게 말한다. "우아, 너 덩치가 진짜 크구나!" 꼬맹이는 커다란 검은 개를 마주본다.

두려움과 용기는 '마주한다'라는 말이 떠오르는 단어다. 누구에게나 두려움과 용기가 있다. 어떤 형태, 어떤 모습, 어떤 순간이건 두려움과 용기는 존재한다. 꼬맹이처럼 두려움을 인정할 수 있을까? '그래, 네가 두려움이구나!' 인정하고 마주하다 보면, 두려움은 어느 순간 반려동물처럼 함께 있을 수 있는 친구 같은 존재가 될 것이다.

용기는 어떤가? 마주하는 용기, 두려움을 가지고 여기저기 돌아다닐 수 있는 용기, 지혜롭게 두려움을 잘 다룰 수 있는 용기 등등 용기의 모습도 다양하다. 어떤 용기의 선택이 가장 좋을까? 그 선택은 나의 몫이다. 두려움에 맞서는 나의 용기가 오늘도 필요하다.

아이와 생각을 나누는 질문
Q. 언제 가장 두려운가요?
Q. 용기 있는 모습을 보이고 싶은 순간이 있었나요?
Q. 두려움을 몰아내는 나만의 방법은 무엇인가요?

2013 케이트 그린어웨이상

#검은_개 #우리_집_앞 #꼬맹이 #따라감 #용감 #용기

167

"비 안 오는 셈 치고 소풍을 가면 어떨까?"

비 오는 날의 소풍

가브리엘르 벵상 글·그림, 햇살과나무꾼 옮김, 황금여우, 2015
[초판] 김미선 옮김, 시공주니어, 1997

비가 와도 소풍은 즐거워

곰 아저씨 에르네스트와 생쥐 셀레스틴느는 소풍 준비에 마냥 설렌다. 비가 와서 소풍을 갈 수 없게 되어 속상한 생쥐를 위해 아저씨는 "비 안 오는 셈 치고 소풍을 가면 어떨까?"라고 말하며 소풍을 떠난다.

이 책을 읽는 아이는 곰과 생쥐가 소풍을 못 갈까 봐 심장이 두근거릴지도 모른다. '어쨌든 소풍은 가야 해'라고 지지하면서도 비가 더 쏟아질까 봐, 생쥐 셀레스틴느가 감기라도 걸릴까 봐, 비 오는 날 소풍은 가당치도 않다는 말을 들을까 봐 독자는 내내 불안하다.

우산을 쓰면 비를 맞지 않으니 '맑은 날씨'라고, 옷을 여러 겹 입어 몸이 따뜻해지니 '햇살이 내리쬔다'라고 생각하는 건 지나치게 긍정적이고 억지일지도 모른다. 하지만 '안 돼!'라는 단 한 마디로 아이의 마음에 상처를 주지 않고 '비 안 오는 셈 치고'라고 아이에게 말랑말랑한 희망의 말을 건네는 곰 아저씨 에르네스트에게 진심을 담아 박수를 보낸다.

소풍 갈 날을 손꼽아 기다리는 아이들의 실망하는 모습을 있는 그대로 그림으로 표현되어 생쥐의 마음이 공감된다.

아이와 생각을 나누는 질문
Q. 소풍 가는 날, 갑자기 비가 내려요. 소풍을 즐기는 다른 방법이 있을까요?
Q. 비 오는 날 하면 좋은 놀이는 무엇인가요?

 제10회 일본 그림책 대상 수상, 제51회 일본 청소년 독서감상문 콩쿨 도서 선정

#소풍 #비 #사랑 #우정 #행복

168

> "언젠가 쓰레기는 사라지고,
> 마을은 아름다워 질거야."

비닐봉지 하나가

미란다 폴 글, 엘리자베스 주논 그림, 엄혜숙 옮김, 길벗어린이, 2016

환경을 보호하는 다양한 방법

우리 주변에서 쉽게 쓰이고 버려지는 비닐봉지. 비닐봉지를 실처럼 만들어 뜨개질해서 지갑을 만든 감비아 여인들의 실제 이야기를 담고 있다.

아무렇게나 쓰고 버려지는 쓰레기로 만들어진 문제를 해결하는 데는 우리 생각보다 오랜 시간이 걸린다는 것을 보여준다. 아이들이 환경보호와 재활용의 중요성에 대해 깨닫고, 자연스럽게 자연과 환경을 존중하고 보호하는 방법을 생각할 수 있다.

또한, 비닐봉지를 예쁜 지갑으로 변신시키는 과정을 보며 버려지는 물건을 단순히 재활용하는 것을 넘어서 새로운 제품으로 탄생시키는 '업사이클'의 의미도 자연스럽게 익힐 수 있다. 비닐봉지 말고도 우리 일상에서 버려지는 각종 쓰레기를 다른 용도의 새로운 제품으로 변신시킬 수 있는 방법을 생각해보고 직접 디자인하여 만들어보면 아이들의 상상력과 창의력을 자극할 수 있다. 예를 들어, 주변에서 매우 쉽게 찾을 수 있는 페트병을 활용해 화분을 만들기를 해보면 좋다. 이야기와 연결된 독후 활동은 아이들이 환경보호의 중요성에 을 더 쉽게 인식하게 할 것이다.

아이와 생각을 나누는 질문
Q. 업사이클링의 다른 사례에는 또 어떤 것이 있을까요?
Q. 지속 가능한 환경을 위한 나의 실천 약속을 만들어볼까요?

🏆 2016 세종도서 교양도서, 2018 환경부 우수환경도서, 행복한아침독서 추천, 국립어린이청소년도서관 사서 추천

#비닐봉지 #환경 #쓰레기 #업사이클링

169

"버스를 운전하게 해주세요.
버스를 운전하고 싶다고요."

비둘기에게 버스 운전은 맡기지 마세요!

모 윌렘스 글·그림, 정회성 옮김, 살림어린이, 2009

운전을 하고 싶은 떼쟁이 비둘기

친근하고 귀여운 비둘기 캐릭터가 시선을 끈다. 버스 운전을 하고 싶은 비둘기를 만나면 아이들은 웃음을 터트리고 비둘기에게 빠져든다. 비둘기는 호기심이 왕성하고 겁이 없어서 무엇이든 해보고 싶어 하는 어린아이를 닮았다. 비둘기에게 버스 운전은 맡기지 말라며 버스기사 아저씨가 자리를 비운다. 버스 운전을 하고 싶은 비둘기는 원하는 것을 얻기 위해 소리를 지르고, 드러눕고 막무가내로 떼를 쓴다. 비둘기의 모습에서 아이들은 점차 자신과 닮았음을 깨닫는다. 결국 버스 운전을 못한 비둘기는 큰 트럭을 발견하고는 다시금 트럭 기사 아저씨를 부르며 기대에 찬 모습을 보인다. 뒷이야기가 몹시 궁금해지고 호기심을 불러일으킨다.

순수한 아이들을 닮은 친근한 비둘기를 통해 아이들의 심리를 읽을 수 있다. 그림책에 몰입한 아이들은 사명감을 가지고 버스를 지키고 비둘기와 친구가 된다. 하고 싶지만, 해서는 안 되는 것들도 있다. '안 되는 건 떼를 써도 안 된다'는 것을 알려줄 필요도 있다. 비둘기를 통해 아이들 스스로 자신의 모습을 돌아보게 하는 그림책이다.

> **아이와 생각을 나누는 질문**
> Q. 비둘기에게 버스 운전은 맡기지 말라고 한 이유는 무엇일까요?
> Q. 비둘기처럼 행동한 적이 있었나요? 어떤 때 그런 일이 있었나요?
> Q. 비둘기가 트럭을 발견한 후에는 어떤 상황이 펼쳐질까요?

2004 칼데콧 아너상

#아이_마음 #아동심리 #떼쓰기 #비둘기 #버스운전 #운전

170

> 가뭄이 들면 눈물 흘리고 추운 여름이면 걱정하며 걷고 모두에게 바보라 불려도 칭찬에도 미움에도 휘둘리지 않는 그런 사람이 나는 되고 싶다.

비에도 지지 않고

미야자와 겐지 글, 곽수진 그림, 이지은 옮김, 언제나북스, 2021

물 흐르듯 순응하는 삶

일본의 거장 미야자와 겐지의 시에 곽수진 작가의 그림이 더해진 그림책이다. 미야자와 겐지는 1900년대 초반 작가로 전체주의와 제국주의가 만연한 시기에 개인의 소박한 삶과 타인을 위한 이타적인 삶에 대해 노래했다. 살아생전에는 빛을 보지 못하였지만, 지금까지도 일본에서 가장 사랑받는 작가 중 한 명이다.

이 그림책은 소박한 삶, 자연스러운 삶, 이타적인 삶을 노래한다. 계절에 순응하고, 자기에게 벌어진 일은 그대로 수용하며, 다른 사람과 더불어 사는 삶을 말이다. 미야자와 겐지가 추구하는 삶의 세는 그림책을 읽는 이로 하여금 많은 울림을 느끼게 한다. 겸손히 삶을 받아들이라는 작가의 노래는 힘든 시간을 보내고 있을 이들에게 따뜻한 위로가 될 것이다.

유아보다는 고학년 이상 학생과 성인에게 적당한 그림책이다. 글밥은 적지만 담고 있는 주제가 깊기 때문에 어린아이들이 이해하기에는 조금 어려울 수 있다. 자녀와 함께 읽고 내가 어떻게 살면 좋을지 삶의 가치관을 나눠본다면 유익한 시간이 될 것이다.

아이와 생각을 나누는 질문
Q. 나는 어떤 삶을 살고 싶은가요?
Q. 내가 원하는 삶을 살기 위해 어떻게 하면 좋을까요?
Q. 원치 않는 일이 일어났을 때 나는 어떻게 대응하나요?

 2019 볼로냐 국제아동도서전 사일런트북 대상을 수상한 곽수진 작가의 그림

#순리 #수용 #이타주의 #소박한_삶

171

"이 빈 화분이 제 정성이옵니다."

빈 화분
데미 글·그림, 서애경 옮김, 사계절, 2006

정직하기 위한 연습

일 년 동안 정성을 다해 꽃씨를 가꿔 꽃을 피운 아이에게 왕위를 물려준다는 방이 걸린다. 핑은 날마다 정성을 다해 꽃씨를 돌보았지만, 싹이 나지 않아 좌절한다. 그러나 핑은 아버지와 임금님의 격려와 인정을 통해 거짓말보다 솔직함과 노력이 중요하다는 것을 깨닫는다.

열심히 노력했는데도, 기대에 미치지 못하는 결과를 우리는 자주 경험한다. 아이들은 타인에게 인정받지 못한다는 것, 자신의 약점이 드러나는 것이 두려워 쉽게 거짓말의 유혹에 넘어가곤 한다. 거짓말을 하면 순간적으로 상황을 모면할 수 있지만, 자기 자신은 물론이고 타인을 속인다는 점에서 정당할 수 없다. 당연한 가치지만 잊지 않도록 그림책을 함께 보며, 정직하기 위해 지켜야 할 태도를 구체적으로 떠올려볼 수 있다. 친구들에게 거짓말하지 않기, 잘못한 점은 솔직하게 고백하기, 피하지 않는 용기 가지기, 자기 잘못 사과하기 등 지킬 수 있는 생활 습관을 이야기 나누며 일상에서 정직한 모습을 실천할 수 있도록 도와준다.

아이와 생각을 나누는 질문
Q. 무언가를 정성 들여 가꾸고 돌본 경험이 있나요?
Q. 열심히 했지만, 기대에 못 미친 결과를 얻은 적이 있나요? 그때 어떻게 행동했나요?
Q. 정직하지 못하게 하는 것은 무엇이 있다고 생각하나요? 극복하는 방법은 무엇이 있을까요?

 초등 2학년 교과서 '꽃씨와 소년'의 본디 옛이야기

#정직과_노력 #중국_옛이야기 #꽃씨와_소녀 #인정과_격려

172   내가 누구인지 내가 어디 있는지

빨간 나무

숀 탠 글·그림, 김경연 옮김, 풀빛, 2019(2002)

내 안의 빨간 나무를 찾아서

한 소녀가 있다. 소녀는 세상과 단절을 느낀다. 세상은 무섭기만 하다. 그 어떤 희망도 보이지 않는다. 자신이 누군지 어디에 서 있는지 혼란스럽다. 아무리 기다려도 상황이 나아질 것 같지 않다. 마치 끝이 보이지 않는 터널 속을 걷는 것처럼. 그러나 소녀는 알게 된다. 희망의 빨간 나무가 자기 안에서 자라나고 있음을.

아이를 키우다 보면 아이의 마음을 속속들이 알은 채 할 수 없을 때가 있다. 지옥같은 마음으로 하루하루 힘겨워하는 걸 알지만, 부모는 묵묵히 기다려줘야 한다. 곁에서 아무것도 해줄 수 없고 지켜볼 수밖에 없는 부모는 억장이 무너진다.

이럴 때, 이 그림책을 아이에게 선물해보자. '나처럼 힘든 사람이 있구나!' 동질감을 느낄 수 있는 대상이 있는 것만으로도 위로받을 때가 있다. 이 책이 그 역할을 해줄 것이다. 책을 매개로 이야기도 나눠보자. 아이가 미처 깨닫지 못했던 자기 안의 빨간 나무를 발견할 수 있도록. 그리고 그 빨간 나무를 어떤 모습으로 키워나갈지 스스로 생각해볼 시간을 주는 건 어떨까?

> **아이와 생각을 나누는 질문**
> Q. 아무도 날 이해하지 않는다고 느낀 날이 있었나요? 왜 그렇게 느껴졌나요?
> Q. 나에게 빨간 나뭇잎은 무엇이고 어떤 모습일까요?
> Q. 절망(아주 힘든 상황)에서 나를 일으켜 세울 수 있는 것은 무엇인가요?

2011 아스트리드 린드그렌 상(작가에게 주는 상)

#우울 #절망 #희망 #내면소통 #자립

173
> 그 많은 사람들이 모두 나를 보고 있는 것 같아도,
> 실은 아무도 나를 보고 있지 않거든.

빨간 모자
로베르토 인노첸티 그림, 에런 프리시 글, 서혜경 옮김, 사계절, 2013

아동 성폭력 예방 동화

'빨간 모자' 동화를 현실의 성폭력 문제를 반영하여 현대판으로 패러디한 그림책이다. 빨간 모자 소피아는 편찮으신 할머니에게 음식을 가져다 드리기 위해 길을 나선다. 엄마는 큰길로 가라고 당부하지만, 소피아는 쇼핑몰에 주의를 빼앗겨 길을 잃는다. 뒷골목 출구로 잘 못 나온 소피아에게 불량배 같은 사람들이 다가오는데, 이때 한 남자가 나타나 소피아를 구해준다. 남자는 소피아를 할머니 댁까지 데려다주겠다며 호의를 베풀지만 속내는 달랐다.

아동 성폭력 문제를 아이의 수준에서 받아들일 수 있게 고심하여 그린 작품이다. '빨간 모자'라는 익숙한 이야기를 빌려 성폭력이 만연한 사회의 현실을 아이에게 부드럽게 전달하고자 하였다. 이 문제에 대해 아이와 이야기 나누는 건 결코 쉽지 않다. 비극적이고 민감한 부분이며 아이가 제대로 인지할 수 있을지 가늠하기도 어렵다. 이 그림책은 아이에게 자연스럽게 성폭력 예방 교육을 할 수 있다. 책을 통해 세상에 도사리고 있는 위험성을 느끼고, 낯선 사람에 대한 경계가 필요함을 배울 수 있겠다.

아이와 생각을 나누는 질문
Q. 만일 길을 잃는다면 어떻게 해야 할까요?
Q. 낯선 사람이 다가왔을 때는 어떻게 해야 할까요?

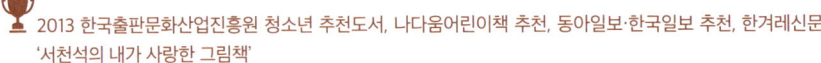
2013 한국출판문화산업진흥원 청소년 추천도서, 나다움어린이책 추천, 동아일보·한국일보 추천, 한겨레신문 '서천석의 내가 사랑한 그림책'

#성폭력 #유괴 #패러디_동화

174

"난 정말 궁금해. 벽 너머에 뭐가 있을까?"

빨간 벽

브리타 테켄트럽 글·그림, 김서정 옮김, 봄봄출판사, 2018

빨간 벽 너머의 세상은 무엇이 있나요?

빨간 벽은 언제나 거기 있었다. 눈 닿는 데까지 뻗어 있었다. 벽 너머에는 무엇이 있는지 보이지 않았다. 항상 빨간 벽 너머에 무엇이 있는지 궁금한 꼬마 생쥐는 같이 사는 여러 동물에게 물어보지만, 벽 바깥은 위험하고 벽 너머에는 아무것도 없다고 말한다. 어느 날 빛깔 고운 새가 벽 너머에서 날아오면서 꼬마 생쥐는 아름다운 세상을 만나게 된다.

꼬마 생쥐처럼 호기심 많은 아동에게 이 책을 추천한다. 아이는 호기심 가득한 눈으로 엄마에게 이것저것 물어본다. 엄마는 차분한 마음으로 내 아이를 위해 최선을 다해 질문에 답을 해준다. 이 책에서 말하는 빨간 벽은 우리가 정해놓은 하나의 규범일 수 있다. 아이의 안전을 위해 그어놓은 하나의 '틀'이다. 부모가 마음을 활짝 열면, 아이는 파랑새와 함께 벽 너머 새로운 세상과 만날 수 있다. 벽은 처음부터 없었지만, 두려움이 가득한 아이는 스스로 벽에 머무르고 있는지도 모른다. 이 책의 파랑새처럼 부모는 벽을 넘어갈 수 있도록 도와주는 조력자이면 좋겠다.

> **아이와 생각을 나누는 질문**
> Q. 벽은 왜 빨간색일까요?
> Q. 내가 벽을 만든다면 나의 벽은 무슨 색깔일까요?
> Q. 표지에 왜 벽은 높고 생쥐는 작게 그려졌을까요?

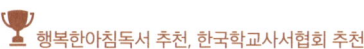 행복한아침독서 추천, 한국학교사서협회 추천

#편견 #고정관념 #호기심 #두려움 #자기회복

175

> 빼떼기는 보살펴 준 것만큼
> 제 스스로도 용감했다.

빼떼기

권정생 글, 김환영 그림, 창비, 2017

작은 생명의 강인한 몸부림과 이웃의 보살핌

6·25 전쟁을 배경으로, 작은 병아리인 빼떼기를 아궁이 불에서 구해내고 정성껏 돌보는 가족의 이야기를 담고 있다. 권정생 작가의 글은 전쟁 시기의 아픔과 한국적인 분위기를 섬세하게 묘사하여 아이들에게 감동과 생각할 거리를 제공한다. 김환영 작가의 아름다운 그림은 강렬하면서도 따뜻하며, 작은 존재들의 소중함과 사랑의 힘 그리고 공동체의 중요성을 전해준다.

이 그림책을 통해 빼떼기처럼 조금 다르거나 몸이 불편한 이웃을 배려하고 도움을 주는 것의 중요성을 이해할 수 있다. 아이와 함께 각자 할 수 있는 작은 일부터 시작하여, 노약자나 임산부에게 좌석을 양보하거나 자원봉사를 통해 지역사회에 도움을 주는 방법을 이야기 나눠보는 것은 어떨까? 이러한 작은 실천이 모여서 큰 변화를 만들어낼 수 있다는 것을 깨닫게 된다. 그림책은 어려운 시절에도 생명의 소중함을 알고, 약한 존재들을 돌보는 공동체의 모습을 함께 나누며, 도움이 필요한 이웃들을 어떻게 돕고 지지해줄 수 있는지를 생각해보는 기회가 된다. 함께 살아가는 공동체의 모습을 실천하는 아름다운 메시지를 전달하는 그림책이다.

아이와 생각을 나누는 질문

Q. 내 주위에도 빼떼기처럼 조금 다르다는 이유로 차별과 소외를 당하는 사람이나 동물이 있나요?

Q. 순진이네 가족이 빼떼기를 보살펴 주었듯이 사회적 약자나 힘없는 동물을 위해 우리가 할 수 있는 일은 무엇이 있을까요?

🏆 행복한아침독서 추천, 어린이도서연구회 추천, 한국그림책연감 추천, 학교도서관저널 도서추천위원회 추천, 가온빛 추천, 동아일보 추천

#권정생_문학_그림책 #권정생_10주기_추모_그림책 #생명 #차별 #소외 #사랑 #전쟁

ㅅ-ㅇ

그러니까……
책 속에도
내 마음속에도 비밀이 있어.

『책 속으로』

176

모두들 배부르게 잘 먹었습니다.

사과가 쿵!

다다 히로시 지음, 정근 옮김, 보림, 1996

하지만 걱정 없어요

아주 커다란 커다란 사과가 쿵 하고 떨어졌다. 마침 땅속에 있던 두더지가 사과를 먹어보고 싱싱하다고 한다. 하늘을 날던 벌과 나비, 땅 위의 작은 동물들도 덩치가 큰 동물들과 모두 사과를 맛있게 먹는다. 사과도 나누어 먹고 같이 행복할 때 비를 만나지만, 아무 걱정이 없단다. 사과 하나로 많은 동물이 행복하고 힘든 일에서도 서로 보호해주는 친구가 된 것이다.

세상을 살아가는 동안 나 혼자만 살아갈 수 없으며, 사회의 구성원으로 살아갈 때 집단에서 느낄 수 있는 소속감에서 안정감을 느끼게 된다. 비록 사과 하나지만 혼자만 먹지 않고 나누는 삶에서 우리가 속해 있는 곳에서 조화롭게 어우러져 살아가는 지혜를 배우게 된다. 나이가 적고 많음을 떠나 그들만이 속해진 세계가 있고 관계가 연결되어 있다. 때문에 『사과가 쿵 속』에 나오는 동물 친구들이 보여주는 행동으로 우리가 속해 있는 세계에서 어떻게 살아가야 하는지를 알게 해준다. 서로 도우며 도움을 받으며 함께 조화를 이루며 살아가는 것이 지금 내가 속한 곳에서 우정을 아름답게 나누며 살아가는 것인지를 배우며 살아가게 된다.

아이와 생각을 나누는 질문
Q. 사과가 떨어지지 않았다면 친구들은 계속 좋은 친구로 남아 있을까요?
Q. 사과를 가장 맛있게 나눌 수 있는 방법은 무엇일까요?
Q. 친구들과 나누고 싶은 의미 있는 것은 무엇인가요?

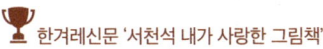 한겨레신문 '서천석 내가 사랑한 그림책'

#사과 #친구 #함께 #편견

177

> "다들 죽는 걸 두려워하지만 이 세상엔 내가 꼭 필요해요."

사과나무 위의 죽음
카트린 셰러 글·그림, 박선주 옮김, 푸른날개, 2016

죽음의 웃음

여우 할아버지는 다른 동물들과 사과를 나눠 먹기 싫어한다. 어느 날 여우 할아버지는 족제비 한 마리를 잡아먹을 기회가 생겼다. 족제비는 목숨값으로 동물들이 사과나무에 올라가면 달라붙게 해달라는 할아버지의 소원을 들어준다. 영원히 살고 싶어 '죽음'마저 사과나무에 붙잡아 둔 여우 할아버지는 병들고 외톨이가 된다. 할아버지는 어떤 결정을 내릴까?

함께 나눌 만큼 충분해도 나만 갖겠다고 욕심을 부리면 결국 '혼자'가 된다. 여우 할아버지는 '살아있음'만이 행복이라는 잘못된 생각으로 '외로움', '늙음'과 '병듦'을 간과한 채 자신에게 찾아온 죽음에 맞서려고만 했다.

할아버지는 사과나무에 올라간 이들만 붙잡아 둔 것이 아니다. 자신의 적절한 죽음의 때를 놓치게 만든다. 이 책은 할아버지의 욕심과 선택이 어떤 결과를 가져오는지를 알게 하는, 과욕은 금물이라는 삶의 내용과 죽음을 맞이하는 지혜로운 자세를 보여준다. 외톨이로 목숨만 부지하는 것이 얼마나 불행한지, 살아있는 동안 어떻게 사는 것이 중요한지를 생각하게 한다. 죽음은 자연스럽고 당연함을 아이들에게 우화 형식을 빌려 알려준다.

아이와 생각을 나누는 질문
Q. 여우 할아버지가 "이제 내려와"라고 죽음을 풀어준 이유는 무엇일까요?
Q. 여우 할아버지가 영원히 천년만년 살 수 있다고 춤을 출 때, 죽음은 가만히 웃었어요. 이 웃음은 무엇을 뜻할까요?

🏆 행복한아침독서 추천, 『요한나의 기차 여행』로 2011 스위스 아동청소년미디어상을 수상한 작가

#생명 #죽음 #욕심 #선택 #외톨이 #소원 #사과 #나눔 #행복 #기다림 #여행

178

> 법이 그렇기 때문이야.
> 법이라고 다 좋은 건 아니지만 말이다

사라, 버스를 타다

윌리엄 밀러 글, 존 워드 그림, 박찬석 옮김, 사계절, 2004

법을 바꾼 사라

과거 미국은 흑인을 심하게 차별했다. 미국인에 필요로 아프리카에서 흑인들을 잡아 와서 노예로 부렸고, 노예 해방 이후에도 아주 심하게 차별했다. 이 이야기는 미국 흑인 민권 운동의 촉발점이 된 로사 팍스의 실제 이야기를 바탕으로 했다. 당시 미국은 '짐 크로우'라는 흑인 차별법에 따라 공공건물, 화장실, 식당, 병원 심지어 교회까지 백인과 다른 출입구를 사용하거나 아예 들어갈 수 없었다. 버스에서도 흑인과 백인의 자리가 구분되어 있었다.

사라는 늘 학교에 버스를 타고 다녔다. 그날도 흑인인 사라는 흑인 자리에 앉았는데, 백인 자리는 어떤지 호기심이 생겼다. 그리고 조용히 백인 자리에 앉아 버스는 운행을 멈추고 사라는 경찰이 와서 데려갔다. 그 뒤 사라는 버스 승차 거부를 하였다. 많은 사람이 버스 승차 거부에 동참했고, 나라는 법을 바꾸게 된다. 법이 바뀐 날 엄마와 함께 버스를 탄 사라는 앞자리에 엄마와 함께 앉게 되었다는 가슴 벅찬 이야기이다. 작은 힘으로 옳은 것을 주장하는 사라의 용기에 박수를 보내자.

> **아이와 생각을 나누는 질문**
> Q. 차별을 당한 적이 있나요? 어떤 일이었나요? 그때 기분은 어땠나요?
> Q. 우리나라에서 차별을 당하는 사람이 있을까요?

 초등 국어 교과서 수록, 나다움어린이책 추천, 2009 어린이 평화책

#미국 #인종차별 #평등 #민권

179

"서로 돕고 함께 노력할 때
가장 공평하고 아름다운거야."

사라진 알을 찾는 가장 공평한 방법

로랑 카르동 글·그림, 김지연 옮김, 꿈터, 2019

가장 공평한 방법이란 무엇일까요?

세 마리의 수탉과 많은 암탉이 알을 품는 방법을 토론한다. 알을 품기 힘들어진 암탉들이 휴식을 취하기 위해 자리를 비우자, 세 마리의 수탉은 건강하게 태어날 병아리를 위해 하루에 15분만 휴식을 취하도록 제안하지만, 암탉들은 이것을 불공평하게 여겨 화를 냈다. 이후 다양한 방법을 시도하여 알을 품기 위한 공평한 해결책을 찾아봤지만, 마지막에는 세 마리의 수탉이 알을 품기로 한다. 그리고 병아리들이 알에서 나와 암탉과 수탉이 함께 알을 품고 노력할 때, 가장 공평한 방법이라고 깨닫는다.

이 이야기는 알을 품는 방법을 결정하는 과정을 다루며, 모든 암탉의 의견을 듣고 토론한 후 합의에 도달한다. 이 모습에서 아이들은 모두가 공평하게 참여하고 의견을 제시하는 민주주의의 개념을 간접적으로 이해할 수 있다. 또한 공평한 결정을 내릴 때 다양한 의견을 고려해야 한다는 것을 알게 된다. 협력과 진정한 공평함의 개념을 알 수 있게 마지막에는 모두가 함께 노력하고 돕는다면 공평한 결과를 얻을 수 있다는 메시지를 강조하여 가족 내의 성역할과 차별을 인식하고, 올바른 해결책을 고민할 기회를 제공한다.

아이와 생각을 나누는 질문
Q. 알을 품는 가장 공평한 방법은 무엇일까요?
Q. 우리 가족의 역할을 공평하게 나누어볼까요?
Q. 공평한 방법이란 어떤 것일까요?

행복한아침독서 추천

#민주주의 #평등 #성역할 #차별 #배려 #협력

180

> 넌 정말 아름다워 널 진심으로 사랑해 진심으로,
> 말로 다 할 수 없을 만큼

사랑하는 고양이가 죽은 날

그뤼 모우르순 글·그림, 한주연 옮김, 찰리북, 2017

함푸스 사랑해, 잘가

사랑하는 고양이 함푸스가 교통사고로 죽자 주인공은 친구들과 함께 범인을 찾아 나선다. 동네 사람 중 차가 있는 사람을 찾아다니면서 범인을 찾아내고, 동네 사람들과 함푸스의 장례식을 치른 후 함푸스를 보내는 이별의 슬픈 시간을 갖게 된다.

작가의 어릴 적 경험을 바탕으로 한 그림책이다. 주인공은 함푸스의 죽음으로 슬픈 마음에 울기만 하는 것이 아니라 자기만의 방식으로 이별의 슬픔을 달랜다. 우리는 살면서 여러 종류의 이별을 만난다. 이별은 우리 마음을 슬프게 하고 좌절하게도 만든다. 그리고 이별의 슬픔을 잊기 위해 안간힘을 쓴다. 우리는 이별에 대해 배운 적이 없다. 슬픈 마음을 달래기보다 그저 잊어버리라고 울지 말라고 한다. 슬프면 슬픈 대로 이별의 아픔을 달래야 한다. 주인공이 음악을 들으면서 울고 싶은 마음을 달래는 것처럼 말이다. 이별의 시간은 그만큼 중요하다. 아이들이 만날 이별을 위해 조심스럽게 책으로 이야기를 끌어내 보자. 노르웨이 아동·청소년 문학 리뷰 사이트인 'NBUtipset'에서는 '아이의 슬픔과 그리움을 조심스럽고 섬세하게 이야기하는 책'이라고 소개하고 있다.

아이와 생각을 나누는 질문
Q. 누군가와의 이별로 슬펐을 때 어떻게 그 아픈 시간을 보냈나요?
Q. 늘 말이 없었던 아줌마는 아이들이 찾아왔을 때 왜 반갑게 맞았을까요?

🏆 2016년 노르웨이 문화부 선정 최고의 그림책, 어린이도서연구회 추천

#죽음 #이별 #슬픔 #범인 #고양이

181

**사소한 게 뭐냐고? 음....
아주 작고, 보잘 것 없고.... 뭐, 암튼 그런 거야!**

사소한 소원만 들어주는 두꺼비

전금자 글·그림, 비룡소, 2017

사소한 소원은 있을 수 없어

훈이는 등굣길에 자전거 바퀴로부터 두꺼비를 구해준다. 두꺼비는 보답으로 사소한 소원 한 가지를 들어준다고 한다. 어제 짝꿍과 다투어서 마음이 내내 불편했던 훈이는 짝꿍과 다시 친해지고 싶다고 소원을 말하지만, 사소한 소원이 아니라 들어줄 수 없다고 한다. 짝꿍의 화가 많이 나서 중요한 소원인가 보다. 싫어하는 시간표를 바꾸는 것도, 급식 반찬을 다르게 하는 것도 중요한 소원이라 들어줄 수 없다고 한다. 어떤 소원이 사소한 소원일까? 두꺼비는 아주 작고, 보잘것없고 뭐 그런 것이라고 한다. 미술 시간 짝꿍이 지우개를 빌려 달라고 하지만 지우개가 없던 훈이는 두꺼비에게 소원을 빈다. 드디어 소원이 이루어진다. 이 일로 다시 짝꿍과 사이좋아진 훈이는 눈물이 찔끔 날 만큼 좋았다.

짝꿍과 사이좋게 해달라는 소원은 중요한 소원이라 들어줄 수 없다던 두꺼비는 훈이의 소원이 사소해서 들어주었던 것일까, 하는 생각이 든다. 정말 사소한 소원만 들어준 것으로 보아야 할지, 두꺼비가 훈이의 마음을 배려하여 사소하지 않은 것도 들어준 건지 곰곰이 생각해보게 한다.

아이와 생각을 나누는 질문
Q. 꼭 이루고 싶은 소원들은 어떤 기준이 있을까요?
Q. 두꺼비는 왜 훈이의 소원을 들어주었나요?
Q. 훈이의 소원은 정말 사소한 것이었나요?

 2017 황금도깨비상 수상, 행복한아침독서 추천, 국립어린이청소년도서관 사서 추천

#친구 #상상력 #놀이 #사소한 #소원 #원칙 #약속

182

사자와 생쥐

제리 핑크니 글·그림, 윤한구 옮김, 별천지(열린책들), 2010

글 없는 그림책과 이솝우화의 만남

그림책 대부분은 글과 그림이 상호보완적이다. 그런데 이 책은 동물의 울음소리와 같은 약간의 의성어만이 나올 뿐 글이 없다. 그림만 있다면 더 읽기 쉽다고 생각하지만, 글 없는 그림책은 그림을 해석하고 이해하여 스스로 이야기를 창작하는 능력이 필요하다. 이 책을 읽으면서 또는 읽고 나서 그림마다 1~2줄의 글을 써본다. '사자가 생쥐를 놓아주었을 때 어떤 이야기를 했을까?' 같은 생각을 하면서 이야기를 만들어보자. 상상력을 발휘해 재미있게 쓰거나 그림을 자세히 보고 왜 이런 그림을 그렸을지 유추하면서 내용을 재구성해보는 것이다. 그림은 정해져 있지만, 그 속을 채우는 사건과 등장인물들의 이야기는 오로지 글을 쓰는 아이의 생각으로 채워갈 수 있으니까. 부모는 아이가 자유롭게 생각을 펼칠 수 있게 격려해주면 된다.

이 책은 이솝우화 '사자와 생쥐'가 원작이다. 시간이 된다면 그림책의 모티브가 된 이솝우화를 함께 보며 아이의 창작품과 원 이야기가 어떤 점이 비슷하고 다른지 이야기 나눠보는 것을 추천한다.

아이와 생각을 나누는 질문
Q. 사자는 왜 생쥐를 놓아주었을까요?
Q. 생쥐에게 베푼 작은 친절이 다시 돌아왔을 때 사자는 어떤 기분이었을까요?

2010 칼데콧상

#글_없는_그림책 #동물 #이솝우화

183

살살 녹아요, 녹아!

산딸기 크림봉봉

에밀리 젠킨스 글, 소피 블래콜 그림, 길상효 옮김, 씨드북, 2016

수백 년이 흘러도 한결같은 맛 산딸기 크림봉봉의 비법

서양의 전통 디저트 크림봉봉을 통해 근현대사와 오늘 그리고 미래까지 담은 역사 이야기이다. 300년 전 영국의 한 마을에서 엄마와 딸이 산딸기를 따서 우유를 짜고 나뭇가지 거품기로 휘저으면 폭신하게 크림이 부풀어 오른다. 언덕배기 얼음 창고에서 다 만들어진 크림봉봉을 가족과 나누어 먹는다. 200년 전 미국 찰스턴이란 도시 변두리의 엄마와 딸이 농장에서 딸기를 따고 말수레가 배달해주는 우유 크림에 쇠를 두들겨 만든 거품기로 크림을 휘젓는다. 이번에는 지하실의 얼음 상자 안에서 산딸기 크림봉봉을 차갑게 식혀 완성하지만, 주인집 가족이 먹어야 한다. 100년 전 미국 보스턴의 엄마와 딸은 시장에서 산딸기를 구입하고 살짝 데워 균을 없앤 뒤 예쁜 유리병에 담겨 배달되는 우유 크림으로 크림봉봉을 만든다. 현재는 슈퍼마켓에서 구입해서 만드는 것으로 달라졌다.

과거에서 현재에 이르기까지 산딸기 크림봉봉을 만드는 도구와 유지방과 산딸기를 구하는 방법의 변화를 볼 수 있다. 그리고 산딸기 크림 봉봉의 맛과는 다른 다소 불평등한 여성과 남성의 차별, 노예사도 확인할 수 있다.

아이와 생각을 나누는 질문
Q. 우리집의 전통에 대해 알고 있나요?
Q. 지키고 싶은 전통과 없어져도 괜찮을 전통에 관해 알고 있는 것이 있나요?

🏆 2015 뉴욕타임스 올해의 그림책, 행복한아침독서 추천, 그림책박물관 추천, 국립어린이청소년도서관 사서 추천, 어린이도서연구회 추천, 열린어린이 추천, 나다움어린이책 추천

#산딸기 #디저트 #전통 #문화 #역사

184 '그럼, 여러분도 즐거운 크리스마스를 맞이하세요!'

산타 할아버지

레이먼드 브릭스 글·그림, 박상희 옮김, 비룡소, 1995

산타 할아버지의 반전 매력

30여 쪽의 그림책으로는 본인이 표현하고자 하는 것을 다 담아내기 힘들기 때문에 만화형식을 사용한다는 레이먼드 브릭스는 우리가 흔히 떠올리는 친절하고 따뜻한 산타 할아버지의 이미지를 '투덜이 스머프'처럼 살짝 비틀어 놓았다. 추운 겨울과 눈을 싫어하는 산타 할아버지는 크리스마스이브 새벽, 졸린 눈을 비비고 크리스마스 선물 배달 준비를 시작한다. 우여곡절 끝 아이들에게 선물을 모두 나누어준 할아버지는 지친 몸을 이끌고 독자들에게 이렇게 말한다. '그럼, 여러분도 즐거운 크리스마스를 맞이하세요!'

책을 읽고 '평소 산타할아버지가 어떻게 굴뚝으로 들어갈까?' '굴뚝이 없는 집에는 어떻게 방문하실까?' '산타 할아버지는 아이들이 원하는 선물을 어떻게 아실까?' 등등 산아이들의 궁금증도 해결할 수 있다. 작가의 그림책은 만화 형식 때문인지 애니메이션으로 제작된 작품들이 많이 있다. 유튜브에서 찾아볼 수 있으니, 추운 겨울날, 책과 비교해가며 보는 것도 색다른 경험이 될 것 같다. 이 작가의 또 다른 산타 할아버지 이야기인 『산타 할아버지의 휴가』도 함께 읽어보기를 권한다.

아이와 생각을 나누는 질문
Q. 이 책의 산타 할아버지와 우리가 알고 있는 산타할아버지는 서로 다른 점이 많았습니다. 어떤 점이 다른가요?
Q. 크리스마스에 산타 할아버지께 받고 싶은 선물은 무엇인가요?

 1973 케이트 그린어웨이상

#산타_할아버지 #크리스마스 #선물 #영국이_자랑하는_세계적인_일러스트레이터이자_동화 작가

185

느릿하게, 나른하게, 물안개가 피어오른다.

새벽

유리 슐레비츠 글·그림, 강무홍 옮김, 시공주니어, 1994

새벽을 여는 시간, 한 편의 시처럼 느끼기

새벽을 여는 시간, 한 편의 시처럼 읽는 그림책이다. 고요한 새벽 호숫가에서 할아버지와 손자가 배를 저어간다. 배가 호수 한가운데 이르자 새벽빛이 걷히고 검푸른 빛은 눈부심과 따스함이 가득한 아침 초록빛으로 변한다. 시간에 따른 색채 변화와 조금씩 밝아질수록 타원형의 테두리가 넓어지는 디테일도 인상 깊다. 페이지를 넘길수록 '고요하다' '싸늘하고 축축하다' 같은 정적인 표현에서 '물안개가 피어오른다' '새가 지저귄다'로 조금씩 역동성이 가미된다.

아이와 그림책을 천천히 넘기며 시를 읽듯 떠오르는 이미지와 촉각과 청각, 시각과 같은 감각을 느낄 수 있다. 이미지를 생생하게 떠올릴수록 새벽의 분위기, 감정, 주제 등을 더 깊게 상상하며 음미하게 된다. 마음에 드는 장면이 있다면, 잠시 멈춰서 장면에 집중해보자. 그러면 작가의 의도에 더 다가갈 수 있다. 마음을 열어주는 아름다운 그림과 글은 아이의 마음을 위로하고 편안하게 해줄 것이다. 아이가 보았던 새벽의 이미지를 떠올리며 그림책처럼 새벽빛, 촉감, 냄새, 소리, 움직임을 나타내는 단어를 넣어서 짧은 시를 써보는 것도 좋겠다.

아이와 생각을 나누는 질문
Q. 할아버지와 손자는 배를 타고 어디로 가는 걸까요?
Q. 마지막 산 너머로 해가 떠오르는 장면에 어울리는 문장을 표현해볼까요?
Q. 새벽, 아침, 점심, 저녁, 밤, 시간별로 각기 다른 느낌을 오감으로 표현해볼까요?

 1975 안데르센상 수상

#서정성 #새벽의_모습 #새벽의_느낌 #자연의_변화 #시간의_변화 #프레임과_여백

186

> "넌 딸그락 짤랑 하는
> 동전 소리를 들었느냐?"

샌지와 빵집 주인

로빈 자네스 글, 코키 폴 그림, 김중철 옮김, 비룡소, 2000

나도 현명한 재판관이 될 수 있어요

샌지는 여행과 빵을 좋아한다. 여행 중 샌지는 자신이 묵게 된 숙소에서 좋아하는 빵의 냄새를 맡을 수 있어 행복해한다. 이 사실을 알게 된 욕심 많은 빵집 주인은 샌지에게 빵 냄새 값을 치르라고 말한다. 결국 두 사람은 이 일로 재판관 앞에까지 가게 된다. 다행히 재판관은 지혜롭고 현명하여 빵 냄새 값을 빵 냄새와 동전 소리의 교환이라는 훌륭한 판결을 내려준다.

우리도 가끔 샌지처럼 다소 억울하고 억지스러운 상황을 겪을 때가 있고 내 것이 아님에도 불구하고 욕심을 내는 사람들과 만나게 된다. 이 책은 아이들에게 자신의 것이 아닌 것에 욕심을 내어 억지를 부리는 것이 얼마나 잘못되었는지 보여주며 욕심이 지나치면 어떻게 되는지, 어떤 도덕적 가치관을 가지고 살아가야 할지를 보여준다. 현명한 재판관의 판결로도 재미있는 책이지만, 거기서 끝나는 것이 아니라 내가 만일 샌지를 변호한다면 어떻게 변호할 것인지, 내가 재판관이라면 어떤 판결을 내릴 것인지 생각할 거리를 제공하여 논리적 사고력을 신장시킬 수 있기에 3~6학년 아이들에게 추천한다.

아이와 생각을 나누는 질문
Q. 빵집 주인도 냄새를 풍긴 값을 지불해야 하는 것은 아닐까요?
Q. 빵집 주인이 빵값을 내라고 했을 때 샌지는 어떤 마음이 들었을까요?
Q. 만약 재판관이 돈을 빵집 주인에게 주었다면 샌지는 친구들에게 어떻게 돈을 갚았을까요?

 1994 쉬필드 어린이도서상

#욕심 #지혜 #판결 #현명한 재판관 #도덕성 #냄새

187

"정말 어마어마하게 멋졌어."

샘과 데이브가 땅을 팠어요

맥 바넷 글, 존 클라센 그림, 서남희 옮김, 시공주니어, 2014

어마어마하게 멋진 하루

어마어마하게 멋진 것을 찾기 위해 샘과 데이브는 땅을 판다. 아래로, 옆으로 방향도 바꿔보지만, 아무것도 찾지 못한다. 하지만 샘과 데이브는 "정말 어마어마하게 멋졌어"라고 말하며 집으로 돌아간다.

어마어마하게 멋진 것은 사람마다 다르다. 보석처럼 반짝이는 희소성이 있는 것일 수도 있고, 나에게만 중요한 것일 수도 있다. 조금만 더 땅을 파면 보석을 얻을 수 있는데, 그때마다 샘과 데이브는 그걸 알지 못한 채 다른 방향으로 땅을 판다. 안타까운 마음에 '조금만 더 파 봐!'라고 큰 소리로 말해주고 싶기까지 하다.

눈앞의 보물을 찾지 못하는 것이 안타깝게 보이지만, 샘과 데이브는 어마어마하게 멋졌다고 말한다. 멋진 것을 찾진 못했지만, 문제를 함께 고민하고, 의견을 듣고, 함께 행동해보는 과정이 둘에겐 어마어마하게 좋았음을 알 수 있다. 비록 보물을 찾지 못했어도 친구와 함께 같은 일을 하면서 같은 경험을 공유했다는 소중함과 해보고 싶은 건 해보는 경험이 삶을 즐겁게 만든다는 것을 알려주는 책이다.

아이와 생각을 나누는 질문
Q. 나에게 가장 소중한 보물은 무엇인가요?
Q. 친구와 했던 놀이 중 가장 기억에 남는 건 무엇인가요?

🏆 2015 칼데콧 아너상, 국립어린이청소년도서관 사서 추천

#땅파기 #탐험 #강아지 #행운 #멋진_것 #꿈 #경험

188

"세상에 이렇게 멋지게 날아 본 종이 비행기는 없을 거예요."

선생님은 몬스터!

피터 브라운 글·그림, 서애경 옮김, 사계절, 2015

타인은 내가 바라보는 마음에 따라 달라 보일 수 있어요

바비는 담임선생님인 커비 선생님을 보고 처음에는 몬스터로 표현한다. 바비는 왜 담임선생님을 몬스터로 표현했을까? 장난꾸러기 바비가 학교의 생활을 질서 있게 잘하기를 바라며 선생님은 주의를 주고 지도를 한 것인데 어린 바비의 눈에 비친 선생님이 혼내는 모습은 거대한 몬스터와 같이 느껴져서였지 않을까 생각된다. 그러던 어느 날, 바비는 우연히 선생님과 학교 바깥의 공원에서 만나게 되고 교실에서와는 다른 선생님의 모습을 보게 된다. 바비가 차츰 선생님에게 마음을 열면서 커비 선생님의 모습도 점점 달라진다. 결국 선생님은 진짜 몬스터가 아니라 바비의 눈에만 몬스터처럼 보였던 것이다.

어떤 마음을 가지고 있느냐에 따라 다른 사람의 모습이 달라 보이는 경험은 누구나 한 번쯤 있다. 내가 알고 있는 다른 사람의 모습이 나만의 안경에 가린 모습일 수도 있다는 것을 책은 알려준다. 이 그림책은 아이들에게 타인을 보는 관점에 대해 생각거리를 주고 타인에 대해 마음을 여는 데 있어 도움을 줄 수 있을 것이다.

아이와 생각을 나누는 질문

Q. 선생님은 왜 처음 몬스터의 모습과 다르게 점점 사람의 모습으로 변한 걸까요?

Q. 학교에서 선생님은, 같은 행동과 같은 말을 하셨는데 바비에게는 왜 처음과 다르게 느껴졌을까요?

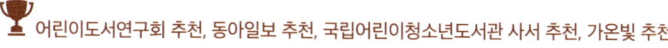

어린이도서연구회 추천, 동아일보 추천, 국립어린이청소년도서관 사서 추천, 가온빛 추천

#몬스터 #선생님 #타인을_바라보는_관점 #이해 #학교_적응 #학교생활

189

키 큰 사와로 선인장에서
빨간 열매 하나가 떨어졌어요.

선인장 호텔

브렌다 기버슨 글, 메건 로이드 그림, 이명희 옮김, 마루벌, 1995

사막에 선인장으로 만든 호텔이 있다고요?

무더운 사막에 작은 선인장이 움트고 다른 나무들의 도움으로 성장한 뒤에는 또 다른 생물들의 보금자리가 되어 주는 과정을 그린 아름다운 과학 생태 그림책이다. 사막에서도 잘 자라는 선인장의 겉은 가시로 가득하지만, 사실 안은 말랑하고 수분이 가득하다. 뾰족한 겉모습 때문에 아무도 다가오지 않을 것 같지만, 여러 생물의 보금자리가 되어준다. 딱따구리는 선인장에 구멍을 파 보금자리를 마련하고, 선인장은 딱따구리가 해로운 벌레들을 잡아먹어 병에 걸리지 않는 공생관계가 된다. 그저 묵묵히 그 자리에 있을 뿐인데 이 사와로 선인장 덕분에 개미, 쥐, 도마뱀과 토끼, 여우들이 사는 생태계가 만들어진다.

이렇게 동물들은 서로 도우며 살아가는데, 사람은 자연환경에 많은 영향을 미치면서도 이 생태계와는 상관없는 것처럼 행동한다. 우리는 공존에 대해 배우지만, 정작 우리가 생태계에서 어떤 역할을 하는지는 생각하지 않는다. 아이들이 이 책을 통해서 생태계와 자연의 순환에 대해 배우면서 우리는 어떤 역할을 할 수 있는지 생각해보면 좋겠다.

아이와 생각을 나누는 질문
Q. 우리 동네에 선인장 호텔이 생긴다면, 어떤 동물들이 찾아올까요?
Q. 나는 우리 동네 생태계에서 어떤 역할을 할 수 있을까요?

🏆 미국 어린이도서협회 '최우수 과학도서', 국제독서연합회 '교사의 선택상', 전미국도서관협회선정 우수책상, 미국 부모의 선택상 등 수상

#자연 #생태계 #공존

190 엄마! 도와줘!

세 엄마 이야기

신혜원 지음, 사계절, 2008

엄마는 슈퍼맨

엄마 세 명의 이야기이다. 엄마와 할머니 그리고 증조할머니의 이야기이다. "여자는 약하다 그러나 엄마는 강하다"라는 말이 있다. 엄마들은 자식 일이라면 어디서 그런 힘이 나는지 금방 쓰러질 거 같아도 자식의 부르는 소리에는 뻘떡 일어난다.

이 글에서 시골로 이사 간 엄마는 익숙하지 않은 시골 생활을 하다 밭을 가꾸기로 한다. 농사를 하다 힘들면 "엄마"를 부른다. 그러면 할머니가 한달음에 달려온다. 할머니가 일을 하다 힘들 때는 또 "엄마"를 부른다. 그러면 증조할머니가 한달음에 달려온다. 달려오는 엄마의 모습이 뛰어오거나 자전거를 타고 오는 모습으로 코믹하게 표현되어 더욱 눈길을 끈다. 그렇게 늘 엄마들의 도움으로 모든 농사를 마치고 수확한 뒤 피곤하여 잠에 푹 빠진 4대의 모녀의 마지막 장면은 너무 따뜻하다.

그렇게 엄마는 어디서든, 언제든 부르면 나타나 나를 도와주는 존재이다. "엄마"라는 이름처럼 정겹고 불러도 불러도 지겹지 않은 이름은 없다. 아무리 불러도 불러도 괜찮은 이름이다. 엄마의 존재감을 확실하게 보여주는 동화이다.

> **아이와 생각을 나누는 질문**
> Q. 엄마가 가장 좋을 때는 언제였나요?
> Q. 엄마가 싫었을 때는 언제였나요?

 2008 문화체육관광부 선정 우수교양도서, 행복한아침독서 추천

#엄마 #가족 #도움 #사랑

191

> "자, 이제 산책 나갈 시간이다. 이리 온, 마르셀."

세상에서 가장 맛있는 무화과

크리스 반 알스버그 글·그림, 이지유 옮김, 미래아이, 2021(2003)

반려견 마르셀의 반전 복수

까칠한 인상의 남자가 과즙이 뚝뚝 떨어지는 무화과를 먹으려고 한다. 잘 다듬은 콧수염, 집에서도 매고 있는 나비넥타이, 안경다리 그림자 때문에 남자는 더 빈틈없고 날카롭게 보인다. 치과 의사 비보 씨에게 가난한 할머니가 치료비 대신 준 무화과는 밤새 꾼 꿈을 현실로 만들어주는 마법의 무화과다. 부자가 되는 꿈을 오랫동안 연습한 비보 씨에게 그동안 당하기만 했던 반려견 마르셀이 복수를 한다. 비보 씨가 부자가 되는 것만 가로막은 것이 아니라, 비보 씨의 모습으로 "자, 이제 산책 나갈 시간이다. 이리 온, 마르셀"이라며 마르셀이 된 비보 씨를 침대 밑에서 끌어낸다. 비보 씨는 그저 '멍멍' 짖을 뿐이다.

다른 사람을 전혀 배려하지 않은 비보 씨를 보면서 인과응보나 사필귀정 등의 말이 떠오를 것이다. 그리고 항상 약자였던 마르셀의 복수에서 독자는 카타르시스를 느낄 것이다. 빛과 그림자를 활용해 입체감이 잘 느껴지는 그림이 판타지이지만 현실에 있을 법한 느낌을 준다. 앞으로 마르셀이 된 비보 씨는 어떤 삶을 살까? 글밥이 꽤 많고, 자세히 살펴보아야 이해되는 반전이 있어서 초등 4학년부터 읽으면 좋겠다.

아이와 생각을 나누는 질문
Q. 나에게도 마법의 무화과가 있다면, 나는 어떤 꿈을 꾸고 싶나요?
Q. 신비한 무화과를 먹은 강아지 마르셀은 어떤 꿈을 꾸었나요?

 세 차례나 칼데콧 상을 수상한 그림책 작가

#무화과 #치과_의사 #개 #꿈 #부자 #반전 #판타지

192

> "인생은 길고, 죽음은 짧다네."

세상에서 가장 멋진 장례식

울프 닐손 글, 에바 에릭손 그림, 임정희 옮김, 시공주니어, 2017(2008)

죽음이 있기에 삶은 아름답다

지루한 여름날 에스테르와 '나', 에스테르의 동생 두테는 죽은 동물들의 장례식을 치르고 '장례회사'까지 만든다. 동물들의 장례식은 죽음을 알지 못했던 두테에게 살아있는 건 언젠간 죽고, 우리도 언젠가 죽어서 사라질 거라는 죽음의 의미를 어렴풋이 알게 한다. 죽음을 무서워하는 '나'는 죽은 벌도 만지지 못하는 겁쟁이였다. 그러나 조금 전까지도 살아있던 지빠귀가 눈앞에서 죽어가는 모습을 보면서 죽음에 대한 두려움보다는 생명의 소중함과 더불어 죽음도 삶의 일부라는 것을 깨닫고 한층 성장한다. 벌, 개미, 청어, 생쥐들의 장례식을 치르는 모습은 우습기도 하지만, 죽은 동물들을 위한 추도사는 죽음에 대해 생각할 수 있도록 돕는다. 아이들은 개미를 밟기도 하고, 동물들에게 돌을 던지면서 짓궂게 굴 때가 있다. 이 책을 통해 작은 미물들의 생명도 귀하다는 것을 깨닫게 될 것이다. 나 자신과 타인의 생명을 소중하게 여기는 따뜻한 마음은 덤이다. 죽음이 있기에 살아 있는 것들의 생명은 더욱더 귀하고, 살아있으므로 깨닫지 못했던 생명의 소중함을 느낄 수 있는 그림책이다.

아이와 생각을 나누는 질문
Q. 장례식에 참석해본 적이 있나요? 어떤 감정을 느꼈나요?
Q. 생명의 소중함을 느낄 때는 언제인가요?
Q. '죽음'이 삶의 일부라면 나는 어떤 삶을 살아야 할지 생각해볼까요?

 독일 아동청소년 문학상 그림책 부문 최종 후보

#죽음 #장례식 #생명_소중함 #동물_장례식 #삶

193

세상에서 가장 용감한 소녀
매튜 코델 지음, 비룡소, 2018

눈보라 속 작은 용기

눈보라가 치는 날, 빨간 망토를 두른 소녀는 학교가 끝나고 서둘러 집으로 향한다. 집으로 돌아가는 길에 늑대 무리에서 혼자 떨어져 추위에 떨고 있는 새끼 늑대를 발견한다. 소녀는 늑대 가족에게 데려다주기 위해, 늑대 울음소리를 찾아 발걸음을 옮긴다. 어미 늑대와 마주한 순간, 시간이 멈춘 듯 소녀는 얼어붙는다. 과연 소녀에게는 어떤 일이 펼쳐질까?

눈보라 속에서 소녀가 새끼 늑대에게 건넨 친절은 길을 잃고 헤매는 소녀 자신에게 부메랑처럼 되돌아 와, 자기 길을 찾게 돕는다. 그림책은 소녀의 용기와 늑대의 배려를 글 없이 그림만으로도 온전히 표현한다. 말이 통하지 않아도 진심은 전해지기 마련임을 알려준다.

소녀보다 약한 새끼 늑대 그리고 늑대보다 약한 소녀. 그림책은 서로 말이 통하지 않아도, 생김새가 달라도 기꺼이 도움의 손길을 내밀 수 있는 용기에 대해 이야기한다. 용기를 내 건넨 도움의 손길은 서로에게 큰 힘이 되고, 더욱 따뜻한 삶을 살아갈 수 있음을 생각하게 한다. 그리고 누구에게나 언제든 작은 용기로 친절을 베풀 수 있는 아이로 성장하게 할 것이다.

> **아이와 생각을 나누는 질문**
> Q. 아기 늑대를 데려다준 소녀에게, 어른 늑대는 눈빛으로 어떤 말을 전하고 싶었을까요?
> Q. 용기를 내어 다른 사람을 도와준 경험이 있나요? 어떤 기분이었나요?

🏆 2018 칼데콧 대상, 2017 보스턴 글로브 혼북 명예상, 허핑턴포스트 2017 최고의 그림책 수상

#글_없는_그림책 #용기 #도움 #진심 #친절 #베품

194

> "이봐, 늪의 천사 아가씨! 집에서 이불이나 꿰매지 그래?"

세상에서 가장 큰 여자 아이 안젤리카

앤 이삭스 글, 폴 오 젤린스키 그림, 서애경 옮김, 비룡소, 2001

멋진 소녀 안젤리카의 활약상

세상에서 가장 큰 여자아이 안젤리카는 표지에서 바로 알아볼 수 있다. 허리를 구부리고 나와 눈맞춤하는 아가씨다. 안젤리카의 덩치가 얼마나 큰지 느껴진다. 태어날 때부터 엄마만큼의 키였고 두 살 때는 혼자 오두막을 지었다. 아이는 자라서 마을에 어려움이 있을 때마다 큰 도움을 준다. 어느 날 아주 큰 곰이 나타나 마을 곳간을 덮치는 일이 일어나고 사람들은 곰을 잡기 위해 사냥대회를 연다. 사냥을 나선 사람들은 안젤리카만 빼고 모두 남자였다. 다른 참가자들은 여자가 참가했다고 큰소리로 비아냥거리지만, 안젤리카는 그 사람들을 비웃으며 당당하게 곰과 맞서 싸워 물리친다. 안젤리카는 곰 가죽과 고기를 혼자 가질 수도 있었지만, 마을 사람들과 나눈다.

왜 여자가 사냥을 하면 비웃음거리가 되어야 하는가? 사람들의 비웃음에 상처받지 않고 당당히 곰과 싸워 이기고 마을의 어려움을 해결해 도움을 주는 안젤리카처럼 역사에는 용감하고 멋진 여성이 아주 많지만, 남성 위주로 기록된 역사가 편견을 만들고 차별을 하게 한다. 이런 차별을 넘어서 멋지게 나눔까지 한 안젤리카의 마음과 행동은 깊은 교훈을 준다.

아이와 생각을 나누는 질문
Q. 안젤리카는 왜 곰과 싸웠을까요?
Q. 마을의 어려움을 해결해 도움을 준 안젤리카에게 어떤 말을 전하고 싶은가요?

🏆 1995 칼데콧 아너상, 뉴욕 타임스 최우수 그림책 상, 퍼블리셔즈 위클리 베스트 북, 고래가숨쉬는도서관 추천, 어린이도서연구회 추천, 열린어린이 선종 좋은 어린이책

#여성 #곰과_대결 #힘센_여성 #성_편견

195

> 아주 튼튼해 보이는 수평아리였지.

세상에서 제일 힘 센 수탉

이호백 글, 이억배 그림, 재미마주, 1997

내가 힘센 수탉이 된다면?

수평아리 한 마리가 태어나 힘센 수탉으로 자란다. 세월이 흐르고 수탉은 자신이 점점 늙어가는 것을 느낀다. 수탉이 절망에 빠져 있을 때 아내가 말을 건넨다. "당신은 아직도 세상에서 제일 힘센 수탉이에요"라고 이야기한다. 수탉이 늙어 할아버지가 되었지만, 건강하게 자라는 손자, 손녀들을 보면서, 세상에서 제 역할을 다하고 있는 아들, 딸들의 존재를 통해 자부심을 갖는다는 이야기다.

이 그림책은 우리 정서에 맞는 이야기와 다채로운 색상으로 생생한 닭의 이미지가 잘 어울리는 작품이다. 정교하고 치밀하게 다듬어져 있어서 단단한 화면 구성의 힘을 보여주지만 엄숙한 분위기 화면에서 유머가 보석처럼 감추어져 있다. 아이들의 입가에 미소를 짓게 하는 부드러움과 그림을 보는 재미가 있다. 자녀에게 엄마가 태어난 날은 "싱그러운 가을이었다"로 시작하면서, 자녀가 태어난 날의 환희와 기쁨을 이야기해주면 좋다. 어느새 훌쩍 자란 자녀의 현재 모습에 칭찬과 격려의 말을 해주고 다가올 힘센 수탉으로 거듭날 세상을 상상해보면 좋겠다.

> **아이와 생각을 나누는 질문**
> Q. 수탉인 아빠에게 해주고 싶은 말은 무엇인가요?
> Q. 내가 수탉 아빠라면 내 가족에게 무슨 말을 해주고 싶나요?

🏆 2001년 한국 최초 국제어린이도서협회의(IBBY)에서 지난 50년간 만들어진 가장 우수한 어린이 책 중 하나로 선정, 초등 저학년 권장도서

#상상 #나의_인생

196

우리 곁에 언제나 초록은 영원해

세상의 많고 많은 초록들

로라 바카로 시거 글·그림, 김은영 옮김, 다산기획, 2014

나의 초록은 어디에 있을까요?

초록이라는 말을 들으면 어떤 것이 떠오를까? 연한 새싹의 초록, 무더위를 식혀주는 나뭇잎의 초록, 가을 잘 익은 단감의 초록 잎사귀, 눈 쌓인 나무의 초록, 아마 저마다 떠오르는 초록이 다를 것이다. 여기 세상에 존재하는 많은 초록을 모아둔 책이 있다. 캔버스에 유화로 작업한 듯 멋스러운 그림은 마치 한 권의 명화집을 보는 것처럼 아름답고 강렬한 색감을 가지고 있다.

이 책이 보여주는 수많은 초록을 만나다 보면 무수한 계절 속에서 우리가 스치고 지나갔던 자연의 아름다움을 떠올리게 된다. 책을 읽은 후 아이와 함께 나만의 초록 혹은 나만의 색을 정해 수집해보고 그 색에 어울리는 이름도 붙여주고 이야기도 써보자. 세상의 많고 많은 색 중 내가 가장 좋아하는 색을 모은 나만의 책이 완성될 것이다. 그 과정에서 아이들은 자연에 관심을 기울이고 아름다운 것을 보고 느끼고 감상하는 심미안을 기를 수 있을 것이다. 세상의 많고 많은 빨강, 파랑 시리즈도 함께 읽어보길 추천한다.

아이와 생각을 나누는 질문
Q. 내가 생각하는 초록은 어떤 색인가요? 그건 어떤 느낌인가요?
Q. 자연을 보고 아름답다고 생각해본 적 있나요? 왜 그렇게 생각했나요?

2013 칼데콧 아너상, 2012 커커스 리뷰 '올해 최고의 어린이책', 행복한아침독서 추천

#자연 #계절 #생명

197

"소피는 막 터져 오르는 화산이에요."

소피가 화나면, 정말 정말 화나면

몰리 뱅 글·그림, 박수현 옮김, 책읽는곰, 2013

화날 땐 어떻게 하죠?

이 책은 소피가 정말 정말 화날 때는 어떤 행동을 하고, 어떻게 마음을 가라앉히는지 원색과 강렬한 선으로 표현하고 있다. 소피의 모습을 보면서 '화가 나서 터져 오르는 감정을 주체하지 못하는 것이 나만 그런 것이 아니구나' 하는 공감대가 생기며 신나게 책 속으로 빠져든다. 소리칠 때 입에서 불이 뿜어져 나오며 모두가 날아가 버리는 장면은 통쾌하기까지 하다.

아이들은 수시로 형제, 자매와 싸우고 성질을 부린다. 화를 주체하지 못해서 소리를 지르고, 발을 쾅쾅 구르거나, 바닥에 드러누워 떼를 쓰기도 한다. 이럴 때 아이가 화가 나는 마음을 들여다보고 이해하며 그 감정을 다스릴 수 있도록 연습하는 것이 필요하다. 소피는 달리기를 하며 평화로운 마음으로 되돌아갔듯이, 아이가 건강한 생활을 하기 위해 기분 전환이 될 수 있는 긍정적인 행동이 무엇인지 살펴보고 실행해봄으로써 부정적인 감정에서 빠져나올 수 있게 된다.

책에서 그림이 강렬한 붉은색에서 차분한 푸른색으로 점차 변하듯이 아이들의 마음도 불같이 화나는 마음에서 조금씩 평화를 찾을 수 있도록 마음을 다스리는 방법을 안내해준다.

아이와 생각을 나누는 질문
Q. 정말 정말 화가 날 때는 언제인가요?
Q. 화나는 마음을 어떻게 다스리나요? 나만의 비법이 있나요?

🏆 2000 칼데콧 아너상, 샬롯 졸로토 상, 제인 애덤스 평화상, 꿈꾸는도서관 추천, 한겨레신문 '서천석의 내가 사랑한 그림책', 나다움어린이책 추천

#감정 #화남 #조절 #해결방법

198

> 달빛 담요야말로 소피 생애 최고의 작품이었어요.

소피의 달빛 담요

에일린 스티넬리 글, 제인 다이어 그림, 김흥숙 옮김, 파란자전거, 2013(2001)

거미 예술가의 일생 최대의 작품

예술가를 상징하는 베레모를 쓰고 금속 골무 의자에 앉아 긴 팔다리로 아름다운 거미줄 레이스 커튼을 짜는 거미 '소피'의 학명은 Pisaurina mira, 육아거미이다. 먹이사냥을 위해 거미줄을 치는 다른 거미와 달리 육아거미는 아기 거미를 숨기고 보호하기 위해 거미줄을 친다. 소피의 예술성을 알아보지 못한 하숙집 사람들은 그저 거미라는 이유로 그녀를 내쫓고, 피하기 바쁘다. 하지만 하숙집 3층의 가난한 젊은 여인은 늙고 지쳐 더 이상 도망갈 힘이 없는 소피를 머물 수 있게 해주었다. 소피는 여인의 갓 태어난 아기가 포근하게 덮을 담요를 달빛, 향기로운 솔잎 이슬 조각, 밤의 도깨비불, 옛날에 듣던 자장가, 장난스런 눈송이, 자신의 진심을 담아 완성한다.

작가 에일린 스티넬리는 젊은 시절 하숙집에서의 에피소드를 글에 녹여냈고, 그림작가 제인 다이어는 육아거미에서 소피에 대한 영감을 얻었다. 젊은 예술가의 예술 세계를 인정하는 마음, 타인을 배려하는 모습, 모성 등 다양한 가치를 찾아볼 수 있는 책이다. 페이지마다 소피가 풀어놓았을 것 같은 거미줄 액자 프레임도 살펴보면 좋다.

아이와 생각을 나누는 질문
Q. 사람들은 왜 소피를 싫어할까요?
Q. 가난한 젊은 여인은 왜 소피를 쫓아내지 않았을까요?
Q. 만약 내가 소피라면 무엇을 넣어서 담요를 짜고 싶나요?

🏆 그림책박물관 추천, 2017 '이토록 어여쁜 그림책', 2019 '100권의 그림책', 2021 '그림책 속으로', 2021 그림책 BASIC

#거미 #소피 #달빛 #담요 #예술 #모성

199

"세상에서 제일 큰 만두, 세상에서 제일 맛있는 만두!"

손 큰 할머니의 만두 만들기

채인선 글, 이억배 그림, 재미마주, 2001

함께 음식을 만들어 먹는 즐거움

무엇이든 엄청 크게 만드는 손 큰 할머니가 숲속 동물 모두 배불리 먹고도 남을 만큼 세상에서 가장 큰 만두를 만들어 동물 친구들과 설날 아침에 나눠 먹는 이야기이다. 할머니와 동물 식구들이 떠들썩하게 만두를 만드는 과정도 재밌지만, 온 가족이 배불리 먹고도 남을 정도로 큰 만두는 마음까지 넉넉하게 한다.

설날 아침, 온 가족이 모여 만두를 빚는다. 아이들은 서로 다른 모양으로 빚은 만두를 보며 깔깔거리며 웃고 어른들은 덩달아 행복한 마음이 올 한 해 계속될 것 같다. 그리고 마술사라도 된 듯 뚝딱뚝딱 만두를 빚는 할머니의 모습을 보며 아이들은 감탄하며, 할머니는 손주의 만두를 보며 '너처럼 예쁜 아이를 낳겠네'라는 덕담을 건넨다. 그렇게 빚은 만두는 가족의 소중함을 느끼게 해주고, 옹기종기 모여 앉아 음식을 함께 먹는 시간은 그 어느 때보다 즐겁고 신난다.

한 해의 시작인 설날 아침, 아이들이 가족과 만두를 만들어 먹으며 손 큰 할머니의 만두처럼 마음도 넉넉하고 푸짐하길 바라는 마음이 담긴 책이다. 가족이 함께 음식을 만들어 먹는 즐거움과 가족 사랑의 마음을 느끼면 좋겠다.

아이와 생각을 나누는 질문
Q. 엄청 큰 만두를 만든다면 누구와 나누어 먹고 싶나요?
Q. 할머니와 숲속 동물들이 빚은 만두는 반달 모양이에요. 나는 어떤 모양으로 만두를 빚고 싶나요?

그림책박물관 추천, 행복한아침독서 추천, 어린이문화대상, 꿈꾸는도서관 추천, CJ 특별전 초청 그림책

#전통 #설날 #명절 #세시풍속 #가족 #한국적_정서

200

> "마을을 지키는 당산 나무가
> 솔이를 반갑게 맞아줍니다."

솔이의 추석 이야기

이억배 글·그림, 길벗어린이, 1995

함께 즐기는 추석

추석을 앞두고 오랜만에 고향을 방문할 생각으로 들뜬 사람들. 솔이는 알록달록 한복을 입고 엄마, 아빠, 동생과 함께 할머니가 계시는 시골집으로 향한다. 다 함께 모여 추석을 보내고, 양손 가득 할머니의 선물과 함께 집으로 돌아오는 어느 명절날, 가족과의 추억이 담긴 그림책이다.

시간이 흐르며 사회가 변하고, 추석을 지내는 방식은 점차 축소되고 있다. 삶의 방식이 달라지며 자연스럽게 변화하는 것이지만, 세시풍속을 지내는 방식은 전승될 필요성이 있다. 전통과 세시풍속을 기록한 다양한 삽화로 아이는 추석을 지내는 방식에 대해 배울 수 있다. 보름달 아래에 모여 앉아 송편 빚기, 풍물패가 공연을 하고 놀이판이 벌어진 모습 등 요즘에는 접하기 어려운 추석의 모습을 아이와 이야기를 나누어보자. 추석을 준비하는 장면, 버스터미널에서 차례를 기다리는 장면, 차를 타고 가는 장면 등 다양한 인물들이 등장하는데, 솔이네 가족 외에 다른 가족은 어떤 이야기가 있을지 추측해보자. 부모는 어렸을 적의 향수를, 아이는 추석과 관련된 다양한 전통과 문화에 대해 이야기할 수 있는 소중한 시간이 될 것이다.

아이와 생각을 나누는 질문
Q. 추석(명절)은 나에게 어떤 날인가요?
Q. 추석(명절)에 우리 집만의 '전통'이 있나요?

#전통 #문화 #명절 #추석 #세시풍속 #가족

201

"불가사리는 아직 어딘가에 살아 있을 거야."

쇠를 먹는 불가사리

정하섭 글, 임연기 그림, 길벗어린이, 1999

귀로 듣고 상상하는 옛이야기

전쟁 통에 남편과 자식을 잃은 홀어미가 밥풀로 만든 불가사리는 쇠붙이를 먹으면서 점점 자라난다. 나라에 오랑캐들이 쳐들어오자, 무기를 먹어 치우며 전쟁을 승리로 이끈다. 하지만 왕의 계략에 빠져 불 속에서 몸이 녹아 죽게 되는 옛이야기 그림책이다.

2학년 국어 교과서에 수록되어 있어 아이들과 교과서에서 배운 내용과 연결하여 읽을 수 있다. 입말체, 반복 어구, 노랫말 등 옛이야기의 입말을 살려 아이들과 낭독극 하듯 읽으면 더 생생한 재미를 느낄 수 있다. 그림책을 읽기 전에 불가사리를 설명하고, 코끼리의 몸, 소의 발, 곰의 목, 사자의 턱, 호랑이의 얼굴, 물소의 입, 말의 머리, 기린의 꼬리를 가진 상상의 동물을 떠올려 그려보는 활동을 할 수도 있다. 그림책의 그림을 보여주지 않아도 옛이야기의 리듬을 살려 읽어주고, 아이들이 이미지를 상상하며 이야기를 그려보도록 유도하는 등 다양한 활동이 가능하다. 옛이야기 그림책이 주는 매력을 아이들과 함께 나누며 상상력과 창의력을 키울 수 있는 시간이 될 것이다.

아이와 생각을 나누는 질문
Q. 쇠를 먹고 불가사리가 자란다는 비유를 보면서, 나는 무엇으로 채우고 자라는 것인지 생각해볼까요?
Q. 나라면 어떤 재료로 무엇을 하는 상상 동물을 만들고 싶나요?

🏆 초등 교과서 수록, 어린이도서연구회 권장도서, YMCA 추천, 한겨레신문 '서천석의 내가 사랑한 그림책'

#상상의_동물 #불사신_불가사리 #수호신 #옛이야기 #설화 #전쟁 #가족애

202

"수박 수영장을 개장할 때가 왔습니다."

수박 수영장

안녕달 글·그림, 창비, 2015

시원한 수박 수영장에서 같이 놀아요

이 책은 우리에게 친숙한 과일 중 하나인 수박과 작가의 흥미로운 상상력이 더해져 만들어졌다. 책을 펼치면 시원한 수박에 몸을 담근 사람들이 보인다. 수박 씨들에게 포위되기도 하고, 수박 살로 커다란 조각상을 만들어내며 놀기도 하는 모습을 보면 상상력이 절로 깨어나는 느낌이다. 색연필로 채색한 듯한 안녕달 작가 특유의 그림표현은 이 책에서는 단 수박의 설탕 알갱이로 인한 수박의 서걱거림과 시원함 속에 따뜻하게 나를 감싸는 듯한 느낌을 준다. 또한 수박 수영장에는 아이들만 등장하는 것이 아니라 1등으로 몸을 담그고 있는 할아버지, 신나게 수박 껍질 미끄럼틀을 타는 할머니, 즐겁게 친구들과 수박 수영장을 향해 달려가는 휠체어를 탄 아이가 등장한다. 나이, 성별, 장애에 구별 없이 문이 시원하게 열려 있는 수박 수영장을 보면 마음까지 시원해진다.

수박 수영장에서 행복하게 즐기는 사람들의 모습을 보고 있으면 붉은 수박의 시원함이 나도 모르게 온몸으로 감싸며 생생하게 느껴진다. 모든 사람이 다정하게 어우러져 수박 수영장을 진정으로 즐기는 모습이 시원, 달콤하게 다가오는 그림책이다.

아이와 생각을 나누는 질문
Q. '여름' 하면 떠오르는 것이 무엇이 있나요?
Q. 수박 수영장에 갔던 사람들은 어떤 기분일까요?
Q. 수박 수영장이 문을 닫고 다음으로 일어날 일은 무엇일까요?

🏆 행복한아침독서 추천, 어린이도서연구회 추천, 한국그림책연감 추천, 가온빛 추천, 한겨레신문 추천

#여름 #수박 #수영장 #상상력 #물놀이

203

헉, 씨를 삼켰어!

수박씨를 삼켰어!

그렉 피졸리 글·그림, 김경연 옮김, 토토북, 2014

제발 누가 날 좀 도와주세요

주인공인 악어가 수박씨를 삼키면서 벌어지는 사건을 유쾌하고 재미있게 다룬다. 어른에게는 별거 아닌 일에도 아이들은 종종 심각하게 걱정하고 불안해한다. 좋아하는 수박을 먹다가 그만 수박씨를 삼키는 바람에 배 속에서 수박이 자랄까 봐 걱정하며 "제발 누가 날 좀 도와주세요"라고 애절하게 말하는 악어처럼. 아직 세상에 대해 아는 것이 많지 않다 보니 더 그럴 것이다. 그런 사소한 걱정들은 책을 읽고 많은 경험을 하다 보면 저절로 줄어든다.

책을 읽고 '수박씨가 배 속에서 자라면 어떡하지' 걱정하는 자녀와 함께 씨앗에 관한 책을 읽어보자. 씨앗은 왜 단단한 껍질을 가지고 있고 열매는 왜 달콤한지, 배 속에서 씨앗이 소화되지 않는 이유는 무엇인지 등에 대해 정확한 정보를 알게 되면 더는 불안에 떨지 않을 것이다. 문제가 해결된 뒤에도 다시 같은 행동을 반복하고 고민에 빠지는 악어처럼 아이들도 같은 실수들을 할 수도 있겠지만, 부모가 옆에서 책을 통해 지식을 쌓고 문제를 해결하는 방법을 알려준다면 책과 함께 잘 성장해 나갈 수 있을 것이다.

아이와 생각을 나누는 질문
Q. 수박씨가 배 속에서 자랄까 봐 걱정하는 악어의 고민을 어떻게 해결해줄 수 있을까요?
Q. 걱정되거나 불안할 때 어떻게 하나요?

2014 닥터 수스 수상작

#수박 #상상 #씨앗 #불안 #유머

204

"나는 노래할 용기를 잃어버린 사람들을 위해 노래합니다"

수탉과 독재자

카르멘 애그라 디디 글, 유진 옐친 그림, 김경희 옮김, 길벗어린이, 2018

용기 있는 자만이 무언가를 얻을 수 있어요

시끌벅적한 라파스라는 도시에 조용하고 평화로운 도시를 약속하고 시장이 된 페페 씨는 시끄러운 도시를 조용하게 만드는 법을 만든다. 어느 날 라파스에 이사를 온 수탉 가이토는 노래를 부르고, 화가 난 페페 씨는 온갖 방법을 동원하여 가이토가 노래를 부르지 못하게 노력한다. 페페 씨의 억압과 협박에도 가이토는 굴하지 않고 맞서며 노래를 부르고 사람들의 마음을 움직여 라파스는 다시 자유를 되찾고 활기찬 도시가 된다.

이 책은 아이들에게 역경에 맞서는 용기와 타인과의 갈등을 해결하는 것을 생각해보게 한다. 어린아이들에게 민주주의, 자유와 책임, 독재, 투쟁 등과 같은 개념은 어렵게 느껴질 수 있지만, 자유를 노래하는 가이토와 그를 막아내는 페페 씨의 모습에서 자유를 억압하는 행위를 비판적으로 생각할 수 있게 하며, 아이들이 자신의 목소리를 찾고 자기 생각을 타인에게 자신 있게 표현할 수 있도록 도와준다. 반복적인 의성어와 익살맞은 묘사가 잘 나타나 있어 등장인물의 역할을 나누어 함께 소리 내어 읽기에도 좋다.

아이와 생각을 나누는 질문
Q. 좋은 리더는 어떤 리더인가요?
Q. 만약에 내가 라파스의 시장이었다면 어떤 법을 만들었을까요?
Q. 스스로 용기를 내어 나의 생각을 다른 사람에게 말한 적이 있나요?

#자유 #용기 #민주주의 #독재 #투쟁

205

"난 언제까지나 네 곁에서 너를 위로해줄게."

수호의 하얀말

오츠카 유우조 글, 아카바 수에키치 그림, 이영준 옮김, 한림출판사, 2001

기억과 이별

서로 아끼고 지키며 살아가던 수호와 하얀 말은 원님의 말타기 대회에 나가보라는 친구들의 말을 듣고 먼 길을 떠난다. 하얀 말과 수호는 대회에서 우승하지만, 원님은 약속과는 달리 하얀 말을 뺏어버린다. 서로 그리워하는 수호와 하얀 말의 이야기는 몽골의 전통 악기, 마두금의 유래가 되었다.

짙은 색채와 부드러운 선을 활용해 파노라마처럼 가로로 길게 그려낸 삽화는 이야기를 더욱 생동감 넘치게 그려낸다. 특히, 드넓은 초원을 빠르게 달리는 역동적인 말들의 경주를 담아내어, 마치 몽골 들판에 서 있는 듯 아이들의 눈길을 사로잡는다.

하얀 말의 죽음을 지켜보며 슬퍼하는 수호에게 하얀 말은 자신이 남기는 뼈, 가죽, 심줄과 털로 악기를 만들면 언제까지나 수호 곁에 있을 것이라 말한다. 이는 둘의 아름다운 우정이 악기와 음악으로 영원히 남을 수 있음을 보여준다. 죽음과 이별은 아이에게는 조금 어려운 단어다. 이 책은 갑작스러운 죽음이나 이별을 마주하게 된 아이가 슬픈 감정을 이해할 수 있게끔 돕는다. 슬픈 감정을 마주하고 가슴 속 추억을 기억하며 살아간다면 영원한 이별이 아님을 배울 수 있을 것이다.

아이와 생각을 나누는 질문
Q. 서로의 추억을 기억하는 방법은 무엇이 있나요?
Q. '수호한다'의 의미는 무엇일까요?

🏆 한스 크리스티안 안데르센상, 1975 브룩쿨린 미술관 그림책상, 고래가숨쉬는도서관 추천, 한겨레신문 '서천석의 내가 사랑한 그림책'

#몽골 #설화 #우정 #동물 #이별 #죽음

206

달달달달 사각사각 스륵스륵 조물조물

숲 속 재봉사

최향랑 글·그림, 창비, 2010

자연 속 숨어있는 상상의 나라

숲 속 재봉사는 레이스 뜨는 거미와 크기를 재는 자벌레, 가위질하는 거위벌레와 함께 옷을 만든다. 각종 동물과 곤충의 요청으로 그들에게 맞는 옷을 만드는 과정이 신기하다. 자연에서 얻은 각종 풀잎과 꽃잎, 조개 등이 옷과 액세서리가 되어 멋진 작품이 된다.

그냥 지나쳐 버렸던 작은 풀과 꽃은 작가의 손을 통해 훌륭한 예술작품이 되고, 그 과정을 통해 우리의 관점이 바뀌게 된다. 어린 으름 열매는 새로, 예쁜 홍단풍 씨앗은 리본으로, 단풍나무 씨앗은 옷걸이로, 벌레가 공들여 만든 구멍 송송 나뭇잎은 레이스로, 깨꽃은 옷소매로 변신한다. 버릴 것 없는 자연을 보면서 무한한 상상 속으로 아이들을 안내한다. 책 뒤편에 첨부된 옷장과 종이 인형, 종이옷을 이용하여 아이들과 함께 오리고 옷을 입혀보자. 재미있는 인형 놀이도 할 수 있어서 역할 놀이를 하면 온 가족이 웃음 가득한 시간을 즐길 수 있다.

아이들은 자연에서 뛰어놀면서 작은 풀잎에 맺힌 이슬도 보면서 자라야 한다. 자연으로부터 얻는 것은 무한하다. 이 책을 읽는 아이들은 예쁜 꽃잎, 나뭇잎 안에 담긴 또 다른 세상과 만나게 될 것이다.

아이와 생각을 나누는 질문
Q. 숲 속 재봉사는 동물과 곤충의 옷을 만들면서 무슨 생각을 했을까요?
Q. 잠을 자고 있는 재봉사와 거미 자벌레의 모습을 보면서 그들을 위로해줄 말은 무엇이 있을까요?

초등 국어 교과서 수록, 행복한아침독서 추천, 국립어린이청소년도서관 사서 추천, 중앙일보 추천

#나뭇잎 #꽃잎 #자연 #재봉사 #옷

207

"무엇보다도 예전처럼 천천히 걷고 싶었어."

슈퍼 거북
유설화 글·그림, 책읽는곰, 2014

자기만의 속도로 달리기

토끼와 경주에서 이긴 꾸물이 거북이는 동물들이 실망할까 봐 걱정되자, 진짜 슈퍼 거북이 되기 위해 하루도 빼먹지 않고 훈련을 했다는 '토끼와 거북이'의 뒷이야기이다. 거북이가 토끼처럼 빨리 달리기 위해 노력하는 모습을 보며 인내와 끈기를 배우지만, 한편으로는 서로의 속도가 다르다는 것을 알지 못하는 거북이가 안쓰럽다.

거북이는 다른 사람들의 시선과 경쟁보다 자기에게 집중하는 것이 더 중요하며 목표에 도달하기 위해 느리지만 매일 훈련하고 노력한다. 반면, 토끼는 경쟁심이 강하고 도전적이며 원하는 목표를 향해 재빠른 속도로 달린다. 이 책은 아이들에게 토끼와 거북이처럼 자기의 방법과 속도대로 도전하고 목표를 이뤄가라는 교훈을 준다. 실패하더라도 성실함을 무기로 거북이처럼 매일 연습하고 훈련하다 보면 어느덧 원하는 목표에 다가가게 된다는 것을 알려준다.

남들과 속도를 맞추어 살기 위해, 또는 남보다 더 잘하려고 애쓰는 모든 꾸물이가 읽으면 좋을 책이다. 나의 속도로 하루하루 행복하다고 느끼며 살다 보면 진정한 행복도 누리게 될 것이다.

아이와 생각을 나누는 질문
Q. 경주에서 이긴 거북이를 흉내 내는 이웃들의 모습을 보고 어떤 마음이 드나요?
Q. 매일매일 더 빨라지기 위해 훈련한 거북이는 행복해졌을까요?
Q. 다시 거북이에게 도전장을 낸 토끼에게 어떤 말을 해주고 싶나요?

🏆 국립어린이청소년도서관 사서 추천, EBS 문해력 유치원 선정도서, 2016 서울시 한 도서관 한 책 읽기, 세종도서 우수도서 선정, 행복한아침독서 추천, 그림책박물관 추천, 꿈꾸는도서관 추천, 한겨레신문 추천

#도전 #실패 #경쟁 #나다움 #자기의_속도

208

"스갱 아저씨, 저를 산으로 보내 주세요. 제발 저를 자유롭게 풀어 주세요!"

스갱 아저씨의 염소

알퐁스 도데 글, 에릭 바튀 그림, 강희진 옮김, 파랑새어린이, 2013

선택에는 늘 책임이 따라요

스갱 아저씨의 염소인 '블랑께뜨'는 안전한 집과 외양간을 벗어나 자유롭게 산속을 누비고 싶어 한다. 스갱 아저씨는 염소 블랑께뜨에게 산속에는 늑대가 있어 위험하다고 말하며 말린다. 스갱 아저씨의 만류에도 블랑께뜨는 열린 외양간을 뛰쳐나가 산으로 도망친다. 드넓은 산을 누비며 자유를 만끽하는 블랑께뜨는 밤이 되자 들려오는 늑대의 울음소리에 다시 스갱 아저씨의 집으로 돌아갈지 늑대와 맞서 싸울지 고민한다. 결국, 블랑께뜨는 늑대와 맞서 싸우는 것을 선택하고 밤새 늑대와 싸우다 죽음을 맞는다.

블랑께뜨는 안전함과 자유 사이에서 자유를 선택했고 잠시 흔들릴 때도 있었지만, 자신의 선택을 마지막까지 지켜나갔다. 우리 삶에서도 때로는 중요한 선택을 해야 하는 순간이 찾아온다. 우리가 하는 모든 결정이 항상 옳고 좋은 결과만을 얻을 순 없지만, 스스로 선택한 것에 대한 책임은 져야 한다. 이 책은 아이들에게 자신의 선택에 책임이 따른다는 것을 알려주고, 그러한 과정에서 얻는 배움과 교훈으로 더욱 성장할 수 있음을 알려준다.

아이와 생각을 나누는 질문
Q. 내가 만약 블랑께뜨라면 자유와 안전 중에 어떤 선택을 했을까요?
Q. 내가 만약 스갱 아저씨였다면 어떤 방법으로 블랑께뜨를 설득했을까요?
Q. 무언가를 선택하기 어려웠던 경험이 있나요?

#안정 #자유 #결정 #선택 #책임

209

> "정말 나빠. 너에게 아픔을 주잖아.
> 그런 일은 일어나서는 안 돼!"

슬픈 란돌린

카드린 마이어 글, 아네테 블라이 그림, 허수경 옮김, 문학동네, 2003

성폭력!! STOP 멈춤

브리트는 유치원에 다니는 어린이이고, 란돌린은 동물 인형이다. 란돌린은 부드럽고 큰 귀를 가져서 끌어안고 부비기에 아주 좋다. 브리트는 란돌린을 사랑해 주어서 란돌린은 아주 행복했다. 그런데 요즘 브리트가 자주 울어서, 란돌린은 슬프다. 브리트에게는 감당하기 힘든 비밀이 있다. 의붓아버지로부터 끊임없는 성폭행을 당하고 있다. 비밀을 얘기하는 사람은 엄마가 아닌 옆집의 친한 아줌마이다. 제대로 보살핌을 받지 못한 가정에서 브리트는 끔찍한 피해를 당한다. 이 그림책은 장면이나 표현이 디테일하고 직접적이다.

섬세하게 묘사된 이야기와 그림을 통해서 브리트의 두려움을 알 수 있다. 브리트가 자기의 감정을 엄마에게 이야기할 수 없는 상황이 매우 안타깝다. 브리트처럼 말하기 어려운 이야기가 있다면, 가족이나 주위 사람에게 솔직하게 이야기하여 도움을 청해야 한다. 브리트 같은 피해를 덜 받기 위해서는 국가에서 최대한의 안전망을 갖춘 시스템을 만들어주어야 한다.

> **아이와 생각을 나누는 질문**
> Q. 내가 브리트라면 나는 이 상황을 어떻게 대처해야 할까요?
> Q. 브리트처럼 나에게도 나의 비밀을 말할 란돌린 같은 안전기지가 있나요?

🏆 평화박물관 건립추진위원회 선정 2009 어린이 평화책

#성교육 #어린이_성폭력 #안전기지 #애착_대상

210

시간 상자

데이비드 위즈너 지음, 시공주니어, 2018

무한 상상의 세계로

남자아이가 해변에서 게를 관찰하다 파도에 휩쓸려 뭍으로 온 수중카메라를 얻게 된다. 수중카메라의 주인을 찾지 못한다. 사진을 인화한다. 왜 인화를 하려는 것일까? 글 없는 그림책이기 때문에 여러 가지 답이 나올 수 있을 것이다. 글 없는 그림책이 좋은 점은 글을 마음껏 상상하며 이야기를 지음으로써 언어능력이 향상된다는 점이다.

인화한 사진을 보며 아이는 놀란다. 물속 풍경이 담긴 사진이 환상적이기 때문이다. 아이들의 상상력을 자극하는 세밀한 그림에서 눈을 떼기가 어렵다. 사진 속에 사진, 그 사진 속에 또 다른 사진이 무한 반복된다. 너무나도 작아 볼 수 없는 피사체를 현미경을 동원해 보여준다. 사진 속 사진들은 수중카메라가 아주 먼 옛날부터 세계 여러 나라에 사는 아이들을 거쳐 남자아이에게까지 온 것을 알게 한다. 남자아이는 수중카메라를 다시 바다로 돌려보낸다. 인화한 사진을 들고 자기 모습을 찍어서. 카메라는 또다시 바닷속 환상 이야기를 담고 여자아이에게로 전달된다. 과연 여자아이는 어떤 행동을 할까? 무한 상상의 세계로 이끄는 '수중카메라'와 함께 탐험을 떠나보자.

> **아이와 생각을 나누는 질문**
> Q. 남자아이가 사진을 인화한 이유는 무엇일까요?
> Q. 남자아이는 어떤 아이처럼 보이나요? 그렇게 생각한 이유는 무엇인가요?
> Q. 여자아이는 수중카메라를 보고 어떤 행동을 할까요?

 2007 칼데콧상

#글_없는_그림책 #수중카메라 #환상세계 #판타지 #호기심 #상상

211

"이 땅은 우리의 것이 아니다.
우리는 이 땅의 일부이다."

시애틀 추장

수잔 제퍼스 글·그림, 최권행 옮김, 한마당, 2022(2001)

인간과 자연은 한 몸

미국 연방정부는 인디언의 땅을 사기 위해 인디언 대표인 시애틀 추장과 협상 자리에 앉는다. 시애틀 추장은 그들 앞에서 모국어로 연설하는데 추장의 연설 한 구절 한 구절이 인상적이다. 그의 연설은 백여 년이 지났음에도 누구도 거부할 수 없는 진실을 분명하게 밝혀주고 있다. 자연을 돈으로 살 수 있다고 생각하는 백인들을 부끄럽게 만들고, 우리의 자식들을 먹여 살리게 한 자연은 우리의 형제와 자매이므로 사랑으로 대하라고 그는 말한다. 자연과 더불어 살아야 하는데 자연을 파괴하게 되면 결국은 그건 우리 형제자매를 파괴하게 되는 결과를 가져온다는 경고의 메시지도 담고 있다.

마지막 장면에 나오는 동물들은 우리에게 무엇을 이야기하고 싶어 하는 걸까? 우리는 이들에게 미안한 마음을 가져야 한다. 인간의 욕심 때문에 함께 살아가야 할 자연이 파괴되고 있기 때문이다. 자연에 대해 깊이 생각해보게 하며, 환경 파괴로 말미암은 기후 변화에 대한 경각심과 문제 해결에 대해 고민하게 한다. 초등 고학년 자녀와 함께 읽으면서 토론하면 좋은 그림책이다.

> **아이와 생각을 나누는 질문**
> Q. 대기는 헤아릴 수 없을 만큼 값진 것이라는 뜻은 무엇일까요?
> Q. 자연을 형제자매처럼 대하라고 하는데 그것은 무슨 뜻일까요?
> Q. 마지막 장면에서 우리를 보는 동물들은 우리에게 무엇이라고 말하는 것일까요?

초등 국어 교과서 수록, 뉴욕 타임스 베스트셀러, 애비 어워드 수상작

#인디언 #자연 #소유 #환경 #시애틀 #추장

212

시작 다음

안느-마르고 램스타인·마티아스 아르귀 공저, 한솔수북, 2015

나와 내 주변에 있는 '시작'과 '다음'은 무엇이 있을까?

세상 모든 것에는 '시작'이라는 것이 있다. 단순히 결과만으로 '그렇구나'라고 말할 수 없다. 왜 저런 모양이 되었을까? 왜 저런 상태가 되었을까? 울창했던 숲이 변해서 빌딩 숲이 되었을 때, 그곳에 살고 있던 생명체들은 어디로 갔을까? 아주 조그마한 씨앗이 커다란 나무가 되었을 때, 씨앗이 땅속에서 겪었을 그 무엇을 어림해 본다.

내 주변의 아이들이 자란다. 작았던 아이의 훌쩍 큰 모습이 대견스럽다. 작은 씨앗에서 싹이 나온다. 앙상했던 나무에서 새싹이 나고, 꽃이 피고, 열매가 열린다. 세상의 모든 것은 '시작'에서 멈추지 않는다. '시작' 다음이 반드시 존재한다. 참 신기하다.

관찰이라는 것을 통해서 내 주변을 살펴보자. 모든 것이 조금씩 변해가는 것을 보게 될 것이다. 이 변화에 나도 포함된다. 어제의 산이 오늘의 산과 다른 것과 같이, 어제의 나와 오늘의 나는 무엇인가 달라져 있을 것이다. 책을 읽고 아이의 어릴 때 사진과 현재의 모습을 비교해보는 것도 재미있을 것이다. 긍정적인 마음으로 내와 내 주변의 변화를 응원하자.

> **아이와 생각을 나누는 질문**
> Q. 내가 생각하는 '시작'은 무엇인가요?
> Q. 내가 생각하는 '다음'은 무엇인가요?
> Q. '시작'과 '다음'이 같이 일어나는 것은 무엇일까요?

 2015 볼로냐 라가치상 논픽션 부문 대상

#글_없는_그림책 #작은_씨앗 #나무 #애벌레 #나비 #벌집 #꿀

213

"아이, 심심해"

심심해서 그랬어

윤구병 글, 이태수 그림, 보리, 1997

자그마한 실수

어느 여름날, 부모님은 밭일을 하러 나가시고, 돌이는 강아지 복실이와 집을 지킨다. 너무 심심했던 돌이는 동물들과 놀고 싶은 마음에 우리의 문을 열어주지만, 동물들은 돌이와 놀아주기는커녕 정성스레 가꾼 밭을 헤집어 놓는다. 과연 돌이는 부모님이 오시기 전에 엉망이 된 논과 밭을 돌려놓을 수 있을까?

『심심해서 그랬어』는 돌이의 실수로 벌어진 사건을 생동감 넘치게 그려낸 그림책이다. 의성어와 의태어가 삽화와 어우러져 이야기 속으로 금세 몰입하게 된다. 논밭의 작물, 전전긍긍하는 돌이와 논밭을 헤집는 동물들의 모습을 세밀화로 자세히 그려내어 생생히 느껴진다. 동물들의 움직임과 울음소리를 표현한 의성어와 의태어를 아이와 소리 내어서 실감 나게 읽으면 읽을수록 역동적인 삽화와 어우러져 이야기의 박진감이 더해진다.

그림책을 읽으며 표정으로 드러나는 돌이의 감정에 대해 이야기 나누며, 아이가 스스로 실수했던 경험과 당시의 감정을 공유해보자. 실수는 어떻게 보면 배움을 향해 내딛는 첫걸음이었을 수 있다는 사실을 배우는 계기가 될 것이다.

> **아이와 생각을 나누는 질문**
> Q. 돌이처럼 실수 때문에 곤경에 빠진 경험이 있나요? 그때 부모님은 어떤 반응이셨나요? 나는 어떤 기분이었나요?
> Q. 심심할 때 무엇을 하며 시간을 보내나요?

 초등 교과서 수록

#실수 #성장 #사랑 #흥미진진 #의성어 #의태어 #한글

214

> 하지만 사람들은 자꾸 냄비만 쳐다봐요.

아나톨의 작은 냄비

이자벨 카리에 글·그림, 권지현 옮김, 씨드북, 2014

나에게 작은 냄비가 떨어진다면?

언제 어디를 가나 냄비를 끌고 다니는 아나톨. 걸리적거리는 냄비 때문에 길을 걷거나 친구와 놀 때마다 불편함을 느낀다. 그러나 같은 냄비를 지닌 아주머니가 아나톨에게 다가와 냄비와 함께 사는 삶을 가르쳐주면서 아나톨은 비로소 주체적인 삶을 살게 된다.

사람은 누구나 작은 냄비처럼 불편하고 서툴고 감추고 싶은 무언가를 지니며 산다. 외면할수록 커지는 이 존재는 스스로 발목을 잡는 고집일 수도 있고, 내면에 잠재한 부정적인 마음일 수도 있고, 극복하기 쉽지 않은 장애일 수도 있다. 그것에 매몰되기보단 각자의 가방(장점) 안에 쏙 집어넣는 생각의 틈이 필요하다. 아나톨에겐 냄비 말고도 여러 가지 장점이 있었다. 그림도 잘 그리고, 음악을 좋아하고, 착하다. 단점에 집중하는 대신 내 장점이 무엇인지, 나를 이루는 것들은 무엇인지 살피고 받아들이는 순간, 주체적인 삶을 살 수 있게 된다. 또한, 보호자로서 아이들이 열등감을 느낄 때 지혜롭게 이끌어주고 응원해줄 수 있는 역할을 강조한다. 지혜로운 삶의 방법을 가르쳐주며, 자신과 타인을 이해하고 존중하는 마음을 심어주는 그림책이다.

아이와 생각을 나누는 질문
Q. 오늘 하루 내게서 떨어지지 않는 작은 냄비 같은 사건은 무엇이었나요?
Q. 오랫동안 나를 따라다니거나 떨어지지 않는 작은 냄비가 있나요?
Q. 작은 냄비와 잘 지내는 방법은 무엇일까요?

 2011 칼데콧 아너상, 2014 세종도서 교양도서

#고집 #단점 #열등감 #장애 #집착 #벗어남 #인정 #극복

215

"실수는 시작이기도 해요."

아름다운 실수

코리나 루켄 글·그림, 김세실 옮김, 나는별, 2018

또 다른 방향

실수로 크게 그린 눈, 실수로 떨어뜨린 잉크 한 방울. 실수들은 모여서 무엇이 될까. 지워지지 않는 잉크 얼룩은 오점이 될까, 아니면 새로운 그림으로 이어질까. 그림을 그리다가 실수한다면, 지우개로 지우거나 지울 수 없을 때는 새로운 종이를 꺼낸다. 실수한 그림은 완성되지 못한 채 남겨진다. 『아름다운 실수』는 실수가 오히려 상상의 나래를 펼칠 기회가 될 수도 있음을 일련의 그림으로 표현한다. 실수에 상상력을 덧붙여 그리다 보면 어느새 멋진 그림이 완성된다.

아이는 실수를 바탕으로 성장한다. 계속되는 실수가 곧 실패로 느껴져 학습된 무기력증을 보이는 아이도 종종 있다. 『아름다운 실수』를 통해 아이에게 '실수는 오히려 다른 방향으로 나아가 볼 수 있는 기회'임을 보여줄 수 있다.

'삶'에는 정답이 없다. 아이가 그리는 점과 선은 무엇이든 될 수 있다. 아이의 세계는 점점 넓어질 것이고, 더 많은 실수를 맞닥뜨리게 될 것이다. 실수로 인해 낙담하기보다, 실수를 통해 배울 수 있음에 감사하고 창의적인 방향으로 나아가는 긍정의 힘을 기를 수 있을 것이다.

아이와 생각을 나누는 질문
Q. 내가 한 가장 큰 실수는 무엇인가요?
Q. 실수를 해서 오히려 좋았던 경험이 있나요?

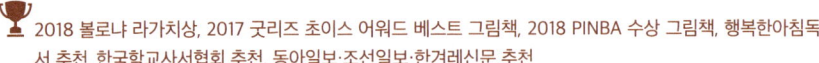
2018 볼로냐 라가치상, 2017 굿리즈 초이스 어워드 베스트 그림책, 2018 PINBA 수상 그림책, 행복한아침독서 추천, 한국학교사서협회 추천, 동아일보·조선일보·한겨레신문 추천

#실수 #기회 #배움 #성장

216   만세! 친구들이 찾아왔구나!

아모스 할아버지가 아픈 날
필립 C. 스테드 글, 에린 E. 스테드 그림, 강무홍 옮김, 별천지, 2011

행복한 그 찰나를 함께 보내는 우정

늘 사랑과 관심을 가지고 동물들을 살피던 아모스 할아버지. 매일매일 동물들을 방문하던 그가 어느 날은 너무 아파서 동물들을 만나러 가지 못하게 된다. 동물들은 직접 할아버지의 집을 방문하여 자신들이 받은 보살핌과 사랑을 보답한다. 할아버지의 온화한 미소와 할아버지를 돕고 뿌듯한 동물들의 표정 덕분에 마음이 따뜻해진다. 부드러운 선과 파스텔톤의 색감 덕분에 그림책의 따스한 분위기가 잘 느껴진다.

우정이 소중하다는 것을 알지만 그 마음을 표현하기 서투른 아이가 읽기 좋은 그림책이다. 친구에게 가장 필요한 것이 무엇일지 그를 행복하게 만드는 것이 무엇인지 끊임없이 관찰하고, 행복의 순간이 되어 주는 것이 우정의 구체적인 실천 방법이다. 맛있는 것을 함께 먹어 주는 것, 가장 좋아하는 노래를 함께 부르는 것일 수도 있다. 책에 등장하는 동물들이 좋아하는 것이 모두 다르듯 친구들이 행복을 느끼는 순간이 모두 다름을 배우게 될 것이다. 그림책을 함께 읽으며 나와 사랑하는 이의 행복한 순간을 공유하고 서로의 행복한 찰나가 되어 주는 방법에 대해 생각해보길 바란다.

> **아이와 생각을 나누는 질문**
> Q. 가장 소중한 사람이 아플 때, 나는 어떤 도움을 주고 싶나요?
> Q. 내가 받았던 마음이 따뜻했던 보살핌은 무엇이었나요?

🏆 2011 칼데콧상, 2010 뉴욕 타임스 최우수 그림책, 2010 퍼블리셔 위클리 최우수 도서, 2010 커커스 리뷰 최우수 도서

#우정 #배려 #사랑 #보살핌 #실천

217

> 서로 만날 수 없다는 것을 알고 있었지. 하지만, 서로를 절대로 잊지 않으리란 것도 알고 있었어.

아모스와 보리스
윌리엄 스타이그 글·그림, 김경미 옮김, 비룡소, 2017

건강한 만남과 이별

우정이 깊어지려면 시간이 필요하다. 자신들의 꿈과 살아온 이야기를 나누면서 서로 탐색하고 알아가고 비밀도 나누는 시간 말이다. 그러면서 서로가 같아 기뻐하고 서로가 달라 매력을 느끼고 감동한다.

육지에서 살아온 생쥐 아모스와 바다가 삶의 터전인 고래 보리스는 처음부터 잘 맞았던 건 아니다. 갑작스럽게 보리스가 잠수하는 바람에 물속에 빠진 아모스는 보리스와 갈등을 겪는다. 이제 보리스는 잠수하고 싶을 때 미리 알리고 승낙을 구한다. 그러면 아모스는 고래가 잠수 시간을 가질 수 있게 헤엄을 친다. 이렇게 서로 삶의 방식을 맞춰나가면서 우정을 키운다.

모든 만남 뒤에는 이별이 있듯이 서로 사랑하지만, 두 친구는 각자 삶의 터전으로 돌아가야 한다. 어쩔 수 없는 이별의 순간, 둘은 건강하게 이별한다. 이별을 받아들일 수 있었던 건, 위급한 상황에서 서로를 모른 척하지 않았고 온 힘 다해 진심으로 마음을 주고받았기 때문일 것이다.

아이들은 아모스와 보리스 이야기를 통해 어떻게 우정과 사랑을 키우는지 건강하게 이별하는 방법은 무엇인지를 배울 수 있을 것이다.

아이와 생각을 나누는 질문
Q. 아모스와 보리스의 같은 점과 다른 점은 무엇일까요?
Q. 아모스와 보리스가 서로 잊지 않으리란 것을 확신한 이유는 무엇일까요?
Q. 친해지고 싶은 친구와 우정을 쌓으려면 어떻게 해야 할까요?

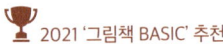 2021 '그림책 BASIC' 추천

#고래 #생쥐 #우정 #다름 #사랑 #만남 #이별

218 "우리도 주인공이야!"

아무도 지나가지 마!
이자벨 미뇨스 마르틴스 글, 베르나르두 카르발류 그림, 민찬기 옮김, 그림책공작소, 2016

나라의 주인공은 결국 국민입니다

장군이 군인에게 "아무도 못 지나가게 지키라"라고 명령을 내리면서 시작한다. 그래서 군인은 총을 들고 선 가운데서 아무도 지나갈 수 없게 지킨다. 장군의 말과 군인의 힘을 무너뜨리는 것은 작은 공 하나와 한 명의 사람이었다. 비록 시작은 작은 공과 한 명의 사람으로 작은 힘이었지만 시민들이 자신들의 권리를 찾기 위해 모두 힘을 하나로 모아 그 힘은 점점 커지게 되고 결국 권력자를 물리친다. 국민의 자유와 권리를 지키기 위해 나라는 존재한다. 나라의 주인은 국민이고 나랏일은 국민의 행복을 지키기 위함이다. 지금까지 늘 국민은 나라의 주인공이고, 이 사실은 미래에도 변함이 없다. 책에서 장군의 말이, 군인의 힘이 시민을 막아섰지만 결국 오른쪽으로 가는 시민들의 앞을 막을 수는 없었다. 또한 이 책은 책의 물적 특성을 잘 활용하여 접히는 면을 선으로 보고 사람이 넘어가지 못하게 표현하고 있다. 책의 구성만으로도 우리의 사고를 확장시킨다. 아이들과 읽고 민주사회, 민주주의에 관해 얘기를 나누기에 좋으며, 책의 구성을 배우고 활동하기에도 좋은 그림책이다.

아이와 생각을 나누는 질문
Q. 시민들이 군인을 장군에게서 보호하고 영웅으로 환호한 이유는 무엇일까요?
Q. 이 책에서 내가 제일 좋아하는 인물은 누구인가요?
Q. 이 책의 주인공은 누구라고 생각하나요? 그 이유는 무엇인가요?

 가온빛 추천, 어린이도서연구회 추천, 열린어린이 추천, 중앙일보·동아일보·한겨레신문 추천

#선 #민주주의 #민주사회 #영웅 #악당 #명령

219

> "아빠, 제발 하나만 더 읽어 주세요. 꼭 잠들겠다고 약속할게요."

아빠, 더 읽어 주세요

데이비드 에즈라 스테인 글·그림, 김세실 옮김, 시공주니어, 2011

아빠를 재우는 특별한 방법

꼬마 닭을 재우려는 아빠와 깨어 있고 싶은 꼬마 닭의 실랑이가 밤마다 펼쳐진다. 잠자기 전 책을 읽어달라는 꼬마 닭에게 아빠는 딱 하나만 읽어준다고 하고 끼어들지 않겠다는 다짐을 받는다. 잠을 재우려는 아빠와 이야기를 들으면 들을수록 눈이 말똥말똥해지는 꼬마 닭의 실랑이는 잠자리에서 책을 읽어주는 부모님의 모습을 연상시킨다. 아빠 닭이 하품을 하며 꼬마 닭에게 이야기 들려주기를 청하자 꼬마 닭은 기다렸다는 듯이 '아빠 재우기' 이야기를 만들어낸다. 아빠를 재우려는 꼬마 닭과 잠잘 생각을 하지 않는 아빠 닭 이야기를 신나게 하는데, 어느새 아빠의 코 고는 소리가 들린다. 마침내 꼬마 닭도 아빠와 함께 달콤한 꿈나라로 들어간다.

이야기 속에 이야기가 들어있는 액자식 구성으로 현실과 판타지를 자연스럽게 넘나드는 서사가 밤마다 일어나는 부자의 실랑이를 더욱 돋보이게 하는 특별한 그림책이다. 늦게까지 놀고 싶어 하는 아이의 심리를 현실감 있게 그려낸 수작으로, 늦지 않게 아이를 재우고 싶은 부모가 아이에게 읽어주면 공감 백배를 이끌어 낼 명랑, 유쾌한 그림책이다.

> **아이와 생각을 나누는 질문**
> Q. 잠잘 시간이 되었는데 더 놀고 싶을 때, 꼬마 닭처럼 꾀를 낸 적이 있었나요?
> Q. 엄마 아빠에게 책을 읽어준 적 있나요? 부모님께 사랑을 담아 읽어주고 싶은 책이 있나요?

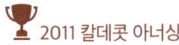 2011 칼데콧 아너상

#잠자리_동화 #잠자리_독서 #아이_재우기

220

"너희들 하나하나, 모두가 소중하다는 걸 모르고 있었구나."

아씨방 일곱 동무

이영경 글·그림, 비룡소, 1998

협력을 통해 서로의 가치를 느껴봐요

'규중칠우쟁론기'라는 고전 문학의 원작으로, 바느질에 필요한 도구들이 각자 자기가 최고라고 우기며 싸우지만 하나의 작품을 완성하기 위해서는 모두 소중하고 꼭 필요한 존재라는 것을 깨닫게 된다는 이야기이다. 이 책은 각자 맡은 일을 소중히 여기며 잘 해내는 것도 중요하지만 협력하여 좋은 완성품을 만들어낼 때 서로의 가치를 더욱 소중히 여길 수 있다는 교훈을 보여준다.

옷 지을 때 사용되는 바느질 도구들의 개성이 조금도 겹치지 않고 제각기 매력을 발산하지만 서로 자기의 공이 가장 크다며 으스댄다. 경쟁심이 강하거나 혼자 있기를 좋아하는 아이와 이 책을 읽으며 협력의 중요성과 가치에 대해 이야기를 나누면 좋다. 협력할 때의 즐거움과 완성되었을 때 느끼는 기쁨이 혼자 했을 때보다 크다는 것을 깨닫게 되면, 함께의 의미에 더욱 다가가게 될 것이다.

사람은 모두 잘하는 일이 다르기에 서로 돕고 협력하면 더 좋은 결과를 가져올 수 있다. 아씨방 일곱 동무처럼 각자의 장점과 개성으로 한마음이 되어 이루어나가는 과정을 통해 함께의 가치와 소통의 가치를 몸소 체험해보길 바란다.

아이와 생각을 나누는 질문
Q. 바느질 도구 중에 가장 중요하다고 생각하는 건 무엇인가요? 왜 그렇다고 생각하나요?
Q. 바느질 도구를 이용하여 무엇을 만들고 싶나요?

🏆 초등 국어 교과서 수록, 어린이도서연구회 추천, 행복한아침독서 추천

#바느질 #뽐내기 #장기자랑 #인정 #협력 #소중함 #한국적_정서 #옛이야기

221

> "비에 푹 젖은 우산도 그런대로 괜찮군. 무엇보다 우산다워서 말이야."

아저씨 우산

사노 요코 글·그림, 김난주 옮김, 비룡소, 2002

비 오는 날 우산을 쓰고 힘차게 걸어보아요

아저씨는 비가 오는 날에도 자기 우산을 쓰지 않고 처마 밑에서 비를 피하거나 다른 사람의 우산을 함께 쓰자고 말한다. 공원에서 비 맞는 아이가 함께 우산 쓰기를 부탁하지만, 아저씨는 딴청만 부린다. 하지만 아이들이 우산을 쓰고 흥겹게 부르는 노랫소리에 마음이 변했는지 그토록 아끼던 우산을 쓰고 비 오는 날을 만끽한다. 아저씨는 우산을 아꼈던 것일까? 아니면 나의 것을 지키려는 집착이었을까? 아저씨를 둘러싼 진한 파란색의 테두리는 아저씨의 아저씨의 고집처럼 보이기도 하고, 빗물에 젖어드는 것을 나타내는 것도 같다. 마지막 장면, 아저씨는 더 이상은 집착하지 않겠다는 의미로, 그토록 아끼던 우산을 햇빛에 말리려고 집 밖에 내놓는다.

우산은 비를 피하기 위한 물건이다. 원래 물건의 쓰임새대로 쓰는 것이 그 물건의 존재 이유이다. 이 책을 읽으면서 '나다움', '나'에 대해 생각해보아도 좋을 것 같다. 파란색 볼펜으로 대충 그은 듯한 '비' 표현이 마음을 편하게 하고 아이들의 노랫소리 '또롱 또롱 또로롱, 참방 참방 참-방' 역시 리듬감이 느껴진다.

> **아이와 생각을 나누는 질문**
> Q. 아저씨는 왜 비가 오는 날에 우산을 쓰지 않았을까요?
> Q. 아저씨는 왜 마음을 바꾸어서 우산을 썼을까요?
> Q. 나에게도 쓰기 아까운 소중한 물건이 있나요?

2014 '아빠와 함께 그림책 여행'

#우산 #소유 #나다움 #집착 #고집 #본질

222

> 애벌레는 이제 더 이상 배고프지도 않고, 작지도 않아요.

아주아주 배고픈 애벌레

에릭 칼 글·그림, 김세실 옮김, 시공주니어, 2022

우리도 매일매일 성장하고 있어요

어느 일요일 아침 태양이 떠오르자 아주아주 배고픈 조그만 애벌레가 팡! 하고 알에서 나온다. 애벌레는 월요일부터 매일 매일 점진적으로 더 많은 개수의 과일을 먹고도 토요일엔 엄청 많은 양의 디저트를 먹더니 결국 그날 밤 배탈이 나고 말았다. 다음 날 일요일이 되고 초록 잎사귀 하나를 아주아주 맛있게 먹어 치운 애벌레는 크고 통통해지더니 고치를 짓고 쏙 들어간다. 2주가 지나고 애벌레는 고치에서 구멍을 내고 쏙 빠져나와 아름다운 나비가 되었다.

이 책은 애벌레가 나비로 성장하는 성장기를 다루고 있다. 작은 애벌레가 한순간 아름다운 나비로 변신한 것 같지만, 사실 애벌레는 하루하루를 성실하게 살아가고 있었다. 언제 어른이 되냐고 답답해하는 아이들이 있다. 하루하루 열심히 지내다 보면 애벌레가 나비가 된 것처럼 어느 순간 멋진 어른이 되어 있을 것이다. 이 책을 좀 더 실감 나게 읽고 싶다면, 애벌레가 성장하기 위해 먹었던 과일의 종류를 맞춰보거나, 먹는 소리나 모습을 나타내는 단어를 찾아보자. 재미있는 책 읽기가 될 것이다.

아이와 생각을 나누는 질문
Q. 애벌레는 어떤 과일들을 먹었나요?
Q. 애벌레가 나비가 된 요일은 언제였나요?

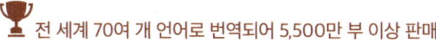 전 세계 70여 개 언어로 번역되어 5,500만 부 이상 판매

#성장 #꿈

223

우리 가족은 저를 정말정말 사랑하나 봐요.

안돼!
마르타 알테스 글·그림, 이순영 옮김, 북극곰, 2012

반려동물의 맘은 어떨까요?

반려동물 '뭉치'는 오늘도 열심히 가족을 돕고 있다. 그런데 가족들은 뭉치가 무슨 일을 하면 '안돼'라고 외친다.

다양한 반려동물이 있지만, 가족들과 많은 교감을 하면서 키워지는 반려동물은 강아지가 대표적이다. 강아지도 다양한 캐릭터를 가지고 있다. 겁이 많은 강아지, 사나운 개, 누구에게나 환영 인사를 하는 강아지, 예민한 개, 장난기가 많은 강아지 등등. 사람들의 캐릭터처럼 다양하다고 할 수는 없지만, 돌봐주는 누군가의 영향을 받게 된다. 반려동물과 같이 건강하게 지내고자 한다면, 건강한 돌봄과 적절한 훈련이 필요하다.

반려동물은 사랑이다. 하지만 가족과 잘 어우러지려면 돌보는 사람의 일관성이 중요하다. 아기를 키우는 것과 비슷하다. 일관성 있는 돌봄은 어린아이나 반려동물 모두에게 안정감을 줄 수 있는 정서적 울타리의 기본이 될 것이다. 지금 반려동물을 키우고 있다면, 아니면 나중에 키워보고 싶다면 내가 갖추어야 할 기본적인 일관성이 무엇인지, 보충해야 하는 것은 무엇인지 생각해보는 시간을 갖자.

아이와 생각을 나누는 질문
Q. 나의 반려동물에게 어울리는 별명을 붙여준다면?
Q. 키우고 싶은 동물이 있나요? 그 이유는 무엇인가요?

문화체육관광부 우수교양도서, 2013년 서울 올해의책 추천도서, 행복한아침독서 추천, 한국간행물윤리위원회 이달의 책, 어린이도서연구회 추천, 국립어린이청소년도서관 사서 추천

#안돼! #강아지 #반려동물 #가족 #엉뚱한_이름표

224 그래, 데이비드……. 엄마도 널 사랑해!

안 돼, 데이비드!

데이비드 섀넌 글·그림, 김경희 옮김, 주니어김영사, 2020

엄마의 잔소리는 사랑입니다

데이비드는 누구도 말릴 수 없는 천하의 장난꾸러기이다. 엄마는 데이비드에게 끝없이 "안돼"를 외친다.

내 생에 가장 큰 장난은 무엇이었나? 생각이 안 날 수도 있고, 그 장난을 생각할 때 '크크' 거리는 웃음을 지을 수도 있다. 즐거운 장난은 누구에게는 환기의 순간이 된다. 장난은 아이들이 좋아하는 놀이 중의 하나일 것이다. '어떻게 저런 장난을 할 수 있지!'라고 하며 기발한 생각에 감탄을 보낼 수도 있다. "안 돼!", "하지 마!" 외치는 엄마의 잔소리가 나오는 순간이기도 하다.

이런 아이들을 어떻게 이해해야 할까? 아마도 이해하고 긍정적인 반응을 보이기는 쉽지 않을 것이다. 하지만 가만히 관찰해보자. 그런 아이들은 누군가의 관심을 간절히 바라고 있을 수도 있다.

장난이 나쁜 것은 아니다. 다만, 어떤 장난은 위험할 수 있는 요인을 가지고 있다. 장난에 초점을 두기보다는 그 장난을 하는 아이들의 마음에 집중해보자. '사랑해' 라는 마음과 눈빛에 아이는 편안함과 안전감을 느낄 것이다.

아이와 생각을 나누는 질문
Q. 아무도 모르게 했던 장난이 있었나요?
Q. 지금도 생각하는 기발하고 재미있는 장난은 무엇인가요?
Q. 큰 장난을 했을 때, 나를 가만히 안아주었던 사람이 있었나요?

 1999 칼데콧 아너상, 한겨레신문 '서천석의 내가 사랑한 그림책'

#안돼 #그만 #하지마 #사랑해

225

"알도는 언제나 내 곁에 있을거야."

알도

존 버닝햄 글·그림, 이주령 옮김, 시공주니어, 2019

나의 비밀 친구 이야기

『지각대장 존』으로 유명한 존 버닝햄 작가의 작품이다. 존 버닝햄은 그린 어웨이라는 영국의 권위 있는 상을 두 번이나 수상한 작가로, 아이들의 눈높이에 맞는 그림책을 선보인다.

주인공 아이는 혼자 보내는 시간이 많다. 힘들 때 주인공의 옆을 지키는 건 비밀 친구 '알도'이다. 알도는 현실에 좋은 친구들이 생기면 기억 속으로 사라지지만, 아이에게 정말 힘든 일이 생기면 곁에 있어 주는 존재다. 비록 상상 속의 친구지만, 아이에게는 버팀목이다.

많은 사람이 유년 시절 '알도' 같은 존재가 있었을 것이다. 무기력하고 연약한 어린아이였을 때, 내 옆에서 나를 지켜주고 함께할 누군가를 꿈꿔보지 않은 사람이 있을까? 이 그림책은 나의 비밀 친구를 추억하고 싶은 성인에게나 '알도'를 꿈꾸는 누구에게라도 따뜻하게 읽힐 만하다. 특히 혼자 있는 걸 힘들어하는 아이가 읽는다면 좋겠다. 어떻게 하면 외로움을 스스로 다룰 수 있을지 생각해볼 수 있을 것이다. 외로울 때 이 책을 펼쳐보자. 내 옆으로 와서 다정하게 손을 잡아주는 마음속 친구를 만날 것이다.

> **아이와 생각을 나누는 질문**
> Q. 알도 같은 비밀 친구가 있나요?
> Q. 주인공이 늘 함께하는 알도를 잊고 지낼 때도 있다고 한 이유는 무엇일까요?
> Q. 나에게 알도가 필요한 이유는 무엇인가요? 필요하지 않다면 왜일까요?

『깃털 없는 기러기 보르카』와 『검피 아저씨의 뱃놀이』로 케이트 그린어웨이를 수상한 작가

#친구 #지지 #혼자 #외로움

226

여러분만의 알록달록 동물원을 꾸며 보세요.

알록달록 동물원

로이스 엘러트 글·그림, 문정윤 옮김, 시공주니어, 2017(2001)

어떤 동물로 변신할까요?

선명한 색감과 심플한 도형으로 만들어진 동물 표지가 아이들의 시선을 이끈다. 처음 봤을 땐 쥐로 보였는데, 다시 보니 호랑이? 아이들은 또 다른 동물이 숨어 있을 것 같아 표지를 뚫어지게 쳐다본다. 알록달록한 색깔은 시각을 자극하고, 단순한 도형이 동물로 변하는 모습은 책을 읽는 내내 호기심을 자극한다.

이 책은 타공책으로 다양한 모양의 구멍이 뚫려 있다. 그만큼 다양한 방법으로 아이와 책 놀이가 가능하다. 책을 펼쳐 놓고 모양을 따라 그려도 되고, 얇은 종이를 올려놓고 파스텔로 문지르며 종이 아래의 도형이 나타나게 색칠해봐도 좋다. 도형 놀이도 좋다. 색종이로 기본적인 세모, 네모, 동그라미를 오려서 붙이면서 도형의 이름도 알아보고, 도형을 변형하여 동물원 꾸미기를 하면 아이가 좋아하는 색깔과 동물에 관해 자연스럽게 이야기를 나눌 수 있다. 그리고 이 책은 앞에서부터 보면 도형이 하나씩 빠지면서 동물이 되고, 뒤에서부터 보면 도형이 하나씩 쌓이면서 다른 동물이 되어 동물을 맞히는 재미도 있다. 책에 나온 동물을 만들어 동물원도 꾸며 보고, 동물원에 간 상상을 하면서 아이와 이야기를 나눠봐도 좋다.

아이와 생각을 나누는 질문
Q. 책을 읽고 만들어보고 싶은 동물이 있나요? 세모, 네모, 동그라미 말고 어떤 모양을 더 넣으면 좋을까요?
Q. 동물원에서 만나고 싶은 동물 있나요? 그 동물을 만나고 싶은 이유는 무엇인가요?

🏆 1990 칼데콧 아너상, 문화체육관광부 우수교양도서, 어린이도서연구회 추천, 간행물윤리위원회 이달의 읽을 만한 책, 책둥이 추천, 열린어린이 추천, 한국어린이교육문화연구원 으뜸책, 학교도서관사서협의회 추천

#색깔 #도형 #동물 #창의성 #유창성

227 "나랑 같이 놀래?"

알사탕

백희나 글·그림, 책읽는곰, 2017

누군가의 속마음을 알 수 있다면?

동동이는 오늘도 혼자 구슬치기를 하며 놀고 있다. 누군가 말 걸어주기를 기대하지만 다가갈 용기는 없다. 구슬을 사러 문방구에 간 동동이는 우연히 알사탕을 얻게 되고 신비한 일을 겪게 된다. 알사탕을 먹으면 상대방의 마음이 들리는 것이다. 동동이는 그동안 궁금했던 여러 존재의 목소리를 듣게 된다.

백희나 작가의 대표작으로 출판된 지 5년이 넘었지만 지금도 남녀노소, 전 연령대에 사랑받고 있다. 이 그림책은 타인에게 다가가기 어렵고 상처받을까 봐 두려운 우리의 모습을 보여준다. 알사탕을 통해 주인공은 지금까지 알 수 없었던 상대방의 진심을 알게 되며 소통이 없어서 생긴 갈등과 문제를 해결한다. 그 후 주인공은 자신감을 갖고 친구를 대한다. 거절당할까 봐 두렵고 불안한 마음을 내려놓고 먼저 다가가는 여유가 생긴 것이다. 친구 사귀는 것을 어려워하는 아이가 본다면 좋겠다. 책을 통해 친구에게 다가가도 괜찮다는 걸 알려줄 수 있다. 또한 관계에 상처받은 사람이라면 치유의 경험을 선물 받을 수도 있을 것이다. 상대의 진심을 다시 생각해보게 하는 작품이다.

> **아이와 생각을 나누는 질문**
> Q. 나에게 알사탕이 생긴다면 누구의 목소리를 듣고 싶나요?
> Q. 내 마음을 잘 전달하려면 어떻게 해야 할까요?

🏆 아스트리드 린드그렌상 수상, 2017 문학나눔 선정도서, 한겨레신문·조선일보·한국일보 추천, 행복한아침독서 추천, 한국학교사서협회 추천

#관계 #소통 #속마음 #용기

228

> "우린 보통 때와 똑같아졌어. 하지만 조금 특별한 일도 있었단다."

앗, 깜깜해

존 로코 지음, 김서정 옮김, 다림, 2012

정전이 준 선물

모두가 바쁜 도시의 저녁에 갑자기 전기가 사라진다면? 어둠 속에서 주인공 가족은 갑작스럽게 '가족의 시간'을 보내게 된다. 각자 할 일을 하느라 바빠 함께 시간을 보내지 못하는 것이 내심 아쉬웠던 아이에게 정전은 예상치 못한 선물이 된다. 그림자 놀이도 하고, 별도 구경하며 사람들과의 파티를 즐기는, 가족과 '함께하는' 시간을 보낼 수 있는 선물 말이다.

이 책은 세상이 온통 깜깜해진 예상치 못한 정전으로 오히려 가족끼리 오붓한 시간을 보낼 수 있었던 '조금 특별한' 일상을 보여준다. 주인공 가족은 정전 사건 이후, 시간을 내어 불을 끄고, 할 일은 잠시 멈춘 채 가족의 시간을 갖는다. 가족과 함께 할 때, 행복이 배가 된다는 것을 깨달았기 때문이다.

어둠 속 잠깐의 시간이 오히려 가족의 분위기를 밝게 만드는 이야기를 통해 빛이 가득할 때는 무심코 지나쳤던, '함께'의 행복을 생각해보게 한다. 아이는 저녁을 먹으며 나누는 대화, 스마트폰이 아닌 서로 바라보는 시선을 통해 서로를 향한 사랑을 느낄 수 있음을 배울 것이다. 바쁜 하루를 보내고 난 뒤 가족과 함께하는 기쁨을 느껴보자.

아이와 생각을 나누는 질문
Q. (책을 읽기 전에 표지를 보고) 불이 켜진 집에서는 무슨 일이 일어나고 있을까요?
Q. 나는 무엇을 함께 할 때 행복한가요? 혹은 가족과 함께하고 싶은 일은 무엇인가요?

🏆 2012 칼데콧 아너상, 2011 뉴욕타임스 '주목할 만한 책', 2011 월스트리트저널 선정 우수도서, 2011 미국 학교 도서관저널 선정 우수도서, 행복한아침독서 추천

#가족 #저녁_시간 #대화 #시간 #함께 #행복

229

"털실이 아직 남아있었어요."

애너벨과 신기한 털실

맥 바넷 글, 존 클라센 그림, 홍연미 옮김, 길벗어린이, 2013

흑백에서 알록달록한 색으로

춥고 검댕만이 가득한 마을에 사는 애너벨은 작은 상자를 발견한다. 상자에는 다양한 색의 털실이 들어 있다. 애너벨은 상자에서 끊임없이 나오는 털실을 사용하여 가족, 친구, 이웃, 동물 그리고 물건까지 모두에게 스웨터를 떠준다. 어느 날 애너벨의 이야기를 듣고 온 먼 나라의 귀족은 상자를 사고자 하지만 애너벨은 팔지 않는다. 귀족은 상자를 훔쳐 달아났고, 나중에 상자를 열어보니 놀랍게도 비어 있었다. 귀족은 화가 나 상자를 바다에 던지고, 버려진 상자는 다시 애너벨에게 돌아온다. 애너벨은 되찾은 상자의 털실로 스웨터를 뜨며 행복하게 지내고, 마을은 따뜻하고 알록달록한 아름다운 색의 스웨터로 가득 차게 된다.

귀족과 애너벨의 대비된 모습을 통해, 어떤 것을 가지고 있는지보다 그것을 어떻게 사용하는지가 더 중요하며, 털실이 끊임없이 나오는 상자를 통해 불가능을 가능하게 만들 수 있다는 교훈을 전한다. 또한, 애너벨이 스웨터를 떠주며 흑백의 마을을 다양한 색으로 물들이는 모습에서 아이들은 작은 친절과 배려가 지역사회에 긍정적인 영향을 미칠 수 있음을 느낄 것이다.

아이와 생각을 나누는 질문
Q. 털실이 의미하는 것은 무엇일까요?
Q. 애너벨은 어떻게 상자에서 털실이 끊임없이 나오게 하는 걸까요?

🏆 2013 칼데콧 명예상, 2012 보스턴 글로브 혼북, 한겨레신문 '서천석의 내가 사랑한 그림책'

#털실 #친절 #배려 #긍정적_태도

230

> 앵그리맨은 집보다도 크고, 산보다도 크고, 그 어떤 것보다도 커요.

앵그리맨

그로 달레 글, 스베인 니후스 그림, 황덕령 옮김, 내인생의책, 2014

우리 아빠에게 앵그리맨이 나오지 않게 해주세요

가정폭력을 겪는 것은 아이들이 잘못해서가 아니다. 그런데 폭력을 경험할 때 아이들은 자기 책임으로 생각한다. 이 책은 가정폭력이 아이들이 혼자 해결할 수 있는 문제가 아니라는 것을 알려준다.

가정폭력은 단순히 개인의 문제를 넘어 사회의 문제이다. 자녀가 친구들과 놀다가 다툰 경험이 있을 것이다. 자녀가 친구와의 다툼을 어떤 방법으로 해결하는지 살펴보면 좋을 것 같다. 갈등은 무섭고 공포스러운 것이 아니라 점과 자신의 감정을 솔직하게 이야기할 수 있도록 알려주면 좋다. 앵그리맨이 되는 아빠를 볼 때 자녀는 두려운 마음과 공포를 느낄 것 같다.

가정폭력은 결코 멀리 있지 않다. 다른 모든 폭력과 마찬가지로 가정폭력도 반드시 사라져야 한다. 그를 위해서 이 사회의 모든 사람이 더불어 힘과 지혜를 모아야 한다. 폭력을 저질러도 무조건 용서받을 수 있는 앵그리맨은 있을 수 없다. 우리 아빠가 아빠가 되도록, 엄마와 아이가 엄마와 아이가 될 수 있도록 사회가 나서야 한다.

아이와 생각을 나누는 질문
Q. 나에게 앵그리맨이 나올 때는 언제인가요?
Q. 내가 앵그리맨이 될 때 내 얼굴은 어떤 모습이 되나요?

노르웨이 문화부 선정 최고 어린이 도서상, 초록우산어린이재단 추천

#가정폭력 #공포 #두려움 #불안

231 앵무새는 대체 어디로 간 걸까요?

앵무새 열 마리

퀸틴 블레이크 글·그림, 장혜린 옮김, 시공주니어, 1996

앵무새랑 숨박꼭질

표지의 앵무새를 자연스레 손가락으로 세어봅니다. 아홉 마리입니다. '어, 한 마리가 어디 갔지?' 궁금해집니다. 책을 다 읽고 보니 뒤표지에 앵무새 한 마리가 독자를 기다립니다.

뒤퐁 교수는 앵무새 열 마리를 키우고 있는데, 매일 아침 똑같은 인사말에 앵무새들은 지겨웠나 봅니다. 뒤퐁 교수를 놀려주려고 모두 숨어버렸습니다. 교수님 눈에는 앵무새가 보이지 않지만, 우리 독자는 구석구석 숨어 있는 앵무새를 찾게 됩니다.

숫자를 셀 줄 아는 어린 독자라면 그림책 펼치는 곳마다 앵무새 열 마리를 찾느라 여념이 없을지도 모릅니다. 열 마리를 다 찾으면 "앵무새가 다 있어"라고 말하며 아이는 마음이 편안해집니다. 이제 막 숫자 세기를 시작한 아이들에겐 '숨은그림찾기' 하며 앵무새를 찾는 신나는 경험이 될 것입니다.

숨바꼭질을 좋아하는 아이들에게 재미를 안겨주는 책입니다. 앵무새처럼 엄마 말을 따라 하는 놀이를 자꾸 하자고 할 수도 있고, 그림만 보고 앵무새가 몇 마리 있는지 하나, 둘 하며 세어보기를 반복하여 자꾸 읽어달라고 할 재미있는 책입니다.

아이와 생각을 나누는 질문
Q. 내가 앵무새라면 어떤 첫인사말을 듣고 싶을까요?
Q. 마지막에 깨진 유리창을 통해 밖으로 나간 앵무새들은 어디로 갔을까요?
Q. 내가 매일 똑같이 하는 일은 무엇인가요?

 2014 세종도서 교양도서, 2011 칼데콧 아너상

#앵무새 #온실 #벗어남 #습관 #숨바꼭질 #인사

232
만약 내 목숨을 살려 준다면, 넌 스스로 고귀한 마음을 가진 어른이 되는 거야.

야쿠바와 사자 Ⅰ. 용기

티에리 드되 글·그림, 염미희 옮김, 길벗어린이, 2011

진정한 용기

야쿠바는 전사가 되기 위해 사자와 홀로 싸워 사자에게 창을 꽂아야 한다. 하지만 야쿠바 앞에 나타난 사자는 이미 피를 흘리고 있다. 야쿠바는 비겁한 전사가 될 것인지, 스스로에게 떳떳한 고귀한 어른이 될 것인지를 고민한다.

이 책은 용기에서 한 걸음 더 나아가 진정한 용기가 무엇인지 보여준다. 그리고 선택엔 책임이 따른다는 것도 알려준다. 야쿠바는 자신의 선택으로 받게 될 따돌림과 무시를 감수하면서도 사자를 살려준다. 사자를 죽이는 것도 용기가 필요하지만, 전사의 길을 포기하고 피 흘리는 사자를 살려주는 것도 용기가 필요하다. 나라면 어떤 선택을 했을까? 비겁하지만 전사가 되는 선택을 했다고 한들 누구도 뭐하고 하지 않았을 것이다. 하지만 스스로에게 떳떳하지 못한 마음을 평생 갖고 살아야 한다. 내가 한 행동은 내가 제일 잘 안다. 야쿠바는 전사가 되지는 못했지만, 자신의 선택을 후회하지 않았다.

아이는 야쿠바 이야기를 통해 진정한 용기가 무엇인지 알게 된다. 살면서 용기를 내어야 할 상황들이 생긴다. 진정한 용기를 낼 수 있도록 응원하고 싶을 때 이 책을 권해주고 싶다.

아이와 생각을 나누는 질문
Q. 내가 가장 용기 내어 한 행동은 무엇인가요?
Q. 용기란 무엇이라고 생각하나요?
Q. 네가 만약 야쿠바였다면 어떤 선택을 했을까요?

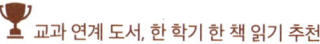
교과 연계 도서, 한 학기 한 책 읽기 추천

#아프리카 #전사 #용기 #사자 #선택 #야쿠바

233

어느 개 이야기

가브리엘 뱅상 글·그림, 별천지, 2009

사랑하는 가족을 버릴 수 있나요?

한 마리의 개가 주인에게 버려지는 장면으로 이야기가 시작된다. 도로 한가운데 버려진 개는 홀로 남아 지나가는 차들을 애처롭게 바라보며 주인을 기다린다. 도로 위에 남겨진 개 때문에 추돌사고가 나고 복잡한 도로에서 벗어난 개는 주인을 찾아 떠돌아다니다 마지막에는 한 소년을 만난다.

이 책은 글이 없고 연필과 목탄을 이용한 데생으로만 이야기를 이어간다. 글이 없기에 아이들은 상상력을 이용하여 이야기의 세부적인 내용을 채우거나 등장인물의 생각과 감정을 창의적으로 해석할 수 있다. 여러 가지 색깔이 아닌 단조로운 흑색의 데생으로 표현된 그림은 버려진 개의 외로움과 그리움이 잘 드러나기에 사랑하는 주인에게 버려진 개에 대한 연민의 감정을 더욱 극대화한다. 개의 경험과 감정을 중심으로 한 이야기는 애절하고 가슴 따뜻한 독자들의 공감을 이끌어낸다. 막연하게 반려동물을 키우고 싶어 하는 아이들에게 반려동물에 대한 책임감과 사랑을 일깨워주는 계기가 될 것이다.

아이와 생각을 나누는 질문
Q. 버려진 개는 어떤 감정 변화를 겪고 있나요?
Q. 내가 만약 책 속의 개라면 어떻게 했을까요?
Q. 소년을 만난 후에 개는 어떤 삶을 살아갈까요?

 뉴욕타임스 선정 10대 그림책, 보스턴 글로브 혼북 어워드 명예상, 미국 학부모 선정 도서 금상, 일본 도서관협회 선정 도서, 산케이 아동출판문화상 미술 부문 수상

#글_없는_그림책 #반려동물 #사랑 #책임감 #동물권 #유기견

234

"아니, 그저 두릅나무 껍질을 조금 썼는데……."

어처구니 이야기

박연철 글·그림, 비룡소, 2006

엄나무 대신 두릅나무를 썼다고? 정말 어처구니가 없구먼....

작가는 어느 날 TV에서 알게 된 '어처구니'라는 재미있는 말에 영감을 받아 관련 자료를 수집하고 상상력을 동원해 이 책을 펴냈다. 잡상(어처구니. 궁궐 추녀마루 끝자락에 있는 흙으로 만든 조각물), 드므(궁궐의 네 귀퉁이에 놓는 솥단지. 물을 담아 불귀신을 막음), 손(날수에 따라 동서남북으로 다니면서 사람들을 괴롭히는 귀신), 엄나무(가시가 있는 나무로 대문에 걸어두면 귀신이 도망감) 등 다양한 우리나라 전통 민속을 책에 녹여냈다. 또한 '손 없는 날' 같은 요즘 아이들에게 생소한 표현도 책에서 찾아볼 수 있다.

'손'을 잡기 위한 구백아흔아홉 자의 엄나무로 만든 긴 밧줄 대신 두릅나무를 눈속임으로 섞어 엮은 손행자와 맡은 책임을 다하기 위해 애쓴 대당사부를 보면서 책임감에 대해서도 생각해보게 된다. '어처구니없다'라는 말의 의미를 느낄 수 있도록 제목이 거꾸로 쓰여 있는 페이지와 이구룡이 바위 뒤에서 소리를 낼 때 바위에 쓰여 있는 '바보'라는 단어도 읽는 재미를 준다. 책을 읽고 직접 궁궐을 방문해 잡상, 드므, 단청 등을 찾아보는 활동을 해보는 것도 좋다.

아이와 생각을 나누는 질문
Q. 만약 손행자가 엄나무로만 밧줄을 엮었다면 어떤 일이 생겼을까요?
Q. 내가 만약 대당사부라면 손행자에게 어떤 말을 해주고 싶을까요?

2005 황금도깨비 대상

#어처구니 #손 #엄나무 #어처구니없다 #잡상 #책임감

235 "너는 늘 나의 귀여운 아기"

언제까지나 너를 사랑해
로버트 먼치 글, 안토니 루이스 그림, 김숙 옮김, 북뱅크, 2000

소중한 나의 아이에게 들려주고 싶은 말

남녀노소 모두에게 사랑받는 이 책은, 아이가 태어나서 어른으로 성장할 때까지의 희로애락이 모두 담겨있다. 부모는 책을 읽으며 아이가 태어났을 때의 기쁨과 양육할 때의 어려움을 고스란히 느낄 수 있고, 자녀는 부모에게 얼마나 깊은 사랑을 받고 있는지 깨닫게 된다.

아이에게 들려주는 부드러운 자장가처럼 사랑은 부모로부터 자연스럽게 내려오고, 어른이 된 자녀도 그렇게 내리사랑을 배운다. 이 책은 자녀에게 불러주는 자장가를 통해 아이가 자라면서 어려움을 겪더라도 언제까지나 곁에서 응원하겠다는 부모의 마음을 보여준다. 하루를 마무리하는 밤, 부모가 등을 부드럽게 토닥거리거나 뽀뽀를 해주고 꼭 안아주는 것만으로도 아이는 사랑을 느낀다. 그리고 부모의 기도는 무한한 사랑과 함께 아이가 상처를 스스로 치유하고 씩씩하게 극복해내는 힘이 된다.

힘들고 지칠 때 찾게 되는 사람이 바로 가족이고 부모이다. 늘 곁에서 응원하고 지지해줄 거라는 믿음이 아이의 마음에 안정감을 준다. 부모의 품이 얼마나 넓고 위대한지 보여주면서 내 자녀의 자녀에게도 그 사랑이 이어지기를 기도하게 만드는 가슴 따뜻한 책이다.

아이와 생각을 나누는 질문
Q. 부모님이 들려주는 자장가를 들을 때 어떤 마음이 드나요?
Q. 화가 나거나 속상할 때, 어떤 말을 들으면 마음이 풀리나요?

 그림책박물관 추천, 한우리독서문화운동본부 추천, 경향신문·조선일보 추천

#부모 #가족 #내리사랑 #자장가 #따뜻함 #소중함 #베드타임_스토리

236

"우리 엄마 안 오?"

엄마 마중

이태준 저, 김동성 그림, 보림, 2013

서정적이지만 아픈 시대 배경 알기

조선아동문학집에 실린 소설가 이태준의 짧은 글에 김동성 작가의 서정적인 그림이 더해져 탄생한 그림책이다. 글은 전차 정류장에서 엄마를 기다리는 아이의 이야기가 전부이다. 구체적인 묘사나 등장인물의 성격도 잘 드러나지 않는 짧은 글이지만, 김동성 작가는 엄마를 기다리는 아이의 마음과 곧 엄마를 만날 거라는 희망을 대조적으로 표현해, 아이의 간절함이 애틋하게 느껴진다. 아이는 바람이 불어도 꼼짝 안 하고, 전차가 와도 차장에게 더 이상 묻지 않고, 코만 새빨개진 채로 그냥 가만히 서 있다. 과연 아이는 엄마를 만날 수 있을까?

이태준 작가가 동화를 쓰던 시기는 1938년으로, 일제강점기라는 시대적 배경이 있다. 그래서 그림에는 개화기의 여러 풍경이 잘 묘사되어 있다. 아이와 함께 역사적 배경지식을 알아보며 이야기 나눈다면 그림책의 의미를 더 풍성하게 나눌 수 있다. 그림책은 우리 민족의 친근하고 따뜻한 정서를 느끼게 하는 동시에 개인적인 그리움에서 사회적인 의미까지 생각해보게 한다. 책을 읽어준 다음 엄마를 마중 나온 아이의 이동 경로와 시간이 지남에 따른 감정변화 이야기 나누며, 아이의 심정 변화를 시대와 연결하여 공감해본다.

아이와 생각을 나누는 질문
Q. 그림책의 배경이 되는 시대를 짐작할 수 있는 모습에는 무엇이 있나요?
Q. 오지 않는 엄마와 기다리는 아이는 무엇을 비유하는 것일까요?

🏆 2010년 CJ 특별전 초청 그림책, 한국유치원총연합회 추천

#이태준_단편동화 #한국의_정서 #엄마를_기다리는_아이의_마음 #친절

237

"하지만 그래도 엄마는 널 사랑한단다."

엄마, 나 사랑해?

바버라 M. 주세 글, 바버라 라발리 그림, 햇살과나무꾼 옮김, 중앙출판사, 2006

널 사랑한단다

북극에 살고 있는 이누이트족 엄마와 딸은 어떤 이야기를 들려줄까. 아이는 엄마가 자신을 얼마나 사랑하는지, 자신이 다른 동물이 되어도, 잘못을 해도 자신을 사랑할 것인지 계속해서 묻는다. 엄마는 딸의 머리를 땋아주면서, 안아주면서, 눈을 계속 맞추며 아이가 잘못을 할 때는 화도 나겠지만 그래도 '엄마는 널 사랑한단다'라고 대답한다. 춥고 매서운 바람이 불어도 언제나 포근하게 아이를 안아주는 엄마의 사랑이 가득 담긴 책이다.

우리나라와는 다른 배경과 낯선 동물들의 등장 덕분에 그림을 보는 재미가 있다. 북극 지방의 기후 특성에 맞는 동물, 생활용품들과 오색빛의 오로라가 삽화의 배경으로 등장한다. 끝에는 북극 지방의 특징이 드러나는 동물과 생활 방식에 관한 소개도 있어 다양한 지구촌 모습도 알려줄 수 있다.

이 책을 통해 아이는 서로 사는 모습은 달라도 '부모님은 늘 아이를 사랑한다는 사실'을 배울 수 있을 것이다. '사랑한다' 말하는 것을 잊은 날에 함께 책을 꺼내 읽어보자. 아이와 번갈아가며 대화 형식으로 읽어보는 것도 추천한다.

아이와 생각을 나누는 질문
Q. 사랑은 어떻게 표현할 수 있나요?
Q. '북극에 사는 엄마와 아이', '대한민국에 사는 엄마와 아이'의 공통점과 차이점은 무엇일까요?

🏆 골든 카이트상, ABC 어린이책 수상, 페어런츠 매거진 '올해의 책', 스쿨라이브러리 선정도서, 미국 서적인협회 선정 도서, 어린이책 클럽 선정 도서

#북극 #보편적인_가치 #사랑 #부모 #관계

238

"보세요, 모두모두 다 그런 걸요!"

엄마가 알을 낳았대!

배빗 콜 글·그림, 고정아 옮김, 보림, 2016(1998)

즐겁고 유쾌한 성교육

성교육은 접근하기 어려운 전문가의 영역이라고 생각하기 쉽지만, 이 책으로 자연스럽게 아이들에게 다가가 보는 것은 어떨까? 책 속 엄마, 아빠는 시치미를 뚝 떼고, 아기가 어떻게 태어나는지 알 때가 되었다며 설명을 시작한다. 아이들이 받을 충격과 수위를 조절해 여자아기는 설탕과 양념, 향기로운 것들을 넣어서, 남자아기는 달팽이와 강아지 꼬리를 섞어서 만든다고 말한다. 때로는 빵처럼 구워서 혹은 튜브에서 짜서, 화분에 씨앗을 심어서, 또는 알에서 태어난다고 말한다. 하지만 아이들은 엄마, 아빠보다 한 수 위! 부모님의 이야기 중 씨앗, 튜브, 알 이야기는 대충 맞다며 정확하게 아이가 태어나는 과정을 설명한다.

생식기나 임신 과정을 나타낸 그림에서 어둡고 음침한 분위기가 아닌 유쾌한 느낌마저 든다. 세상의 모든 동물이 비슷한 과정을 거쳐 생명을 얻게 되었음을 일깨워주는 페이지, 임신과 출산을 제법 사실적인 그림을 그려가며 의젓하게 설명하던 아이들의 모습 등에서 먼저 말하기 쑥스럽고 어렵고 딱딱한 성교육에 대한 부담감이 줄어드는 책이다. 마지막에 있는 유아교육 전문가가 성교육에 관한 설명 글을 꼭 읽어 참고하기 바란다.

> **아이와 생각을 나누는 질문**
> Q. 아기는 어떻게 태어날까요?
> Q. 알에서 태어나는 동물에는 어떤 동물이 있을까요?

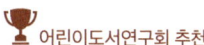 어린이도서연구회 추천

#성교육 #알 #엄마 #아빠 #아기

239
너는 내게 가장 소중하고 자랑스런 아이란다.

엄마의 선물

김윤정 글·그림, 상수리, 2016

엄마와 자녀가 서로에게 전하는 사랑의 메시지

엄마는 아이에게 전하고 싶은 응원의 말들을 전한다. 타인과의 관계는 어떻게 맺어나가야 하는지, 어떤 삶의 태도를 지녀야 하는지, 엄마가 아이를 얼마나 사랑하는지 한 문장, 한 문장 진심을 전한다. 아이가 꿈을 접지 않도록, 언제나 든든한 날개와 우산이 되어주겠노라고 아이를 위로하고 안심시켜 주는 따뜻한 엄마의 손과 말은 아이에게 선물처럼 다가간다. 아이 역시 엄마에 대한 사랑을 아름다운 말로 전한다. 아이의 곁에 남아 언제까지나 자신을 지켜봐 달라고.

이 책은 판형과 본문을 독특한 형식으로 구성하여 볼로냐 도서전에서 많은 주목을 받기도 했다. 뚫린 면에 투명한 OHP 필름을 붙이는 방법을 활용하여 책의 페이지를 넘길 때마다 엄마의 손 방향이 바뀌면서 앞면과 뒷면의 문구가 연결되는 것을 볼 수 있다. 마치 팝업카드처럼. 이따금 엄마에게 서먹하지만 예쁜 말로 사랑을 전하고 싶을 때가 있다. 우리는 가장 사랑하는 사람들에게 오히려 사랑한다는 표현을 아끼고 사는지도 모른다. 서툴더라도 사랑은 표현할 때 더욱더 빛이 난다. 방법을 잘 모르겠다면 아름다운 그림책을 활용해서 사랑의 말을 전해보자.

아이와 생각을 나누는 질문
Q. 아이가 엄마에게 부탁한 내용은 무엇인가요?
Q. 엄마가 말한 커다란 우산은 무엇을 말하는 걸까요?

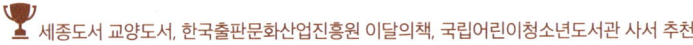
세종도서 교양도서, 한국출판문화산업진흥원 이달의책, 국립어린이청소년도서관 사서 추천

#모성애 #가족애 #인성_그림책

240

> 벨벳 바탕에 장미꽃 무늬가 가득한 의자, 세상에서 가장 예쁘고, 푹신하고, 안락한, 좋은 의자를 사려고 해요.

엄마의 의자

베라 윌리엄스 글·그림, 최순희 옮김, 시공주니어, 1999

희망의 씨앗

식당에서 종일 서서 일하는 엄마에겐 집에서 편히 쉴 의자가 필요하다. 작년 화재로 집과 살림살이가 다 타버려 퇴근 후 엄마의 무거운 다리를 올려둘 의자가 없다. 세상에서 가장 예쁘고, 푹신하고, 안락한 의자를 사기 위해 할머니, 엄마, 아이는 매일 동전을 유리병에 모은다. 반짝이는 동전은 가족에게 희망이다. 의자라는 작은 소망을 이루어 줄 씨앗이다. 유리병이 동전으로 가득 차는데, 꼬박 일 년이 걸렸다. 가족의 소망이 드디어 이루어졌다.

이 책은 이웃의 나눔과 배려, 심부름을 자처하는 딸, 물건값을 아끼는 할머니의 모습에서 가족과 이웃의 훈훈함을 보여주어 성실함과 절약을 배우게 된다. 특히 엄마를 걱정하는 딸의 효심이 든든하다.

의자를 사기 위해 동전을 모아 은행에서 종이돈으로 바꾸고 가구점을 돌아다니며 원하는 의자를 찾아가는 모습에서 독자는 원하는 것을 얻기 위해서는 계획을 세우고 실천해야 결과를 얻을 수 있음을 알게 된다.

엄마의 의자는 벨벳 바탕에 장미꽃 무늬가 가득한 의자다. 엄마는 의자에 앉아 있고 딸은 엄마 품에서 잠드는 모습이 평화롭다.

아이와 생각을 나누는 질문
Q. 모두 타버린 집을 보았을 때 아이의 심정은 어땠을까요?
Q. 친구 집에 불이 나서 물건이 다 타버렸다면, 친구에게 꼭 주고 싶은 물건이 있나요?
Q. 새 의자를 하나 샀어요. 의자에서 무얼 하고 싶나요?

 1983 칼데콧 아너상, 보스턴 글로브 혼북 상, 페어런츠 초이스 골드상, 한스 크리스티안 안데르센상 일러스트 부문 미국 최종 후보(2004)

#배려 #나눔 #절약 #희망 #행복 #응원 #행복 #은행 #가치

241

> 하지만 에드와르도는 세상에서 가장 사랑스러운 아이야.

에드와르도
존 버닝햄 글·그림, 조세현 옮김, 비룡소, 2006

인정해주는 말 한마디는 아이를 변화시킨다

에드와르도는 말썽꾸러기의 대명사이다. 하루도 어른들에게 혼나지 않는 날이 없는 에두와르도는 혼나는 횟수가 늘면 늘수록 점점 더 장난이 심해지고 심술궂게 행동한다. 그러던 어느 날 우연히 에드와르도가 의도하지 않은 행동에서 인정의 말을 듣게 된다. 거듭되는 칭찬에 에드와르도는 기분이 좋아졌고, 점점 더 사람들에게 인정받는 아이로 변화한다. 이제는 '세상에서 가장 못된 아이'가 아닌 '세상에서 가장 사랑스러운 아이 에드와르도'이다.

우리는 살아가며 실수도 하고 운이 없으면 이상한 사람으로 낙인찍히게 될 때도 있다. 특히 아이들은 가정, 학교생활, 교우관계에서 억울한 일이 종종 생기곤 한다. 의도하지 않았는데 결과가 잘못되어 혼난 경험도 많다. 에드와르도처럼 장난이 심한 아이들은 더욱 그렇다. 이 책은 상대방을 인정해 주는 말은 강력한 힘을 가지고 있음을 배우게 한다. 잘못을 지적하는 것도 중요하지만, 사람을 성장시키는 데 도움이 되는 것은 그 사람의 긍정적인 면과 잠재력을 인정해주는 것임을 알 수 있다.

> **아이와 생각을 나누는 질문**
> Q. 에드와르도는 왜 계속 장난을 친 걸까요?
> Q. 에드와르도가 변화된 이유는 무엇일까요?

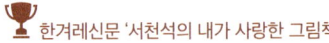
한겨레신문 '서천석의 내가 사랑한 그림책'

#말의_중요성 #인성교육 #선입견 #인정의_말

242 그래서 이제는 조금도 외롭지 않았어요.

엠마
웬디 케셀만 글, 바바라 쿠니 그림, 강연숙 옮김, 느림보, 2004

소박한 것들로 둘러싸인 엠마

혼자 사는 노인들의 외로움과 그리움을 보여주면서, 외로움을 이겨내는 힘은 멀리 있는 것이 아니라 소박한 것에 있음을 알게 해주는 그림책이다.

할머니에게는 호박씨라는 고양이가 있고 그 고양이만이 할머니의 외로움을 달래준다. 할머니 생일에 가족들이 선물한 산 너머 작은 마을이 그려진 그림을 보다가 할머니는 직접 그림을 그리게 된다. 할머니가 좋아하는 소박한 것들을 그려나가기 시작하는데 할머니는 자신의 재능을 찾게 되고 만족하게 된다. 자신이 그린 소박한 것에 둘러싸여 행복해하는 할머니의 모습에는 외로움이 보이지 않는다. 꿈은 누구나 꿀 수 있으며 자신의 재능을 통해 꿈을 이루어나가는 모습에 존경하는 마음을 갖게 된다.

아이들이 이 그림책을 보면서 노인의 삶을 들여다보게 되고 노인이라고 치부해버리는 시선에서 존경의 마음으로 바라보게 되기를 바란다. 꿈은 어린 사람들에게만 있는 것이 아니라는 것도 알게 될 것이다. 조부모와 떨어져 사는 요즘 세대의 아이들이 꼭 읽어보고 조부모님들의 소리를 들어주고 응원하면서 자라기를 바란다.

아이와 생각을 나누는 질문
Q. 엠마 할머니처럼 그림으로 남기고 싶은 것이 있나요?
Q. 외롭다고 느낄 때 무엇을 하면 외롭지 않을까요?
Q. 가족 중 외로울 것 같은 사람이 있다면 무엇을 해주고 싶나요?

🏆 책읽는교육사회실천협의회 추천, 고래가숨쉬는도서관 추천, 그림책박물관 추천, 한겨레신문 '서천석의 내가 사랑한 그림책', 2018년 어른을 위한 그림책테라피 추천, 2021 '그림책 BASIC' 추천

#노인 #그림 #외로움 #그리움 #위로 #도전 #소박 #고향 #실화 #화가_엠마_스턴

243

> "내가 너의 눈이 되어 줄게.
> 너는 나의 날개가 되어 줘."

여우

마거릿 와일드 글, 론 브룩스 그림, 강도은 옮김, 파랑새어린이, 2012

우정과 배신

개는 큰불로 날개를 다친 까치를 만난다. 까치는 날개를 잃어 상심에 빠져 있다. 개는 자신도 한쪽 눈이 보이지 않지만 산다는 건 멋진 일이라며 까치를 위로한다. 까치는 개의 눈이 되어 주고 개는 까치의 날개가 되어 주며 둘은 서로를 의지하고 지낸다. 그러던 어느 날 여우가 한 마리 나타난다. 개는 여우와 친구가 되길 원하지만, 까치는 음울한 여우가 의심스럽다.

『여우』는 좀 특별한 그림책이다. 그림의 톤도 강렬하고 글자의 배열도 수직과 수평이 섞여 있어 평범하게 읽히지 않는다. 주제도 무겁고 생각할 거리가 많다. 이 그림책은 '우정'과 '배신'에 대해 그리고 있다. 개와 까치의 우정을 질투하는 여우는 둘의 사이를 이간질하고 싶어 한다. 여우는 그들에게 '외로움'을 알려주고 싶다. 타인의 행복을 망쳐서 본인이 느끼는 불행을 공감받고 싶은 것일까? 이 그림책은 다양한 감정을 담고 있어서 저연령의 어린이가 이해하기는 어려울 수 있다. 하지만 『여우』의 깊이를 이해할 수 있는 연령층에게는 인상적으로 읽힐 것이다.

아이와 생각을 나누는 질문
Q. 여우는 누구도 사랑하지 않는다고 까치는 생각했어요. 그 이유는 무엇일까요?
Q. 까치와 개와 여우가 함께 행복해지려면 어떻게 해야 할까요?
Q. 개는 까치와 여우가 없어진 걸 알고 어떤 기분이었을까요?

🏆 2006 국제아동도서협의회(IBBY) 최우수상, 2004 독일 최고 어린이 문학상, 2002 국제아동도서협의회 선정 도서, 2001 CBCA(호주어린이도서협회) 올해의 그림책, 2001년 퀸즐랜드 최우수 어린이책 문학상, 2001년 뉴사우스 웨일스 주 총리 문학상, 2001년 스콜라 호주 어린이 그림책 최우수 디자인, APA 디자인상 2001년 일본 학교도서관협회 최우수 번역 그림책 선정, 2001년 호주 어린이 그림책 추천도서

#상실 #좌절 #우정 #질투 #외로움 #신뢰 #배신 #믿음 #희망 #그리움

244

나는 그리운 사람을 만나러 가는 거란다.

여행 가는 날
서영 글·그림, 위즈덤하우스, 2018

할아버지의 여행 준비

그리운 사람을 만나러 가는 할아버지의 여행 이야기이다. 할아버지 집에 기다리던 손님이 온다. 할아버지는 손님을 아주 반갑게 맞이하고 여행을 떠날 채비를 한다. 도시락도 싸고 목욕도 하고 오랜만에 면도도 하고 아끼던 양복도 꺼내 입는다. 여비를 위해 장롱 밑에 동전을 긁어모으기도 한다. 아주 들떠있는 할아버지의 모습에서 아주 좋은 곳으로 갈 거라는 예상이 되지만 사실 할아버지는 죽음을 맞이하는 것이다.

사람들은 보통 죽음을 무겁고 힘들고 두려운 것으로 받아들인다. 그러나 이 책에서 할아버지는 담담히 아니 오히려 즐겁게 정말 여행을 떠나듯 죽음을 준비한다. 할아버지를 통해 죽음이 고통의 과정이 아니라 누구나 겪는 삶의 한 부분이며, 그것을 받아들이며 극복하는 건강한 웰다잉(Well-Dying)의 과정을 보여준다.

혹시 있을 누군가와의 죽음과 이별에 대한 마음의 준비가 필요한 아이가 있다면, 이미 사별의 경험이 있는 아이가 있다면, 이 책이 죽음을 그리 슬프고 어둡게만 여기지 않는 데 도움이 될 것이다.

아이와 생각을 나누는 질문
Q. 조부모가 돌아가셨을 때 나의 마음은?(만약에 조부모님이 돌아가신다면 나의 마음은?)
Q. 슬픔을 겪은 친구에게 전 할 수 있는 위로는 어떤 것이 있을까요?
Q. 이별과 죽음을 지혜롭게 이겨내는 과정은 무엇이 있을까요?

행복한아침독서 추천, 국립어린이청소년도서관 사서 추천, 한국그림책연감

#죽음 #삶 #추억 #웰다잉 #여행

245

"할아버지가 가져가서도 괜찮은 건데……"

영이의 비닐우산

윤동재 시, 김재홍 그림, 창비, 2005

작은 용기가 전하는 따뜻한 희망에 동참해요

어린아이의 작은 용기가 소외된 사람들의 마음을 녹이고 더불어 살아갈 힘을 불러일으키는 따뜻한 '이야기시'다. 학교 가는 길에 영이는 비를 맞으며 문방구 담벼락에 기대어 잠든 거지 할아버지를 보게 된다. 아이들은 할아버지에게 짓궂게 굴고, 문방구 아주머니도 거지 할아버지에게 함부로 말을 해댄다. 대나무살로 만든 찢어진 비닐우산을 가진 영이는 누가 볼까 불안한 마음과 도와주고 싶은 마음 사이의 갈등을 이겨내고 용기를 내어 거지 할아버지에게 우산을 씌워 드린다. 그 순간 거지 할아버지 주위는 온통 밝은 초록빛으로 물들며 세찬 장대비도 막아주는 든든한 울타리 역할을 해낸다. 영이의 작은 용기는 소외된 이웃에게 담벼락 아래 작은 공간도 내어주길 꺼리는 이웃과 대비되어 나눔으로써 성장하고 변화한다는 소중한 인생의 진리를 일깨운다.

작은 용기가 모여 희망을 퍼트리는 선한 영향력, 더불어 살아가기를 바라는 작가의 바람이 녹아있어 1980년대 초에 발표된 시인데도 여전히 널리 읽히고 사랑받고 있다. 소외된 이웃을 돌아보고 나눔을 실천할 수 있는 용기를 주는 그림책을 만나보자.

아이와 생각을 나누는 질문
Q. 소외된 이웃들에게 나눔을 실천한 경험이 있나요?
Q. 타인에게 도움을 받은 경험이 있나요? 어떤 때 도움을 받았고, 어떤 감정을 느꼈나요?

 2005 세종도서 우수교양도서

#소외된_이웃 #용기 #나눔 #배려 #성장 #희망 #선한_영향력 #이야기_시 #영이 #비닐우산

246 도대체 왜? 파리 한 마리를 꿀꺽 삼킨 거야?

옛날 옛날에 파리 한 마리를 꿀꺽 삼킨 할머니가 살았는데요
심스 태백 글·그림, 김정희 옮김, 배틀북, 2017

리듬에 맞추어서 재미있는 말놀이를 해봐요

할머니가 등장한다. 재미있는 할머니다. 웃음이 나오는 책이다. 파리, 거미, 새, 고양이, 개, 암소, 말. 동물들이 계속 커진다. 궁금하게 만든다. 다음은 뭐지? 어떻게 연결될까? 페이지마다 나오는 동물들의 촌평도 가지가지. 장난스러운 웃음이 입속에 머문다.

말놀이는 아이들이 가장 즐겨하는 놀이 중 하나이다. 끝말잇기는 누구나 잠깐이나마 즐길 수 있는 즐거운 놀이다. 이처럼 말로 하는 놀이는 여러 가지 단어를 처음 접하는 아이들에게 흥미로울 것이다.

우리나라에 내려오는 리듬이 있는 말놀이는 어떤 것이 있을까? 아이들과 함께 리듬이 있는 전래동요를 찾아보는 것도 낱말 놀이의 즐거움 중의 하나이다. 전래동요를 따라 하면서 말의 리듬을 익히고, 재미있는 단어들을 알 수 있을 것이다. 확장하여 세계 여러 나라의 전래동요는 어떤 단어, 어떤 리듬으로 전해져 오는지 알아보는 시간을 가져도 좋을 듯하다.

아이와 생각을 나누는 질문
Q. 끝말잇기 게임을 했었나요? 어떤 단어로 처음을 시작하고 싶나요?
Q. 어렸을 때, 놀이 중에 불렀던 노래가 있나요? 같이 불러볼까요?

 1997 칼데콧 아너상, 페어런츠 초이스 금상

#할머니 #파리_한_마리 #꿀꺽 #돌아가심 #거미 #새 #고양이 #개 #암소 #말

247 사람들은 단추를 누르고, 로봇이 집을 지어요.

옛날에는 돼지들이 똑똑했어요
이민희 글·그림, 느림보, 2007

옛날에는 사람들이 똑똑했어요

과거에 똑똑한 돼지들이 살았다. 돼지들은 아주 훌륭한 문명을 만들었다. 그런데 할 일이 많아지자 인간들에게 자신들이 하던 집짓기, 연구하기 등 모든 일을 대신하게 한다. 그리고 돼지들은 즐기고 놀기만 한다. 그러는 동안 돼지들의 일을 대신하던 사람들이 똑똑해져서 돼지들이 지배하던 세상을 인간들이 지배하게 되었다. 그리고 사람들은 척척 로봇을 만들어 자신들이 하던 일을 시키고 사람들은 리모컨 단추만 누르고 있게 되었다는 이야기이다. 미래의 인간사회를 예측한 거 같다.

과연 그렇게 되면 인간은 더 행복해질까? 혹시 로봇이 똑똑해져 인간을 지배하게 되지는 않을까? 과거보다 발전된 현대를 사는 인간들은 행복한가? 그렇다면 돼지처럼 로봇에게 주도권을 빼앗기지 않고 행복해지려면 현재 인간은 무엇을 해야 할까? 사람보다 돼지들이 똑똑해서 사람을 부렸다는 상상력이 어린이들의 눈길을 끌기에 충분하다. 어린이들이 살 미래 세계에 우리가 인간으로 어떤 생각으로 맞이해야 할까를 고민해보게 하는 책이다. 로댕과 레오나르도 다 빈치 등 유명 화가들의 작품을 패러디한 그림을 찾는 것도 재미있다.

아이와 생각을 나누는 질문
Q. 이제 곧 로봇시대가 온다고 해요. 인간인 우리는 어떤 것을 준비해야 할까요?
Q. 로봇이나 인공지능(AI)이 대체할 수 없는 인간의 능력은 무엇일까?

 2006 한국안데르센상 대상, 행복한아침독서 추천

#미래시대 #AI(인공지능) #행복

248 '오른발, 왼발, 따라해 보거라.'

오른발, 왼발
토미 드 파올라 글·그림, 정해왕 옮김, 비룡소, 1999

소중한 추억에는 힘이 있다

손자 보비의 다섯 살 생일이 지나고 할아버지는 '뇌졸중'이라는 위중한 병에 걸린다. 보비는 할아버지와의 추억 상자를 열어 소중한 기억을 하나씩 꺼낸다. 마치 돌돌 감아놓은 실타래에서 실을 곱게 빼듯 할아버지와의 추억을 술술 풀어낸다. '오른발 왼발, 오른발 왼발', 걸음마를 가르쳐주던 할아버지, 블록 쌓기를 할 때 '마지막 코끼리 블록에서 할아버지의 재채기'는 할아버지와 보비 사이의 끊을 수 없는 추억 연결고리이다. '오른발 왼발'로 할아버지가 걷는 법을 알려주셨듯, 보비도 할아버지의 기억을 되살리는 방법을 찾아낸다. 기억을 잃어 달라진 할아버지 모습에 보비는 무서웠지만, 할아버지와 함께했던 시간을 되짚어보는 과정은 무섭지 않았다. 보비의 노력으로 마침내 할아버지는 건강을 되찾는다.

가족이 특별한 것은 특별한 추억이 켜켜이 쌓여있기 때문이다. 이런 크고 작은 추억은 힘들고 어려운 일을 함께 해결해나갈 수 있도록 서로에게 힘을 주기도 한다. 가족과 함께 쌓아 온 소중한 추억은 아이를 성장하게 하고 서로 더 친밀한 관계로 발전하도록 안내해준다. 우리 가족에게 즐거웠던 추억과, 어려웠던 일들을 나누어보는 시간을 가져보자.

아이와 생각을 나누는 질문
Q. 보비에게 오른발, 왼발은 무슨 의미일까요?
Q. 마지막 블록 쌓기에서 할아버지가 재채기하듯 자신만의 특별한 습관이 있나요?

🏆 어린이도서연구회 추천, 『마법사 노나 할머니』로 칼데콧 명예 도서로 선정(1976)

#걸음마 #이야기 #할아버지 #기억 #사랑 #블록_쌓기 #가족애 #소중한_추억

249

"나는 떠날 겁니다.
가벼운 마음으로, 자유롭게"

오리건의 여행

라스칼 글, 루이 조스 그림, 곽노경 옮김, 미래아이(미래M&B), 2017

나에게로 떠나는 여행

이 책은 서커스단에서 일하는 광대인 듀크와 재주부리는 곰 오리건의 여정을 다룬다. 그들의 여행은 오리건이 듀크에게 자신을 큰 숲으로 데려다 달라는 부탁으로 시작된다. 듀크와 오리건은 잿빛 하늘의 피츠버그를 떠나 오리건으로 향하며, 그 과정에서 잃어버린 자유와 자신의 참모습을 찾아간다. 마침내 도착한 오리건의 광활한 숲을 만나는 듀크와 오리건. 과거의 갇혀있던 일상을 잊고, 오리건은 숲의 자유를 향해 달려간다. 듀크도 자신의 광대 상징인 빨강 코를 떼어내고 이루지 못했던 꿈을 향해 새로운 여행을 시작한다.

이 책은 주인공 오리건의 여정을 따라 모험과 발견이라는 주제를 중심으로 전개된다. 새로운 장소와 경험에서 자기 발견을 하는 듀크와 오리건의 여행을 통해 우리가 진정으로 원하는 것, 꿈, 그리고 참된 모습에 대해 생각하게 해준다. 직업만이 아닌 어떤 사람으로 성장하고 싶은지, 어떤 꿈을 이루고 싶은지를 진지하게 고민하며 스스로를 더 잘 알아가는 기회를 제공한다. 더불어, 듀크와 오리건의 여정을 통해 아이들은 자신의 꿈을 지지하고 돕는 누군가의 존재도 중요하다는 것을 깨닫게 될 것이다.

아이와 생각을 나누는 질문
Q. 새롭게 여행을 떠난 듀크는 어떤 삶을 살고 있을까요?
Q. 내가 진정으로 이루고 싶은 꿈은 무엇인가요?
Q. 긴 여행 끝에 오리건에 도착한 듀크와 오리건은 어떤 기분이었을까요?

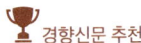 경향신문 추천

#자유 #여행 #꿈 #진정한_나 #자아 #우정

250

오리라고? 저건 토끼야!

오리야? 토끼야?

에이미 크루즈 로젠탈 글, 탐 리히텐헬드 그림, 서연 옮김, 아이맘, 2017

다양한 관점에서 세상을 바라보자

여기 아주 단순한 그림이 있다. 그런데 어느 곳에 더 집중해서 보느냐에 따라 이 그림은 오리가 될 수도 있고 토끼가 될 수도 있다. 왜냐하면, 같은 사물을 보더라도 보는 사람의 관점에 따라 인식하는 것이 달라지기 때문이다. 이 그림을 본 두 친구가 있다. 한 명은 오리, 다른 한 명은 토끼라고 주장하며 그렇게 생각하는 근거를 이야기한다. 한참을 티격태격하던 아이들은 조금 시간이 흐른 후 상대방의 의견이 맞을지도 모르겠다며 화해하고 다시 새로운 놀이를 시작하려 한다. 논란이 될 만한 또 다른 무언가를 발견하기 전까지.

간단한 선과 짧은 이야기로 이루어져 있지만, 우리가 세상과 사물을 바라보는 관점에 대해 생각해볼 수 있게 한다. 함께 책을 읽으면서 오리와 토끼 중 어느 동물로 보이는지 왜 그렇게 생각하는지 의견을 나누어보자. 사람은 자주 착각하고 자기 생각에 따라 고정된 관념을 가지기도 쉬우니 아이들에게 다양한 관점에서 생각해야 하는 것이 중요하다는 것을 알려주기 좋다.

> **아이와 생각을 나누는 질문**
> Q. 오리와 토끼 중 어느 쪽이라고 생각하나요? 왜 그렇게 생각하나요?
> Q. 친구와 의견이 다르면 어떻게 할 건가요?

 2017 볼로냐 올해의 일러스트레이터 수상, 행복한아침독서 추천

#수수께끼 #관점 #차이 #다양성

251

"어머나 예뻐라"
"나도 집에 가서 예쁜 꽃밭을 만들어야지."

오소리네 집 꽃밭

권정생 글, 정승각 그림, 길벗어린이, 1997

우리도 꽃밭을 만들어요

50살 먹은 밤나무가 뽑힐 정도로 매서운 회오리바람이 분다. 오소리 아줌마는 바람에 날려 시장까지 갔다가 돌아오는 길에 학교 정원에 핀 예쁜 꽃을 보고 감탄한다. 오소리 아저씨에게 우리도 꽃밭을 만들자며 집 주변에 꽃밭을 꾸미려 했으나 이미 꽃에 둘러 살고 있음을 알게 된다.

바람 덕분에 아줌마는 두 가지 세상 구경을 한다. 왁자지껄 시끄러운 시장과 학교 안 꽃밭이다. 실컷 둘러보진 못했지만, 시장은 새로운 경험이다. 이름 모를 꽃이 많기에 학교 안 꽃밭은 신기한 만남이다.

우리는 내 곁에 있는 것의 소중함을 놓치고 산다. 돈과 품을 들인 장식물이 더 예쁘다고 착각한다. 오소리 아줌마네 꽃밭은 들판 그대로의, 사람의 손길이 닿기 전의 아름다움이 있다. 우리는 이 책을 통해 가까이에서 아름다움을 찾아야 한다는 사실을 깨닫는다.

기회가 된다면 이 책을 읽고 시골 장을 방문해보자. 책에 나오는 읍내시장의 모습을 관찰하는 즐거움을 맛보면 좋겠다. 직접 장보기를 하면서 마트와는 다른 오일장의 재미에 빠져보길 바란다.

아이와 생각을 나누는 질문
Q. 시골 장터를 가본 적이 있나요? 마트와 시장은 어떻게 다를까요?
Q. 오소리 부부는 집 주변에 꽃이 많았던 걸 왜 알지 못했을까요?

어린이도서연구회 권장도서, YWCA 추천, 일본으로 저작권 수출

#회오리_바람 #세상구경 #꽃밭 #소망 #행복

252 당근들의 오싹오싹 계획이 맞아떨어졌어요!

오싹오싹 당근!

에런 레이놀즈 글, 피터 브라운 그림, 홍연미 옮김, 주니어RHK, 2013

내가 당근이라면 어떻게 했을까?

토끼 재스퍼는 오싹오싹 당근을 물리치기 위한 방법으로 깡충폴짝 들판을 고립시키는 옴짝달싹 계획을 세운다. 계획의 이름대로 당근들이 옴짝달싹하지 못하게 울타리를 세우고 악어까지 풀어놨는데, 이 모든 게 당근의 오싹오싹 계획일 줄이야. '오싹오싹 당근'은 수상한 당근의 등장으로 공포와 긴장감이 느껴지는 이야기인데, 토끼 캐릭터가 귀여워서 무서운 이야기를 싫어하는 아이들도 좋아하는 책이다. 검은색과 주황색, 흰색으로 구성된 이 책은 할로윈 호박이 연상되는 색감이라서 그런지 할로윈 데이 전후로 특히 많이 읽는다. 아이가 혼자 읽어도 좋지만, 부모가 귀신 이야기를 해주듯이 목소리의 고저를 활용해서 읽어주면 아이는 재스퍼가 느낀 긴장감과 해방감을 더 실감 나게 느낄 수 있어서 책에 더욱 집중하게 된다.

처음엔 당근이 재스퍼를 괴롭힌다고 생각했는데, 당근의 입장에선 엄청난 당근을 먹어 치운 토끼 재스퍼가 좋지만은 않았을 것이다. 그래서 당근의 오싹오싹 계획이 이해가 된다. '내가 당근이라면 어떻게 했을까?'를 생각해보면서 아이는 저절로 상대방의 입장을 이해하는 마음을 배우게 된다.

> **아이와 생각을 나누는 질문**
> Q. 내가 작가라면 다음 이야기로 어떤 것을 주인공으로 한 이야기를 만들고 싶나요?
> Q. 재스퍼의 입장에선 좋아하는 당근을 먹은 것뿐인데, 당근이 너무 심했다는 생각이 들지는 않나요? 나라면 어떻게 했을 것 같나요?

🏆 2013 칼데콧 아너상, 행복한아침독서 추천, 미국도서관협회 주목할 만한 도서

#토끼 #당근 #공포 #긴장감 #통쾌함

253

> "그렇지만 누구에게도 속해 있지 않고 혼자면 외롭고 슬퍼질 텐데…"

오필리아의 그림자 극장

미하일 엔데 글, 프리드리히 헤헬만 그림, 문성원 옮김, 베틀북, 2001

너의 그림자는 몇 개니?

혼자 사는 오필리아 할머니는 훌륭한 배우가 되고 싶었지만, 목소리가 너무 작아서 그럴 수 없었다. 작더라도 연극과 관련된 일을 하고 싶었던 오필리아는 배우에게 작은 목소리로 대사를 불러주는 일을 하며 행복하게 살았다. 그러나 세상의 변화와 발전으로 사람들은 대도시의 극장으로 가버리고 극장도 문을 닫게 된다. 혼자 외롭게 남은 오필리아에게 주인 없이 두려움에 떨던 그림자들이 찾아온다. 이름 없이 지내던 그림자들은 오필리아와 지내면서 싸움도 일어나지만, 극장에서 유명한 희극과 비극 등 연극에 관해 배우게 된다. 외롭고 어둠을 무서워하던 그림자와 지내면서 오필리아에게 자기 정체성과 같은 새로운 이름도 갖게 된다. 그러니 수동적인 삶에서 능동적으로 변하고 자신들의 어려움을 하나씩 이겨낸다.

나이 든다는 것이 나쁜 것이 아니며, 깊은 통찰과 함께 삶의 가치는 갈수록 어떤 상황에서도 아름답게 보여지는지 알게 되는 지혜를 준다. 이 그림책 속의 장면들은 극장에서 연극의 한 장면을 보는 듯한 환상적 표현으로 이야기 속으로 빠져들게 한다.

아이와 생각을 나누는 질문
Q. 오필리아와 그림자들은 어떻게 처음부터 끝까지 함께 할 수 있었을까요?
Q. 오필리아에게 어떤 말로 용기를 줄 수 있을까요?
Q. 오필리아 대신 그림자들을 도와줄 다른 방법에는 어떤 것이 있을까요?

한우리독서문화운동본부 추천

#친구 #상상력 #편견 #그림자

254

왁투에게는 특별한 능력이 있습니다.

왁투

이미성 글·그림, 북극곰, 2018

내가 지닌 특별한 능력을 어떻게 사용해야 할까?

우리는 각자 특별한 능력을 지니고 태어나는데, 어떻게 사용하는가에 따라 능력의 가치가 달라진다. 이 책은 능력의 가치를 바로 세우는 데 도움을 준다. 왁투는 포포열매 씨를 정확하고 세게 뱉어내는 능력이 있다. 왁투는 이 능력으로 다른 부족의 침략에서 마을을 구한다. 사람들은 왁투 이름을 환호한다. 너무나 뿌듯했던 왁투는 추앙받기를 꿈꾼다. 그러나 사람들은 폐허가 된 마을을 복구하는 데만 관심이 있다. 실망한 왁투는 그 능력으로 사람들을 괴롭힌다. 사람들은 이를 갈며 왁투 이름을 내뱉는다. 사람들이 왁투의 이름을 부르는 두 장면을 대비하여 자신의 능력을 어떻게 써야 할지 생각해보게 한다. 그리고 사람들이 알아주지 않더라도 묵묵히 소임을 다했음에 만족하고 자기 일에서 기쁨을 찾아야 한다는 메시지도 전한다.

마을 사람들은 왁투가 부린 심통으로 피해당하지만, 그를 공동체에서 배척하지 않는다. 오히려 수확한 열매를 나눠주며 안부를 묻는다. 그들 덕분에 왁투는 자기 능력을 어떻게 써야 할지 깨우친다. 마을 사람들이 왁투에게 베푼 관용을 아이들이 배우면 좋겠다.

아이와 생각을 나누는 질문
Q. 왁투에게 찾을 수 있는 미덕은 무엇인가요? 왁투에게 필요한 미덕은 무엇인가요?
Q. 내가 지닌 특별한 능력은 무엇인가요? 그 능력을 어떻게 사용하고 싶은가요?
Q. 평화로운 세상을 만들기 위해 우리는 각자 어떤 역할을 해야 할까요?

 네이버 그라폴리오와 와우책예술센터가 공동 주최한 2017 창작 그림책 챌린지 당선작, 한국그림책연감 수록

#재능 #능력 #가치 #공동체 #역할 #관용

255

"작아도, 아주 작아도 위대한 예술가가 될 수 있답니다."

완두

다비드 칼리 글, 세바스티앙 무랭 그림, 이주영 옮김, 진선아이, 2018

아주 작은 완두가 세상을 사는 법

태어날 때부터 완두콩처럼 작은 몸집을 가진 완두는 작은 세상에서 즐겁게 살지만, 세상 사람들은 완두가 할 수 없는 일이 더 많다고 생각한다. 이 책은 마냥 보호해야만 할 것 같이 작고 여린 완두가 오히려 독립적이고 자존감이 높은 아이로 성장하게 된 이유에 대해 생각하게 한다. 이런 완두에게도 학교생활이라는 난관이 있었고, 남들과 다르다는 점을 깨닫는다. 무엇보다 친구들과 어울릴 수 없고, 완두의 미래에 대해 비관적인 선생님의 태도가 마음을 답답하게 한다. 그런데도 완두는 자기 자신을 있는 그대로 받아들이면서 할 수 있는 것을 찾아서 하는 용기 있는 아이다.

자기 삶을 독립적으로 사는 완두를 통해, 어른들의 생각과 태도가 아이들에게 어떤 영향을 미치는지 알게 된다. 아이들은 자기를 믿고 지지해주는 어른들의 태도에 자신감이 생기며 자존감이 높아진다. 친구들과 다른 점이 오히려 특별한 점이 될 수도 있다는 완두의 긍정적인 생각과 태도는 결국 어른들로부터 나온다는 것을 느끼게 한다. 아이들이 자기가 좋아하고 잘하는 일을 통해 완두처럼 자존감이 높은 아이로 성장하기를 응원한다.

아이와 생각을 나누는 질문
Q. 완두처럼 작아진다면 무엇을 하고 싶은가요?
Q. 내가 다른 친구들과 다르다는 점을 깨닫게 되었을 때, 어떤 응원의 말을 들으면 기분이 좋아질 것 같나요?

🏆 꿈꾸는도서관 추천, 행복한아침독서 추천, 그림책박물관 추천, 동아일보·한겨레신문 추천

#다름 #편견 #극복 #믿음 #독립 #용기 #자존감

256

"혹시 저한테도 완벽한 부모님을 찾아 주실 수 있나요?"

완벽한 아이 팔아요

미카엘 에스코피에 글, 마니외 모데 그림, 박선주 번역, 길벗스쿨, 2017

완벽한 부모님을 삽니다

뒤프레 부부는 아이를 하나 사기 위해 대형마트에 간다. 음악 잘하는 아이, 천재 아이, 쌍둥이 등 진열된 여러 아이 중 완벽한 아이 '바티스트'를 살 수 있었다. 부부는 너무도 원했던 아이였기 때문에 매우 만족스러웠다. 가족이 된 아이는 인사도 잘하고 공부도 잘하고, 부모님 말씀도 잘 들었다. 만족스러운 날이 지속되던 어느 날 바티스트는 반 친구들에게 창피를 당한다. 왜냐하면, 엄마 아빠가 학교 축제 날짜를 헷갈려서 실수를 했기 때문이다. 이 일로 바티스트는 처음으로 불만을 터트리며 폭발하고 만다. 너무 놀란 뒤프레 부부는 아이를 샀던 대형마트를 다시 찾는다. 이미 가족이 되었는데 반품을 하고 새로운 완벽한 아이로 다시 구매할 수 있을까?

부부는 바티스트가 완벽한 아이여서 한 가족이 되고 행복했던 것일까? 완벽한 아이를 찾는 부모가 있다면, 완벽한 부모를 찾는 아이도 있을 수 있다는 생각이 든다. 이 책에는 통쾌한 반전이 기다리고 있다. 세상에 누구든 완벽한 사람은 있을 수 없다.

아이와 생각을 나누는 질문
Q. 나에게 완벽한 부모는 어떤 부모인가요?
Q. 내가 생각하는 완벽한 부분은 어떤 것이 있나요?
Q. 어렵고 힘들 때도 있었지만, 나는 부모님을 사랑한다는 것을 언제 경험했나요?

행복한아침독서 추천, 가온빛 추천, 열린어린이 추천

#가족 #이해 #사랑 #완벽함

257 "우리가 뭘 위해서 싸우는 거지?"

왕이 되고 싶었던 호랑이
제임스 서버 글, 윤주희 그림, 김서정 옮김, 봄볕, 2021

싸움 끝에 남는 것은 무엇인가요?

어느 날, 수컷 호랑이가 자신을 동물의 왕으로 선언한다. 암컷 호랑이는 사자 레오가 진정한 왕이라고 말하지만, 수컷 호랑이는 이를 무시하고 사자와 싸움을 시작한다. 사자 레오와 호랑이는 긴 시간 동안 왕위를 놓고 싸운다. 그들이 싸우는 동안, 정글의 다른 동물들도 입장을 선택하고 싸움에 참여한다. 하지만 결국, 모든 동물이 죽고 수컷 호랑이만이 살아남는다.

이 이야기는 호랑이와 사자의 권력을 놓고 벌이는 다툼과 전쟁의 파괴력을 보여준다. 이런 싸움은 종종 많은 희생과 대가를 요구한다. 그것은 호랑이의 가족을 포함한 모든 동물이 희생되고, 결국 수컷 호랑이만이 살아남는 것을 통해 알 수 있다. 이야기 속에서 사자와 호랑이의 편에서 싸우는 동물들도 있지만, 몇몇 동물은 왜 싸우는지도 모르고 그저 싸우기 위해 참여한다. 이러한 상황을 통해 아이들은 동물들의 어리석음을 비판적으로 살펴보고, 권력을 얻기 위한 다툼의 허무함과 싸움의 끝에는 많은 피해와 상처뿐임을 깨달을 수 있다.

> **아이와 생각을 나누는 질문**
> Q. 홀로 살아남은 호랑이는 어떤 생각을 할까요?
> Q. 내가 만약에 싸움을 지켜보는 다른 동물이라면 어떻게 행동할까요?
> Q. 친구와 싸웠던 경험 중에 후회했던 적이 있나요?

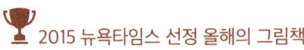
2015 뉴욕타임스 선정 올해의 그림책

#싸움 #권력 #다툼 #욕심 #전쟁

258

"요셉에겐 오래 입어 작고, 누덕누덕 천으로 기운 오버코트가 한 벌 있어요."

요셉의 작고 낡은 오버코트가…?

심스 태백 글·그림, 김정희 옮김, 베틀북, 2017

재활용 패션의 달인 요셉을 만나다

패스트 패션의 시대이다. 옷을 한 벌 사면 오래 입는 것이 아니라 유행에 맞춰 값싼 옷을 사서 한 철 입고 버리는 경우가 많다. 이렇게 발생하는 엄청난 양의 의류 쓰레기는 대부분 석유에서 뽑아낸 합성섬유로 만들어지기 때문에 폐기하는 과정에서 환경을 오염시킨다. 지속 가능한 지구를 위해 가급적 사지 않고 가진 옷을 잘 활용하여 입는 것이 중요한데, 요즘은 유행이 지나거나 조금만 낡아도 버리고 새로 사는 경우가 많다.

이런 행동에 귀감이 될 만한 책이 있다. 이 책은 요셉이 가진 오버코트가 재킷으로, 재킷에서 조끼로, 조끼에서 목도리로 계속해서 꼬리에 꼬리를 무는 형식으로 이야기가 진행되는데 내용을 기억하기도 쉽고 노래를 부르는 듯 운율이 느껴진다. 옷 한 벌을 가지고 오랫동안 다양한 물품으로 만들어 활용하다니 정말 대단하다. 모든 것이 풍요로운 시대이기에 아이들과 함께 아껴 쓰는 지혜를 배워볼 필요가 있다. 수선이 어렵다면 중고거래나 나눔을 통해 필요한 사람에게 자원이 순환되는 과정을 아이들과 함께 체험해보자.

아이와 생각을 나누는 질문
Q. 쓰레기를 줄이기 위해서 내가 할 수 있는 것은 어떤 것이 있을까요?
Q. 지속 가능한 지구를 위해 우리가 옷을 10년 동안 사 입지 않는다면 어떨까요?

 2000 칼데콧상

#업싸이클 #리싸이클 #재활용 #절약

259

> 함께 만들고 나누는 것이 이렇게 즐거운 일이라니…….

욕심쟁이 딸기 아저씨

김유경 글·그림, 노란돼지, 2012

함께 나누면 행복해요

딸기를 좋아하는 욕심쟁이 아저씨가 동네에 있는 모든 딸기를 사들이는 바람에 다른 사람들은 딸기를 먹을 수 없다. 동네 사람들과 수박을 먹던 꼬마는 수박을 들고 욕심쟁이 아저씨 집을 방문한다. 수박을 가지고 온 꼬마는 자기도 딸기를 좋아한다는 말을 흘리지만, 욕심쟁이 아저씨는 어떻게 할지 몰라 꼬마를 그냥 돌려보낸다. 욕심쟁이 아저씨는 밤새워 고민하다가 공터에서 딸기잼을 만들어 동네 사람들과 나누어 먹는다. 아저씨는 혼자 먹을 때는 딸기의 달콤함을 몰랐는데, 나누어 먹으니 더 맛있는 딸기를 맛볼 수 있다는 걸 알게 된다.

인물들의 익살스러운 표정을 살펴보기도 하고, 이야기가 바뀌면서 주인공의 표정이 어떻게 바뀌는지 이야기하면서 읽어보자. 혼자 누리는 것보다 함께 나누면 기쁨이 배가 된다는 사실을 알게 해주고, 사회성을 키우기 좋아서 요즘 아이들에게 꼭 필요한 책이다. 모든 그림이 흑백으로 되어 있는데, 딸기만은 예쁜 빨간색을 넣어 딸기가 더욱 맛있어 보인다.

아이와 생각을 나누는 질문
Q. 지금 내가 가지고 있는 것 중 남에게 베풀 수 있는 것은 무엇이 있을까요?
Q. 혼자보다 함께 하면 즐거운 것에는 무엇이 있을까요?
Q. 욕심쟁이 딸기 아저씨의 얼굴은 왜 빨개졌을까요?

 초등 국어 교과서 수록, 학교도서관사서협의회 추천, 한국어린이교육문화연구원 으뜸책

#나눔 #행복 #소통 #기쁨 #딸기 #욕심 #아저씨 #딸기잼

> 260 편지에는 드레스가 얼마나 마음에 들었는지 그리고 아이린이 얼마나 용감하고 사랑스러운 아이인지에 대해 적혀 있었지요.

용감한 아이린

윌리엄 스타이그 글·그림, 김영진 옮김, 비룡소, 2017

아이가 용감해지는 이유

아이린은 병이 난 엄마를 대신해 공작부인의 옷을 전달하기 위해 집을 나선다. 추위와 눈보라가 매섭지만, 자신의 임무를 완수하기 위해 최선을 다한다. 거센 바람에 드레스가 날아가고 절망적인 순간이 찾아와도 사랑하는 엄마를 생각하며 포기하지 않는다.

아이린은 어른의 입장에서 참 기특한 아이다. 씩씩하고 용감하며 자신이 맡은 일을 끝까지 해내는 모습이 가상하다. 감당할 수 없는 곤경에 빠지게 되었을 때도 스스로를 비난하거나 환경을 탓하지 않고, 앞을 보며 나아간다. 이렇게 아이린을 강하게 만드는 건 무엇일까? 바로 부모의 사랑과 주변 어른들의 지지다. 엄마와의 안정적 애착 관계는 아이의 내면을 단단하게 다지는 토대가 되었고, 주변 어른들의 응원과 격려는 성장의 자양분이 되었다. 이 그림책은 아이에게는 용기를, 어른에게는 각성을 주는 이야기이다. 좋은 양육자, 어른이 아이에게 얼마나 긍정적 역할을 하는지 보여준다.

우리 아이가 아이린처럼 멋지게 자라길 바란다면 사랑과 격려로 대하자. 어른들이 믿고 지켜봐 주는 것만큼 아이들은 성장할 수 있을 것이다.

> **아이와 생각을 나누는 질문**
> Q. 아이린이 드레스 가져가는 걸 포기하지 않았던 이유는 무엇일까요?
> Q. 나는 용기를 내본 경험이 있나요?
> Q. 내가 용기를 낼 수 있었던 이유는 무엇이었나요?

🏆 뉴욕 타임스 베스트 그림책 선정, 어린이도서연구회 추천, 두 번의 칼데콧상과 뉴베리상 수상 작가

#용기 #의지 #사랑 #지지

261

우리 가족입니다. 엄마, 아빠, 나, 동생, 할머니 이렇게 다섯 명입니다.

우리 가족입니다

이혜란 지음, 보림, 2005

할머니는 우리 가족일까?

큰 부자는 아니지만 작은 중국집을 운영하면서 행복하게 살던 가정에 큰 변화가 생긴다. 멀리 시골에서 할머니가 함께 살겠다고 올라오신 것이다. 그런데 할머니의 행동이 수상하다. 아무 데서나 옷을 벗고, 학교 밖 담 밑에 드러누워 자고, 먹을 것을 옷장에 숨겨 두어 구더기가 생기게 한다. 심지어는 대소변도 가리지 못한다. 그럴 때마다 중국집을 운영하느라 바쁘신 부모님의 고생이 이만저만이 아니다. 싫을 만한 일이지만 묵묵히 일 처리하는 엄마, 아빠의 모습이 힘들어 보인다. 보다 못한 딸은 아빠에게 묻는다. "아빠 할머니 다시 가라면 안 돼?", "안돼! 아빠의 엄마니까…"라는 아빠의 대답이 오래도록 마음에 남는다. 할머니를 가족으로 받아들이면서 딸은 그만큼 성숙하게 되고 가족은 더욱 행복해진다.

핵가족화로 조부모를 친척이라고 생각하는 현대인이 많다. 책을 읽고 조부모에게 안부 전화나 문자 메시지를 보내보자. 조부모가 있는 가족사진을 보며 조부모와 부모의 예전 이야기도 들려주자. 조부모까지 가족으로 생각하고 마음으로 받아들이면 좋겠다.

아이와 생각을 나누는 질문
Q. 할아버지, 할머니와의 가장 기억에 남는 추억은 무엇인가요?
Q. 만약 우리 할머니가 주인공의 할머니처럼 편찮으시다면 나는 어떤 도움을 줄 수 있을까요?

 보림창작그림책 공모전 수상작, 2006 세종도서 우수교양도서, 행복한아침독서 추천

#가족 #할머니 #엄마 #아픔

262

"오늘은 힘들어도 내일은 훨씬 좋아질 거다."

우리 선생님이 최고야!

케빈 헹크스 글·그림, 이경혜 옮김, 비룡소, 1999

나도 선생님이 될래요!

선생님의 모든 것이 좋은 릴리는 커서 선생님이 되고 싶다고 말한다. 하지만 자기 뜻대로 되지 않는 상황이 되자 선생님에 대한 마음이 삐뚤어진다. 나중에 선생님을 오해한 것을 알게 된 릴리는 선생님께 진심으로 사과하고, 다시 선생님이 되고 싶다고 말한다.

입학을 앞두고 새로운 환경과 새로운 사람에 대한 막연한 걱정이 생긴 아이에게 좋은 책이다. 릴리의 마음에 동화되어 학교와 선생님에 대한 기대감으로 학교에 대한 긍정적인 호기심이 생길 수 있다. 학교에 가면 모두가 나에게 집중해줄 것 같지만, 학교엔 규칙이 있고 공동체 생활을 위해서는 차례를 기다리는 연습이 필요하다는 것도 알게 된다.

아이의 적응을 위해 또 하나 중요한 것은 부모의 역할이다. 아이가 새로운 환경을 안심하고 받아들이기 위해서는 부모의 긍정적인 피드백이 중요한데, 릴리의 부모처럼 선생님을 믿고 아이를 안심시켜 주는 것은 아이가 적응하는 데 든든한 버팀목이 된다. 새로운 시작을 준비하는 아이와 부모 모두가 함께 마음의 준비를 하기 좋은 책이다.

아이와 생각을 나누는 질문
Q. 선생님이 내 마음을 몰라줘서 서운한 적이 있나요? 그럴 때 어떻게 했나요?
Q. 어떤 선생님을 만나고 싶나요? 내가 생각하는 최고의 선생님은 어떤 모습인가요?

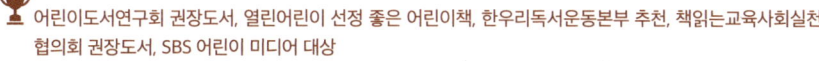 어린이도서연구회 권장도서, 열린어린이 선정 좋은 어린이책, 한우리독서운동본부 추천, 책읽는교육사회실천협의회 권장도서, SBS 어린이 미디어 대상

#선생님 #학생 #어른 #교육 #이해 #규칙 #적응 #입학

263

> "사랑하는 아이야 세상을 훨훨 날아다니렴.
> 날다가 쉬고 싶을 때 언제든 돌아오렴.
> 엄마가 꼭 안아줄게."

우리는 언제나 다시 만나

윤여림 글, 안녕달 그림, 사계절, 2001

"엄마는 언제나 네 곁에 있어."

안정 애착을 지닌 아이는 어머니가 떠나고 다시 돌아올 때 정상적인 슬픔 및 행복 반응을 한다. 영유아기에 안정 애착을 형성한 이들은 그렇지 않은 사람보다 학업 성취도가 더 높고, 친구 관계 및 이성 관계에서 안정된 모습을 보인다고 한다. 『우리는 언제나 다시 만나』는 엄마와 아이의 안정적 애착 관계를 그리고 있다.
영유아기 시절 아이는 부모와 떨어지기 힘들다. 이때 엄마는 아이에게 우리는 언제나 다시 만날 수 있으니 안심해도 괜찮다는 걸 알려준다. 아이는 불안하지만 얼마 후면 엄마를 볼 수 있음을 알고 안정감을 얻는다. 성장 후 아이가 집을 떠날 때 엄마는 힘들 때 언제든 돌아와도 괜찮으니 세상을 맘껏 누비라고 이야기한다. 아이는 엄마의 응원과 격려 속에서 단단하고 건강한 사람으로 성숙해간다. 한 사람이 성장할 때 좋은 양육자보다 더 큰 선물이 있을까?
이 그림책은 예비 엄마, 육아 중인 엄마가 읽는다면 더할 나위 없이 좋을 것이다. 아이에게는 한없이 크고 따뜻한 엄마의 사랑을 깨우쳐 줄 것이다.

아이와 생각을 나누는 질문
Q. 나는 언제 부모님과 처음 떨어져 잤나요?
Q. 부모님과 떨어져 있을 때 어떤 느낌이었나요?
Q. 부모님과 함께 있을 때 어떤 느낌인가요?

 행복한아침독서 추천, 한국학교사서협회 추천

#애착 #분리불안 #육아 #사랑

264 "모두들 즐거운 크리스마스!"

우체부 아저씨와 크리스마스

앨런 앨버그 글, 자넷 앨버그 그림, 김상욱 옮김, 미래아이(미래M&B), 2018

따뜻한 크리스마스 편지를 써보아요

이 책은 크리스마스이브에 우체부 아저씨가 동화 속 인물들에게 다양한 편지를 배달하는 이야기를 담고 있다. 우체부 아저씨가 편지를 전달하는 장면과 편지 봉투, 그 안에는 주사위 게임 엽서, 퍼즐 엽서, 만화경 엽서 등 다양한 형태의 크리스마스 편지가 담겨 있어서 그림책을 읽으며 직접 편지를 꺼내어 읽을 수 있다. 크리스마스를 주제로 한 특별한 이야기로, 12월에 읽기에 안성맞춤인 그림책이다. 크리스마스의 특별한 축제 분위기와 따뜻함을 충분히 느낄 수 있다. 또한, 빨간 모자와 늑대, 진저브레드 맨 같이 친숙한 동화 속 인물들이 등장하기 때문에 아이들은 더욱 재미를 느낄 것이다. 아이들이 직접 편지를 열어서 내용을 읽고, 선물을 확인할 수 있어서 독서를 체험하면서 특별한 경험을 할 수 있다. 크리스마스 시즌에 이 책으로 아이들이 누군가에게 크리스마스 편지를 쓰고 전달하는 따뜻한 경험을 만들어낼 수 있을 것이다.

아이와 생각을 나누는 질문
Q. 크리스마스 편지와 선물을 누구에게 주고 싶나요?
Q. 가장 기억에 남는 크리스마스 편지와 선물은 무엇인가요?

🏆 2018 볼로냐 라가치상, 2017 굿리즈 초이스 어워드 베스트 그림책, 2018 PINBA 수상 그림책, 행복한아침독서 추천, 한국학교사서협회 추천, 동아일보·조선일보·한겨레신문 추천

#크리스마스 #편지 #선물 #나눔 #이웃

265

나도 크면 울지 않게 될까?

울었어

나카가와 히로타카 글, 초 신타 그림, 최윤미 옮김, 문학동네, 2008

울음은 일곱 색깔 무지개

착한 아이가 되려면 울지 말라고 한다. 그럼, 울음은 나쁜 걸까? 엄마 배 속에 있던 아기가 밖으로 나와 힘차게 첫울음을 터트린다. 그렇게 시작한 평생의 울음은 '말'이고 '언어'이고 '의미'이다. 우리는 울음을 지나치게 부정적으로 대한다. 책 속 남자아이는 '넘어져서' '기뻐서' '무서워서' '다시 만나 반가워서' 울었다고 얘기하면서 툭하면 우는 갓난아기, 전쟁에 집이 불타 우는 텔레비전 속 아이, 이불 속에서 남몰래 우는 엄마처럼 다른 이들이 우는 것을 얘기한다. '자신은 매일 운다며 어른이 되면 안 울게 될까'라고 말하는 아이의 순수한 마음이 느껴진다. 금세 울 수 있다는 건 굉장한 일이고 매일 울 수 있다는 건 정말 멋진 일이라고 작가는 말한다. '울었어'가 반복되어 마치 동시 같아 소리 내 읽으면 마음이 맑아진다. '울음'이 많은 아이가 이 책을 읽고 자신이 울음이 '좋은' 것이며 자신을 감정이 풍부한 대단한 아이라고 여기길 바란다. 또, 우는 친구를 보고 속내를 깊이 이해할 수 있기를 소망한다. 자신의 감정을 꼭꼭 가슴 속에 담아두는 아이들도 함께 하면 좋겠다.

아이와 생각을 나누는 질문
Q. 사람마다 눈물 통의 크기가 다를까요?
Q. 눈물이 없는 사람은 진짜로 안 우는 것일까요? 마음속으로 우는 것일까요?

🏆 제10회 일본 그림책 대상 수상, 제51회 일본 청소년 독서 감상문 콩쿨 도서 선정

#울음 #공감 #기쁨 #어른 #사랑

266

"모두 위를 봐요!"

위를 봐요!

정진호 글·그림, 현암주니어, 2014

나로부터 시작되는 나비효과

장애가 있는 사람을 이해하고 함께 살아가는 방법을 생각하게 하는 그림책이다. 그러나 장애에 한정 짓지 않고 읽어도 좋다.

교통사고로 휠체어에 의지해 이동해야 하는 수지. 아파트 베란다 아래 세상을 내려다보는 일이 수지의 일상이다. 선뜻 아래 세상으로 내려가지 못한다. 절망에 빠진 수지를 어떻게 도와주어야 할까?

무채색 세상 속 수지를 유채색 세상으로 오게 한 건, 한 아이의 시선 전환과 작은 관심이다. 앞을 바라보며 걷던 아이가 위를 바라보며 건네는 질문 하나는 세상에 작은 변화를 가져오는 나비의 처음 날갯짓과 같다. 남자아이가 수지를 배려해서 한 행동에 동화된 사람이 하나, 둘, 점점 늘어나면서 지나가던 모든 사람이 수지를 올려본다. 그리고 들려오는 외침! "모두 위를 봐요!" 아래만 내려다보던 수지는 그제야 사람들과 같은 방향을 올려다본다. 그리고 사람들이 있는 지상으로 내려온다. 비로소 한 방향을 같은 높이에서 바라보는 동행자가 된 것이다. 나의 선한 행동 하나가 어느 곳, 어느 상황에서나 시작점이 되어, 이 세상을 희망이 가득하고 따뜻하게 변화시킬 수 있음을 보여준다.

아이와 생각을 나누는 질문
Q. 수지는 왜 밥도 먹지 않고 아파트 베란다 아래만 내려다보는 걸까요?
Q. 세상을 밝고 따뜻하고 만들 수 있게 내가 실천할 수 있는 일은 무엇일까요?
Q. 베란다 창가에 놓인 화분은 무슨 의미일까요?

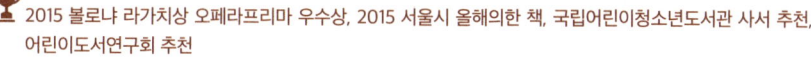

2015 볼로냐 라가치상 오페라프리마 우수상, 2015 서울시 올해의한 책, 국립어린이청소년도서관 사서 추천, 어린이도서연구회 추천

#장애 #시선 #극복 #방향 #동행

267
하지만 집으로 돌아온 유리 아이는 있는 그대로의 모습으로 살아가는 법을 천천히 알아가고 있어요.

유리 아이

베아트리체 알레마냐 글·그림, 최혜진 옮김, 이마주, 2021

온전한 나다운 삶

한 마을에 유리 아이가 태어난다. 유리 아이는 투명해서 사람들은 아이의 몸속을 훤히 들여다볼 수 있다. 문제는 유리 아이의 생각조차 사람들 눈에 그대로 보인다는 것이다. 처음에 사람들은 유리 아이의 아름다움에 감탄했지만, 아이가 성장하며 부정적인 생각을 하게 되자 그 모습이 보기 싫어 비난하기 시작한다. 실망한 유리 아이는 자신을 받아줄 곳을 찾아 길을 떠난다.

사람들은 유리 아이의 고유한 특징을 있는 그대로 인정할 수 없다. 유리 아이는 사람들의 냉소 어린 눈길을 피해 도망치지만 어딜 가도 타인으로부터 안전한 곳은 없었다. 우리는 살다 보면 사람들의 무수한 평가를 받는다. 그 속에는 따뜻한 격려도 무차별적 공격도 있다. 이때 중심을 지킬 수 있는 사람은 나 자신뿐이다. 연약함도 어두움도 나의 일부라는 걸 인정하고 온전히 나 자신으로 살자. 타인의 평가는 타인의 몫일 뿐 내가 어찌할 수 있는 영역이 아니다. 나는 그냥 나답게 살아도 괜찮다. 이 그림책을 통해 아이와 '나다운' 삶이 무엇일지 진지하게 이야기 나눠보는 시간이 되길 바란다.

아이와 생각을 나누는 질문
Q. 나는 사람들에게 어떤 말을 들었을 때 불편했나요?
Q. 나의 연약한 부분은 무엇인가요?
Q. 내가 사람들의 비난을 대처하는 방식이 있을까요?

🏆 2002 프랑스 몽트뢰유 도서전 바오밥 프라이즈 수상작, 2019 뉴욕 공공도서관·뉴욕타임즈 선정 올해의 그림책, 행복한아침독서 추천

#나다움 #타인 #비난 #자기애

268

월월 씨는 으리으리한 집을 두고 떠나지만, 하나도 아쉽지 않았어요. 가족이 생겼으니까요.

으리으리한 개집

유설화 글·그림, 책읽는곰, 2017

근사한 가족이 생겼어요

월월 씨는 귀여운 강아지로 입양되었지만, 덩치가 커지면서 주인에게 버려져 어려움을 겪게 되고, 아무도 자신을 버리지 못하도록 열심히 돈을 모아 으리으리한 집을 짓고 살게 된다. 이층집으로 세 들어 온 사람들과 가족을 이루게 되는 과정을 그렸는데 다시는 사람을 믿지 않겠다고 다짐한다. 반려동물이 사람들에게 얹혀사는 것이 아니라 사람들이 개집에 얹혀사는 재미있는 소재로 이야기를 풀어가고 있어 궁금증을 더해간다.

앞 면지에는 '행복한 멍멍이 가게'가 그려져 있는데 강아지들 모두 전혀 행복한 모습이 아니다. 뒤 면지에는 강아지와 고양이, 새들이 사람들과 살아가는 아파트 전면을 보여주는데 이곳의 반려동물들은 가족과 함께 모두 행복해 보인다. 반려동물과 사람은 가족을 이루고 서로 사랑하면서 위로받는다.

반려동물과 함께 살아가는 사람이 많아지고 있다. 그만큼 유기 동물도 많아진다고 한다. 반려동물을 키우고 싶어서 조르는 자녀와 입양 전에 이 그림책을 함께 읽어보면 좋다. 지금 반려동물을 키우고 있어도 꼭 읽어보아야 할 것이다.

아이와 생각을 나누는 질문
Q. 바닷가에서 유기되었을 때의 월월 씨 마음은 어떠했을까요?
Q. 같이 살던 반려동물을 유기하고 돌아가는 주인의 마음은 어떠할까요?
Q. 너무나 멋진 으리으리한 집에서 혼자 산다면 행복할까요?

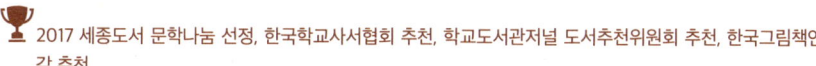 2017 세종도서 문학나눔 선정, 한국학교사서협회 추천, 학교도서관저널 도서추천위원회 추천, 한국그림책연감 추천

#가족 #행복 #반려동물 #개집 #유기

269 딸기가 많아질수록 기쁨이 줄어들어.

이 세상 최고의 딸기
하야시 기린 글, 쇼노 나오코 그림, 고향옥 옮김, 길벗스쿨, 2019

나에게 행복을 주는 힐링푸드는 무엇인가요?

하얀 곰에게 딸기를 보내준다는 편지가 온 이후로 매년 겨울이 되면 하얀 곰의 집에 딸기가 배달된다. 그런데 무슨 일인지 매년 배달되는 딸기의 양은 늘어나는데, 하얀 곰의 기쁨은 점점 줄어만 간다. 하얀 곰은 딸기 개수가 중요했던 것이 아니라 딸기 자체를 기대했던 것 같다. 하얀 곰이 말해준 것처럼 하얀 곰에게 행복은 처음 받았던 한 알의 딸기였다.

행복을 주는 음식을 '힐링푸드'라고 하기도 한다. 그 음식을 먹으면 위안을 얻기 때문이라고 헌다. '힐링푸드'의 조건은 '추억'과 '감정'인데. 음식을 먹었을 때 추억과 그때 들었던 감정이 더해져야 비로소 '힐링푸드'라고 할 수 있다. 맛있는 음식이 아니더라도 그 음식을 누구와 먹었는지, 그날 기분이 어땠는지에 따라 그 음식에 대한 기억이 행복이 될 수도 있다고 한다. 어렸을 때 먹었던 음식이 어린 시절의 추억을 떠올리게 해주듯 음식에 얽힌 추억이 아이에게는 중요한 행복의 조건이 될지도 모른다. 이 그림책을 읽고 아이와 함께 각자의 추억이 담긴 힐링푸드를 소개하는 시간을 가져봐도 좋겠다.

아이와 생각을 나누는 질문
Q. 나의 힐링푸드는 무엇인가요?
Q. 그 음식이 나의 힐링푸드가 된 이유는 무엇인가요?

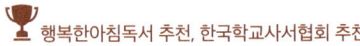
행복한아침독서 추천, 한국학교사서협회 추천

#행복 #행복의_기준 #소확행 #풍요로움 #힐링푸드

270 또 다른 그림책을 펼쳐 봐!

이 작은 책을 펼쳐봐

제시 클라우스마이어 글, 이수지 그림, 이상희 옮김, 비룡소, 2013

책이 작아졌어요

재미있는 책이다. 어! 어! 하면서 신기한 경험을 하게 된다. 이렇게 작아질 수도 있구나! 감탄하며 계속 열어본다. 형식적인 면에서 재미있는 모양을 가진 책이다. 내용적인 면에서 전혀 어울릴 것 같지 않은 주인공들이 다른 주인공의 이야기를 읽는다. 무당벌레가 개구리 이야기에서 읽을 수 있는 내용은 무엇일까? 궁금하다. 무당벌레는 개구리 이야기에서 어떤 것을 알게 되었을까? 재미있고 신나는 새로운 이야기를 경험하게 될 수도 있다.

'사람책'이라는 것이 있다. '사람책'은 그 사람이 살아 온 이야기가 한 권의 책이 될 수 있다는 것이다. 전혀 다른 모양과 전혀 다른 삶을 살아온 누군가의 그 무엇이 모르는 누군가에게는 따뜻한 이야기가 된다. 물리적인 책만이 꼭 책이 아니라는 것이다. 나와 친한 언니, 오빠가 겪은 경험들이 좋은 이야기가 되어 나의 생활에 들어온다. 삶이 풍부해진다.

계속해서 펼쳐보고 싶은 '사람책'을 만드는 나의 삶, 나의 생활이 그 누군가에게 힘이 되는 '사람책'으로 다가갈 수 있게 되기를 바라는 맘이다.

아이와 생각을 나누는 질문
Q. 무당벌레가 개구리 이야기에서 읽었던 내용은 무엇일까요?
Q. 나는 누구의 '사람책'을 알고 싶나요?

🏆 보스턴 글로브 혼북 명예상

#작은_책 #펼치기 #조그만_그림책 #또_다른_그림책

271

모자를 훔치는 게 나쁘다는 건 알아.

이건 내 모자가 아니야

존 클라센 글·그림, 서남희 옮김, 시공주니어, 2013

잘못된 욕망의 최후

작은 물고기는 큰 물고기의 모자를 몰래 가져온다. 그러고서 작은 물고기는 자기 잘못에 대해 여러 이유로 합리화한다. 무사히 모자를 훔쳐 자기 것으로 만들기 바라는 작은 물고기의 마음은 고스란히 글로 담았다. 그러나 작은 물고기의 바람과는 반대로 행동하는 커다란 물고기는 그림으로만 표현되었다. 이렇게 글과 그림을 상반되게 표현하면서 긴장감과 재미를 더해준다.

작은 물고기는 완전 범죄를 꿈꾸며 물풀에 숨는다. 그 뒤를 큰 물고기가 따라간다. 다음 장면은 무성한 물풀만 그림으로 표현되어 있어 두 물고기 사이 어떤 일이 벌어졌는지 큰 물고기가 어떻게 모자를 되찾았는지 알아차리는 것은 오롯이 책을 읽는 어린이들 몫이다. 아이가 짐작한 내용을 이야기 나눠보자. 그리고 욕망을 채우기 위해 도덕성을 져버리면 어떻게 되는지 아이 스스로 생각하게 하자.

큰 물고기와 작은 물고기 사이에는 게가 있다. 게는 작은 물고기의 행방을 알려주지 않겠다고 약속한다. 그러나 게는 그렇게 하지 않는다. 게가 한 행동에 대해서도 아이와 대화를 나누면서 잘못된 길을 가는 친구를 도와주는 방법도 함께 생각해보자.

아이와 생각을 나누는 질문
Q. 작은 물고기에게 알려주고 싶은 덕목은 무엇인가요?
Q. 작은 물고기의 최후는 어떻게 되었을까요?
Q. 큰 물고기가 모자를 찾을 수 있게 알려준 게의 행동을 어떻게 생각하나요?

 2013 칼데콧상, 2013 이르마 제임스 블랙상 명예상, 2014 케이트 그린어웨이상

#도덕성 #정직 #욕망 #자기합리화

272 그래, 알았어. 그런데 그게 상자가 아니면 뭐야?

이건 상자가 아니야

앙트아네트 포티스 글·그림, 김정희 옮김, 베틀북, 2007

상자로 만드는 무한한 상상의 세계

아기 토끼는 상자로 무얼 하냐는 질문에 "이건 상자가 아니야"라고 말한다. 아기 토끼는 상자로 무엇이든 만들어내는 아이 같고, 상자로 무얼 하냐는 질문은 부모가 하는 것 같다. 어른의 눈에 상자는 테이프를 뜯고 버려야 할 재활용품일 뿐인데, 아이들은 그걸로 다양하게 무언가를 만들어 놀이 활동을 한다. 이 책을 읽고 난 후 아이들과 함께 상상력을 발휘해보길 바란다. "지저분하니 치우자!"라고 말하기보다 재미있게 생각하고 그냥 즐겁게 놀고 그 안에서 다양한 것을 꿈꿀 수 있게 해주자. 신나게 상상하고 노는 것만으로도 아이들은 많은 것을 배울 수 있다. 세상을 바꾼 위인들의 일대기를 살펴보면 호기심이 많고 상상력이 풍부한 어린 시절의 일화가 많다. 이런 위인전을 함께 읽어보면, 불가능해 보이는 일도 여러 사람의 지식과 지혜가 모여 현실이 될 수 있다는 것도 알게 될 것이다. 달에 가는 우주선을 만드는 것보다 우주를 여행하는 꿈을 꾸게 하라는 말처럼 상상하고 꿈꾸다 보면 우주여행이 현실로 다가오지 않을까?

> **아이와 생각을 나누는 질문**
> Q. 아기 토끼에게 상자란 무엇일까요?
> Q. '이건 상자가 아니야' 2탄을 만든다면 어떤 제목을 붙이고 싶나요?

 2007 닥터 수스상 수상

#상상력 #호기심 #창의성

273

하지만 저건……
사과가 아닐지도 몰라요.

이게 정말 사과일까?

요시타케 신스케 글·그림, 고향옥 옮김, 주니어김영사, 2014

내가 아직도 사과로 보이니?

식탁 위에 사과가 한 개 있다. 분명 사과다. 하지만 사과가 아닐지도 모른다는 상상을 해본다. 놀랍게도 사과는 사과가 아닐지도 모른다. 그리고 사과가 왜 여기 있을까? 사과를 향한 상상은 끝이 없다.

보고만 있어도 상상력과 창의력이 저절로 높아질 것 같은 책이다. 작가는 사과 하나로 많은 것을 보여준다. 사과가 어디서 온 것인지도 상상해보고, 사과에 대한 고정관념을 깨게 만든다. 작가의 상상력과 창의력은 놀랍기도 하고, 부럽기도 하다. 고정관념에 사로잡히면 사고의 유연성이 떨어져서 정형화된 답을 말하게 된다. 하지만 아이들은 작가보다 상상력이 뛰어나다. 이 책을 보면서 작가가 생각하지 못한 것을 찾아낸다. 그리고 기특하게도 제2의 사과, 제3의 사과도 자연스럽게 만들어낸다. 이때 아이가 상상한 것을 칭찬하고 인정해줘야 한다. 사고의 유연성은 자신의 상상을 인정받을 때 더 활발히 발휘된다.

사과가 사과가 아닐지도 모른다는 생각이 꼬리에 꼬리를 물고 이야기를 만든다. 당연하다고 생각하지 않는 것부터가 상상의 시작이다.

> **아이와 생각을 나누는 질문**
> Q. 사과에 이름을 붙여준다면, 어떤 이름을 붙여주고 싶나요?
> Q. 만약에 작가를 만난다면 어떤 질문을 해보고 싶나요?

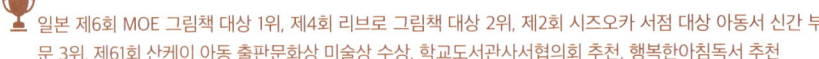
일본 제6회 MOE 그림책 대상 1위, 제4회 리브로 그림책 대상 2위, 제2회 시즈오카 서점 대상 아동서 신간 부문 3위, 제61회 산케이 아동 출판문화상 미술상 수상, 학교도서관사서협의회 추천, 행복한아침독서 추천

#사과 #상상 #창의력

274

이럴 때 너라면 어떻게 할래?

이럴 때 너라면?

고미 타로 글·그림, 김소연 옮김, 천개의바람 2014

어떻게 할래?

'산에 올라갈 거야. 올라가는 방법은 여러 가지 있지. 이럴 때 너라면 어떤 방법을 선택할 거니?' 이렇게 작가는 열세 번째까지 끊임없이 새로운 상황을 주며 독자를 어르고 달래며 질문을 하고 선택을 하게 한다. 작가의 의도된 상황에 따라가다 보면 어떤 선택을 할지 고민되고 머릿속에 수많은 물음표가 떠다니게 된다.

우리는 상대가 나에게 선택을 하게 하고 결정을 기다리면 꼭 답을 해주어야만 할 것 같다. 책을 읽어 가다 보면 질문에 답을 하기 위해 애쓰는 나의 모습을 보게 될 것이다. 수많은 질문을 하고 생각을 하게 하면서 새로운 자극과 재미를 느끼게 된다. 작가는 이런 것을 의도하지 않았을까 생각이 든다.

답을 하기 위해 생각 주머니가 창의적으로 반짝거리는 느낌을 받는다. 질문에 담겨 있는 의미를 찾다 보면 나와 많은 대화를 하게 되고, 그림 속 의미의 깊은 뜻을 이해하게 된다. 수많은 질문을 하게 되고 많은 답을 찾는 끝없는 수다와 격려, 배려를 친구들과 나누게 된다. 나도 모르게 사고가 확장되는 경험을 나눌 수 있게 한다.

아이와 생각을 나누는 질문
Q. 내가 선택한 질문에 대한 답은 정말 100프로 완벽한 정답일까요?
Q. 질문에 대한 답을 꼭 해야만 할까요?
Q. 여러 질문에 가장 공감하는 질문과 답은 무엇이었나요?

 행복한아침독서 추천, 2015 오픈키드 좋은그림책 목록 추천도서, 2014 SK 사랑의책나눔 선정

#친구 #상상력 #놀이 #생각 #선택

275

"우리 개 이름은 '러키'랍니다!
'행운'이라는 뜻이 담긴 이름이죠."

이름 짓기 좋아하는 할머니

신시아 라일런트 글, 캐드린 브라운 그림, 신형건 옮김, 보물창고, 2004

이름을 지어준다는 것은

할머니는 친구가 없어 외롭게 지낸다. 혼자인 것도 이름 부를 친구가 없는 것도 싫었다. 그래서 이름 짓기를 시작한다. 이름 짓기에는 할머니만의 특별한 규칙이 있다. 그것은 생명이 없는 사물에만 이름을 지어주는 것이다. 사물은 할머니보다 먼저 떠날 염려가 없기 때문이다. 수채화로 잔잔하게 표현된 할머니 삶과 마주하면 혼자 살고 계신 조부모가 생각나고 할머니를 뵈러 가고 싶은 마음이 솟구친다. 할머니는 매일 찾아오는 갈색 강아지에게 먹이를 주지만, 할머니 집에 머물게 하지도 않고 이름도 지어주지 않는다. 강아지는 할머니의 이름 짓기 규칙에 어긋나기 때문이다. 강아지와 함께 살다 강아지가 먼저 죽고 혼자 남겨지게 될까 봐 두려워한다. 그러나 매일 오던 강아지가 며칠 동안 나타나지 않자 할머니는 알아차린다. 이별은 추억이라는 것을, 갈색 강아지는 행운이었다는 것을. 비로소 할머니는 먼저 떠날 것을 염려하지 않고 온전히 강아지와 관계를 맺는다. '행운'이라는 이름을 지어줌으로써. 이별이 두려워 살아있는 존재와 관계 맺기를 거부하는 할머니가 강아지를 만나 이별의 아픔을 극복하는 마음이 따뜻해지는 그림책이다.

> **아이와 생각을 나누는 질문**
> Q. 만약에 친구들이 모두 떠나고 나 혼자 남겨진다면 어떤 느낌일까요?
> Q. 이름을 지어주는 것은 무엇을 의미하는 걸까요?

 칼데콧상과 뉴베리상을 각각 두 번씩 수상한 작가 신시아 라일런트

#이름 #할머니 #반려견 #관계 #이별 #외로움

276

눈에서는 눈물이 흐르고, 입은 웃고 있었죠.

이모의 결혼식

선현경 글·그림, 비룡소, 2004

내가 어른이 되었나?

그리스에서 결혼하는 이모의 결혼식을 담은 책이다. 이국적인 그리스의 풍경, 외국인 이모부에 대한 낯선 느낌, 그곳의 날씨, 결혼 및 음식 문화를 글과 그림으로 보여준다.

'따르릉, 따르릉' 전화가 아이에게 그리스에서 열릴 이모 결혼식 들러리 초대를 알린다. 여행 가방에 예쁜 드레스를 넣는 아이는 여행으로 마음이 설렌다. 구름 위를 둥실둥실 날아 그리스 크레타섬에 도착하여 예쁜 이모와 맘에 안 드는 이모부를 만난다.

결혼식에서 가족이 흘리는 눈물이 기쁨의 눈물임을 아이는 이해하기 힘들다. 여행을 마치고 집으로 돌아온 후 '딩동' 벨 소리에 문 앞에 나가보니 다시는 못 만나리라 생각한 이모와 이모부가 있다. 어른들만 기쁨의 눈물을 흘리는 줄 알았는데, 이모부를 만난 기쁨에 자연스레 아이의 눈가에 눈물이 흐른다.

외국인 이모부를 가족으로 받아들이게 되는 아이의 심리, 기쁨의 눈물을 알아가는 아이의 성장이 잘 나타나 있다. 다문화 친구들을 이해하고 그들과 소통하는 데 도움이 되는 책이다.

> **아이와 생각을 나누는 질문**
> Q. 엄마 다음으로 좋은 이모가 결혼하면 어떤 감정이 들까요?
> Q. 기쁨의 눈물과 다른 느낌의 눈물은 맛과 색깔이 다를까요?
> Q. 여행 갈 때 꼭 가져가고 싶은 물건은 무엇인가요?

 제10회 황금도깨비상 수상작(2004)

#가족 #결혼식 #다문화 #기쁨 #눈물 #뽀뽀

277
이상한 꿈을 꾸었어요.
이상하고 무서운 이빨 사냥꾼 이야기를.......

이빨 사냥꾼
조원희 글·그림, 이야기꽃, 2014

이상한 꿈

이 책은 코끼리의 시각으로 바라본 상아 밀렵에 관한 이야기이다. 인간이 코끼리에게 큰 잘못을 하고 있음을 역설적으로 말하며 윤리 의식을 고민하게 한다.
망원경 속에 아기가 있다. 뒤돌아본 모습이 놀란 표정이다. 날랜 사냥개, 코끼리 모습을 한 사냥꾼들의 발소리에 힘이 들어간다. 긴박함이 느껴진다. 아기는 도망칠 수 없다. 파란 화살 몇 개가 아기 몸에 박힌다. 쓰러진 아기를 결박하고 이빨을 뽑더니 그것으로 여러 가지 장신구를 만들어 판매한다.
아기는 이상한 꿈을 꾼다. 꿈에선 분명 코끼리였는데, 깨고 나니 코끼리 상아를 어깨에 메고 가는 것은 인간이다. 아기는 무릎 꿇고 어른들을 망연히 쳐다보며 사람들에게 꿈 이야기를 해야겠다고 다짐하지만, 과연 어른들은 아기의 말을 들어줄까?
상아 밀렵꾼, 인간의 과도한 욕심, 생명의 소중함을 알려주기에 좋다. 아이와 생명의 윤리에 관해 이야기를 나누어볼 만한 책으로 추천한다. 2010년부터 2013년까지 4년 동안 12만 마리의 코끼리가 상아를 노리는 밀렵꾼들에게 살해되었다. 코끼리가 그들의 보금자리인 초원에서 안전하게 살아가길 바란다.

> **아이와 생각을 나누는 질문**
> Q. 꼬끼리 이빨을 장신구로 사용하는 것을 어떻게 생각하나요?
> Q. 무서운 꿈을 꾸다 깨고 나서 마음을 진정시킬 방법에는 무엇이 있을까요?

🏆 2013 볼로냐 국제도서전 올해의 일러스트레이터, 2017 볼로냐 라가치상, 한국유치원총연합회 추천

#인간 #코끼리 #상아 #욕심 #공포 #밀렵꾼 #생명

278 "너 혼자 심부름 다녀올 수 있겠니?"

이슬이의 첫 심부름

쓰쓰이 요리코 글, 하야시 아키코 그림, 이영준 옮김, 한림출판사, 1991

일상의 경험을 나누어요

5살 이슬이가 혼자 처음으로 심부름 가는 과정을 그린 이야기이다. 처음으로 심부름 가는 길, 무섭게만 느껴지는 길고 긴 담, 길가에서 만나는 자전거 탄 아저씨, 가다가 넘어져서 동전을 찾는 모습, 그리고 막상 가게에 가서는 가슴이 두근거리며 말을 못 하는 이슬이의 모습이 그려진다. 잔잔한 긴장감과 섬세한 심리 묘사로 아이의 내면세계를 잘 표현했다. 이슬이의 일상적인 일들이 작은 것처럼 보이지만, 이슬이에게는 큰 도전이었다. 아이들은 이슬이의 모험을 통해 자신도 새로운 경험에 도전하고 성장할 수 있다는 자신감을 얻을 것이다.

이 그림책은 처음이라는 경험과 가족 사이의 소중한 연결, 혼자서도 가능한 일들에 관해 이야기를 나누기 좋다. 오늘도 새로운 경험을 통해 자라나는 아이들과 함께 읽으며 일상의 경험을 함께 공감하는 시간을 가질 수 있다. 또한, 아이들에게 실제 세상에서 일어나는 일들에 대한 인식과 이해를 높일 수 있다. 아이들에게 용기와 성취감을 주는 동시에, 부모에게는 자녀의 마음을 이해하고 공유하는 기회를 줄 것이다.

아이와 생각을 나누는 질문
Q. 동생을 안고 언덕 아래에서 기다리는 엄마를 본 이슬이는 무슨 말을 했을까요?
Q. (이슬이와 엄마와의 약속 두 가지를 떠올려보고) 만약 내가 심부름을 한다면 주의할 것에 무엇이 있을까요?
Q. 나도 이슬이처럼 처음이라 두려웠지만, 이겨내고 성취한 경험이 있나요?

한우리독서문화운동본부 추천, 2021 '그림책 BASIC' 추천

#첫_심부름 #혼자서도 #설렘과_두려움 #성취감 #유년_기억 #일상_기억 #어린이_감정과_심리

279

두 토끼는 힘을 합해
다른 구멍 쪽으로 굴을 파 들어갔어요.

이웃사촌

클로드 부종 글·그림, 조현실 옮김, 물구나무(파랑새어린이), 2002

갈등을 대하는 태도가 중요해요

모든 인간관계가 흔히 그러하듯 사이가 좋고 가깝게 지내다가도 작은 오해로 갈등이 일어나고 관계가 악화하여 불편해지는 경우들이 있다. '이웃사촌'은 우리가 살아가는데 일어나는 인간관계에 대해 유쾌하게 풀어내고 있다. 처음엔 두 주인공인 갈색 토끼 브랭과 회색 토끼 그리주는 사이가 좋았다. 그러다 어느 날 둘은 어떠한 이유에서 인지 사이가 그만 나빠졌고 싸우기 시작한다. 싸우며 미운 감정이 생기니 서로의 결점들이 자꾸만 눈에 들어왔고 싸움은 점점 커졌다. 그러다 공동의 적 여우를 만나게 되고, 둘은 힘을 합해 도망가 살게 된다.

우리 역시 친구와 함께여서 좋을 때도 있지만, 좋지 못할 때도 있을 수도 있다. 어떻게 매 순간 좋을 수 있을까? 하지만 갈등이 생길 때 어떤 태도로 그 갈등을 대하느냐에 따라 관계가 유지되기도, 관계가 깨지기도 한다. 아이들에게 인간관계에서 갈등이 일어났을 때 갈등을 어떻게 해결해야 하며, 어려울 때 서로 도우면 서로에게 더 이로운 일이 일어날 수 있음을 알려주는 그림책이다.

아이와 생각을 나누는 질문
Q. 갈색 토끼 브랭과 회색 토끼 그리주를 보며 떠오른 사람이 있었나요?
Q. 여우가 왔을 때도 브랭과 그리주가 계속 싸웠다면 어떻게 되었을까요?
Q. 책의 주인공들처럼 친구와 갈등이 생겼을 때 갈등을 해결하기 위한 다른 방법으로는 무엇이 있을까요?

 초등 교과서 수록

#이웃 #고정관념 #결점 #다툼 #갈등 #이해 #협동

> 소풍 끝내고 가는 우리를
> 인사동이 가만히 배웅합니다.

인사동 가는 길

김이경 글, 김수자 그림, 파란자전거, 2005

전통의 정취가 있는 인사동 나들이

인사동은 외국인이 우리나라 관광을 왔을 때 꼭 찾는 대표적인 곳이다. 우리나라 전통문화를 볼 수 있고 전통의 물건들을 구입할 수 있기 때문이다. 인사동은 원래 우리 궁궐에서 사용하던 물건들과 진귀한 물건을 파는 곳이었다고 한다.

인사동 입구에 돌장승에서부터 닥종이, 붓 등을 살 수 있는 필방, 전통의 것만 있는 것이 아니라 현대의 멋을 입힌 각가지 공예품을 파는 쌈지길, 항아리, 도자기, 기왓장을 볼 수 있는 통인가게. 또 바로 옆 동네 삼청동에는 박물관과 미술관, 청와대를 돌아볼 수 있다.

탈방에서는 양반탈, 각시탈 등 우리 탈들을 볼 수 있고, 박영효 대감댁이었던 경인 미술관에서는 차와 함께 사계절을 다 느낄 수 있다. 전통 차를 맛볼 수 있으며 우리 옷과 우리 서적을 만날 수 있다.

이 거리는 박물관이라고 해도 어색하지 않다. '아는 만큼 보인다'라는 말이 있다. 서울의 한 동네지만 역사가 깊은 곳이니 책을 읽고 둘러보고 방문한다면 더 많은 것이 보일 것이다.

아이와 생각을 나누는 질문
Q. 이 책에서 가장 인상 깊은 것은 무엇인가요?
Q. 이 책의 인사동처럼 소개하고 싶은 곳이 있나요?

 행복한아침독서 추천

#인사동 #한지 #문방사우 #부채 #연 #옹기 #도자기 #전통기와 #삼청동 #미술관 #박물관

281
부분만 알고서도 아는 척할 수는 있지만, 참된 지혜는 전체를 보는 데서 나온다.

일곱 마리 눈먼 생쥐
에드 영 글·그림, 최순희 옮김, 시공주니어, 1999

전체를 볼 줄 아는 지혜가 필요해

눈먼 일곱 마리 생쥐가 하나의 사물을 탐색한다. 이후 각자가 생각한 것을 말하는데, 빨간 쥐는 기둥이라 하고, 초록 쥐는 뱀이라고 한다. 여섯 마리 모두 자기 생각이 맞다고 주장한다. 그때 모두의 말을 종합하여 하얀 쥐는 그것이 코끼리라고 말한다.

이런 책은 본문을 읽기 전에 표지만 보여주고, 눈감고 상상하며 이야기를 듣게 하는 것이 좋다. 그리고 답이 나오기 전까지만 읽어준 후 그림책을 보여주면, 아이는 상상한 것과 그림이 일치하는지 비교하며 책을 살펴본다. 그리고 정답을 찾기 위해 책에 더욱 집중하게 된다.

이번엔 생쥐 그림을 중심으로 그림책을 보자. 코끼리를 탐색하고 온 쥐는 하나같이 자기 생각을 말할 때만 쥐들을 바라볼 뿐, 다른 쥐가 말할 때는 다른 곳을 보고 있다. 마치 자기 생각과 경험이 전부인 양 다른 의견엔 귀 기울이지 않는다. 결과적으로 흰쥐를 통해 다른 쥐들은 너의 의견도 맞고, 타인의 의견도 틀리지 않았음을 알게 된다. 이 책을 통해 아이들이 숲을 보는 지혜로움을 배웠으면 한다.

아이와 생각을 나누는 질문
Q. 친구에 대해 일부분만 보고 오해한 경험이 있나요?
Q. 일곱 마리 쥐의 색깔이 주는 의미는 무엇일까요?

 1993 칼데콧 아너상, 2021 '그림책 BASIC', 2019 '100권의 그림책', 2018 어른을 위한 그림책 테라피, 그림책 박물관 추천

#눈먼_생쥐 #코끼리 #부분 #전체 #지혜

282

"난 곧 집에 돌아갈 거요. 우리 용감하고 똑똑한 아이다가 동생과 엄마를 잘 지켜 줄거라 믿소."

잃어버린 동생을 찾아서

모리스 샌닥 글·그림, 김경미 옮김, 시공주니어, 2015

가족에 대한 깊은 사랑과 헌신

아이다의 아빠는 먼 바다로 항해를 떠나고, 엄마는 슬픔에 빠진 채 지낸다. 부모님을 대신해서 아이다는 어린 동생을 돌본다. 그러던 어느 날 괴물이 나타나 동생을 납치하고 아이다는 동생을 찾기 위해 모험을 떠난다.

아이다는 씩씩하고 용감한 아이다. 동생을 납치당하게 했다는 자책감에 빠져 있지 않고 동생을 구하기 위해 최선을 다한다. 문제가 생겼을 때 슬픔과 후회에 빠져 있는 게 아니라 해결을 위해 적극적으로 나서는 모습이 인상적이다. 인생에서 문제가 생기는 것을 막기란 참 어렵다. 중요한 건 그 문제에 어떻게 대처하느냐이다. 아이다는 당당히 문제에 맞섰고, 그 일을 해결해낸다.

아이다가 동생을 사랑하는 모습이 아름답다. 가족에 대한 사랑과 책임에 관해 생각해볼 수 있게 한다. 동생이 있는 아이라면 특히 흥미롭게 읽을 수 있을 것이다. 이이다가 동생을 돌보는 모습을 어떻게 보았는지 큰아이와 이야기를 나누어보면 좋겠다. 평소 자녀의 생각을 들을 수 있고, 힘든 점을 나누는 시간이 될 것이다.

아이와 생각을 나누는 질문
Q. 동생을 돌본 적이 있나요? 어떤 점이 힘들었나요?
Q. 내가 가족을 위해 할 수 있는 일에는 무엇이 있을까요?

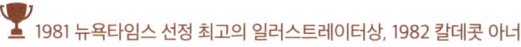 1981 뉴욕타임스 선정 최고의 일러스트레이터상, 1982 칼데콧 아너상

#가족 #동생 # 사랑 #문제해결력

283

"똥꼬야 미안해! 넌 정말 소중한 친구야."

입이 똥꼬에게

박경효 글·그림, 비룡소, 2008

모두가 다 소중해

신체 기관을 의인화해서 각 기관의 역할을 알려주는 동시에 소중하지 않은 역할은 없다는 것을 일깨워주는 그림책이다. 자신이 우리 몸에서 최고라고 자부하는 입은 똥꼬를 싫어하고 사라지기를 바란다. 만약에 똥꼬가 사라진다면 어떤 일이 발생하겠는가? 그림책은 익살스럽게 표현했지만, 인체에서 어떤 기관 하나라도 제대로 작동하지 않으면 병원 신세는 뻔하다. 만약에 우리의 신체 부위 중 어느 한 부분이 없다면 얼마나 힘들게 하루하루를 살아야 하는지 이야기 나눠봄으로써 신체에서 중요하지 않은 기관은 하나도 없다는 것을 스스로 알게 된다. 신체 기관을 사회로 확장해서 이야기해볼 수 있다. 각자의 자리에서 맡은 소임을 다했을 때, 그 사회가 건강하게 유지된다는 것을 생각할 수 있을 것이다.

입, 코, 눈, 귀, 손, 발은 대화를 통해 각 신체 기관이 무슨 일을 하는지 아이들이 이해하기 쉽게 풀어 전한다. 그리고 목구멍으로 넘어간 음식물이 어떤 경로로 똥꼬까지 가고, 똥꼬가 사라져 창자에 쌓인 음식물이 다시 입으로 나오게 되는 이야기를 통해 음식물을 섭취하면 어떤 경로로 소화되는지 알게 한다.

아이와 생각을 나누는 질문
Q. 내 신체 중 어느 한 부위가 없다면 어떤 불편이 있을까요?
Q. 우리 사회에서 겉으로 드러나지 않지만, 꼭 필요한 직업에는 어떤 것이 있나요?
Q. 건강한 사회란 어떤 사회를 말하는 것일까요?

 2008 황금도깨비상, 2008 문화체육관광부 우수교양도서, 행복한아침독서 추천

#신체기관 #건강 #사회 #역할 #소중함

ㅈ - ㅎ

"봤지, 책은 정말 쓸모 있는 거야."

『아름다운 책』

284
작은 집에는 이제 다시 사람이 살게 되었고, 작은 집은 사람들의 보살핌을 받았습니다.

작은 집 이야기

버지니아 리 버튼 글·그림, 홍연미 옮김, 시공주니어, 1993

변화는 항상 좋은 것일까?

아주 먼 옛날, 시골 마을에 튼튼하고 아담한 작은 집이 하나 있었다. 작은 집을 지은 사람은 금과 은을 주어도 이 집은 팔지 않고 후손들이 사는 모습을 지켜보면서 오래도록 남겨둘 것이라고 했다. 세월이 지나고 작은집 주변에는 도로가 생기고 아파트가 들어서고 철도가 생겨났다. 아무도 보살피지 않는 작은집은 우연히 작은 집을 지었던 할아버지의 손녀 부부가 발견하게 되고, 손녀 부부는 작은집에 어울리는 조용하고 먼 시골 마을로 작은 집을 옮긴다. 작은집은 조용한 시골 마을에서 원래대로 조용히 지낼 수 있게 된다.

이 책은 작은 마을이 도시로 빠르게 변해가는 과정을 작은 집의 시선으로 그려간다. 도시화 되면서 변해가는 교통수단이나 도시의 변화 모습이 그림에서 잘 나타난다. 작은집이 없어지고 빌딩이 세워진 마을은 이제 계절의 변화도 알 수 없어지고, 맑은 공기와 밝은 달빛도 찾을 수 없다. 우리나라도 빠른 속도로 발전하는 과정에서 누군가는 자신의 집을 잃기도 했고, 환경문제가 새롭게 생기기도 했다. 기술이 점점 더 발전되어 가는 시대에 우리는 미래를 위해 어떤 준비를 해야 할까?

아이와 생각을 나누는 질문
Q. 작은 집을 지은 사람은 왜 작은 집을 절대로 팔지 않겠다고 했을까요?
Q. 작은 집은 왜 도시에서 사는 게 싫어졌을까요?

 1943 칼데콧상, 초등 교과서 수록

#도시화

285 "누가 누가 장갑에 살고 있니?"

장갑
에우게니 M. 라쵸프 그림, 배은경 옮김, 한림출판사, 2015

타인의 처지에 공감하는 마음은 아름답다

추운 겨울, 땔감을 찾아 숲속을 걸어가던 할아버지가 도중에 실수로 장갑을 한 짝 떨어뜨리고 지나친다. 처음 장갑을 발견한 들쥐를 시작으로 개구리, 토끼, 여우, 회색 이리, 멧돼지, 곰이 차례로 장갑으로 들어가 추위를 피한다. 할아버지가 장갑을 찾으러 돌아오자 동물들은 강아지의 짖는 소리에 놀라 흩어진다.

할아버지의 장갑 한 짝에 어떻게 7마리나 되는 동물이 다 들어갈 수 있었을까? 우선, 장갑에 들어간 동물들은 하나같이 추위로 힘들어하는 상황이었다. 모두가 추웠지만 동물들은 힘이 센 동물도, 힘이 약한 동물도 누구 하나 빼놓으려고 하지 않고 모두가 추위를 피할 수 있도록 장갑 주변에 사다리도 만들고, 창문을 내는 등 다양한 노력을 했다. 미래 사회를 살아가는 우리 아이들에게 강조되는 역량은 타인의 처지를 공감하고 이해하는 능력이라고 한다. 이 책은 추위를 이기기 위해 서로에게 온기를 베푸는 동물들을 보며 아이들에게 자연스럽게 공동체 정신과 공감 능력의 중요성을 일깨워준다. 우리는 혼자서는 살 수 없다는 것을 일깨워주고, 함께 사는 것이 왜 중요한지를 이야기 나누기에 좋다.

아이와 생각을 나누는 질문
Q. 동물들은 왜 할아버지의 장갑에 들어가려고 했나요?
Q. 장갑의 공간이 점점 줄어드는데도 동물들이 모두 들어갈 수 있었던 이유는 무엇일까요?

한겨레신문 '서천석의 내가 사랑한 그림책', 한우리독서문화운동본부 추천

#공동체_역량 #온정 #우화

286

> "내가 가장 좋아하는 냉탕."

장수탕 선녀님

백희나 글·그림, 책읽는곰, 2012

목욕탕에서 재미있게 노는 법

목욕탕은 아이들에겐 숨 막히는 뜨거움과 엄마의 때밀이를 참아야 하는 고통의 장소로 느껴진다. 주인공 덕지도 엄마를 따라 아주 오래된 동네 목욕탕에 가는데, 심심하고 지루할 뻔한 목욕탕에서 할머니 선녀를 만나게 되면서 재미있는 목욕탕 놀이를 알게 된다.

혼자 샤워하는 것이 익숙한 아이와 목욕탕에 가서 서로 때를 밀어주고 탕에서 노는 신나는 맛을 보여줄 수 있는 책이다. 어쩌면 덕지처럼 할머니 선녀를 만날지도 모른다는 상상을 하면 아이는 더욱 흥분하며 좋아할 것이다. 냉탕에서 수영하기, 장난감 가지고 놀기, 숨 오래 참기, 바가지 타고 물장구치기 등 목욕탕 놀이를 함께 한다면, 아이는 즐거운 기억으로 목욕탕에 또 가고 싶다고 조를지도 모른다. 뜨거운 탕에 들어가 때를 불려야 하는 숨 막히는 시간도, 엄마가 때를 밀 때마다 아파서 참아야 하는 시간조차도, 목욕탕 놀이를 생각하면 가뿐히 참고 견딜 수 있게 된다. 목욕을 마친 후 엄마가 사주는 작은 요구르트도 목욕탕의 묘미이다. 덕지처럼 아이가 어릴 때 경험했던 부모와의 작은 일상이 쌓여 어른이 되어서도 행복했던 추억으로 기억되면 좋겠다.

아이와 생각을 나누는 질문
Q. 목욕탕에서 할머니 선녀를 만난다면 어떤 말을 해주고 싶나요?
Q. 목욕탕에 간다면 가장 하고 싶은 것은 무엇인가요?

🏆 2020 아스트리드 린드그렌상, 제3회 창원아동문학상, 제53회 한국출판문화상, 세종도서 우수교양도서, 국립어린이청소년도서관 사서 추천, 초등 교과서 수록, 행복한아침독서 추천, 꿈꾸는도서관 추천, 어린이도서연구회 추천, 나다움어린이책 추천, 열린어린이 추천, 한겨레신문 '서천석의 내가 사랑한 그림책'

#선녀 #목욕탕 #감기 #즐거움 #추억_쌓기

287

"나는 인간이란 말입니다."

적

다비드 칼리(코르넬리우스) 글, 세르주 블로크 그림, 안수연 옮김, 문학동네, 2008

'적'은 어떤 사람인가요?

두 개의 참호에 각각 숨어 있는 병사들은 서로를 적으로 여겼다. 배고픔과 외로움, 죽음의 두려움에 시달리던 병사는 적을 먼저 죽여서 지루한 전쟁을 끝내기로 결심한다. 어두운 밤, 병사는 위장을 하고 적의 참호를 기습 공격하지만, 참호는 비어 있다. 병사는 적의 참호에서 적의 가족사진과 전투 지침서를 발견한다. 그 순간, 적도 가족이 있고, 한 인간이라는 사실을 깨닫는다. 전쟁과 적대적인 감정이 얼마나 무의미한지 깨달은 병사는 전쟁을 끝내자는 메시지를 적의 참호 안으로 던지고, 이야기는 끝이 난다.

이 책은 전쟁의 본질과 갈등, 평화에 관해 다룬다. 전투 지침서의 내용을 통해, 적으로 보던 상대가 실제로는 우리와 다를 바 없는 평범한 인간임을 알게 되면서, 전쟁의 참상과 허무함을 드러낸다. 아이들은 폭력의 결과와 평화적인 해결책의 중요성을 생각해볼 수 있다. 무분별한 적대감과 전쟁이 무의미한 파괴와 상처를 초래한다는 교훈을 깨달을 것이다. 전쟁과 평화는 아이들이 받아들이기 쉽지 않은 개념이지만, 대화와 협력을 통해 평화적인 방법을 추구해야 한다는 것을 알게 될 것이다.

아이와 생각을 나누는 질문
Q. 누군가를 적으로 생각한 적이 있나요?
Q. 전쟁을 평화적으로 해결하는 방법에는 어떤 것이 있을까요?
Q. 내가 만약 이야기 속 병사라면 어떤 내용을 편지에 적었을까요?

 2008 문화체육관광부 선정 우수도서

#전쟁 #평화 #적 #갈등 #화해

288

> 적당해서 그래.
> 뭐든 적당한 건 어렵지만 말이야.

적당한 거리

전소영 글·그림, 달그림, 2019

적당한 거리란

사람 간의 관계를 식물에 비유하여 표현한 그림책이다. 작가가 식물을 키우는 과정에서 적당함의 중요성과 어려움을 경험하며, 이는 사람들 사이의 관계에도 적용된다고 말한다. 적당한 거리는 물리적인 거리만 말하는 것이 아니다. 상대방을 이해하고 배려할 수 있는 최소한의 거리이다. 진정한 사랑과 이해를 바탕으로 형성되는 것이며, 일상적인 관계뿐만 아니라 가족, 친구, 직장 동료 등 모든 사람 간의 관계에 필요한 원칙이다.

작가의 단순하고 아름다운 그림은 '적당한 거리'의 중요성을 감미롭게 전달하며, 사람들과 함께 존중하고 소통하는 것이 사랑의 시작이라는 메시지를 담고 있다. 이 책을 통해 아이들과 함께 적당한 거리를 유지하며 서로를 존중하는 방법을 배우는 소중한 시간을 가질 수 있다.

다양한 사람들과 함께하는 것은 즐거우면서도 어려운 일이다. 자신과 가까운 사람, 멀리 있는 사람에 대해 생각해보며, 그 사람들과의 관계에서 적당한 거리를 어떻게 유지할 수 있는지도 이야기해보자.

아이와 생각을 나누는 질문
Q. 적당한 거리는 무엇일까요?
Q. 적당한 거리를 유지하면서도 서로 이해하고 소통하는 방법은 무엇일까요?
Q. 만약에 상대방이 거부한다면 어떻게 대처해야 할까요?

🏆 행복한아침독서 추천, 2019 KBBY 추천, 한국그림책연감 추천, 한국학교사서협회 추천

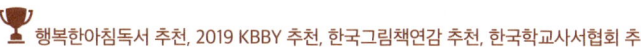

#적당한_거리 #일정한_관계 #식물_돌보기 #적당한_손길 #삶의_지혜

289

> 전쟁은 빠르게 퍼지는 질병처럼 일상을 갈기갈기 찢어버린다.

전쟁

조제 조르즈 레트리아 글, 안드레 레트리아 그림, 엄혜숙 옮김, 그림책공작소, 2019

전쟁하면 어떤 그림이 떠오르나요?

이 책은 어두운 색상과 독특한 그림을 통해 전쟁의 영향을 간접적으로 나타낸다. 특히나 어두운 전쟁의 모습을 상징하는 그림들과 "전쟁은 ○○이다"라는 비유적인 표현을 통해 전쟁의 파괴성과 폭력성을 강조한다.

아이들은 전쟁에 대해 어떤 시각과 생각을 갖고 있을까? 대개 '전쟁은 나쁜 것', '하면 안 되는 것'처럼 부정적인 인식을 가지고 있을 것이다. 전쟁의 폭력성을 잘 알지 못하는 어린이들이 전쟁의 폭력성에 대해 더 심도 있게 생각하고, 이에 대한 모호한 면을 탐구할 기회를 얻을 것이다.

이 책은 복잡하고 민감한 주제인 전쟁을 어린아이들이 이해하기 쉬운 방식으로 다루고 있으며, 전쟁의 결과와 현실을 직시하고 이를 비판적으로 사고하도록 도와준다. 이 책을 통해 세계 여러 나라의 사건과 전쟁 그리고 우리 역사 속의 전쟁들을 함께 탐구하면, 아이들은 전쟁에 대한 평화로운 해결책을 찾는 중요성에 대해 생각하고 고민할 기회를 얻을 것이다.

아이와 생각을 나누는 질문
Q. '전쟁은 ○○이다'를 자신만의 단어로 표현해볼까요?
Q. '전쟁' 하면 떠오르는 이미지는 무엇인가요?
Q. 전쟁이 일어나지 않기 위한 평화로운 방법에는 어떤 것들이 있을까요?

🏆 행복한아침독서 추천, 화이트 레이븐 선정 2018, 샤 르자 Sharjah 전시 2018, Little Hakka 대상 2018, NY 권리박람회 선정(그림책) 2019, 볼로냐 아동도서전 전시 선정 2019, 제4회 나미콩쿠르 그랑프리 2019, JUNCEDA 수상 2019(5월)

#전쟁 #평화 #폭력성 #파괴

290

> 전쟁이 왜 시작되었는지
> 아무도 알지 못했습니다.

전쟁

아나이스 보들라 글·그림, 최윤정 옮김, 비룡사, 2001

누구를 위한 전쟁인가요?

빨간 나라의 빅토르 2세의 아들 쥘은 말을 타고, 파랑 나라의 아르망 12세의 아들 파비앙은 암양을 타고 전쟁을 끝낼 결투를 나간다.

전쟁 또는 싸움에는 원인이 있다. 심심해서, 할 일이 없어 전쟁이 일어나지는 않는다. 처음에는 분명히 명분이 있었을 것이다. 어느 순간 싸움이 싸움을 건다. 오랜 전쟁은 모두를 지치게 한다. 빨리 전쟁을 마치고 싶지만, 어떻게 해야 할지를 모른다. 협상가가 필요하다. 어떻게 협상하면 서로에게 좋은 결정이 될지는 많은 고민이 필요하다.

아이들에게 전쟁을 설명하는 것은 쉽지 않다. 어떻게 전쟁을 끝마쳐야 하는지 그 방법을 설명하는 것은 더욱 쉽지 않다. 물론 단어를 고르고, 좋은 예를 찾는다면 전쟁을 잘 설명할 수 있을 것이다. 사실 전쟁보다는 협상이, 협상보다는 평화가 더 좋은 선택임을 누구나 알고 있을 것이다. 이 책은 전쟁을 설명해주고, 전쟁을 평화롭게 끝낸 좋은 예가 될 것이다.

아이와 생각을 나누는 질문
Q. 전쟁이란 무엇일까요?
Q. 전쟁을 끝내려면 무엇을 어떻게 해야 할까요?

 2001 유네스코 상, 1999 크레티엥 드 트루아 상

#전쟁 #빨간_나라 #파랑나라 #노랑나라 #도전장 #결투 #지혜

291

"그냥 이렇게 부릅니다. 베아트리체!"

절대로 실수하지 않는 아이

마크 펫, 게리 루빈스타인 글, 마크 펫 그림, 노경실 옮김, 두레아이들, 2014

실수를 겁내지 말아요

단 한 번도 실수한 적이 없어 자신의 이름 대신 '절대로 실수하지 않는 아이'라고 불리는 베아트리체. 실수하는 것에 두려움을 가지고 있는 베아트리체의 모습과 실수를 겁내지 않고 이것저것 도전해보는 동생 레니의 모습을 상반되게 보여줌으로써 베아트리체가 얼마나 힘든지 자연스럽게 드러낸다. 완벽을 추구하다 보면 자신이 실수할 것에 대한 두려움이 점점 커지게 되고 그 마음은 자신도 모르게 강박감으로 온다. 그러면 자연스럽게 내가 해본 것, 내게 익숙한 것만 찾아서 하게 된다.

베아트리체의 절대 실수하지 않는 아이라는 이름표는 한 번의 실수를 하면서 자신을 가두던 틀에서 해방되며 떨어진다. 실수하면 어쩌냐고 걱정하던 베아트리체는 자신이 생각했던 것보다 실수해도 큰일이 일어나지 않고, 괜찮다는 것을 알게 되는 장면은 완벽함을 추구하는 아이들에게 해방감과 깨달음을 안겨준다. 실수를 두려워하고 겁내는 아이에게 이 책을 읽어주며 말해주는 게 어떨까? 실수해도 괜찮다고. 실수는 곧 실패가 아니라 또 다른 길로 가볼 수 있는 다른 도전의 길이란 것을.

> **아이와 생각을 나누는 질문**
> Q. 주인공과 같은 경험을 한 적이 있나요?
> Q. 실수하지 않으려고 노력할 때 주인공은 어떤 기분이었나요?
> Q. 실수했을 때 주인공은 왜 웃었을까요?

 행복한아침독서 추천, 열린어린이 추천, 나다움어린이책 추천, 국립어린이청소년도서관 사서 추천

#실수 #강박감 #두려움 #자유 #자존감 #도전

292

**"어떤 것이라도 좋으니 한번 시작해 보렴.
그냥 네가 하고 싶은 대로 해 봐."**

점

피터 레이놀즈 저, 김지효 옮김, 문학동네, 2003

어떤 것이라도 좋으니 한번 시작해 보렴

작가는 베티를 통해 그림 그리는 것이 어렵고 재미없는 일이 아니라 자신이 하고 싶은 대로 마음껏 표현하는 것이라고 말한다. 아이가 무언가를 잘해야 한다는 부담감을 가지면 시작도 하기 전에 포기하는 경우가 많다. 조급한 마음에 아이를 다그치기라도 하면 금세 뽀로통한 표정을 짓는다. 아이는 아직 기술적인 면에서는 서툴고 배워야 할 것이 많겠지만, 그보다 중요한 것은 캔버스 위로 손을 옮기는 것이다. 즉, 즐겁게 시작하는 동기이다. 이것은 미술에만 국한된 것은 아닐 것이다. 모든 경험이 처음이고 낯선 아이들에게 진정 필요한 것은 그림책의 선생님처럼 "어떤 것이라도 좋으니 한번 시작해 보렴. 그냥 네가 하고 싶은 대로 해 봐"라는 지지와 격려이다. 그것이 단지 작은 점 하나일지라도 아이 스스로 도화지에 연필을 힘껏 내리꽂는 시작이 된다.

어떤 아이는 일찍 관심사를 찾고 어릴 때부터 재능을 뽐내지만, 어떤 아이는 조금 늦게 발견하기도 한다. 이리저리 방황하다가 뒤늦게 꿈을 이루는 대기만성 유형도 있다. 아이들이야말로 하얀 도화지와 같다. 아이가 자기 역량을 최대한 발휘하는 때는 바로 스스로 하고 싶을 때, 스스로 준비가 되었을 때이다. 격려하고 기다리고 응원하는 양육자로서의 마음을 다지게 하는 그림책이다.

아이와 생각을 나누는 질문
Q. 이것만은 절대 못 한다고 생각하는 것이 있나요?
Q. 부모, 선생님, 친구들에게 듣고 싶은 격려와 응원의 말이나 행동은 무엇인가요?

🏆 피터 레이놀즈 창작 3부작 '점', '느끼는 대로', '그리는 대로', 뉴욕 타임즈 베스트셀러

#꼬마_예술가 #무한한_가능성_발견 #용기 #따뜻한_격려 #즐거움

293

"마음 약해지면 안 돼!"

제가 잡아먹어도 될까요?

조프루아 드 페나르 글·그림, 이정주 옮김, 베틀북, 2002

지금껏 보아온 악당 늑대는 잊어요!

늑대 루카스가 온 가족의 응원을 받으며 집을 떠나는 날, 아빠는 루카스에게 먹을 수 있는 것들을 적은 쪽지를 준다. 거기에는 다른 동화에서 늑대를 곤경에 빠뜨렸던 인물들이 있다. 루카스는 명단에 있는 이들을 차례로 만나 정중하게 "제가 잡아먹어도 될까요?"라고 묻는다. 그러나 마음이 약해서 그들을 잡아먹지 못한다. 루카스가 마음 약하기만 한 건 아니다. 버릇없는 아이는 따끔하게 꾸짖는 단호한 면도 있다. 그리고 용감하기도 하다. 아이들을 괴롭히는 거인을 루카스가 잡아먹기 때문이다. 다른 동화에서는 악당이기만 했던 늑대가 이렇게 매력적일 수 있나 감탄을 불러온다.

루카스는 아버지의 명단을 지우고 새롭게 먹을 수 있는 것을 적는다. '사람 잡아먹는 거인'이라고. 아버지의 쪽지는 기성세대가 만든 낡은 관습으로 볼 수 있다. 현시대에 맞는다면 계승하지만, 통용되기 어렵다면 타파해야 한다. 남이 정한 대로 살기보단 내 바른 가치관에 따라 내가 정한 규칙대로 살아야 한다는 메시지를 전한다. 동화 '빨간 모자', '아기 돼지 삼 형제', '피터와 늑대' 등도 읽어보고 패러디의 묘미를 느껴보자.

> **아이와 생각을 나누는 질문**
> Q. 특정 동물에 대한 편견이 있나요? 어떤 편견인가요?
> Q. 지금은 사라진 낡은 관습에는 어떤 것들이 있나요?
> Q. 사라져야 할 관습에는 어떤 것들이 있나요?

 『들러리가 된 공주의 용』(절판)으로 프랑스 어린이재단 문학상 수상한 작가

#패러디_동화 #늑대 #편견 #관습 #가치관

294

> 그러니까 죽을 때까지 아주 행복하게 살았다고 말해도 좋을 거예요.

제랄다와 거인

토미 웅거러 글·그림, 김경연 옮김, 비룡소, 1996

편견과 선입견을 넘어서서

뚜렷한 선악의 구별이 없고, 박쥐, 뱀, 강도 등 그림책에 잘 등장하지 않는 소재를 즐겨 활용한 토미 웅거러는 호불호가 심한 작가 중 하나다. 이 책도 마찬가지이다. 어떤 맛일지 궁금하게 만드는 화려한 요리 삽화가 눈길을 사로잡는 이 작품은 피 묻은 칼, 식인풍습, 성인 남성과 어린 소녀가 성장한 후 결혼하는 것, 집안일이 모두 여성의 몫인 것 등등 논쟁거리가 많다. 하지만 작고 여리지만 자신의 몫을 해내는 한 소녀의 편견 없는 태도 덕분에 폭력적이고 사나운 거인이 변화되는 과정은 주목할 만하다. 사회나 사람을 변화시키는 이들은 화려한 언변이나 사나운 폭력이 아닌 자기 자리에서 묵묵히 맡은 일을 해내는 이들이 아닐까? 어린 제랄다는 몸과 마음을 다치고, 배고픔에 지친 거인에게 따스한 인간애를 보여주었다. 마지막 반전, 제랄다와 거인은 막 태어난 아기를 안고 행복해하고 있고 주변을 세 아들이 둘러싸고 있다. 셋째 아들의 등 뒤로 식인풍습을 상징하는 칼과 포크가 보인다. '그들은 행복하게 오래오래 살았답니다'로 끝나지 않는, 독자의 허를 찌르는 기발함이 독특하다.

아이와 생각을 나누는 질문
Q. 어린 제랄다는 여섯 살 때부터 요리를 담당했습니다. 그 이유는 무엇일까요?
Q. 거인은 왜 아이들에게 사탕을 나누어줄까요?
Q. 제랄다는 거인을 보고도 그다지 두려워하지 않습니다. 그 이유는 무엇일까요?

한겨레신문 '서천석의 내가 사랑한 그림책', 2021 '그림책 속으로'

#거인 #식인 #요리 #반전 #개과천선

295

"아빠는 아무런 소식이 없다."

조개맨들

신혜은 글, 조은영 그림, 시공주니어, 2015

소확행: 소소하지만 확실한 행복

조개껍질들이 가득한 조개맨들에 사는 영재가 아빠와 평화롭게 지내던 어느 날 6·25 전쟁이 일어나고 가족은 흩어진다. 이 책은 돌아오지 못한 아빠를 그리워하며 기다리는 작가의 실제 이야기를 바탕으로 하고 있다. 지금도 세계 곳곳엔 전쟁이 이어지고 있고 많은 사람이 가족을 잃거나 헤어지는 슬픔을 겪고 있다. 책을 읽다 보면 가족과 보내는 작은 일상이 얼마나 소중한지 공감된다.

아버지를 잃은 아이의 이야기라면 서럽고 가엽게만 느껴져야 하는데, 부럽고 질투가 나는 건 왜일까? 아버지가 이렇게 다정할 수 있을까 싶을 정도로 자식에게 건네는 말과 행동은 자상하기 그지없다. 영재는 아버지를 결국 못 만나게 됐지만, 아버지와의 따뜻한 추억으로 씩씩하게 성장한다. 어린 시절의 소중한 가족과의 일상은 어른이 되어서도 어려움이 닥쳤을 때 힘을 내게 한다.

책을 통해 가족과의 소확행(소소하지만 확실한 행복)을 매일 발견하고 아름다운 추억을 쌓는 것이 얼마나 감사한지를 느끼게 된다. 아이와 함께 웃고 떠들고 식사를 하며, 손잡고 동네 한 바퀴를 도는 사소한 일상으로 행복한 하루를 쌓아가보자.

아이와 생각을 나누는 질문
Q. 아빠와 같이하고 싶은 것이 있나요?
Q. 아빠가 멋져 보일 때는 언제인가요?
Q. 아빠를 앞으로 계속 만날 수 없다면 어떤 마음이 들까요?

🏆 어린이도서연구회 추천, 한국그림책연감 추천, 2016 세종도서 문학나눔 선정 도서, 한국출판문화산업진흥원 추천, 꿈꾸는도서관 추천, 그림책박물관 추천

#가족 #상실 #행복 #추억 #소확행

296

"자신들은 전혀 못난이가 아니라는 것을요."

조금 부족해도 괜찮아

베아트리체 알레마냐 글·그림, 길미향 옮김, 현북스, 2014

부족하게 보이는 것을 바라보는 시각을 바꿔봐요

각자 부족한 점이 있는 다섯 명의 친구가 등장한다. 어느 날, 다섯 친구에게 완벽한 '완벽이'라는 친구가 찾아온다. 부족한 친구들은 '완벽이'를 통해 자신의 부족함을 더 들여다보게 되고 자신이 쓸모없다는 얘기를 듣는다. 하지만 곧 다섯 친구는 자신의 부족함 덕분에 가지게 된 강점을 알아차리게 된다. 그러면서 자신들이 전혀 못난이가 아니라는 것을 깨닫는다.

우리는 현실에서 완벽이처럼 완벽한 삶을 기준 삼아 아이들에게 강요하곤 한다. 하지만 모든 면이 완벽하게 갖춰져 있는 것은 실제 어려운 일이다. 부족한 면은 누구나 갖고 있다. 하지만 다섯 친구처럼 자신의 부족한 면을 어떤 시각으로 보고 활용하느냐에 따라 자신만의 기준을 가지고 행복한 삶을 살아갈 수 있다. 완벽히 하기 위해 채찍질해 가며 자신을 옭아매기보다는 조금 부족해도 자신의 리듬과 속도로 살아간다면 자신만의 개성으로 빛이 나는 삶을 살 수 있다.

잘하는 게 하나도 없다고 생각해 걱정인 아이들이 충분히 공감하며 읽을 수 있고, 남보다 자신이 못났다고 느끼는 아이들에게 용기를 주는 책이다.

아이와 생각을 나누는 질문
Q. 부족하다는 것은 무슨 의미일까요?
Q. 다섯 친구가 떠나가고 난 뒤 완벽이는 어떻게 되었을까요?
Q. 내가 부족하다고 생각하는 부분에서 찾을 수 있는 긍정적인 면은 무엇일까요?

 국립어린이청소년도서관 사서 추천, 볼로냐 라가치상 수상 작가

#단점 #결점 #개성 #나다움

297

"또 무언가 두근두근 재밌고
행복한 일이 일어나기를 바라면서요"

조금만 기다려봐

케빈 헹크스 글·그림, 문혜진 옮김, 비룡소, 2020

같이 기다려볼까?

귀여운 장난감 친구들은 창문 밖을 보며 무슨 생각을 하고 있을까? 우리가 흔히 구름에서 닮은 것들을 찾듯이 구름을 보며 상상의 나래를 펼치고 있는 것은 아닐까. 따뜻한 색감의 표지는 책을 만나는 순간부터 편안함을 준다.

다섯 친구는 창가에 앉아 달님, 주룩주룩 내리는 비, 살랑 부는 바람, 함박눈을 기다린다. 기다리는 동안 예상치 못한 선물을 받아 행복한 날을 보내기도 하고, 코끼리 아저씨와의 갑작스러운 이별에 슬픔을 맞닥뜨리기도 한다. 슬픔을 시간에 담아 흘려보내다가, 얼룩 고양이 가족을 새롭게 맞이하기도 한다. 무료하고 힘들게 느껴질 수도 있는 기다림의 시간을 잔잔한 행복의 시간으로 가득 채운 그림책이다.

삶은 예상치 못한 일의 연속이다. 기다려야 바라던 것을 이룰 수 있고, 정리되지 못한 감정들을 흘러가는 시간 속에서 정리할 수 있다. 이 책은 기다림과 시간의 흐름 속에서 행복을 찾을 수 있음을 아이들의 눈높이에서 그려낸다. 기다림, 이별과 만남이 계속되는 삶은 아이들에게는 조금 어려운 개념이지만, 그림책을 함께 읽으며 '삶'이란 무엇인지 생각해볼 수 있을 것이다.

아이와 생각을 나누는 질문
Q. 나는 무엇을 기다리고 있나요?
Q. 내가 가장 행복한 때는 언제인가요?

🏆 2016 칼데콧 명예상, 2016 닥터수스 명예상, 2016 미국 도서관협회 '주목할 만한 도서', 뉴욕타임스 '2015 주목할만한 도서', 퍼블리셔스 위클리 '2015 베스트북 20 그림책'

#소중함 #삶 #행복 #기다림 #시간 #계절

298

> 비가 내리고, 햇볕이 내리쬐고, 나무는 자랐습니다.

조지프의 마당

찰스 키핑 글·그림,, 서애경 옮김, 사계절, 2005

아이는 시행착오를 통해 성장한다

조지프는 생명이라곤 찾아볼 수 없는 마당에 장미를 심는다. 사계절이 지나며 꽃이 피고 떨어지고 마르는 실패를 거듭한 끝에 자연의 순리, 생명을 가꾸는 법을 배운다. 조금 시무룩한 표정의 조지프는 생명 있는 것과 어울리는 법을 모르는 아이였다. 여러 번의 시행착오를 겪은 끝에 어떻게 꽃을 사랑해야 하는지, 생명을 받아들여야 하는지 깨닫는다. 과감하고 다채로운 판화기법과 화려한 색채가 강렬하다. 사계절의 순환과 인물의 감정변화를 탁월하게 표현하여 주제 의식에 더 깊게 몰입하게 한다.

아이도 작은 시행착오를 경험하며 스스로 깨닫는 과정에서 조지프처럼 나무처럼 성장한다. 하지만 보호라는 명목으로 실패의 경험마저 통제하고 제한한 것은 아니었을까 반성하게 된다. 관심과 간섭의 경계를 잘 분별하며 아이를 키우기란 물론 쉽지 않다. 그러나 자라나는 아이에게 온전하고 안전한 울타리만 필요한 것이 아니다. 어느 정도의 자율성이 필요하다. 조지프가 장미에 적절한 울타리가 되어 준 것처럼 우리 아이들에게도 자유롭게 경험하고 실패하고 성취하며 스스로 깨닫는 성장의 과정을 주어야 한다는 것을 일깨워준다.

아이와 생각을 나누는 질문
Q. 면지에 그려진 무늬는 무엇을 의미하는 것 같나요?
Q. 그림책에서 선을 이용해 봄, 여름, 가을, 겨울을 어떻게 상징적으로 표현했나요?
Q. 조지프처럼 시행착오를 겪었지만, 포기하지 않고 마침내 이루어낸 경험이 있나요?

 『찰리, 샬럿, 금빛 카나리아』와 『노상강도』로 케이트 그린어웨이를 수상한 작가

#급속한_현대화_비판 #산업화 #생명과_자연의_원리 ##성장통 #판화기법 #선으로_표현한_사계절

299

"넌 진짜 왕자 같아. 하지만 겉만 번지르르한 껍데기야!"

종이 봉지 공주

로버트 문치 글, 마이클 마첸코 그림, 김태희 옮김, 비룡소, 1998

외모보다는 내면의 아름다움과 강한 의지를 가져요

용의 불로 옷이 모두 타버린 공주는 종이 봉지를 주워 입고 용에게 잡힌 왕자를 구하지만, 공주의 용기와 지혜를 보지 않고 외모를 비난하는 왕자와 결혼하지 않기로 마음먹는다. 이 책은 '예쁜 공주는 멋진 왕자와 행복하게 살았다'라는 진부한 내용이 아니라 왕자 없이도 충분히 행복할 수 있는 독립심 강한 공주의 이야기이다. 용기 있는 왕자가 불을 내뿜는 무시무시한 용으로부터 아름다운 공주를 구하는 이야기는 너무 뻔하고 지루하다. 공주가 불타 버린 드레스를 볼품없는 종이 봉지로 옷을 만들어 입는 재치에서 외모보다 내면의 아름다움과 강한 의지를 보여줄 거라고 기대한다. 허세 가득한 용을 제풀에 지쳐 쓰러지게 만드는 현명함과 지혜는 감탄스럽기까지 하다. 이 책은 공주처럼 주체적으로 살도록, 자기에게 닥친 문제를 피하지 말고 굳은 의지와 태도를 갖고 용기 있게 대처하라고 격려한다.

자기 삶을 주체적으로 선택하는 사람에겐 응원하게 된다. 자기 생각과 의견을 당당히 말하는 공주를 보며 아이들도 이렇게 독립적이고 자존감이 높은 멋진 사람으로 자랐으면 하는 바람이 생긴다.

아이와 생각을 나누는 질문
Q. 성을 부수고 불을 내뿜어 옷을 태워버린 용에게 무슨 말을 하고 싶나요?
Q. 내가 공주라면 용으로부터 구해준 왕자에게 '꼴이 엉망이니 진짜 공주처럼 다시 챙겨 입고 오라'는 말을 듣는다면 어떤 기분이 들까요?

초등 국어 교과서 수록, 어린이도서연구회 권장도서, 열린어린이 선정 좋은 어린이책, 한우리독서운동본부 추천, 학교도서관저널 추천, 책읽는교육사회실천협의회 추천, 아마존 인생책 100 선정도서, 한겨레신문 '서천석의 내가 사랑한 그림책'

#왕자 #공주 #용 #강한_의지 #내면의_아름다움 #자존감 #독립심

300

> 그리고 자신이 할 수 있는 가장 맛있는 음식을 만들어,
> 임금님께 바치듯 정성껏 상을 차렸습니다.

종이학

몰리 뱅 글·그림, 정태선 옮김, 미래아이, 2000

한 사람 한 사람, 모든 사람을 귀하게 여기는 마음

중국 옛이야기 '춤추는 노란 학'을 재구성한 책이다. 춤추는 하얀 종이학만 그림으로 표현하고 나머지는 종이를 오려 붙인 콜라주 기법을 활용했다. 한때는 많은 손님이 찾았지만, 고속도로가 생기면서 아무도 찾지 않는 식당에 '허름하고 낡은 옷을 입은, 어딘지 모르게 남달라 보이는 공손한 노인'이 찾아온다. 주인은 노인을 정성껏 대접하고, 노인은 보답으로 손뼉을 치면 살아나 춤을 추는 종이학을 만들어준다. 가뜩이나 장사가 되지 않는 식당에 무일푼의 노인이 찾아온다면 나는 어떤 반응을 보일까? 스스로 질문해보게 되는 장면이다. 노인이 준 종이학 덕분에 식당은 활기를 되찾지만, 마지막에 노인이 다시 나타나 학을 데리고 떠난다. 하지만 식당에는 여전히 맛있는 음식을 먹으러, 이상한 손님과 신기한 종이학의 이야기를 들으러 많은 손님이 찾아온다. 손님에게 자신이 할 수 있는 가장 맛있는 음식을 만들어 임금님께 바치듯 정성껏 상을 차린 주인의 마음 때문이었음을 짐작할 수 있다. 마지막 페이지, 음식점 주인의 아들이 홀로 피리를 연습하는 장면을 보고 뒷이야기를 상상해볼 수 있다.

아이와 생각을 나누는 질문
Q. 허름한 옷을 입은 정체를 알 수 없는 노인은 누구일까요?
Q. 노인은 왜 종이학을 데리고 떠났을까요?

 세 차례나 칼데콧 명예상을 수상한 탁월한 작가, 동아일보 추천

#종이학 #식당 #보답 #배려 #춤

301

준치를 먹을 때엔 나물지 말자.
가시가 많다고 나물지 말자.

준치가시

백석 시, 김세현 그림, 창비, 2006

준치가시의 유래를 찾아서

준치는 가시가 많기로 유명하지만, 예전에는 가시 없는 물고기였다고 한다. 친구들의 가시가 부러웠던 준치는 어느 날 여러 물고기가 모인 곳에 가서 가시 하나씩만 달라고 부탁했는데, 모두가 자신의 가시 하나씩을 꽂아주다 보니 어느새 가시 많은 물고기가 되고 말았다고 한다. 준치를 먹다 보면 가시가 많아 불평하게 되는데 그건 준치를 생각하는 다른 물고기들의 어여쁜 마음이니 준치를 먹을 때엔 가시가 많다고 나물지 말라고 한다.

그저 생선에 가시가 많다 하고 넘어갔을 수도 있는 일 하나에도 옛사람들은 어쩜 저렇게 재미있는 사연을 만들어낼 수 있을까, 감탄하게 된다. 또 평안도 사투리로 리듬감 있게 쓰인 시를 아이들과 낭송하며 읽어보면 더 즐겁게 책을 읽을 수 있다. 재치 있는 어투와 아름다운 운율이 잘 어우러진 시 그림책을 읽으면서 관점을 조금 달리하는 것만으로도 불평하던 것도 재미있어지고 의미를 찾을 수 있다는 것을 알아가길 바란다. 책을 읽고 난 후 평소 좋아하지 않던 음식에 어떤 사연이 있을지 상상해보면 어떨까?

아이와 생각을 나누는 질문

Q. 가시가 없다 너무 많아진 준치의 마음은 어땠을까요?
Q. 내가 가진 것을 나누어주는 것이 쉬울까요? 없는 것을 나누어 달라고 하는 것이 쉬울까요?

 초등 국어 교과서 수록, 행복한아침독서 추천

#옛이야기 #시_그림책 #이해

302

"친구들한테 잘 보여야 하는데!"

줄무늬가 생겼어요

데이빗 섀논 글·그림, 조세현 옮김, 비룡소, 2006

생각을 당당히 말해요

다른 사람들의 시선을 중요하게 생각하는 카밀라는 무지개처럼 줄무늬가 생기는 병에 걸리고, 사람들이 말하는 대로 모습이 변한다. 이 책은 개성 없이 남이 하는 것을 그대로 따라 하려고 하는 아이들에게 좋은 지침서가 된다.

카밀라처럼 주변 사람이 원하는 대로 계속 모습을 바꿔야 한다면, 다른 사람의 생각과 기준에 맞춰야 하기에 불안해지거나 의기소침해진다. 자꾸 괴물처럼 변하는 카밀라가 아욱콩을 먹고 원래대로 돌아왔을 때야 드디어 마음이 편해지고 안도감이 들듯이, 자기가 좋아하는 것과 싫어하는 것을 당당히 표현하고 다름을 인정할 때 자존감은 높아진다. 아이가 친구에게 잘 보이기 위해 옷을 여러 번 갈아입거나 외모를 가꾸고, 친구가 하는 행동을 따라 한다면, 진짜 자기 마음은 어떤지 들여다볼 필요가 있다. 자기의 의견을 자신 있게 말할 때 진정한 행복을 느낄 수 있다는 교훈을 주는 책이다.

다른 사람과 지내는 것이 즐겁기 위해서는 내가 좋아하고 사랑하는 것을 먼저 알아야 한다. 자기의 마음을 진심으로 받아들이고 좋아한다고 말할 수 있는 당당함이 결국 행복으로 이어진다는 것을 명심하자.

아이와 생각을 나누는 질문
Q. 갑자기 온몸이 무지개처럼 줄무늬로 변한다면 어떤 기분이 들까요?
Q. 방송국에서 내 이야기를 내보내고 싶어 한다면 어떤 이야기를 하고 싶나요?

초등 국어 교과서 수록, 행복한아침독서 추천, 그림책박물관 추천, 가온빛 추천, 한겨레신문 '서천석의 내가 사랑한 그림책'

#친구 #주목 #개성 #솔직함 #당당함

303

"너에 관한 중요한 사실은
너는 다른 사람 아닌 바로 너라는 거야."

중요한 사실

마거릿 와이즈 브라운 글, 최재은 그림, 최재숙 옮김, 보림, 2005

나에 관한 중요한 사실

반복적인 운율감이 돋보이는 그림책이다. 우리 주변에서 흔하게 볼 수 있어서, 자연스럽게 우리의 생활에 스며져 있어서 그동안 잊고 있었거나 알아차리지 못했던 것들을 찬찬히 짚어준다. 숟가락, 비, 풀, 눈, 바람 등 잊고 있었던 그것에 대한 역할과 사실에 관해 하나씩 하나씩 시적인 언어로 얘기하고 있다. 숟가락에 관한 중요한 사실은 숟가락으로 밥을 먹는다는 것, 눈에 관한 중요한 사실은 눈이 하얗다는 것을 리듬감 있게 풀어준다. 예쁜 문장으로 이루어진 중요한 사실을 하나씩 따라가다 보면 끝에는 '나'와 마주하게 된다. 마지막에 나와 있는 '너'에 관한 중요한 사실은 '너는 바로 너'라는 문장과 함께 있는 거울은 독자에게 커다란 울림을 준다.

나를 중심으로 사는 것은 당연하지만, 남들을 의식하느라 온전히 자신만을 생각하며 살지 못하는 사춘기 아이들, 자존감이 낮아진 아이들이 '나'를 생각하고 알아가기 좋은 책이다. 책을 읽고 '나에 관한 중요한 사실은 ~라는 거야'라는 내용으로 글을 써보자. 글을 쓰다 보면 미처 자신도 생각하지 못했던 나에 관한 중요한 사실들을 알 수 있을 것이다.

아이와 생각을 나누는 질문
Q. 표지의 선물상자는 무엇을 의미하는 것일까요?
Q. 내가 좋아하는 사물의 중요한 사실은 무엇인가요?
Q. 숟가락, 비, 풀, 눈, 바람들에서 찾을 수 있는 다른 중요한 사실도 있나요?

행복한아침독서 추천

#사실 #자아정체성 #재발견 #자존감 #나

304

"이 동네 천장에 커다란 털북숭이 고릴라 따위는 살지 않아요, 선생님."

지각대장 존

존 버닝햄 글·그림, 박상희 옮김, 비룡소, 1995

나는 아이의 말에 귀 기울여주는 어른일까?

존은 학교에 갈 때마다 이상한 사건이 일어나는 바람에 사흘 연속 지각한다. 지각한 이유를 솔직히 말하지만, 선생님은 존의 이야기를 믿어주지 않고 화를 내며 많은 양의 반성문을 쓰는 벌을 내린다.

현실 세계에서 어린이는 작고 나약하다. 그래서 상상을 하며 심리적 갈등이나 어려움을 극복하거나 재미와 즐거움을 느낀다. 등굣길의 모든 사물이, 모든 소리가 존에게는 재미난 상상의 세계가 되었을 것이다. 하지만 어른들은 가르치고 지도해야 한다는 생각에 갇혀 아이와 불통하며 혹여 나쁜 습관이 들까 봐 고쳐주려고만 한다. 선생님의 권위처럼 보이던 지팡이가 땅에 떨어지는 마지막 장면은 어른으로서 아이 앞에 어떤 모습으로 서 있어야 할지, 아이의 말에 어떻게 반응해야 할지 생각해보게 한다.

아이의 상상과 이야기에 귀 기울이며 긍정적으로 반응하는 것은 아이의 심리적 성장과 창의성을 지원하는 큰 역할을 한다. 이해와 격려는 아이들이 직면하는 어려움을 극복하는 데 도움이 된다. 이 책은 아이와 어른 간의 소통과 이해의 중요성을 강조하며 감동과 생각할 거리를 준다.

아이와 생각을 나누는 질문
Q. 학교 가는 길에 재미있는 경험이나 상상을 해본 적이 있나요?
Q. 존처럼 이해받거나 공감받지 못한 적이 있었나요? 그때 마음은 어떠했나요?
Q. 내가 만약 존의 선생님이라면 존에게 어떻게 해줄 건가요?

🏆 어린이도서연구회 권장도서, 열린어린이 선정 좋은 어린이책, 책읽는교육사회실천협의회 추천, 고래가숨쉬는 도서관 추천, 문화일보 추천

#교사와_학생_관계 #이해와_공감 #불통 #권위적인_교육_풍토 #지각 #상상 #벌

305

> 뜨거운 김이 모락모락 나는 그곳은……
> 지옥이었다.

지옥탕

손지희 글·그림, 책읽는곰, 2011

아이 눈에 비친 대중목욕탕의 풍경

엄마의 손에 이끌려 아이는 대중목욕탕에 간다. 가기 싫은 듯 아이의 표정이 일그러진다. 하지만 아이는 한두 번 있었던 일이 아니라는 듯 이내 엄마를 따라 목욕탕에 들어선다. 아이에게 펼쳐지는 대중목욕탕의 풍경은 지옥 그 자체이다. 마음의 준비도 채 하기 전에 뜨거운 물에 들어갔다 나오는 한편, 무시무시한 때수건으로 무자비하게 세신을 당하는 곳이기도 하다. 그것뿐인가? 나보다 5만 배는 더 커 보이는 엄마의 등을 밀어주어야 하는 힘든 곳이기도 하다.

작가는 아이의 시선으로 대중목욕탕의 풍경을 재미있게 표현한다. 마치 다시 어릴 때로 돌아가 대중목욕탕에 들어간 듯 추억이 새록새록 떠오른다. 부모 세대의 대중목욕탕에 대한 추억은 요즘 아이들에게는 낯설게 느껴질지도 모르겠다. 하지만 아이돌 가수가 리메이크한 노래가 다시 유행하고 아이들과 공유하는 것처럼 온탕과 냉탕을 오가며 장난쳤던 기억, 바나나 우유에 얽힌 이야기 등 이 책을 도구 삼아 부모의 어린 시절 대중목욕탕에서의 추억 이야기를 즐겁게 나눠볼 수 있을 것이다.

아이와 생각을 나누는 질문
Q. 주인공이 대중목욕탕을 싫어했던 이유는 무엇인가요?
Q. 엄마의 등은 왜 5만 배나 더 커 보인 걸까요?

 학교도서관저널 도서추천위원회 선정 도서, 한국유치원총연합회 추천, 동아일보 추천

#상상력 #추억 #대중목욕탕 #세대소통

306

"새로운 동네에 왔으면 분위기를 파악할 것."

지혜로운 멧돼지가 되기 위한 지침서

권정민 글·그림, 보림, 2016

지혜로운 우리가 되기 위한 지침서

이 책은 삶의 터전을 빼앗긴 멧돼지 가족의 이야기로 시작한다. 엄마 멧돼지와 세 마리의 아기 멧돼지가 도시에서의 생활을 시작하려고 노력하며 자신만의 규칙을 만들어가는 과정을 담고 있다. 그러나 도시에서 멧돼지들은 불청객으로 여겨지고 도움을 받지 못한다.

이 책은 웃기면서도 슬프다는 표현이 어울릴 정도로 멧돼지 가족의 도시 방랑을 귀여운 모습으로 보여주는 동시에 무분별한 도시개발로 서식지를 잃은 동물들의 안타까운 상황도 보여준다. 야생 동물과 인간 사이의 갈등이 잘 드러나 있기에 아이들이 이 책을 읽으면 뉴스나 현실에서 보는 멧돼지를 피해 주는 동물로만 생각하지 않고, 그들의 삶과 어려움을 이해하고 공감하게 될 것이다. 또한, 인간과 동물 사이의 공존과 공생에 관한 생각을 자연스럽게 유도하며, 환경 보존과 동물들과 조화로운 공존의 중요성을 깨닫게 해줄 것이다. 아이들이 모든 생명체를 존중하고 배려하는 마음을 키우는 계기가 되어 지구를 공유하는 모든 생명체에 대한 존중과 배려가 필요하다는 교훈을 얻을 것이다. 삶의 터전을 빼앗긴 야생 동물을 위하는 방법에 대해서도 깊이 생각하는 계기가 될 것이다.

아이와 생각을 나누는 질문
Q. 인간과 동물이 공존할 수 있는 방법은 어떤 것이 있을까요?
Q. 멧돼지 가족은 산속의 친구 멧돼지들에게 어떤 내용의 편지를 보냈을까요?
Q. 내가 만약 멧돼지 가족이라면 하루아침에 집을 잃었을 때 어떻게 행동할까요?

🏆 제1회 보림창작스튜디오 수상, 세종도서 우수도서, 한국출판문화산업진흥원 이달의책(2016년 11월)

#환경보호 #생태 #공생 #도시 #멧돼지

307

"괜찮아! 진정한 일곱 살이 아니면 진정한 여덟 살이 되면 되니까."

진정한 일곱 살

허은미 글, 오정택 그림, 양철북, 2011

'진정한' 나이로 산다는 것

아이는 아이답게, 어른은 어른답게 산다는 건 무엇일까? '진정한' 나이에 맞는 행동은 무엇일까? 이 책은 자기 나이에 적합한 말이나 행동, 어려움이 정해져 있지는 않지만, 그 나이에 맞게 즐겁게 사는 방법에 대해 알려준다. 그래서 실수투성이면서도 잘하고 싶어서 애쓰는 아이들이 읽으면 좋다.

아이들은 부모가 무언가를 시키면 하기 싫어하고, 마음은 잘하고 싶지만 원하는 대로 이루지 못하는 경우도 많다. 부모가 아이의 나이였을 때 잘하지 못했거나 하기 싫었던 일이 무엇이었는지 이야기를 들려주면, 아이는 부모도 나와 같았음을 느끼고 자신감을 얻는다. 부모 또한 아이가 잘 못 하는 것이 있더라도 넓은 마음으로 아이를 이해하게 된다. 그리고 앞으로 충분히 잘할 수 있다고, 괜찮다고 응원한다.

일곱 살 나이에는 못하는 건 많아도 충분히 즐겁고 행복하다는 것을 느끼게 해주는 책이다. 부족하고 실수투성이인 일곱 살을 경험하고 나면 더 나은 진정한 여덟 살이 될 수 있음을 알게 된다. 그래서 자기 나이에만 겪을 수 있는 많은 경험을 쌓을 수 있도록 다양한 기회를 주면 좋겠다.

아이와 생각을 나누는 질문
Q. 진정한 'ㅇ살'엔 무엇을 할 수 있나요?
Q. 내년엔 무엇을 하고 싶나요? 또는 할 수 있을까요?

🏆 2011 문화체육관광부 우수교양도서, 책읽는사회문화재단 추천, 그림책박물관 추천, 행복한아침독서 추천

#나이 #성장 #변화 #실수 #사랑 #자존감

308

조지네 엄마가 말했어요. "조지야, 짖어봐"

짖어봐 조지야

줄스 파이퍼 글·그림, 조숙은 옮김, 보림, 2000

우리 아이가 이상해요

엄마가 강아지 조지에게 말했다. "조지야, 짖어봐." "야옹." 뭔가 이상하다. 조지의 엄마는 강아지가 내야 하는 소리는 "멍멍"이라고 하면서 다시 짖어보라고 한다. 그때마다 조지의 입에서는 다른 동물의 소리가 나온다. 조지가 걱정되는 엄마는 의사 선생님을 찾아가기로 한다.

이 책은 내용이 짧고 반복되는 구조이며 "야옹, 꽥꽥, 꿀꿀, 음매" 등 다양한 동물 소리가 나와 아이들이 즐겁게 읽을 수 있다. 처음 이 책을 접했을 때는 그 기발한 상상력과 유머에 웃기 바빴다. 결말을 보고 깜짝 놀라기도 했다. 아이를 키우다 보면, 부모의 생각과 아이의 생각이 다르거나 충돌하는 때가 있을 수 있다. 일부러 저러는 걸까? 화를 내거나 "이게 맞아! 이렇게 행동해야 해!"라고 말하기보다는 "너는 그렇게 생각했구나. 나는 이렇게 생각했는데" 하면서 즐겁게 이야기를 나누면 좋겠다. 때로 부모가 원하는 모습이 아니어도 수용하고 기다려주면 아이들은 언제 그랬냐는 듯 다시 돌아와 있지 않을까?

> **아이와 생각을 나누는 질문**
> Q. 조지는 멍멍 짖지 않은 걸까요? 못한 걸까요?
> Q. 조지의 엄마가 조지에게 어떤 말과 행동을 하면 좋을 것 같나요?

#동물_소리 #상상력 #유머 #관점

309

"짜장? 짬뽕? 탕수육? 어떤 게 더 좋은 거야?"
"난 짬뽕이 최고야". "난 짜장이 좋아"

짜장 짬뽕 탕수육

김영주 글, 고경숙 그림, 재미마주, 2012(1999)

지혜로운 종민이의 학교생활

도시로 이사 온 종민이네 부모님은 중국집을 운영하며 온 가족이 하나 되어 열심히 일한다. 3학년에 전학해온 종민이가 화장실에서 오줌을 누고 있는데 큰 덩치가 와서 "왕, 거지, 왕, 거지……."라고 외치니 아이들은 거지 자리에 선 종민이를 거지라고 놀려댄다. 놀림을 받은 종민이는 거지라는 말에 눈물이 난다. 큰 덩치가 다시 한번 화장실에서 왕, 거지 자리를 정하자 종민이는 "짜장, 짬뽕, 탕수육……."을 큰 소리로 외치고는 탕수육 자리에 선다. 친구들과 큰 덩치도 짜장 짬뽕 탕수육에 관심을 가지고 아이들은 다 같이 함박웃음을 짓는다.

적응하기 힘든 낯선 환경에서 종민이는 아이들의 놀림에 눈물을 흘리지만 지혜롭게 극복해낸다. 큰 덩치가 왕, 거지라는 이분법적인 사고로 우열을 가려 따르게 했다면, 종민이는 짜장, 짬뽕, 탕수육이라는 단어를 통해 평등한 관계를 만들어낸다. 힘의 논리에 주눅 들지 않고 지혜롭게 대처해 분위기를 바꾸고 갈등을 해결해낸 종민이의 활약이 돋보인다. 낯선 학교생활에 적응하기 힘들어하는 아이가 있다면 종민이를 소개해주면 좋겠다.

아이와 생각을 나누는 질문
Q. 친구들과 사이좋게 지낼 수 있는 나만의 방법이 있나요?
Q. 종민이처럼 어렵고 힘든 상황에서 용기를 낸 일이 있었나요?
Q. 용기를 내는 좋은 방법은 무엇일까요?

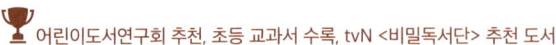
어린이도서연구회 추천, 초등 교과서 수록, tvN <비밀독서단> 추천 도서

#전학 #이사 #학교생활 #친구 #낯선 환경 #학교생활_적응기

310

> 우리는 정말 사이좋은 짝꿍이었다.
> 그러던 어느날 내 짝꿍이…….

짝꿍

박정섭 글·그림, 위즈덤하우스, 2017

소문에 대한 경계

나와 짝꿍은 사이좋고 다정하게 지낸다. 그러나 사소한 오해로 시작된 싸움은 둘 사이에 금을 긋게 하고, 멀어지게 만든다. 소문이 사실이 아니란 걸 알고 두 사람은 화해를 하고 싶어 하지만 벌어진 틈을 메우기란 쉽지 않다.

이 그림책은 오해가 어떻게 갈등을 일으키고 인간관계를 무너뜨리는지 보여준다. 바로 옆에 앉은 짝꿍이지만, 사실을 물어볼 용기는 양쪽 다 내지 못한다. 진실을 확인하고 관계를 회복하기보다 미워하고 선을 긋는 게 더 쉽다.

작가는 아이들의 교실 속 모습으로 이야기를 풀어냈지만, 우리 사회 전반에 걸친 문제를 보여준다. 헛소문에 대한 경계, 소통의 중요성을 잘 그려내고 있어 아이와 이야기 나눠보면 유익한 시간이 될 것이다. 아직 미성숙한 아이들에게 다른 사람을 함부로 규정짓고 이야기하는 것이 얼마나 독이 될 수 있는지 알려줄 수 있다. 또한, 친구 사이에 오해 문제로 힘들 때 읽으면 좋은 그림책이다. 혼자 판단하고 상대를 원망하기보다 소통으로 해결해야 한다는 걸 자연스럽게 느낄 수 있을 것이다. 글밥이 적고 그림이 단순해서 저연령 아이들에게도 적합하다.

아이와 생각을 나누는 질문
Q. 주인공 '나'와 짝꿍은 왜 관계가 멀어졌나요?
Q. 누군가와 갈등을 일으켜 본 적이 있나요?
Q. 나만의 화해 방법이 있나요?

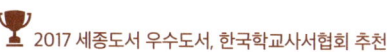 2017 세종도서 우수도서, 한국학교사서협회 추천

#짝 #소문 #오해 #향수

311

파라다이스가 내려다보이는
높은 아파트 발코니에서 둘이 함께 놀았어요.

찰리, 샬럿, 금빛 카나리아

찰스 키핑 글·그림, 서애경 옮김, 사계절, 2010

우리의 파라다이스는 어디에 있나요?

아이에게 토론 거리를 제공하여 스스로 배움의 길에 들어서게 하면서도 미술 작품으로도 손색이 없을 만큼 그림이 아름다운 그림책이다.

찰리와 샬럿은 단짝 친구다. 도시개발로 샬럿은 이사 간다. 두 친구가 함께 놀던 '파라다이스' 거리에 이제 찰리만 남았다. 찰리와 헤어진 샬럿은 아파트 발코니를 내려다보며 친구 찰리를 그리워한다. 찰리도 샬럿이 그립기는 마찬가지다. 찰리는 샬럿의 빈자리를 메우기 위해 금빛 카나리아를 산다. 이제 찰리 곁에 사랑하는 금빛 카나리아가 생겼지만, 샬럿을 대신하지는 못한다. 누가 이 두 친구의 파라다이스를 뺏었는가? 작가는 도시화가 아이들의 정서에 어떤 영향을 미치는지, 또 도시개발을 어떻게 생각하는지를 묻는다.

생각거리는 여기서 그치지 않는다. 자유가 있는 거리의 비둘기나 참새의 삶과 안전한 새장 속에 있는 카나리아의 삶 중에서 더 나은 삶은 무엇인가를 질문한다. 자유로운 삶과 안전한 삶 중 무엇을 선택할 것인가에 대한 자기 답을 찾아가는 과정이 배움일 것이다.

> **아이와 생각을 나누는 질문**
> Q. 찰리와 샬럿에게 파라다이스는 어떤 곳일까요?
> Q. 내가 생각하는 파라다이스는 어떤 곳인가요?
> Q. 거리의 참새(비둘기)와 새장의 카나리아 중에서 누가 더 나은 삶일까요?

 1967 케이트 그린어웨이상, 한국간행물윤리위원회 이달의책, 학교도서관저널 도서추천위원회 추천

#재개발 #도시화 #새장 #친구 #우정 #외로움 #안전 #자유

312

> 이제 곧 태풍이 덮칠 거라고!
> 어서 동굴 속으로 피해야 해!

책벌레 찌르찌르

제니퍼 번 글, 키스 벤디스 그림, 김홍규 옮김, 푸른숲주니어, 2011

책만 읽는 꼬마 찌르레기 찌르찌르

우연히 책을 발견하여 책에 빠져 사는 찌르레기 찌르찌르의 이야기이다. 철새인 찌르레기는 여름내 먹이를 찾고 추워지기 전에 따뜻한 나라로 가기 위해 비행 훈련을 하는데, 찌르찌르는 여름내 책에 빠져 해적, 원시인, 공룡, 고래 등을 만나고 바람이 어떻게 생기는지도 알게 되었다. 다른 새들은 날지 못하는 찌르찌르를 "바보", "책벌레"라고 놀렸다. 어느덧 떠나는 날이 되었고, 날지 못하는 찌르찌르는 형제들이 찌르찌르의 몸을 끈으로 묶어 함께 날아가게 되었다. 도중에 아주 강한 바람이 불어 나무들이 휘청이고 찌르레기들이 앞으로 날아가기가 어려워졌다. 찌르찌르는 이것이 태풍이라는 것을 알았고 다른 찌르레기들을 피하게 했다. 태풍 속에서 찌르찌르 덕분에 아무도 다치지 않은 찌르레기들은 큰 잔치를 한다. 그사이 나는 법을 알게 된 똑똑한 찌르찌르를 앞장세워 날아갔다.

책에서 배운 지식으로 다른 찌르레기들을 살린 찌르찌르처럼 책을 통해 알게 된 것으로 인류에게 도움이 되고 인류를 구하는 힘이 생긴다는 것을 알려준다. 아이들에게 책을 읽는 동기를 갖게 해줄 것이다.

아이와 생각을 나누는 질문
Q. 찌르찌르는 나는 법을 배우는 것을 책을 읽느라 배우지 못한다. 이런 찌르찌르의 행동을 어떻게 생각하나요?
Q. 책을 읽느라 나는 법을 배우지 못한 찌르찌르의 행동을 어떻게 생각하나요?
Q. 책을 읽음으로 배운 것이 있나요? 어떤 것이었나요?

북리스트(미국도서관협회) 추천

#책벌레 #찌르레기 #위험 #태풍 #책 #지식

313

나는 책의 아이, 이야기 세상에서 왔어요.

책의 아이

올리버 제퍼스, 샘 윈스턴 글·그림, 이상희 옮김, 비룡소, 2017

옛이야기 숲에서 길을 잃다

주인공인 '책의 아이'가 여행하면서 만나는 바다와 산, 구름은 얼핏 보면 그냥 그림이지만, 자세히 살펴보면 다양한 고전 동화와 시의 구절로 이루어져 있다. 글자를 이야기를 전달하는 매개체를 넘어 그림으로 활용함으로써 마치 예술작품을 감상하는 듯한 즐거움을 준다. 아이와 책을 살펴보면서 부모님이 읽으며 자랐던 다양한 이야기책(피터 팬, 보물섬, 이상한 나라의 앨리스 등)을 주제로 이야기 나누어보자. 책에 나오는 작품을 찾아보고 마음에 드는 문장을 골라 또 다른 책의 세계로 여행을 떠날 수도 있다.

책을 읽을 때 가장 중요한 것은 무엇일까? 그것은 아이들이 마음껏 상상의 세계를 여행할 수 있도록 시간을 함께하는 것이다. 그리고 책의 아이가 다른 아이에게 알려주었듯이 부모가 아이들에게 책 속 세계를 탐험하는 방법을 하나씩 알려주는 것이다. 책은 그저 단순히 활자로만 이루어진 것이 아니라 다른 세계를 여행할 수 있는 통로가 될 수 있다. 이 책을 통해 이야기 세계로 즐거운 여행을 떠나기를 바란다.

아이와 생각을 나누는 질문
Q. 책의 세계로 여행을 떠난다면 어떤 기분이 들까요?
Q. 책을 여행한다면 어떤 책의 주인공이 되고 싶나요?

🏆 2017 볼로냐 라가치상, 2016 굿리즈 초이스 어워드 베스트 픽처북, 행복한아침독서 추천, 동아일보·한겨레신문 추천

#고전 #상상 #이야기

314

"낡고 오래된 집아, 내 이를 잘 보살펴 줘야 해."

처음 이가 빠진 날

리우쉰 글·그림, 박소영 옮김, 상상스쿨, 2018

중국의 옛 골목길

낮잠을 자다 깨어난 소녀는 빠진 앞니를 들고 할아버지를 찾아 나선다. 골목길 맨 끝에 있는 이발소를 향해 가면서 골목길에서 만나는 이들과 담벼락 호랑이 무늬에게 이가 빠진 것을 알린다. 할아버지와 집으로 돌아오는 길목에 '철거'라는 글씨가 쒹어 있고, 골목이 곧 없어질 거라는 말을 듣는다. 소녀는 어른들이 그랬던 것처럼 이를 지붕 위에 던지며 "낡고 오래된 집아, 내 이를 잘 보살펴 줘야 해"라고 속삭인다.

할아버지는 골목은 하나의 큰 집이라고 말씀하신다. 골목에서 만나는 이들이 가족이었고 친구였던, 골목에서 뛰어 놀았던 어린 시절을 떠오르게 하는 부분이다. 수채화풍으로 생동감 있고 정겹게 골목을 표현한 그림책으로 새로운 것에 대한 기대와 사라져가는 옛 골목의 아쉬움이 묻어난다.

처음 이가 빠진 날에 느꼈을 감정과 추억을 생각하면서 서로의 추억 이야기를 해보는 것도 좋다. 낡고 오래된 것은 새로운 것에 의해 늘 바뀌고 사라져간다. 어릴 적 느꼈던 옛것의 정겨움은 아이 삶의 든든한 디딤돌이 되어줄 것이다.

아이와 생각을 나누는 질문
Q. 처음 이가 빠졌을 때의 기분은 어땠나요?
Q. 내가 살던 집이 없어진다는 기분은 어떤 걸까요?
Q. 할아버지가 골목은 하나의 큰 집이라고 말씀하신 이유는 무엇일까요?

🏆 제4회 펑즈카이 아동도서상, 2014 상하이 아동도서상, 제8회 화동 도서디자인 비엔날레 표지디자인상, 가온빛 추천, 그림책 BEST 101 선정

#중국_그림책 #골목길 #낡고_오래된_집 #성장 #변화 #앞니 #추억 #지붕 #새_건물

315

"얘야, 할미가 옆에 있단다."

천둥 케이크

패트리샤 폴라코 글·그림, 임봉경 옮김, 시공주니어, 2010(2000)

천둥 치는 날 먹고 싶은 할머니의 천둥 케이크

할머니 농장에 가는 것은 좋아하지만 미시간에 불어오는 여름 폭풍과 천둥을 무서워하는 손녀가 두려움을 극복할 수 있게 도와준 할머니의 이야기를 담았다. 손녀는 폭풍우와 천둥을 두려워해 침대 밑에 숨는다. 할머니는 손녀의 두려움을 없애주고자 천둥 케이크를 만들 묘안을 떠올린다. 폭풍우가 몰아치기 전에 천둥 케이크를 만들어 먹자는 할머니의 제안에 함께 케이크 재료를 구하러 나간다. 손녀가 두려워할 때마다 할머니가 곁에 있다고 말해주며 두려움을 극복할 수 있도록 돕는다.

두려움이 몰려올 때 의지할 수 있는 든든한 존재가 옆에 있는 것만으로도 안심이 된다. 천둥이 오기 전에 케이크를 오븐에 넣은 할머니는 케이크 재료를 구하는 모든 여정에 함께한 손녀가 용감하다는 것을 일깨워준다. 겁쟁이라고 생각했던 자신이 용감하다는 것을 깨우친 손녀는 더 이상 폭풍우도 천둥도 두려워하지 않고 케이크를 맛있게 먹는다. 지혜로운 할머니로 인해 케이크를 만드는 모든 여정은 축제가 되었다. 세상 모든 손녀가 두려움을 극복하고 씩씩하고 용감하게 자라기를 바라는 할머니의 따뜻한 사랑을 느낄 수 있다.

아이와 생각을 나누는 질문
Q. 내가 두려워하고 무서워하는 것이 있나요?
Q. 할머니처럼 극복하도록 도와준 분이 있다면 누구고 그 방법은 무엇이었나요?
Q. 두려움을 잊을 정도로 집중해서 한 일이 있었나요?

어린이도서연구회 추천

#용기 #두려움 #극복 #할머니 #지혜 #손녀 #천둥_케이크 #천둥

316

"바람에 종소리가 들여오면
데헷은 얌얌이 곁에 있다고 믿습니다."

철사 코끼리

고정순 글·그림, 만만한 책방, 2018

이별한다고 해서 마음까지 사라지는 것은 아니다

소년 데헷은 가족 같았던 코끼리가 갑자기 세상을 떠나자 잊지 못하고 철사로 코끼리의 모습을 만들어 다닌다. 철사 코끼리로 코끼리를 영원히 기억하고 잊지 않겠다는 소년의 행동은 마음과 다르게 자신과 주변 사람들에게 오히려 상처를 준다. 이 과정을 겪으면서 데헷은 코끼리의 죽음을 자신이 어떻게 마주해야 하는지를 진정으로 알게 되고 자신과 주변 사람들을 괴롭혔던 철사 코끼리를 '종'으로 만들어 마음으로 코끼리가 항상 함께 있음을 느끼기 시작한다.

그림책은 반드시 항상 똑같은 모습으로 좋아했던 것들이 남아있어야 우리가 그 대상을 떠올릴 수 있는 것이 아니라는 것을 보여준다. '종'이라는 다른 형태로 코끼리를 기억할 수 있듯이, 단순히 형태로 우리가 좋아했던 것을 추억하고 기억하는 것이 아니라 마음으로 대상을 기억할 수 있다. 이별은 슬픈 것이지만, 그 대상을 떠올렸을 때 기억에 남기고 싶은 것을 우리의 마음으로 빚어 그리울 때마다 꺼내 볼 수 있음을 보여준다. 그렇게 이 책은 영원한 이별이 아니라 나와 이별의 대상이 늘 함께할 수 있음을 알려준다.

아이와 생각을 나누는 질문
Q. 데헷은 자신이 만든 철사 코끼리를 정말 얌얌이라고 믿었을까요?
Q. 삼촌은 왜 철사 코끼리를 종으로 만들어주었을까요?
Q. 왜 데헷은 아무나 오를 수 없는 돌산 아래에 살고 있을까요?

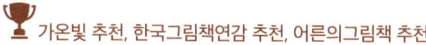 가온빛 추천, 한국그림책연감 추천, 어른의그림책 추천

#헤어짐 #상처 #슬픔 #외로움 #이별 #극복 #성장

317

질문과 대답
지금 나에게 필요한 것은 어느 쪽인가요?

첫 번째 질문

오사다 히로시 글, 이세 히데코 그림, 김소영 옮김, 천개의바람, 2014

구름은 어떤 모양인가요?

오사다 히로시의 시와 이세 히데코의 그림이 만난 시 그림책이다. 어른들은 해야 할 일의 목록을 어른의 마음대로 정해놓은 다음 아이에게 이야기를 한다. 어른들은 답을 정해놓고 질문을 한다. 우리는 고요 속에서 한숨 돌리고, 하루를 돌아볼 수 있다. 아이에게 어떤 질문을 하느냐에 따라 어떤 생각을 하는지 알 수 있다. 마음을 두드리는 따뜻한 질문은 그냥 흘려보낸 것을 다시 기억하게 하고 그 속의 나를 들여다보게 된다.

'좋은 하루란 어떤 하루일까?'라는 질문에 아이의 답과 엄마, 아빠의 답이 모두 다르다. 다른 이야기를 나누면서 아이가 느끼는 행복과 즐거움은 무엇인지, 엄마, 아빠에게 기쁨은 무엇인지 가족 간에 서로 깊이 이해하는 시간이 된다. 생각의 다양성으로 인해 다름을 이해할 수 있다. 맑은 수채화로 그려진 그림은 감동만큼 큰 울림으로 빠져들게 하고 깊이 있는 질문과 문장은 글을 읽는 사람의 마음에 오래 남을 것 같다. 시 자체만으로도 맑고 깊이가 있어 여운이 남는 그림책이다.

아이와 생각을 나누는 질문
Q. 오늘 올려다본 하늘의 색깔은 무슨 색인가요?
Q. 길을 걷다가 걸음을 멈춘 적이 있다면 그때는 언제였나요?

🏆 국민일보 추천, 2015 오픈키드 좋은 어린이책 목록 추천도서

#다양성 #성찰 #새로운 시선

318

> 초코곰은 초코곰이랑만 놀아야 되고,
> 젤리곰은 젤리곰과만 놀아야 된다고 생각했거든요.

초코곰과 젤리곰

얀 케비 글·그림, 박정연 옮김, 한솔수북, 2015

초코곰과 젤리곰으로 배우는 인권 이야기

미국에서 있었던 '로자 파크스' 사건을 주요 모티브로 인권과 차별이라는 어려운 주제를 가볍게 접할 수 있게 풀어낸 그림책이다. 인종 차별이 무엇인지, 사람이 다른 사람을 차별하고 급을 나눈다는 것이 어떤 것인지를 이해하기 힘든 아이들에게 매우 쉽고 명쾌하게, 밝고 재미있게 설명한다.

초코곰과 젤리곰은 같은 곰이지만, 초코곰은 공장의 컨베이어 벨트에서 젤리곰은 사무실에서 서로 어울리지 않고 분리되어 일한다. 하지만 둘은 서로 사랑하는 사이다. 불행하게도 이 둘의 사랑은 사회에서 인정받지 못한다. 왜냐하면, 초코곰은 초코곰끼리 젤리곰은 젤리곰끼리 어울려야 하기 때문이다. 초코곰만 이용해야 하는 좌석(다른 좌석은 사용할 수 없다)같이 그림 곳곳에서 다양한 차별과 분리의 시도가 보인다. 이런 차별 때문에 마음이 아픈 초코곰은 의사 선생님에게 치료를 받고 젤리곰과 함께 가장 맛있는 나라를 찾아 떠났다. 초코곰과 젤리곰이 행복할 수 있는 나라는 어떤 곳일지 아이와 이야기 나눠보면서 알록달록 화사한 색감의 그림과 대비되는 초코들을 향한 차별의 흔적을 찾아보기 바란다.

아이와 생각을 나누는 질문
Q. 왜 초코곰과 젤리곰은 함께 있을 수 없었을까요?
Q. 모습이나 색깔이 다르다고 해서 다르게 대우하는 것에 대해 어떻게 생각하나요?

 국제 엠네스트 지원작

#인권 #차별 #로자_파크스

319 "다시는 이가 아프지 않을 테니까요!"

치과 의사 드소토 선생님

윌리엄 스타이그 글·그림, 조은수 옮김, 비룡소, 1995

아픈 이를 고치러 치과에 가요

생쥐인 치과 의사 드소토 선생님은 이 고치는 솜씨가 아주 좋아서 늘 환자들이 줄을 섰지만, 위험한 동물은 치료하지 않는다. 그러던 어느 날 이 아픈 여우를 치료하면서 잡아 먹힐 위험에 처하자 지혜로 위기를 모면한다.

앞니가 빠지고 단 음식을 좋아하는 초등학교 입학 전후에는 치과에 갈 일이 종종 생긴다. 그럴 때마다 치과는 무섭고 가기 싫다는 아이와 실랑이를 벌여야 하는 부모는 속상하고 조급해진다. 아이를 데리고 치과에 가기 전, 생쥐 드소토 선생님의 다양하고 재미있는 이야기를 만나면 치과가 그리 무서운 곳이 아니라는 것을 알게 된다. 의사 선생님의 손놀림은 아주 부드러워서 치료를 받는 동안 하나도 아프지 않을 거라고, 부모는 치료받는 동물들의 웃고 있는 표정을 보여주며 아이의 마음을 안정시킬 수 있다. 오히려 치료하는 선생님의 모습이나 동물 환자들이 편안히 치료를 받는 모습을 보면서 치과에 대한 호기심을 불러일으킬지도 모른다. 어쩔 수 없이 어린 자녀를 데리고 치과에 갈 일이 생길 때, 치과는 무섭지 않으며 아픈 이를 낫게 해주는 고마운 병원이라는 걸 알려주기에 적합한 책이다.

아이와 생각을 나누는 질문
Q. 드소토 선생님은 쥐라서 위험한 동물은 치료하지 않았는데, 이것을 어떻게 생각하나요?
Q. 배고픈 여우가 선생님을 잡아먹는다면 어떻게 될까요?

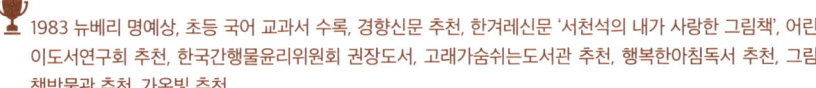

1983 뉴베리 명예상, 초등 국어 교과서 수록, 경향신문 추천, 한겨레신문 '서천석의 내가 사랑한 그림책', 어린이도서연구회 추천, 한국간행물윤리위원회 권장도서, 고래가숨쉬는도서관 추천, 행복한아침독서 추천, 그림책박물관 추천, 가온빛 추천

#치과 #이앓이 #치통 #도움 #지혜

320

> 하지만 내 그릇은 텅 비었다.
> 나한테는 아무것도 없다. 나는 왜 나로 태어났을까?

치킨 마스크

우쓰기 미호 글·그림, 장지현 옮김, 책읽는곰, 2008

나는 나라서 좋아

치킨 마스크는 자신감이 없고 열등감이 강한 아이다. 어느 날 다른 마스크를 써볼 기회가 생기는데, 다른 마스크를 쓰고 남의 재능을 경험한 치킨 마스크는 자기 자신으로 살아가는 데 더욱 회의를 느낀다.

이 그림책은 아이들에게 자신에 대한 수용을 가르쳐준다. 나는 있는 그대로의 나를 얼마나 좋아할까? 사람들은 타인의 삶을 갈망하거나 자신에게 만족하지 못하는 경우가 많다. 치킨 마스크도 자기 장점은 보지 못하고 타인의 재능을 부러워한다. 치킨 마스크가 특별히 비관적이어서가 아니다. 부모나 사회가 칭찬하거나 인정하지 않는 재능을 자신의 장점으로 여길 아이가 얼마나 될까?

'꽃'은 치킨 마스크의 특별함을 알아봐 주고 격려한다. 한낱 연약한 '꽃'의 말이지만, 치킨 마스크는 살아갈 힘을 얻고, 자기 자신으로 있길 선택한다. 나에게 '꽃' 같은 존재가 있어 힘이 된다면 더할 나위 없이 좋겠지만, 만일 아무도 없다면 어떻게 해야 할까? 내가 스스로 격려하고 인정할 수밖에 없다. 내 옆에 선한 사람들을 두고, 나 자신에게 꽃이 되어주자. 향기로운 말로 응원하고 사랑해서 나 자신을 아름답게 지켜내자.

아이와 생각을 나누는 질문
Q. 내가 부러워하는 타인의 재능은 무엇일까요?
Q. 나의 재능은 무엇이라고 생각하나요?
Q. 나는 있는 그대로의 나를 사랑할 수 있나요?

한겨레신문 '서천석의 내가 사랑한 그림책'

#재능 #자신감 #자존감

321

"하지 마! 하지 마! 하지 마! 사과하지 말란 말야!"

친구랑 싸웠어!

시바타 아이코 글, 이토 히데오 그림, 이선아 옮김, 시공주니어, 2006

싸우면서 자라는 아이들

'놀이 섬'이라는 아이들의 놀이터에서 일어난 실제 사건을 모델로 한 그림책으로 친구와 싸워서 속상한 아이의 마음과 화해하는 과정을 사실적으로 묘사한다. 아이가 그린 것 같으면서도 강렬한 색감과 독특한 구도의 삽화로 아이들의 감정 변화와 기분을 생생하게 표현한다.

날마다 놀이터에서 노는 유치원생 다이는 친한 친구 고타와 대판 싸운다. 힘이 센 고타에게 진 다이는 분한 마음에 선생님이 찾아와 친구들이랑 만든 만두를 먹자고 해도 가지 않는다. 고타가 찾아와 사과를 해도 분이 안 풀려 눈물이 난다. 엄마가 싸 온 만두를 먹고 마음이 풀린 다이는 놀이터에서 고타를 만나 화해를 한다. 아이들은 별일 아닌 것으로도 잘 다투고 말싸움도 곧잘 한다. 남자아이들은 몸싸움으로 번지기도 한다. 싸우는 것도 화해하는 것도 자라나 과정이다. 잘 싸우고, 잘 화해하는 방법을 터득해 나가면 비 온 뒤에 땅이 굳어지는 것처럼 아이들도 더 단단해질 것이다. 친구와 싸워본 적이 있는 아이는 고타와 다이가 화해하는 과정에 공감하고 문제해결 방법과 사회성을 길러 성장하는 시간이 될 것이다.

아이와 생각을 나누는 질문
Q. 친한 친구와 잘 지내다가 싸운 적이 있나요?
Q. 친구의 사과를 잘 받아주었나요? 감정이 안 풀려 사과를 받아주지 않았다면 어떻게 화해했나요?

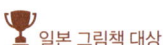 일본 그림책 대상

#친구 #싸움 #화해

322

> 너에게 친구가 하나도 없기를 바란다면 여기 나오는 방법을 그대로 따라 하렴.

친구를 모두 잃어버리는 방법
낸시 칼슨 글·그림, 신형건 옮김, 보물창고, 2007

친구를 사귀려면

엄마가 아이에게 '친구를 잃어버리는 방법'을 다정하게 설명한다. 절대로 웃지 않기, 모두 독차지하기, 심술꾸러기 되기 등등 어떻게 하면 친구가 나를 싫어하게 되는지를 자세하게 알려준다. 그 어조가 훈계조가 아니라 익살스러워 재미가 배가된다.

대부분의 사람이 친구를 원한다. 어린아이도 크게 다르지 않다. 이 그림책은 아이들이 평소 저지르는 타인이 싫어할 만한 행동을 그려 자연스럽게 친구를 사귀는 기술을 알려준다. 아이는 주인공을 보며 '저런 행동이 친구를 멀어지게 하는구나'라는 걸 체득하게 된다. 거울을 보듯이 자신의 잘못된 행동을 볼 수 있기 때문에 부모나 교사의 훈계보다 더 효과적일 수 있다.

평소 아이가 떼를 쓰거나 고집을 부리는 것이 고민이라면, 아이와 함께 읽고 이야기 나누기 좋다. 역설적으로 주인공이 하는 행동과 반대로 하면 친구가 좋아한다는 것도 배울 수 있다. 전체적인 톤이 밝고 이야기가 재미있어 가볍고 즐겁게 읽을 만하다. 부모도 책을 읽으며 아이의 입장을 헤아릴 수 있으니 일석이조의 책이라 할 수 있다.

> **아이와 생각을 나누는 질문**
> Q. 친구가 싫어하는 행동은 무엇일까요?
> Q. 친구가 좋아하는 행동은 무엇일까요?
> Q. 친구를 사귀는 나만의 방법이 있나요?

#친구 #관계 #고집불통 #훈계

323

> "큰 나무의 뿌리를 다시 덮어 줘요.
> 그대로 두면 곧 감기에 걸리고 말게요. 그거면 돼요."

커다란 나무

레미 쿠르종 글·그림, 나선희 옮김, 시공주니어, 2017

여러분의 삶의 가치는 무엇인가요?

돈이면 뭐든지 다 된다고 믿었던 부자 아저씨가 커다란 나무와 할머니를 만나면서 삶의 가치관이 변하고 자연과 친구가 된다. 여행 중에 마음에 드는 커다란 나무를 발견한 부자 아저씨는 자기 집에 옮겨 심으려다가 작은 나무와 뿌리가 연결되어 있음을 알게 된다. 뿌리를 자르면 두 나무 다 죽을 수 있다는 말에 커다란 나무와 연결된 작은 나무를 사고, 주인 할머니가 판매를 거부하면 할머니까지도 데려가려는 계획을 세운다. 커다란 나무를 옮겨심기 위해 할머니와 담판을 지으려 만났지만, 한마디도 꺼내지 못한다. 할머니를 설득하지 못한 비서의 뺨을 후려치던 호기는 사라지고 나무의 뿌리를 덮어달라는 할머니의 부탁으로 꼬박 일 년 동안 혼자서 큰 나무의 뿌리를 덮어준다.

할머니의 눈에 비친 나무들 때문이었을까? 아니면 아저씨의 방문 목적을 알면서도 화를 내거나 따지지 않고 손수 구운 아몬드 비스킷과 홍차로 따뜻하게 맞아준 할머니의 호의 때문이었을까? 진짜 소중한 게 무엇인지 아는 어른을 만나 가치관이 바뀐 아저씨처럼 물질만능주의 시대를 살아가는 아이들이 가져야 할 가치가 무엇인지 생각하게 하는 수작이다.

아이와 생각을 나누는 질문
Q. 살면서 중요하게 여기는 것들을 무엇인가요?
Q. 돈으로 살 수 없는 소중한 것에는 어떤 것이 있을까요?
Q. 할머니처럼 소중한 것이 무엇인지 아는 '진짜 어른'으로 자라려면 어떻게 해야 될까요?

#가치관 #삶 #인생 #자연 #어른 #할머니 #만남 #큰_나무 #커다란_나무

324 앞으로 더 많은 답을 찾아낼 수 있을 거예요.

커다란 질문

볼프 에를브루흐 글·그림, 김하연 옮김, 베틀북, 2004

나는 왜 존재하는가?

고양이는 가르랑거리는 소리를 내기 위해, 뚱뚱한 아저씨는 잘 먹기 위해, 바위는 그냥 여기 머무르려고, 정원사는 참을성을 배우기 위해 태어났다고 말한다. 각자 존재 이유가 있다. '그럼 난 왜 존재하는 것일까?' 책을 덮을 즈음 스스로에게 질문을 던진다.

나이가 어릴수록 대답은 단순하다. 엄마가 낳았으니, 부모가 태어나게 했으니 존재한다고 말한다. 하지만 사고의 폭이 커진 초등학교 고학년만 되어도 한 번 더 생각하고 대답한다. 진로나 가치관의 영향도 받는데, 아이의 나이나 관심사에 따라 이유가 다양해진다. 어른이 되어도 존재 이유는 계속 변한다. 이런 철학적인 질문에는 정답이 없다. 아이가 말하는 모든 것이 답이다. 이때 부모는 아이가 존재 이유를 찾을 수 있도록 이야기를 들어주면 된다.

세상에 존재하는 모든 것에 '내가 생각하는 너의 존재 이유'를 붙여보는 것도 좋다. 이유를 생각하다 보면, 모든 것이 소중하고 존재해야 할 이유가 있음을 느끼게 된다. 그리고 그 생각을 하는 내가 중요한 사람임을 느끼게 된다.

아이와 생각을 나누는 질문
Q. 내가 이 세상에 있는 이유는 무엇일까요?
Q. 어떻게 살아야 할까요? 어떻게 살면 좋을까요?
Q. 언제 가장 행복하다고 느끼나요?

 2004 볼로냐 국제아동도서전 라가치상 픽션 부문 대상, 2006 국제안데르센상

#존재 #철학 #질문 #이유

325

> 감정이 뒤죽박죽이면
> 네 감정을 제대로 알 수 없어.

컬러 몬스터

아나 예나스 글·그림, 김유경 옮김, 청어람아이, 2020

오늘 너의 감정은 무슨 색이야?

귀엽고 사랑스러운 주인공 컬러 몬스터가 색깔을 통해 감정을 이해하는 과정을 담고 있다. 감정이 뒤죽박죽인 컬러 몬스터에게 친구인 소녀가 감정을 나누어 정리하라고 알려준다. 감정을 사물에 빗대어 색깔과 연결한다. 컬러 몬스터가 감정을 경험할 때의 표정과 행동을 살펴보면서 감정을 익힐 수 있다.

감정 표현은 아이의 사회성 발달에 중요한 역할을 한다. 자신의 감정을 잘 표현하고 조절하는 아이가 다른 사람의 감정을 이해하고 배려할 수 있는 사람으로 성장한다. 감정을 구별하는 방법과 한 번에 여러 감정을 느낄 수 있다는 사실도 알려 주면 좋다.

컬러 몬스터에 등장하는 다섯 가지 기본 감정을 자녀는 어떻게 느끼는지 이야기를 나누어보면 좋다. 엄마는 어떤 상황일 때 기쁨의 감정을 느끼는지, 엄마의 기쁨 색은 무슨 색인지를 자녀와 소통의 도구로 활용하면 좋을 것 같다. 감정의 색을 컬러로 알아보면 한층 더 재미있다.

> **아이와 생각을 나누는 질문**
> Q. 오늘 내 기분은 어떤 컬러인가요?
> Q. 감정이 뒤죽박죽일 때 나의 행동은 어떠한가요?

 2019 국제독서협회 아동도서위원회(ILA·CBC) 선정 도서

#감정 #호기심

326

"서로 돕는다는 건 이런거야.
내가 반죽을 저을게. 너는 초콜릿 조각을 넣을래?"

쿠키 한 입의 인생 수업

에이미 크루즈 로젠탈 글, 제인 다이어 그림, 김지선 옮김, 책읽는곰, 2008

쿠키가 익어가듯 삶의 지혜도 익어간다

쿠키가 익어가는 과정에 다양한 피부색의 아이들과 동물들이 등장한다. 가치는 인종을 막론하고 사회에서 꼭 필요한 것임을 알려주는 듯하다. 이들은 협동, 인내, 자부심, 공경, 만족, 열린 마음, 지혜 등 15가지의 가치 이야기를 나누고 쿠키가 익어감에 따라 인생에서 중요한 가치를 하나씩 배워나간다.

아이들은 배움의 과정에서 왜 이것을 배워야 하는지 끊임없이 궁금해한다. 그리고 그런 아이들에게 지켜야 하는 규범이나 가치에 대해 가르치는 것은 딱딱하고 어려운 일이다.

이 책은 일상생활을 하며 많이 들어봤지만, 막상 설명하려고 하면 어려워할 법한 가치단어를 등장시킨다. 가치와 관련된 단어들을 암기하게 하기보다는 상황을 통해 이해하도록 한 것도 눈에 띈다. 아이들이 지켜야 하는 규범이나, 가치에 대해 가르치는 것은 사실 어려운 일이다. 이 책에서 따끈따끈 맛있어 보이는 쿠키와 작은 동물들이 쿠키를 가지고 안내하는 가치단어들은 모두 아이들의 생활과 밀접한 가치들이다. 이 책을 활용하여, 아이들이 중요한 가치에 대해 생각해보는 기회를 주고, 삶에 적용하도록 알려줄 수 있다.

아이와 생각을 나누는 질문
Q. 책에서 본 가치 중 가장 마음에 드는 가치는 무엇인가요?
Q. 학교생활에서 가장 중요하다고 생각하는 가치는 무엇인가요?

🏆 초등 교과서 수록, EBS 문해력 유치원 선정도서

#삶의_가치 #교훈 #인성교육

327

> 브라운 아저씨의 말에 젖소들은 헛간 문에다 편지를 붙였지요.

탁탁 톡톡 음매~ 젖소가 편지를 쓴대요

도린 크로닌 글, 베시 루윈 그림, 이상희 옮김, 주니어RHK, 2022(2021)

젖소들은 왜 파업을 했을까?

브라운 아저씨는 농부다. 아저씨의 골칫거리가 있는데, 바로 젖소들이 타자 치는 걸 좋아한다는 것이다. 젖소들은 타자기로 헛간이 추워 밤마다 덜덜 떨고 있다는 이야기로 자신들이 겪고 있는 어려움을 알리고, 이를 해결하기 위해 전기담요를 깔아주면 좋겠다는 편지를 쓴다. 아저씨가 젖소들의 요구사항을 들어주지 않자 계속 편지를 쓰고 우유를 주지 않는 파업도 하면서 마침내 원하던 전기담요를 손에 넣는다. 만약, 이들이 현실에 순응하여 아무런 행동도 하지 않았거나 불평만 늘어놓았다면 얻는 것도 없었을 것이다.

아이들도 젖소들처럼 자신이 겪은 불편함을 어떻게 하면 바꿀 수 있을까, 고민해 보고 개선점을 찾아 의견을 제시하는 방법을 배우면 좋겠다. 편지를 쓸 수도 있고 전화를 하거나 이야기를 할 수도 있다. 처음이 어렵지 방법을 알면 다음은 더 쉬워진다. 가정에서부터 아이의 의견을 듣고 답변해주는 것은 어떨까? 경험이 쌓이면 학교나 사회의 문제를 개선하기 위해 스스로 목소리를 내며 적극적으로 행동할 줄 아는 사람으로 성장할 것이다.

아이와 생각을 나누는 질문
Q. 불편한 점을 개선하기 위해 말을 하거나 행동을 했던 적이 있나요?
Q. 의견을 내었는데도 상황이 해결되지 않으면 그다음에는 어떻게 할 건가요?

🏆 2001 칼데콧 아너상, 이르마-제임스 블랙상, 샬롯상, 뉴욕타임스 베스트셀러

#권리 #시위 #협상 #우화

328

**"나의 아들아, 이제 대지로 돌아가서
사람들이 사는 세상에 내 영혼을 가져다 주어라."**

태양으로 날아간 화살

푸에블로 인디언 설화, 제럴드 맥더멋 그림, 김명숙 옮김, 시공주니어, 2001

다소 특별한 인디언 마을의 영웅 이야기

태양신은 대지에 축복을 내리기 위해 태양 화살을 땅으로 쏘아 보내고, 그 화살을 맞은 여인에게 사내아이가 생긴다. 아이는 어릴 때부터 아버지가 없어 동네 아이들에게 놀림거리가 되었다. 아이는 아버지인 태양을 찾아 여행을 떠나고, 태양에 다다르는 방법을 알아낸다. 마침내 태양신인 아버지를 만나지만, 아들로 인정받기 위해 수많은 테스트를 거쳐야 했다. 모든 테스트에 통과한 태양의 아들은, 태양의 힘으로 충만해졌고 아버지의 명을 따라 다시 인간의 땅으로 돌아와 푸에블로 인디언 마을에 축복을 전한다.

예나 지금이나, 아이들에게 영웅이나 신이 등장하는 이야기는 인기가 많다. 인디언 마을의 모험 이야기도 마찬가지로 재미있고 아이들의 호기심을 자극하기에 충분하다. 이 책은 인디언 설화를 바탕으로 태양신과 태양신의 아들인지 모르고 살았던 아이의 모험 이야기를 전해 준다. 다양한 나라의 이야기를 알아가기 시작하는 시기에 다양한 문화권의 이야기를 자연스레 접하는 경험은 아이들이 문화 다양성을 이해하는 마중물이 된다.

> **아이와 생각을 나누는 질문**
> Q. 태양의 아들은 자신이 태양의 아들임을 증명하기 위해 어떤 노력을 했나요?
> Q. 어머니는 왜 아들에게 태양의 아들이라고 알려주지 않았을까요?

 1975 칼데콧상

#인디언_설화 #태양신 #영웅

329

"로즈, 네가 와줄 줄 알았어"

터널

앤서니 브라운 글·그림, 장미란 옮김, 논장, 2018

터널을 통과할 용기가 있나요?

밖에 나가서 뒹굴고 뛰어노는 걸 좋아하는 오빠와 방에 틀어박혀 책 읽는 걸 좋아하는 여동생 로즈는 만나기만 하면 티격태격 다툰다. 보다 못한 엄마는 둘이 같이 밖에서 놀다 오라고 내보낸다. 어쩔 수 없이 간 쓰레기장에서 발견한 터널이 궁금한 오빠는 안으로 들어가 버린다. 터널이 무서운 동생은 오빠를 기다린다. 아무리 기다려도 나오지 않는 오빠를 찾기 위해 동생은 일생일대의 용기를 낸다. 기이한 터널과 깊은 숲을 지나 되돌아가고 싶은 걸 꾹 참고 만나게 된 오빠는 차가운 돌이 되어 굳어 있었다. 눈물로 오빠를 껴안자 차가운 돌은 조금씩 따뜻한 오빠의 모습으로 돌아와 로즈를 안아준다. 터널을 지나 밖으로 나온 남매는 더 이상 티격태격하던 옛날의 남매가 아니다. 끈끈한 가족애를 지닌 남매로 거듭났다.

작가는 단순한 현실 남매를 그린 것이 아니라 내 안에 존재하는 또 다른 나, 양면성에 관한 이야기라고도 말한다. 살다 보면 또 다른 내 모습과 화해가 필요할 때가 있다. 그 둘이 조화를 이루고 하나로 어우러져 성장할 수 있도록 용기를 내보자. 로즈의 따뜻한 미소가 응원할 것이다.

아이와 생각을 나누는 질문
Q. 너무 다른 형제자매로 인해 갈등이 있다면, 어떻게 해결하나요?
Q. 동기간의 우애를 향상시킨 사건에는 어떤 것이 있었나요?
Q. 내 안에 평소의 나와 다른 모습이 있다면 어떤 때 그런 모습을 발견했나요?

 한국학교사서협회 추천

#남매 #용기 #화해 #양면성 #내면 #또_다른_나 #터널

330 "내일도 오늘처럼 다 함께 밥 먹을까요?"

텅 빈 냉장고

가에탕 도레뮈스 글·그림, 박상은 옮김, 한솔수북, 2015

'텅 빈'만큼 '가득 채울 수 있는' 방법

표지의 층마다 다른 색으로 칠해진 건물 모습은 여러 재료를 칸마다 담고 있는 냉장고 같다. 사람들은 저마다 바쁜 하루를 보내고, 각자의 텅 빈 냉장고 속 유일한 재료를 들고 모여 따뜻한 음식을 만들고 나눈다. 나눔이 어려워지고 이웃과의 거리가 점점 멀어지는 요즘의 우리와는 정반대의 모습이다. 냉장고처럼 텅 비어있던 마음은 이웃과 함께 음식을 만들고 맛있게 먹으며 어느새 따뜻함으로 가득 찬다. '텅 빈 냉장고'는 '함께 살아가는 것'의 가치를 잘 담고 있다.

나눔의 미덕은 모두 알고 있지만, 그 뜻과 실천 방법을 선뜻 설명하기에는 쉽지 않다. 이 책은 '나눔'을 쉽지만 확실하게 그려낸다. 거창한 기부나 봉사활동이 아닌, 실천할 수 있는 작지만 확실한 방법을 알려준다. 온화한 색감과 미소 가득한 인물들의 표정은 '나눔'이 얼마나 마음이 따뜻해지는 일인지를 전해준다. 아이는 함께 살아가는 사회를 나눔으로 더욱 밝게 만들 수 있음을 배울 수 있다. 가진 것을 나누어 이웃과 함께하는 삶, 그 첫걸음을 이 책을 읽고 아이들과 나눔이 주는 선물에 대해 이야기 나눠보는 것으로 시작해보자.

아이와 생각을 나누는 질문
Q. 내가 가진 것 중 친구와 나누고 싶은 것은 무엇인가요?
Q. 파이를 만들어서 나누는 것 외에 '나눔'을 실천할 수 있는 방법은 무엇일까요?

2015 볼로냐 라가치상 Book&Seeds 수상작

#이웃 #공동체 #나눔 #함께

331

> 공장 바깥에 꽃이 피고, 비와 구름과 눈이 있다는 걸 더 이상 기억하지 못했습니다.

토끼들의 섬

요르크 슈타이너 글, 요르크 뮐러 그림, 김라합 옮김, 비룡소, 2002

나는 어떤 삶을 꿈꾸는 사람일까?

갈색 토끼는 토끼 공장에 들어와 회색 토끼를 만난다. 토끼 공장은 수백 마리의 토끼가 철창에 갇혀 사육되는 곳이다. 갈색 토끼와 회색 토끼는 바깥세상을 그리워하며 탈출을 시도한다. 하지만 공장 밖으로 나온 토끼들은 바깥세상의 위험을 경험하고, 자신들이 꿈꾼 것과는 다르다는 것을 느낀다. 공장에서 오래 살던 회색 토끼는 공장을 그리워하며 돌아가기를 원한다.

그림책이지만 글밥이 많고 담고 있는 주제가 무겁다. 저학년 학생들에게는 쉽지 않다. 언젠가 도살될 것이 뻔하지만 밥과 잠자리가 있는 편안한 공장과 불편하고 위험하지만 기회가 있는 자유로운 외부세계. 나라면 어떤 걸 선택할까? 사실 정답은 없다. 불만족스럽지만 현실에 안주하는 삶과 위험을 감수하고 현실을 개척하는 삶 사이의 우열은 없다. 그걸 선택하는 건 각자의 몫이며 책임도 온전히 자신에게 있다. 용기 있게 공장 밖으로 나온 갈색 토끼를 칭찬하고 싶지만, 공장에 돌아갔다고 회색 토끼를 비난할 수 있을까? 아이들이 본인이 원하는 삶이 무엇인지 진지하게 생각해볼 수 있게 하는 작품이다.

> **아이와 생각을 나누는 질문**
> Q. 회색 토끼와 갈색 토끼는 왜 공장을 나왔을까요?
> Q. 회색 토끼는 왜 공장으로 다시 돌아가고 싶어 했을까요?
> Q. 나는 회색 토끼와 갈색 토끼 중 어느 쪽에 가까운 사람일까요?

 한겨레신문 추천, 1994 안데르센상 수상 작가

#안온한_삶 #자유 #선택 #책임

332 로자야! 사람들이 환경을 오염시키지 않으면 다시 투발루에 돌아 올 수 있을거야

투발루에게 수영을 가르칠 걸 그랬어

유다정 글, 박재현 그림, 미래아이, 2008

로자가 고향으로 돌아가려면

아이들에게 지구온난화, 해수면 상승 등 환경 오염의 심각성을 잘 알려줄 수 있는 책이다. 투발루라는 나라의 고양이 투발루와 살고 있는 소녀 로자의 이야기이다. 로자와 투발루는 항상 붙어 다녔지만, 물을 싫어하는 투발루 때문에 로자가 바다에 가서 놀 때만 떨어지게 된다. 그러던 어느 날 로자의 집 마당까지 물이 들어오게 되고 집에서 떠나게 된다. 투발루를 데려가는 것이 부담스러운 아빠와 달리 로자는 투발루와 다른 나라에서 살 것을 준비한다. 하지만 비행기가 떠나기 직전 투발루가 없어지고 만다. 투발루를 찾지 못하고 이륙한 비행기 창문으로 로자는 투발루를 보게 되지만 투발루를 데리러 갈 수가 없다. 그래서 로자는 후회하고 또 후회한다. 고양이 투발루에게 수영을 가르칠 걸 그랬다고.

투발루 국민은 왜 자신들의 나라에서 떠나게 되었을까? 우리가 여름에는 시원하게, 겨울에는 따뜻하게 살고 있기 때문에 그들은 고향을 떠나야 한다. 그것이 우리의 책임이라는 것을 이 책을 읽는 아이들이 잘 알았으면 좋겠다.

> **아이와 생각을 나누는 질문**
> Q. 아빠는 왜 고양이 투발루를 데리고 가지 말자고 했을까요?
> Q. 지구온난화를 멈추기 위해 나는 무엇을 해야 할까요?

초등 국어 교과서 수록, 행복한아침독서 추천, 2009 어린이평화책, 국립어린이청소년도서관 사서 추천

#투발루 #지구온난화 #환경교육

333

"틀리는 건 당연하다고."

틀려도 괜찮아

마키타 신지 글, 하세가와 토모코 그림, 유문조 옮김, 토토북, 2006

틀린다는 것

처음은 틀리기 쉽다. 틀리면서 배운다. 넘어지면서 걷는 것을 배우고, 받아쓰기를 틀려가며 글을 익힌다. 자신감을 갖고 용기 있게 도와달라고 말한다면 걱정할 필요는 없다. 이 책은 특히 초등학교에 입학하는 아이들이 틀리는 것을 두려워하지 않도록 응원한다.

만약, 틀리는 것을 유독 힘들어하는 아이가 있다면 틀린 것을 맞췄을 때 느꼈던 기쁨에 관해 이야기를 나눠보고 생각만큼 그리 속상하지 않다는 걸 경험해보면 좋겠다. 말 잇기 놀이처럼 간단한 것부터 시작해도 좋다. 아이가 혼자 해결하기 어려워한다면 부모가 약간의 팁을 주어 스스로 해결하도록 도울 수도 있다. 아이는 뿌듯해하며 자기가 해결했다는 자신감을 갖게 되고 틀린 것을 해결하는 것이 즐거운 일이 될 수도 있다는 것을 알아가게 된다.

누구나 틀릴 수 있고, 틀린 것을 고쳐가는 과정에서 성장한다. 그러니 틀린 것의 결과보다는 과정에 좀 더 집중해보자. 넘어지더라도 툭툭 털고 다시 일어나서 나의 길을 가는 용기가 중요하다. 아이들에게 틀려도 괜찮다고 이야기할 수 있는 교훈을 주는 책이다.

아이와 생각을 나누는 질문
Q. '너 틀렸어'라는 말을 들었을 때, 어떤 기분이 들었나요?
Q. 처음에 틀렸던 경험 또는 잘하지 못했던 경험이 있나요? 지금은 어떤가요?

🏆 한국간행물윤리위원회 '초등 저학년이 꼭 읽어야 할 책' 선정, 그림책박물관 추천, 꿈꾸는도서관 추천, 행복한 아침독서 추천, 어린이 출판사 편집장들이 뽑은 취학전 읽을만한 책 30권

#틀림 #실패 #용기 #성공 #자신감 #학교_이야기

334

파도야 놀자

이수지 글·그림, 비룡소, 2009

시원한 여름 바다를 기억하나요?

무채색의 그림과 파란 파도가 아름답게 대비하며, 파도의 역동성과 생생한 푸른 여름날의 묘사가 아름답게 그려져 있다. 그림책의 중심을 기준으로 파도와 소녀의 긴장되는 대치 상황이 섬세하게 그려지고 있으며, 파도가 중심점을 넘어서고 나서 소녀와 파도가 하나로 어우러지는 순간이 아름답게 표현되어 있다. 어린 소녀가 처음에는 파도에 겁을 먹다가, 결국에는 파도와 함께 더 자유롭게 노는 변화가 감동적으로 그려져 있다.

소녀의 감정과 상황에 따라 변하는 색의 사용이 미적으로 매우 훌륭하게 표현되어 있어, 상징적인 의미를 찾아보는 즐거움도 느낄 수 있다. 글이 없기 때문에 아이들은 소녀의 감정과 경험에 집중할 수 있으며, 자신만의 이야기와 해석을 창의적으로 상상할 수 있는 훌륭한 작품이다.

여름 바다와 파도를 주제로 한 이야기로, 여름 휴가철에 아이와 함께 읽으며 여름날의 추억을 회상하거나 여름 바다의 경험을 나누기에 안성맞춤인 그림책이다.

> **아이와 생각을 나누는 질문**
> Q. 바다에 가본 경험이 있나요?
> Q. 가장 기억에 남는 여름 휴가가 있다면 어떤 것인가요?
> Q. 떠오르는 여름 바다의 이미지를 그려볼까요?

2008 뉴욕타임스 우수 그림책 선정, 행복한아침독서 추천, 책따세 추천, 국립어린이청소년도서관 사서 추천

#글_없는_그림책 #여름 #파도 #파랑 #바다

335

**"에이, 우린 가자.
이 낙타는 상상력이라고는 통 없는 것 같다"**

파란 의자

클로드 부종 글·그림, 최윤정 옮김, 비룡소, 2004

너에게 파란 의자는 무엇이니?

사막을 걷던 에스카르빌과 샤부도는 파란 의자를 발견한다. 의자는 두 친구의 상상 속에서 썰매가 되기도 하고, 불자동차, 구급차가 되고, 물에 둥둥 떠다니며 상어를 조심해야 하고, 서커스의 공중 곡예도 한다. 상상력이라고는 통 없는 단봉낙타를 만나면서 상상은 끝난다. 하지만 단봉낙타의 상상력을 지적하며 끝까지 상상의 나래를 포기하지 않고 지키는 두 친구다.

두 친구가 펼치는 상상의 세계를 보면 동참하고 싶고 공감이 된다. 두 바퀴로 땅 위를 달리고, 하늘을 날고, 물속을 누비는 상상을 주고받으며 이야기 속 환상으로 들어가는 모습을 보면 우리 아이들의 모습이 겹쳐진다.

우리에게 '파란 의자'는 무엇이었나? 사막은 삭막하고 뜨겁고 추운 험한 공간이지만 상상이라는 문을 열면 어떤 공간도 될 수 있다. 단봉낙타는 어른이 되어 있는 나의 모습이 아닐까? 금의 상상력도 없고 아이들의 상상력을 이해할 수 없고 받아들일 마음도 없는 사막화가 된 어른들의 모습, 나의 마음이 아닌가 하는 생각이 든다.

아이와 생각을 나누는 질문
Q. 나에게 에스카르빌과 샤부도, 단봉낙타 같은 친구가 있나요?
Q. 세 친구의 장점은 무엇인가요?
Q. 내가 낙타라면 두 친구에게 어떤 이야기를 들려주고 싶나요?

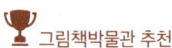
그림책박물관 추천

#친구 #상상력 #놀이 #편견

336

사람들은 하늘을 보며, 들판을 보며, 강물을 보며 파란파도라는 이름을 떠올렸어.

파란파도

유준재 글·그림, 문학동네, 2014

파란 말은 달리고 싸우는 것만 배워야 했을까?

마을에 파란 말이 태어났다. 마을 사람들은 상서로운 일이라며 다 같이 어울려 기뻐했다. 파란 말은 태어나자마자 군주에게 바쳐졌고, 달리고 싸우는 것만 아는 말로 길러진다. 병사들은 전쟁에서 이기든 지든 죽거나 다친다. 마을 사람들은 군량미를 대느라 허덕이다 고향을 등지고 떠날 수밖에 없다. 승전이 평화와 부를 가져오지는 않는다. 파란 말이 어린 병사 앞에서 멈칫한 이유는 뭘까? 병사의 차가운 눈빛에서 자신의 냉정함을 보았는지도 모른다. 앞으로 달리고 싸우는 것만 배운 파란 말은 '나는 지금 무엇을 위해 싸우고 있을까?'라며 전쟁에 대한 회의를 가졌을 것이다.

파란 말이 얼음처럼 차가운 강물 앞에 도착한다. 그곳에서 노인과 아이를 업은 여인을 만난다. 여인의 애절한 눈빛에 파란 말은 얼음처럼 차가운 강물에 자신의 몸을 내던져 그들을 구한다. 아이들이 이 책을 통해 전쟁 후 승리와 패전의 나머지가 어떤지 생각할 기회가 될 것이다.

> **아이와 생각을 나누는 질문**
> Q. 노병이 파란 말에게 하는 행동을 보면 누가 생각나나요?
> Q. 파란 말처럼 남을 위해 나를 희생하면 어떤 감정이 들까요?

 2011 칼데콧 아너상, 2014 세종도서 교양도서, 2015 볼로냐 올해의 일러스트레이터 수상작

#파란_말 #군주 #탄생 #계시 #노병 #훈련 #전쟁 #승리 #축복 #저주 #소년병사 #강 #선택

337

어느새 둘은 초록이가 돼 버렸어.

파랑이와 노랑이

레오 리오니 글·그림, 이경혜 옮김, 물구나무, 2003

넌 무슨 색이야?

심심했던 파랑이는 친구를 찾아 여기저기 기웃거리다 눈앞에 나타난 노랑이가 너무 반가워 꼭꼭 껴안고, 어느새 두 색이 섞여 초록이 된다. 하지만 양쪽 부모님 모두 초록색은 내 아이가 아니라며 이들을 쫓아낸다. 아이들은 슬픔의 눈물을 흘려 잘게 부서지는 경험을 통해 원래 자기 모습으로 돌아갈 수 있었다. 부모님들 역시 다시 돌아온 아이들을 서로 얼싸안고, 본인들이 부정했던 초록이 되는 경험을 할 수 있었다.

파랑이와 노랑이, 이들의 부모님을 통해 우정과 정체성, 다름과 틀림, 성장에 대해 생각해볼 수 있다. '나다운 것은 무엇인가?', '나와 다른 사람을 어떻게 대해야 할까?' 등 독자들의 관점에 따라 다양한 의미를 생각해볼 수 있는 책이다. 사람들이 가진 다양한 성격에 대해 전달해주기도 한다. 각각 파랑과 노랑이라는 뚜렷한 개성과 성질을 가지고 있지만, 서로에게 영향을 받을 땐 초록이 되는 모습을 보며, 우리는 각자의 개성을 가지고 있는 한편 서로 영향을 끼치는 존재라는 것을 배울 수 있다.

아이와 생각을 나누는 질문
Q. 나에게도 파랑이와 노랑이처럼 친한 친구가 있나요?
Q. 내가 만약 초록이로 변한 파랑이와 노랑이라면 부모님께 '나'라는 것을 어떻게 말씀드릴 건가요?

🏆 1959 뉴욕타임즈 우수그림책상, 2021 '그림책 BASIC', 2019 <100권의 그림책>, 2016 <100권의 그림책>, 그림책박물관 추천, 어린이도서연구회 권장도서, 초등 교과서 수록, 한국유치원총연합회 추천

#다양성_존중 #차이 #파랑 #노랑 #초록 #친구 #정체성 #차별 #우정

338

> "깊고 깊은 강물에 '풍덩!' 던져 버렸단다."

팥죽 할멈과 호랑이

박윤규 글, 백희나 그림, 시공주니어, 2006

팥죽 할머니를 구하는 작은 따뜻한 힘

우리나라의 유명한 옛이야기이다. 옛날에 할머니가 살았는데 어느 날 호랑이가 나타나 할머니를 잡아먹겠다고 한다. 할머니는 호랑이에게 팥죽을 써 주겠다고 하고는 그때까지 기다려 달라고 한다. 알밤, 자라, 물찌똥, 송곳, 지게가 할머니의 딱한 사연을 듣고선 부엌에 숨어 있다가 호랑이가 나타나자 각자 역할을 하면서 통쾌하게 호랑이를 물리친다.

이 이야기가 신나고 통쾌한 이유는 평소에 작은 역할이라 생각했던 물건들이 자신보다 커다란 존재인 호랑이를 힘을 합쳐 물리치기 때문이다. 또 하나의 신나는 이유는 의성어, 의태어가 곳곳에 등장해 더욱 흥겹게 해주기 때문이다. 폴짝폴짝 통통, 엉금엉금 척척, 질퍽질퍽 탁탁, 깡충깡충 콩콩 등 사물들이 등장할 때마다 나타나는 말들은 아이들을 더욱 즐겁게 해준다.

백희나 작가가 닥종이로 나타낸 살아있는 듯한 할머니와 등장 사물들의 묘사는 여러 버전의 동일 그림책과 다른 점이다. 읽다 보면 겨울밤 따뜻한 방 안에서 재미있는 옛날이야기를 할머니가 들려주시는 듯한 따스함을 느낄 수 있는 책이다.

아이와 생각을 나누는 질문
Q. 호랑이가 나타났을 때 할머니의 마음은 어떠했을까요?
Q. 책에 등장하는 알밤, 자라, 물찌똥, 송곳, 지게 말고 할머니를 도와줄 수 있는 사물이 있을까요?

 초등 교과서 수록, 2009 CJ 그림책상 수상, 2010년 CJ 특별전 초청 그림책

#옛이야기 #호랑이 #닥종이 #의성어 #의태어

339 잠깐! 그동안 내가 무서워서 힘들었던 거 아니야?

팬티 입은 늑대

윌프리드 루마노 글, 마야나 이토이즈 그림, 폴 코에 도움, 김미선 옮김,
키위북스, 2018

사실보다는 보고 싶은 것을 믿는 건 아닌가요?

깊은 산 속에 늑대가 살았다. 숲속 마을에는 이 늑대에 대한 소문이 파다하다. 늑대는 난폭하고, 늑대에게 물려가 죽은 동물이 있다는 소문도 돈다. 어느 날 늑대가 마을에 나타난다. 하지만 늑대는 소문의 무시무시한 모습과는 확연히 달랐다. 심지어 줄무늬 팬티를 입은 우스꽝스러운 모습이다. 숲속 동물들은 당황하기 시작하고, 늑대는 도리어 숲속 동물들에게 묻습니다. "삶의 이유가 두려움이야?" 이 책은 진실을 대하는 사람들의 모습을 동물들에 비유해 거침없이 보여준다. 늑대의 진짜 모습을 알고 있었던 것은 부엉이 할머니밖에 없었음에도, 일부 동물은 늑대를 실제로 잘 아는 듯 가짜 소문을 퍼뜨리면서 호신용품을 판다거나, 가짜 심리상담을 하는 등 동물들의 공포심을 자극하여 자신의 배를 불린다. 또 다른 동물들은 늑대를 두려워하긴 하지만, 실체를 알아보려고 하지 않고, 다른 동물들의 말만 일방적으로 믿어 두려움을 점점 더 키워간다. 사실을 확인하려고 노력하는 자세는 민주시민의 가장 기본적인 태도이다. 이 책은 동물들의 모습을 통해 가짜뉴스의 실체를 알고 대비할 수 있는 시민성을 길러준다.

아이와 생각을 나누는 질문
Q. 숲속 동물들은 늑대가 마을에 내려왔을 때 왜 깜짝 놀랐나요?
Q. 늑대는 왜 팬티를 입기 시작했나요?

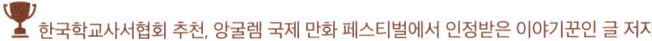 한국학교사서협회 추천, 앙굴렘 국제 만화 페스티벌에서 인정받은 이야기꾼인 글 저자

#선입견 #가짜뉴스

340

> 네가 하는 일은 좋은 일이로구나, 페페.
> 가로등을 켜라, 난 네가 자랑스럽다

페페 가로등을 켜는 아이

일라이자 바톤 글, 테드 르윈 그림, 서남희 옮김, 열린어린이, 2005

아주 중요한 일을 하는 페페

이 책의 이야기는 이탈리아에서 미국으로 이민 온 작가의 할아버지에게 들은 것이라고 한다. 다른 나라로 이민 온 사람들은 어렵기 마련이다. 페페네 집은 엄마는 돌아가시고 아픈 아빠와 8명의 누이가 살고 있다. 그 집안의 아들인 페페는 아직 어리지만 어렵게 가로등을 켜는 일을 하게 되었다. 일자리를 얻은 페페는 기뻐서 집으로 돌아갔지만, 아빠는 천한 직업이라고 탐탁지 않게 여긴다. 그래도 페페는 성당에서 촛불을 켜듯 가로등 하나하나에 불을 켤 때마다 가족을 위해 기도하면서 일을 열심히 했다. 그렇지만 여전히 탐탁지 않아 하는 아빠 때문에 페페는 자존감을 잃게 된다.

어쩌다 가로등을 켜지 않은 날에 막냇동생이 실종되는 사건이 생겨 아빠는 페페에게 가로등을 켜 달라고 부탁하게 되고, 가로등 밑에 앉아 오빠를 기다리던 막냇동생을 데리고 들어오는 페페에게 아빠는 페페가 자랑스럽다고 말한다. 그 뒤 페페는 자신의 직업에 자부심을 가지고 일한다. 가족과 부모의 인정은 사람들에게 힘이 된다. 그러므로 가족에게 어떤 힘이 되는 말을 해야 하는지 많이 생각해야 하겠다

아이와 생각을 나누는 질문
Q. 페페는 왜 공부를 하지 않고 가로등 켜는 일을 하게 되었을까요?
Q. 아빠는 왜 가로등 켜는 일을 좋아하지 않았을까요?
Q. 직업의 귀천이 있다고 생각하나요?

 1994 칼데콧상

#직업 #미국 #가족 #이민

341

"정말 고마워!
네 털로 이렇게 멋진 새 옷을 지었어."

펠레의 새 옷

엘사 베스코브 글·그림, 김상열 옮김, 비룡소, 2003

양털로 옷 만들기

소년 펠레는 혼자 힘으로 새끼 양을 키운다. 양이 무럭무럭 자라 털이 많아진 것처럼, 펠레도 키가 자라 외투가 점점 짧아진다. 양털로 새 옷을 만들고 싶지만, 직접 만들 수 없는 펠레는 어른들이 옷을 만드는 수고로움을 보답하는 일을 한다. 이 책은 양털이 옷으로 탈바꿈하는 과정을 그림을 곁들여 세세하게 알려준다. 양털을 깎아 털을 다듬고 실을 뽑아 물을 들이고 옷감을 짜서 재단사가 옷을 짓는다. 옷이 만들어지는 단계마다 그 일에 전문 장인이 있다는 것, 분업의 효율성을 배우게 된다.

옷 만들기 과정마다 그 일을 도와주는 어른들은 모두 펠레의 부탁을 흔쾌히 받아들이지만, 대신 자신들의 수고 값을 당당하게 요구한다. 심부름을 성실하게 하는 것으로 보답하는 펠레의 모습이 요즘 아이들이 실천하기 힘든 부분이라 아쉽다. 이 책을 읽고 아이들이 물건을 만들어 완성하는 데 여러 사람의 손길이 필요하다는 것을 알고 물건을 소중하게 사용하기를 바란다. 그림책의 주인공 펠레는 작가 베스코브의 아들을 모델로 한 것이라고 한다.

아이와 생각을 나누는 질문
Q. 펠레는 새 외투를 얻기 위해 여러 단계의 수고와 대가를 치르는데, 어떤 수고가 제일 힘들다고 생각하나요?
Q. 새끼 양은 펠레가 자신의 털을 깎아주었을 때 어떤 기분일까요?

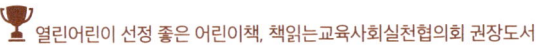
열린어린이 선정 좋은 어린이책, 책읽는교육사회실천협의회 권장도서

#양털 #옷 #과정 #수고 #대가 #완성

342

> 저는 펭귄 1호입니다.
> 끼니때가 되면 먹이를 주세요.

펭귄 365

장뤼크 프로망탈 글, 조엘 졸리베 그림, 홍경기 옮김, 보림, 2007

펭귄 365마리와 함께 살기 위해서 해야 할 일은?

펭귄과 함께 집에서 살 수 있다면 어떨까? 새해 아침 일곱 시, 집배원 아저씨가 택배를 배달한다. 상자를 열어보니 그 속에는 펭귄 한 마리와 쪽지가 있다. 쪽지에는 '저는 펭귄 1호입니다. 끼니때가 되면 먹이를 주세요'라고 쓰여 있다. 다음 날, 그다음 날에도 계속 펭귄 택배가 온다. 누가 보냈는지도 알 수 없는데 집안에 펭귄이 가득 차기 시작한다. 엄청난 양의 먹이와 집안 여기저기 곳곳에 존재하는 펭귄들 때문에 골치가 아프지만, 어느 순간 펭귄처럼 살고, 펭귄처럼 생각하고, 펭귄처럼 꿈꾸고, 마침내 내가 펭귄이 되어버린 것 같다는 생각이 들 때쯤 한 해가 지나고 송년 파티에 펭귄을 보낸 사람이 나타난다.

기후위기와 환경보호의 필요성을 이야기하면서 펭귄 수 세기, 펭귄 정리 및 사육을 위해 제시되는 곱셈, 나눗셈의 수학적인 개념까지 알려주는 그림책이다. 이 책을 읽고 아이들과 함께 기후위기로 인한 동물들의 서식지 변화에 대해 알아보자. 그리고 펭귄을 구하기 위해 어떤 행동을 할 수 있고 그로 인해 어떤 변화를 생길지 생각해보면 좋겠다.

아이와 생각을 나누는 질문
Q. 남극에 있는 펭귄을 북극으로 옮기려면 어떻게 하면 될까요?
Q. 펭귄이 매일 한 마리씩 택배로 온다면 어떻게 키울 수 있을까요?

 보스턴 글로브 혼북 수상작, 2022 초등 교과 연계

#기후위기 #환경보호 #수학_그림책

343

"하하하, 우리는 닮은 데가 정말로 많네요."

폭풍우 치는 밤에

기무라 유이치 글, 아베 히로시 그림, 김정화 옮김, 미래엔아이세움, 2005

진정한 우정이 있을까?

가부와 메이 시리즈의 첫 번째 책으로 염소와 늑대의 만남을 그리고 있다. 가부와 메이 시리즈는 1994년 출판된 이후 애니메이션으로 만들어지고 NHK에 방송되는 등 큰 인기를 얻고 있다.

폭풍우 치는 밤에 염소와 늑대는 폭우를 피해 오두막에 숨는다. 칠흑같이 깜깜한 어둠은 둘이 서로 천적 관계라는 걸 눈치채지 못하게 한다. 염소와 늑대는 상대방이 막연히 자신과 비슷한 존재일 것이라 짐작하며 친구가 되는데, 과연 해가 뜨고 누구인지 서로 확인한 후에도 둘의 우정은 지속될 수 있을까?

이 그림책은 진정한 우정을 그리고 있다. 염소와 늑대는 현실적으로는 절대 친구가 될 수 없다. 늑대는 본성상 염소를 잡아먹을 수밖에 없는 존재다. 하지만 둘이 친구가 되는 순간 모든 것을 초월하여 서로 아끼게 된다. 우리가 누군가와 친구가 될 때 과연 상대를 있는 그대로 인정하며 받아들일까? 만일 그렇다면 그 깊이는 과연 어느 정도일까? 인간관계의 진실함과 지속성에 대해 진지하게 생각해보게 하는 책이다. 책을 읽고 나서 책에서 인상 깊은 장면을 스크래치 페이퍼에 그려보는 것도 좋다.

아이와 생각을 나누는 질문
Q. 나와 친구의 닮은 점과 다른 점은 무엇인가요?
Q. 나는 친구와 왜 친해진 것 같나요?
Q. 나와 전혀 다른 존재와 친구가 될 수 있나요?

 책따세 추천, 고단샤 출판 문화상 그림책상, 산케이 아동 출판 문화상

#친구 #우정 #먹이사슬

344

"네 양식들은 어떻게 되었니, 프레드릭?"

프레드릭
레오 리오니 글·그림, 최순희 옮김, 시공주니어, 2013

예술도 필요해

의식주는 살아가는 데 꼭 필요하다. 그러나 의식주로만 살 수 없다. 지친 삶에 활력을 주고 삶을 더 풍요롭게 하는 건 정신적인 예술 활동이다. 예술은 역경과 상처를 치유하게도 한다. 이 책은 살아가는 데 의식주만큼이나 예술도 꼭 필요한 요소임을 알려준다.

들쥐 다섯 마리에게 곡식 알갱이 한 알 얻을 수 없는 겨울은 힘든 계절이다. 그래서 추운 계절이 오기 전에 부지런히 양식을 모은다. 네 마리 들쥐가 먹을 음식을 모을 때 프레드릭은 햇살과 색깔 그리고 이야기와 같은 마음의 양식을 모은다. 네 마리 들쥐가 노동자의 삶이라면, 프레드릭은 예술가의 삶으로 해석할 수 있다. 양식을 모으는 다른 방식을 통해 서로 다른 삶을 이해해보는 시간을 가질 수 있을 것이다.

네 마리 들쥐와 프레드릭은 각자 모은 양식을 혼자만 누리지 않고 서로서로 나눈다. 힘들게 먹을 양식을 모을 때, 프레드릭이 동참하지 않았다고 해서 친구를 배제하지 않는다. 그림책의 배경이 추운 겨울이지만, 읽고 나면 온기가 느껴지는 건 나누는 넉넉한 마음이 엿보이기 때문이다.

아이와 생각을 나누는 질문
Q. 네 마리 들쥐와 프레드릭은 각각 어떤 일을 하는 사람(직업)을 의미할까요?
Q. 내가 만약 다섯 마리 들쥐와 함께 있다면 나는 어떤 것을 모으고 싶은가요?
Q. 다섯 마리 들쥐가 무사히 겨울을 날 수 있는 건 무엇 때문일까요?

 1968 칼데콧 아너상, 1967 뉴욕타임스 올해의 그림책, 한겨레신문 '서천석의 내가 사랑한 그림책'

#노동자 #예술가 #다름 #인정 #삶의_방식 #예술 #나눔

345

**내가 사는 이 섬은
바다 한가운데에 새로 생겨난 플라스틱 섬이에요.**

플라스틱 섬

이명애 글·그림, 상출판사, 2014

플라스틱 섬에는 누가 살까요?

우리가 매일 쓰는 플라스틱에는 어떤 것들이 있을까? 어디서나 볼 수 있고 언제든지 편리하게 쓸 수 있는 플라스틱이 전 지구에 고민거리를 던져 준다. 좋은 플라스틱, 나쁜 플라스틱은 없다. 그저 편리한 플라스틱만이 있을 뿐이다. 인류는 플라스틱의 편리함에 감탄했다. 서로 플라스틱 용기를 가지려고 애를 썼다. 플라스틱이 처음 인류 문명에 등장했을 때, 큰 환영을 받았다. 오래 쓸 수 있고, 튼튼하고, 다양하고, 기타 등등 장점만 있고 단점은 없는 듯했다. 계속 사용되었고 사용되고 사용되면서, 발암물질이 나오네, 환경 오염을 시키네, 나쁜 소문의 주인공으로 등장하기 시작한다. 참 모순적이다.

무엇을 어떻게 실천하면 플라스틱이 지구상에서 줄어들 수 있을까? 친환경 제품을 만들어 판매하는 회사의 제품을 사고, 그렇지 않은 회사의 제품은 불매운동을 하면 되는 것일까? 아니면 내가 플라스틱을 쓰지 않으려고 노력해야 하는 것일까? 지구 환경을 위해 전 지구적인 노력이 필요하다. 새로운 플라스틱 섬이 더 이상 만들어지지 않도록 말이다.

아이와 생각을 나누는 질문
Q. 오늘 내가 사용한 플라스틱 제품에는 어떤 것이 있었나요?
Q. 내 주변에 플라스틱 물품 대신해서 사용할 수 있는 천연자료로 만든 제품이나 물건은 무엇이 있나요?

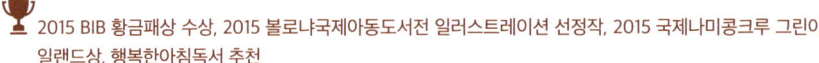

2015 BIB 황금패상 수상, 2015 볼로냐국제아동도서전 일러스트레이션 선정작, 2015 국제나미콩크루 그린아일랜드상, 행복한아침독서 추천

#섬 #플라스틱 #바다 #새로운_섬 #새로운_환경 #어려움

346 그리고 힘차게 팔을 걷어 붙였어요

피아노 치는 곰
김영진 글·그림, 길벗어린이, 2016

곰이 되어버린 엄마

가정마다 아침에는 아빠의 출근과 아이들의 등교 준비로 전쟁터 같다. 그 전쟁터에서 가장 바쁘고 힘든 건 출근도 등교도 하지 않는 엄마이다.(요즘 엄마들은 출근까지 하니 더욱 그렇다) 엄마들은 이 어려움을 사랑으로 견딘다. 그러나 아무리 사랑해도 지치게 마련이다. 엄마도 꿈을 갖고 있는 사람이다. 다른 가족의 꿈 때문에 엄마의 꿈이 포기된다면, 과연 그 가정은 행복하게 될까?

이 책에 나오는 엄마는 가사에 지쳐 어느 날 곰이 된다. 가족은 곰이 된 엄마를 극진히 보살피지만, 엄마는 다시 본래의 모습으로 돌아오지 않는다. 어느 날 외할머니가 와서 엄마의 꿈을 이야기해준다. 가족은 엄마가 꿈을 이루기 위해 서로 애쓰며 각자 맡은 일을 잘 해내고 엄마는 피아노 연주회를 무사히 마친 그날 다시 돌아온다.

엄마의 희생을 당연히 여기면 안 된다. 이 책은 가족이 모두 함께 읽기를 바란다. 그래서 가족 가운데 누구 한 명도 희생하지 않고 모두가 행복한 가정을 만들기를 바란다.

아이와 생각을 나누는 질문
Q. 우리 엄마, 아빠의 꿈은 무엇이었을까요?
Q. 행복한 가정을 위해 내가 할 일은 무엇일까요?
Q. 우리 가정이 가장 행복한 때는 언제였나요?

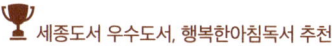 세종도서 우수도서, 행복한아침독서 추천

#엄마 #가족 #꿈 #희생 #우울증

347

> "지혜는 머리와 마음속에 넣어야 해.
> 지혜로워지려면 읽는 법을 배워야 해."

피튜니아, 공부를 시작하다

로제 뒤봐쟁 글·그림, 서애경 옮김, 시공주니어, 2017(1995)

반드시 지혜를 갖춰야 하는 이유

지혜로워지고 싶은 거위 피튜니아와 농장 동물들의 좌충우돌 소동을 통해 현명한 사람이 되어야 하는 이유와 방법을 알려주고 동기부여까지 해주는 그림책이다. 맹추라고 놀림 받는 피튜니아는 책을 몸에 지니고 다니다 어느새 자신이 지혜로워졌다고 생각해 교만한 모습을 보인다. 달라진 피튜니아를 본 농장의 동물들은 문제 상황에서 도움을 요청하지만, 도움을 받은 동물들은 하나같이 근심에 쌓이고, 다치고, 절망에 빠진다. 글자를 알지 못하면서도 아는 체한 피튜니아 덕분에 폭죽상자가 터져버리자 피튜니아의 교만함과 지혜도 책과 함께 날아가 버린다. 처음으로 펼쳐진 책을 본 피튜니아는 지혜로워지려면 읽는 법을 배워 머리와 마음속에 넣어야 한다는 것을 깨닫고 공부를 시작한다.

어리석은 멘토나 지도자를 따르는 어리석은 멘티와 국민에게 어떤 참사가 일어날 수 있는지 잘 보여준다. 목장의 동물들을 통해 지혜를 갖추는 것의 중요성과 지혜롭지 못한 자의 결과를 깨달아 결국 피튜니아처럼 책을 읽고 공부를 해야 한다는 생각이 저절로 든다. 책 읽기와 공부를 싫어하는 아이들에게 안성맞춤인 그림책이다.

> **아이와 생각을 나누는 질문**
> Q. 겉모습만으로 판단하거나, 잘못된 선택으로 후회한 경험이 있었나요?
> Q. 지혜로워지기 위해서는 어떻게 하면 좋을까요?

#지혜 #책_읽기 #독서 #공부 #현명함 #지혜로워_지는_법

348

> "사람들은 나를 보고 저마다 다른 생각을 해. 그러니까 백 명이 나를 보면 나는 백 개의 사과가 되는 거야."

하나라도 백 개인 사과

이노우에 마사지 글·그림, 정미영 옮김, 문학동네, 2001

하나의 사물을 바라보는 다양한 시선

하나라도 백 개인 사과라니, 어떻게 백 개인 걸까? 호기심이 생긴다. 하나의 사물을 바라보는 사람들의 다양한 시선, 생각, 느낌, 감정에 따라 받아들이는 의미도 달라지기에 사과는 하나지만 백 개도 될 수 있고 만 개도 될 수 있다. 아이들에게 사과는 그냥 맛있는 사과에 불과하지만, 회사원은 소풍의 기억을 떠올리고, 의사 선생님은 건강을 지켜주고, 작곡가에게는 노래의 소재가 되고, 수학 선생님에게는 수학 문제를 낼 수 있는 영감을 준다. 다양한 사람들을 통해 아이들도 다양한 생각을 접하고 사물을 다른 시선으로 볼 수 있도록 돕는다.

작가는 흑백 모노톤의 그림에 유일하게 사과를 빨간색으로 그리며, 같은 사물도 사람마다 다른 의미를 갖는다는 것을 인상적으로 전달하고 있다. 한 가지 사물을 바라보는 시선에 다양한 의미가 담길 수 있고, 정답은 하나가 아니라는, 다름에 대한 인정이 우리 사회를 조금 더 건강하게 만들어가는 길이라는 생각을 열어주는 그림책이다. 모든 것을 직접 경험할 수 없으니 이 책을 통해 아이들이 다양한 경험, 다양한 시선을 갖도록 도와주자.

아이와 생각을 나누는 질문
Q. 나에게 사과는 어떤 의미인가요?
Q. 내가 가지고 있는 고정관념에는 어떤 것이 있을까요?
Q. 고정관념을 깨트릴 방법에는 뭐가 있을까요?

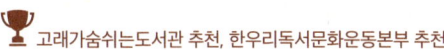
고래가숨쉬는도서관 추천, 한우리독서문화운동본부 추천

#다양성 #다양한_시선 #다름 #차이 #배경지식 #사과

349

"아아, 힘들다."
그날 밤, 사자는 오랫동안 울었습니다.

하늘을 나는 사자

사노 요코 글·그림, 황진희 옮김, 천개의바람, 2018

사자의 힘든 마음을 위로해주세요

옛날 옛적에 멋진 갈기에 우렁찬 목소리를 가진 사자가 있었다. 멋진 사자를 보려고 동물들은 모여 들었고 사자는 동물 친구들에게 온 마음을 다해서 먹을 것을 요리해주었다.

마음을 알아주는 따뜻한 말 한마디의 힘은 우리가 호흡하는 공기와도 같다. 말은 공기처럼 우리가 살아가는 데 꼭 필요하다. 말과 감정은 서로 연결되어 있다. 마음을 알아주지 않는 얄미운 고양이에게 시달려서 황금빛 돌이 되어버린 사자. 어느 날 엄마 고양이는 돌사자를 가리키며 묻는 아기 고양이에게 "글쎄, 왜 그럴까?" 하며 함부로 말하지 않는다. 그 말에 아기 고양이는 "음, 분명 피곤했을 거예요"라고 말한다. 그러자 사자는 입을 쩌억 벌리며 깨어난다. 사자가 진심으로 듣고 싶었던 말은 "많이 힘들었구나" 하는 위로의 말이었다.

이 책은 진실한 목소리에 귀 기울이고 나의 삶에 집중하라는 메시지를 전달한다. 아이들이 다른 사람의 입장에 서서 따뜻한 말을 건넬 수 있는 큰 힘을 지닌 사람이 되면 좋겠다.

아이와 생각을 나누는 질문
Q. 사자가 운 까닭은 무엇일까요?
Q. 돌이 된 사자가 다시 잠에서 깨어난 까닭은 무엇 때문이었나요?

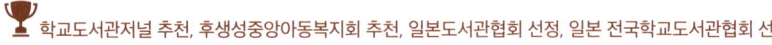
학교도서관저널 추천, 후생성중앙아동복지회 추천, 일본도서관협회 선정, 일본 전국학교도서관협회 선정

#배려 #이해 #존중 #위로 #응원 #인정

350 한 발짝 한 발짝 재미있는 일이 일어나지만

학교 가는 길

이보나 흐미엘레프스카, 옮김 이지원, 논장, 2011

누구의 발자국일까?

학교에 가려고 집을 나서는 발자국으로 이 책은 시작된다. 아침 식사를 하는 나, 길에서 만난 이웃집 아저씨, 꽃도, 가구도, 호수의 오리도, 사람의 이까지도 발자국으로 표현되어 있다. 얼마나 창의적인지 그림을 보다가 글에 소홀하게 된다. 그래서 다시 한번 글을 읽게 된다. 등굣길과 하굣길에 만나는 것들. 호기심이 생기지만 한눈팔지 말라는 엄마의 말씀을 기억하고, '차 조심'과 '낯선 사람 따라가지 않기' 등이 모두 발자국으로 표현되고 있다. 처음으로 학교생활을 시작하는 1학년 아이들과 함께 읽으면 창의력을 키워주면서 생활지도도 할 수 있을 것이다.

하굣길에도 호기심을 발동하게 하는 일이 많이 생기지만, 꾹 참고 집에 돌아오면 엄마와 동생이 자신을 반긴다는 메시지에는 아무도 없는 집에 돌아가야 하는 요즘 아이들의 처지가 생각난다. 학교를 마치고 돌아간 집에 나를 반기는 사람이 있다면 모든 유혹을 물리치고 집으로 돌아갈 수 있을텐데….

발바닥 모양으로 여러 가지 이야기를 만드는 것이 신기하다. 책을 읽고 아이와 함께 한 번 따라 해보면 어떨까?

아이와 생각을 나누는 질문
Q. 내가 학교 가는 길에 가장 재미있는 것은 무엇인가요?
Q. 내가 발자국으로 표현하고 싶은 건 어떤 건가요?

한국유치원총연합회 추천, 학교도서관저널 도서추천위원회 추천

#학교 #발자국 #상상_그림책

351
언젠가 트레시도 집을 떠나게 되겠지요. 그 날이 오면 이 조각보도 내 딸을 따라가게 될 거예요

할머니의 조각보

패트리샤 폴라코 지음, 이지유 옮김, 미래M&B, 2003

대대로 물려받는 조각보

이민을 가면 점점 조국에 대한 기억이 희미해지고 조국에 대한 정체성을 잊어버리게 마련이다. 그러나 러시아 사람들은 이민 후에도 러시아 사람으로서 정체성을 지키며 산다. 이 책은 작가인 패트리샤 폴라코가 러시아인으로서 정체성을 지키며 살아온 자전적 이야기이다.

이민 올 때 입고 온 옷들이 작아지자, 아이들에게 새 옷을 지어주고 헌 옷은 모아 조각보를 만든다. 떠나온 조국을 잊지 않기 위해서. 이 조각보는 식구들이 함께 식사를 할 때 식탁보가 되고, 증조할머니, 할머니, 엄마, 나의 결혼식에서 신랑 신부를 씌워 주는 천막이 되기도 하고, 또 그들의 아기들의 강보가 되기도 한다. 이렇게 이 조각보는 가족의 대소사에 함께하는 중요한 물건이 된다.

우리나라의 조각보는 작은 조각을 이어 만들지만, 러시아의 조각보는 옷감의 모양을 오려 큰 천에 아플리케를 하는 모습이 생소하다. 오래되어 낡고 세련미는 없지만, 그들은 이 조각보를 아주 자랑스럽게 물려받는다. 옛것을 버리지 않고 사랑하여 계승하는 그들의 문화를 본받아야겠다.

아이와 생각을 나누는 질문
Q. 조부모로부터 물려받고 싶은 물건은 무엇인가요?
Q. 선조의 물건을 대대로 잘 쓰고 있는 러시아의 풍습을 어떻게 생각하나요?

🏆 경향신문 추천, 나다움어린이책 추천, 한국학교사서협회 추천

#러시아 #미국 #정체성 #전통

352

> 하지만 할아버지는 절대로
> 이 집에서 이사를 갈 수 없었습니다.

할아버지의 바닷속 집

하라타 겐야 글, 가토 구니오 그림, 김인호 옮김, 바다어린이, 2010

할아버지는 왜 혼자일까?

할아버지가 차오르는 바닷물에 집이 잠길 때마다 한 층 한 층 집을 올려 살고 있다. 할머니와 자식들이 떠나고 이웃도 모두 떠나고 이제는 혼자서 살아간다. 어느 날 다시 물이 차올라 새로 집을 짓다가 물속에 빠트린 연장을 찾기 위해 아래로 내려간다. 몇 년 전 할머니가 숨을 거둔 집, 맏딸을 결혼시킨 집, 기르던 고양이를 잃어버려 아이들이 울며 찾아다니던 때의 집, 할머니와 행복한 신혼살림을 차린 집. 한 층 한 층 내려갈수록 소중한 추억과 함께 기억이 떠오른다. 가족과 함께해서 행복했던 기억과 이별하며 슬펐던 기억, 이제는 만날 수 없어 기억에만 존재하는 사람들과의 추억이 떠오르고 그때의 마음과 생각들의 이야기이다.

할아버지의 기억 속 집의 역사를 더듬어가다 보면 지금 나와 가족의 이야기가 생각나게 됩니다. 행복했고 즐거웠고 힘들었지만, 함께 이겨 나가고 지금도 사랑하는 소중한 우리 가족이 떠오릅니다. 나를 가장 행복하게 하고 지금 나와 함께 있어 몰랐지만, 더욱 소중한 가족 이야기를 하고 있다. 책 속 장면 장면 파스텔톤의 그림은 희미해진 생각과 마음을 추억하게 한다.

아이와 생각을 나누는 질문
Q. 할아버지는 언제 가장 행복했을까요?
Q. 할아버지가 자꾸만 잠기는 집을 떠나지 못하는 이유는 무엇일까요?

🏆 행복한아침독서 추천, 경향신문·동아일보·한겨레신문 추천, 제81회 미국 아카데미 단편 애니메이션상(2009), 제12회 히로시마 국제 애니메이션상, 2008 프랑스 앙시국제애니메이션 영화제, 2008 앙시크리스털 최고상, 아동심사위원상

#가족 #할아버지 #바다 #추억

353

그 생각을 하니 문득
할아버지의 부싯돌 상자가 떠오릅니다.

할아버지의 부싯돌 상자

쉬 루 글, 주청량 그림, 전수정 옮김, 재능교육, 2015

추억의 물건을 말해보아요

내가 소중하게 보관하고 있는 추억의 물건이 있나요? 어렸을 때, 나의 안정을 책임지던 애착 물건들은 무엇이 있었나요? 그런 물건들을 떠올리면, 순간적으로 마음이 따뜻해지는 것을 느낄 것이다.

어르신 중에서도 낡아서 버렸으면 하는 물건들을 소중히 간직하시는 분들이 계신다. 그 물건에 대한 사연을 들여다보면 소중하고 따뜻한 기억이 가득하다. 그 물건도 소중하지만, 그것에 담겨 있는 추억이 그 물건들을 소중하게 간직해야만 하는 당위성을 제공한다. 추억이 물건과 연결되어 따뜻한 분위기를 느낄 수가 있을 것이다.

아이에게 추억이라는 단어를 이해할 수 있게 설명하는 것은 쉽지 않다. 이 책은 추억이라는 어려운 단어를 잘 설명할 수 있는, 따뜻함이 묻어나는 그림책 중의 하나다. 나의 어렸을 적 추억과 아이의 추억을 가만히 안아보는 시간을 가져보자.

아이와 생각을 나누는 질문
Q. 추억의 물건이 있나요?
Q. 그 물건과 누구와의 추억이 떠오르나요?

 중국 대표 아동 문학가 쉬루 작품, ACCU 최고 그림 작가 작품

#할아버지 #부싯돌 #산촌 #여우 #오두막 #할아버지 #추억

354 "할아버지의 정원이 모든 걸 기억하니까요."

할아버지의 이야기 나무

레인 스미스 글·그림, 김경연 옮김, 문학동네, 2011

아름다운 할아버지의 정원으로 놀러오세요

정원의 나무들은 할아버지의 추억과 가족에 대한 사랑, 잊혀가는 기억을 보듬어 할아버지의 손에서 이야기 나무로 되살아난다. 할아버지의 정원은 아름답기만 한 정원이 아니라 할아버지를 상징한다. 표지를 장식한 코끼리 모양의 나무는 집단생활을 하며 새끼를 돌보는 코끼리처럼 든든하게 중심을 잡고 집안을 일군 할아버지의 인생을 닮았다. 증조할아버지가 가꾼 정원에서 손자는 할아버지의 뒤를 따라가며 수도꼭지를 잠그고, 두고 간 물건들을 챙긴다. 나무를 다듬는 할아버지를 구경하던 손자는 어느새 정원의 나무를 다듬고 있다. 손자의 손에서 탄생한 할아버지 모습의 나무는 잔잔한 감동으로 다가온다.

초록빛 가득한 편안함과 할아버지의 인생이 담긴 기발한 모양의 나무들은 몇 번을 보아도 지루하지 않고 마법의 정원처럼 홀린 듯 자꾸만 보고 싶게 하는 매력이 넘친다. 할아버지의 인생이 담긴 정원을 보면서 앞으로 펼쳐질 나의 인생을 아름답게 설계하고 싶다면, 가족 간의 유대와 사랑, 조상의 뿌리를 찾아보는 특별한 시간을 보내고 싶은 마음이 샘솟는 할아버지의 이야기 나무를 만나보자.

아이와 생각을 나누는 질문
Q. 할아버지 또는 할머니와 있었던 소중한 추억이 있나요?
Q. 할아버지, 할머니에게 배우고 싶은 점, 닮고 싶은 점이 있나요?
Q. 할아버지의 인생이 담긴 아름다운 정원처럼, 나의 인생은 어떻게 가꿔나가면 좋을까요?

 2012 칼데콧 아너상, 2011 미국 일러스트레이터협회 은상, 2011 뉴욕타임스 선정 우수 그림책

#할아버지 #인생 #손주 #손자 #가족 #가족애 #가족사랑 #조상 #이야기 #나무 #정원

355

> "가끔은 믿기 어려운 일이 일어난 적도 있었지만, 난 정말 운이 좋았단다."

할아버지의 천사

유타 바우어 글·그림, 유혜자 옮김, 비룡소, 2019(2002)

나를 지켜주는 수호천사는 누구일까?

할아버지가 입원한 병원에 손자가 매일 찾아온다. 할아버지는 어린 시절부터 광장에 있는 커다란 천사 동상이 자신을 항상 지켜준 것 같다고 손자에게 이야기한다. 할아버지의 삶이 항상 편안했던 것은 아니었다. 배고픔에 시달리기도 했고, 때로는 하기 싫은 일도 해야 했고, 전쟁에도 나가야 했다. 하지만 사랑하는 사람을 만나고, 손자를 얻은 할아버지는 멋진 삶을 살았다고, 운이 좋았다고 말한다. 할아버지의 이야기는 파울로 코엘료의 '연금술사'에 나오는 '간절히 원하는 일에 온 우주가 도와준다는 말'을 연상시킨다. 할아버지의 인생이 언제나 즐겁고 행복했던 것은 아니었지만, 힘든 순간에도 누군가 자신을 돕는 손길이 있었다고 믿고 긍정적으로 생각한다. 손자는 할아버지의 수호천사 이야기를 듣고 어떤 생각을 했을까?

아이들에게도 항상 즐거운 일만 있지는 않다. 할아버지처럼 삶에서 어려운 순간이 닥칠 수 있지만 '수호천사가 나를 보호해줄 거야!' '나는 항상 운이 좋아!'라는 마음으로 일상을 바라보면 어떨까? 우리의 수호천사는 가까이에 많이 있을지도 모르니까.

아이와 생각을 나누는 질문
Q. 나에게 수호천사가 있을지 모른다는 생각을 해본 적이 있나요?
Q. 할아버지의 수호천사는 누구였을까요?

한스 크리스티안 안데르센상

#수호천사

356

"아름다운 것은 어디에나 있단다.
늘 무심코 지나치다 보니 알아보지 못할 뿐이야."

행복을 나르는 버스

맷 데 라 페냐 글, 크리스티안 로빈슨 그림, 김경미 옮김, 비룡소, 2016

진정한 행복이란?

어린 손자 시제이는 무료 급식소로 향하는 버스 안에서 다양한 이웃을 만나며, 사람들로부터 아름다운 것을 찾아내는 할머니의 따뜻한 마음을 배워간다.

우리가 사는 세상에는 다양한 사람들이 있고 다른 삶을 살아가지만, 서로 도우며 조화롭게 사는 것이 행복하다는 것을 시제이는 버스에서 만난 사람들로부터 느끼게 된다. 주변과 나누고 소통하는 삶의 의미를 알고 싶다면 주인공처럼 이웃에게 인사하는 것부터 시작해보면 좋겠다. 인사하는 아이는 상냥한 말투와 상대방을 존중하는 마음을 배운다. 버스나 전철에서 노약자에게 자리를 양보한다면 친절과 배려의 마음을 갖게 된다.

이 책을 읽으며 아이들은 사람들의 삶이 다양하다는 것을 이해하고 다른 사람을 돕고 친절을 베풀 때 함께 행복할 수 있음을 깨닫게 된다. 그리고 누구나 아름다운 것을 만들 수 있고 누릴 수 있다는 믿음이 생긴다. 개인주의, 이기주의가 만연한 현실에서 주변에 관심을 갖고 따뜻한 마음을 나누는 노력이 필요하다. 포용력이 있고 긍정적인 에너지로 나눔을 실천하는 삶이 진정한 행복으로 연결될 것이라는 교훈을 주는 책이다.

아이와 생각을 나누는 질문
Q. 버스나 지하철에서 자리를 양보해본 적이 있나요?
Q. 내가 할 수 있는 나눔에는 무엇이 있을까요?

🏆 2016 뉴베리상, 2016 칼데콧 명예상, 2016 코레타 스콧 킹 일러스트레이터 명예상, '2015 눈에 띄는 어린이 책' 뉴욕타임스 추천, 꿈꾸는도서관 추천, 그림책박물관 추천, 가온빛 추천, 열린어린이 추천, 행복한아침독서 추천, 나다움어린이책 추천

#이웃 #이해 #사랑 #진정한_행복

357 그래서 네모는 스스로 자신을 창문으로 만들었어요.

행복한 네모 이야기

마이클 홀 글·그림, 글박스 번역, 상상박스, 2012

정말 행복했어

예쁜 빨강의 표지에 네모가 행복한 모양을 짓고 있다. 알록달록 제목의 색깔만으로 행복한 느낌이다. 네모가 있었다. 똑같이 생긴 변이 네 개이고 똑같이 생긴 모서리가 네 개인 정사각형이다. 네모는 자기가 정사각형이어서 정말 행복했다고 말한다. 그런데 정사각형이어서 행복했던 네모에게 무슨 일이 일어난 것 같다. 월요일, 예쁜 빨강 네모는 여러 조각으로 잘리고 동그란 구멍들이 생겨서 흩어져 버렸다. 이제는 정사각형이라고 할 수 없게 되어버렸다. 네모의 마음은 어떠했을까? 슬퍼했을까? 좌절했을까? 네모는 그렇지 않았다. 흩어진 자기 조각을 모아 분수를 만들고 콸콸 물을 뿜고 손뼉을 치며 행복해했다. 정사각형이었을 때보다 더 행복하고 멋진 모습으로 바뀌었다.

힘들거나 어렵다고 느껴지는 또는 실패라고 생각되는 일들에서 우리는 어떤 선택을 할지를 생각하게 한다. 포기도 선택이고 도전도 선택이라면, 지금도 앞으로도 가장 행복한 선택을 하는 것이 가장 현명한 행동이지 않을까, 하는 생각이 들게 하는 책이다.

> **아이와 생각을 나누는 질문**
> Q. 네모는 왜 행복하다고 했을까요?
> Q. 조각난 모습에서도 네모는 왜 행복하다고 느꼈을까요?
> Q. 내가 어떤 모습이어도 나는 행복하다고 느낄 수 있을까요?

 행복한아침독서 추천, 행복한아침독서, 학교도서관저널 도서추천위원회 추천, 한국유치원총연합회 추천

#상상력 #놀이 #행복 #자유 #색종이

358

> "하지만 옆자리 꼬마들 때문에 짜증이 났다. 되게 시끄럽고 제멋대로였다."

행복한 우리 가족

한성옥 글·그림, 문학동네, 2014(2006)

모두가 행복한 가족을 위하여

소연이네 가족의 미술관 나들이를 통해 가족이기주의에 대한 경종을 울리는 그림책이다. 새빨간 표지, 금지표시, 제목 '행복한 우리 가족'에 연결된 폭탄은 곧 터질 것처럼 위태롭다. 표지를 넘기자마자 폭탄이 '뻥' 하고 터져버린다. 미술관 나들이를 위해 도시락을 준비하는 엄마와 준비물을 챙기는 아빠, 핸드폰을 두고 온 엄마를 위해 엘리베이터를 잡아주는 소연이. 미술관에서 전시 작품을 배경으로 사진도 찍고 잔디밭에서 도시락을 먹는 모습은 행복한 가족의 전형이다. 식당에서 저녁을 먹으며 제멋대로인 옆자리 아이들 때문에 짜증이 났지만, 일기까지 쓰고 잠든 소연의 모습은 기특하기만 하다.

평범해 보이는 소연이 가족의 일상을 자세히 들여다보면 다른 사람들에 대한 배려가 실종된 가족이기주의의 모습이 곳곳에서 발견된다. 작가는 우리 가족의 행복을 위해서 타인의 시선과 불편함은 아랑곳없는 이기적인 행동을 곧 터질 폭탄을 안고 사는 것으로 보았다. 폭탄이 터진 이유조차 알지 못하는 소연이네 가족을 통해 우리 가족의 모습을 돌아보고 서로 배려하며 살아가기를 바라는 마음을 엿볼 수 있다.

아이와 생각을 나누는 질문
Q. 소연이네 가족과 우리 가족의 모습에 비슷한 점이 있나요?
Q. 공공질서와 규칙보다 우리 가족의 편의를 먼저 생각하고 행동한 적이 있나요?
Q. 우리 가족이 다른 사람을 위해 배려나 양보, 도움을 주었거나 도움을 받은 적이 있나요?

#가족이기주의 #공공질서 #이웃 #배려 #행복 #우리_가족

359

아하! 말은 글로 쓰인 음악이구나.

행복한 청소부

모니카 페트 글, 안토니 보라틴스키 그림, 김경연 옮김, 풀빛, 2000

삶을 변화시키는 진짜 공부

작가와 음악가의 거리에서 간판을 닦는 청소부 아저씨는 누구보다 성실하게 간판을 깨끗이 닦는다. 간판을 깨끗이 닦던 중 한 아이가 무심하게 엄마와 나누던 대화를 들은 아저씨는 매일 닦던 간판에 어떤 내용이 적혔는지 궁금해졌다. 그날 이후 간판에 적힌 음악가와 작가 그리고 그들의 작품을 공부하기 시작한다. 아저씨의 배우고 싶은 마음은 점점 더 커진다. 쉬는 날이면 도서관에 가서 공부하고, 간판 청소를 하는 동안 암기한 음악 작품과 문학작품을 까먹고 싶지 않아서 두 번이고 세 번이고 낭독했다. 이 모습을 본 사람들은 청소부 아저씨에 대해 가졌던 편견을 깨고, 아저씨는 이 거리의 유명인이 된다.

아이들은 세상을 배워가며 눈에 보이는 모든 것을 묻고 또 묻는다. 이랬던 아이들이 왜 나이가 들수록 질문하지 않을까? 이 책은 진정한 의미의 공부가 무엇인지 알려준다. 진정한 배움의 시작은 호기심을 갖는 것에서 비로소 시작된다고들 말한다. 읽고, 생각하고 스스로 말을 걸며 말하는 아저씨의 공부 방법은 시험을 보기 위한 공부가 아니라 삶에 대한 태도가 바뀌는 진짜 공부에 대해 생각해보게 한다.

아이와 생각을 나누는 질문
Q. 청소부 아저씨가 일했던 거리의 이름은 무엇인가요?
Q. 청소부 아저씨가 교수 제의를 거절한 이유는 무엇일까요?

🏆 1995 독일 폴카흐 아동및청소년 문학 아카데미 '이달의 책' 선정, 초등 교과서 수록, 문화체육관광부 추천, 책읽는교육사회실천협의회 추천, 교보문고 좋은 책 100선, 한국출판인회의 이달의책

#행복 #호기심 #공부 #꾸준함

360

**나는 만날 혼나.
집에서도 혼나고 학교에서 혼나.**

혼나지 않게 해 주세요

구스노키 시게노리 글, 이시이 기요타카 그림, 고향옥 옮김, 베틀북, 2009

나의 마음을 알아주세요

표지에서부터 억울한 표정으로 눈물을 참는 아이의 얼굴이 눈에 띈다. 혼나는 걸 좋아하는 사람은 없는데 이 아이는 만날 혼난다고 한다. 집에서도 혼나고 학교에서도 혼나는 걸 보니 마음이 찡- 해진다. 어딜 가나 매번 혼나는 아이의 마음이 얼마나 속상하고 답답할까. 더구나 어떨 때는 씩씩하다고 칭찬을 하고 같은 행동을 해도 어떨 때는 혼내고, 어른들은 아이가 상황에 맞게 눈치껏 행동하기를 바라지만 매번 다른 어른들의 반응에 아이는 헷갈리기만 하다. 억울하다고 이야기라도 하면 더 혼난다는 경험에 아이는 입을 꾹 다물어 버리고 만다. 학교에서 소원에 빌 때도 빨리 쓰지 않는다고 또 혼이 났다. 삐뚤빼뚤 서툰 글씨로 쓴 아이의 소원은 "혼나지 안케 해 주세요"였다.

이 책은 아이의 이야기를 제대로 듣지 않은 채 화를 내거나 아이에게 일관적이지 않은 태도로 행동한 적은 없는지 나를 돌아보게 한다. 아이들과 이야기를 나눌 때 중간에 끊지 말고 끝까지 꼭 들어주고, 때로 상황에 맞지 않는 행동을 하더라도 화내지 않고 차분히 설명해주길 바란다.

아이와 생각을 나누는 질문
Q. 주인공처럼 억울하게 혼이 났을 때가 있었나요? 그때 어떤 기분이 들었나요?
Q. 어른들이 어떻게 말하고 행동해주면, 내가 편하게 이야기를 할 수 있을까요?

🏆 제2회 일본 국제아동도서평의회 배리어 프리 부문에서 수상, 한우리독서문화운동본부 추천, 동아일보·세계일보 추천, 2017 '포근하게 그림책처럼'

#소원 #칭찬 #속마음

361

> "도깨비 아니라 귀신이라도 불쌍하거든 살려 주어야 해."

황소와 도깨비
이상 글, 한병호 그림, 다림, 1999

도깨비는 약속을 지킬까요?

새끼 도깨비는 잘려 나간 꼬리가 회복될 때까지 황소의 배 속에서 지낼 수 있게 해주면 황소의 힘을 지금보다 열 배는 더 세게 해주겠다고 돌쇠에게 약속한다. 돌쇠는 불쌍한 도깨비의 부탁을 들어준다. 덕분에 도깨비는 황소의 몸속에서 건강을 회복하고 황소의 몸 밖으로 나온다. 도깨비는 약속을 지켰을까?

새끼 도깨비는 아이 같기도 하고 원숭이 같기도 한 모습을 하고 있다. 다른 그림책에서 만나보지 못한 새끼 도깨비다. 아이는 도깨비에 대해 궁금해한다. 도깨비의 실제 모습은 어떤지? 이때 유아에겐 우리나라 도깨비에 관한 이야기를 해주면 전래 동화에 대한 관심을 높일 수 있다. 초등학생 이상의 학생에겐 일본 도깨비나 도깨비방망이 등에 관한 영상자료를 보여주면 문화의 차이를 이해하는 데 도움이 된다.

도깨비를 도운 돌쇠는 결국 도깨비의 도움으로 부자가 된다. 복을 받기 위해서는 뭔가 특별한 방법이 있는 게 아니다. 돌쇠처럼 생명을 소중히 여기는 마음이 있으면 저절로 좋은 일이 생길 수 있다. 이 책은 생명을 존중하는 마음과 함께 옛이야기의 재미를 느낄 수 있다.

아이와 생각을 나누는 질문
Q. 네가 돌쇠였다면 도깨비의 부탁을 들어주었을까요?
Q. 만약 도깨비가 황소의 배속에서 나오지 못했다면 어떻게 되었을까요?
Q. 도깨비에게 한 가지 소원을 빌 수 있다면 무엇을 빌 건가요?

 어린이도서연구회 추천, 포스코교육재단 필독서

#황소 #도깨비 #은혜 #보답 #옛이야기 #천재작가_이상이_남긴_유일한_동화

362

"훨훨 간다"

훨훨 간다
권정생 글, 김용철 그림, 국민서관, 2003

도둑이 제 발 저려 도망갔어요

익살스러운 그림과 재미있는 내용이 찰떡같이 어우러진 옛이야기로, 읽으면서 몸이 들썩이게 된다. 재미있는 이야기를 듣고 싶어 하는 할머니를 위해 할아버지는 낮에 들은 황새 이야기를 하는데, 마침 집에 도둑이 든다. 도둑은 할아버지의 이야기가 자신에게 하는 줄 알고 도망간다.

'훨훨 간다'는 황새가 날아가는 모습을 표현한 말로, 이 책의 주요 반복어는 황새의 움직임을 표현한 말이다. 그래서 책을 읽는 동안 나도 모르게 그 모습을 따라 하게 된다. '훨훨 간다'가 나오면 새의 날갯짓을 따라 하고, '성큼성큼 걷는다'가 나오면 새의 걷는 모습을 따라 하게 된다. 글의 구조상 한 사람이 말하면 다른 사람이 따라 말하게 되는데, 이때 아이는 머릿속에 그려지는 움직임을 말과 함께 몸으로 표현한다.

아이가 황새를 모르면 동물도감이나 백과사전을 찾아보자. 아이의 사고 폭을 넓혀주는 데 도움이 될 뿐 아니라 학습에 대한 흥미도 유발된다. 두꺼운 사전에서 내가 원하는 것을 찾았을 때 느끼는 희열은 다른 것도 찾고 싶은 마음을 불러일으켜 지적 호기심을 더욱 자극할 것이다.

아이와 생각을 나누는 질문
Q. 만약 집에 도둑이 든다면 어떻게 하면 좋을까요?
Q. 할머니에게 재미있는 이야기를 들려주어야 한다면, 어떤 이야기를 들려 드릴 건가요?

 초등 교과서 수록, EBS 당신의 문해력 선정도서, 한우리독서문화운동본부 추천

#우연 #이야기 #황새 #도둑 #할머니 #할아버지 #순수함 #옛이야기 #권정생

363

흰 고양이는 검은 고양이가 좋았어요.
검은 고양이는 흰 고양이가 좋았어요.
두 마리는 언제나 함께였어요.

흰 고양이 검은 고양이

기쿠치 치키 글·그림, 김난주 옮김, 시공주니어, 2017

비교하지 마세요. 그대로 봐주세요

"최소한의 표현을 통해, 시각적으로 소박한 예술의 대중성을 보여준 작품"이라는 평가를 받으며, 2013년 BIB(브라티슬라바 국제 일러스트레이션 비엔날레) 황금사과상을 수상한 작품이다.

흰 고양이와 검은 고양이는 다르다. 누가 보아도 다른 색을 가진 고양이들이다. 두 마리는 언제나 함께였다. 수풀에서, 흙에서, 나무 위에서, 심지어 싸움까지도 함께였다. 좋은 친구이자 동반자였다.

다른 사람의 비교하는 말은 둘 사이를, 우리의 관계를, 모두의 공동체를 어색하고도 어렵게 만든다. 잘 지내고 있었는데, 괜찮았는데, 왜 이리 서먹해지고 어색해진 걸까? 다른 사람들의 비교의 말이 없을 수는 없겠지만, 다른 사람의 비교에 나는, 우리는, 공동체는 어떻게 대처해야 할까? 우선, 서로가 다르다는 사실을 인정하고 서로에 대한 긍정의 말, 너그러운 시선, 좋은 마음으로 상대를 바라보아야 하지 않을까? 다른 사람에게는 나와는 다른 특징이 있다. 그것을 볼 수 있는 마음의 눈이 있어야 한다. 그래야 서로 존중할 수 있을 것이다. 서로서로 좀 더 너그럽게 바라볼 수 있어야 한다.

> **아이와 생각을 나누는 질문**
> Q. 나는 나를 존중하나요?
> Q. 누군가 나와 친구를 비교할 때, 어떤 마음이 들었나요?
> Q. 나는 나를 어떻게 바라보나요?

 2015 BIB 황금사과상 수상, 조선일보 추천

#흰_고양이 #검은_고양이 #비교 #다양한_환경 #다양한_시선 #좋아함 #함께

364

> 그러고는 두 번 다시 되살아나지 않았습니다.

100만 번 산 고양이

사노 요코 글·그림, 김난주 옮김, 비룡소, 2002

나의 존재 이유는 무엇일까?

100만 번이나 살고 100만 번이나 죽은 고양이가 있었다. 매번 주인이 있었지만, 고양이는 그들을 싫어했고 주인과 관련된 모든 것에 심드렁했다. 고양이가 죽었을 때, 주인들은 매번 진심으로 슬퍼했지만, 고양이는 아쉬워하지 않았다. 고양이가 원한 삶이 아니었기 때문에….

고양이를 통해 삶과 죽음, 존재의 의미를 풀어낸 이 책은 깨달음이나 구원을 얻지 못한 이는 끊임없이 환생한다는 불교의 윤회설에 기초하고 있다. 베이징 태생의 일본인, 제2차 세계대전, 빈곤했던 유년 시절, 어린 형제들의 죽음 등을 겪은 저자에게 죽음과 존재에 대한 사유는 평생의 숙제였다. 100만 번 산 고양이는 하얀 고양이를 만나 '나'보다는 '다른 사람'을 사랑하는 마음을 갖게 되고 깨달음을 얻어 다시는 태어나지 않게 되었다.

붓질과 번짐, 얼룩 등 수채화 기법으로 표현한 100만 번 산 고양이의 눈동자 색깔이 초록색, 파란색, 에메랄드색 등 다양하게 표현되고 생김새도 조금씩 다 다르다. 아마 100만 번씩이나 다시 태어났으니 매번 다른 모습으로 태어났을 수도 있겠다.

아이와 생각을 나누는 질문
Q. 만약 내가 100만 번 산 고양이라면 어떤 주인이 가장 좋았을까요?
Q. 만약 다시 태어난다면 무엇으로 태어나고 싶나요?
Q. 고양이는 왜 두 번 다시 태어나지 않았을까요?

 2021 '그림책 속으로', 2017 '이토록어여쁜그림책'

#고양이 #사랑 #슬픔 #나 #행복 #삶 #죽음 #존재

365

> 매미의 앞날을 축복해 주었습니다.

7년 동안의 잠

박완서 글, 김세현 그림, 어린이작가정신, 2015

생명의 소중함

배고픈 개미들이 매미 애벌레를 두고 고민한다. 배고픔을 해결하기 위해서는 매미를 먹이로 삼아야 하는데, 7년이라는 긴 시간을 땅속에서 버티고서야 여름 한철 노래할 수 있다는 것을 알게 되니 자연으로 보내줘야 할 것 같다. 배불리 먹고 싶은 기본적인 욕구와 생명의 소중함이라는 가치를 두고 개미는 고민한다. 과연 개미는 어떤 선택을 할까?

생명은 더 소중하고 덜 소중한 것이 없다. 생명은 모두 소중하다. 그리고 생명의 소중함은 말로 가르치는 것보다 가슴으로 느끼게 하는 것이 중요하다. 이 책에서 개미는 배고픔과 생명의 소중함을 두고 고민한다. 아마 아이들도 책을 통해 두 가치를 두고 한 번쯤은 고민해볼 것이다.

그리고 이 책에서 리더의 중요성도 알 수 있다. 매미를 먹이로 삼을지 살려줄지를 고민하는 과정에서 중요한 역할을 하는 늙은 개미가 나온다. 늙은 개미는 명령이 아닌 온화한 설득력과 리더십으로 개미들에게 삶에서 중요한 것이 무엇인지를 깨우쳐준다. 책을 읽고 나서 매미와 개미의 한살이를 도감이나 자연 관찰 책으로 찾아 비교해보는 것도 좋다.

아이와 생각을 나누는 질문
Q. 소중한 것을 이루기 위해 인내한 경험이 있나요?
Q. 개미들이 투덜대면서도 매미가 땅속에서 나갈 수 있도록 도운 이유는 뭘까요?

🏆 2016 IBBY Honour List, 2015 뮌헨국제청소년도서관 추천, 2016 환경부 선정 우수환경도서, 초등 교과서 수록, 한국출판문화산업진흥원 선정 이달의 읽을 만한 책, 서울시교육청, 학교도서관사서협의회, 행복한아침독서 추천, 어린이도서연구회 선정도서

#개미 #매미 #생명의_소중함 #리더십 #공동체 #성장 #존중

수록 도서 목록

001 가드를 올리고
002 가만히 들어주었어
003 감기 걸린 날
004 감기 걸린 물고기
005 강아지똥
006 개구리 왕자 그 뒷이야기
007 거리에 핀 꽃
008 거인 사냥꾼을 조심하세요
009 거인의 정원
010 거짓말 같은 이야기
011 걱정 상자
012 겁쟁이 빌리
013 고 녀석 맛있겠다
014 고릴라
015 고맙습니다, 선생님
016 고슴도치 X
017 고슴도치 아이
018 고양이는 나만 따라 해
019 고함쟁이 엄마
020 곰 사냥을 떠나자
021 곰돌이 워셔블의 여행
022 곰돌이 팬티
023 곰씨의 의자
024 괜찮아
025 괴물들이 사는 나라
026 구덩이
027 구룬파 유치원
028 구름빵
029 구리와 구라의 빵 만들기
030 그 소문 들었어?
031 그건 내 조끼야
032 그래, 책이야!
033 그림자 놀이
034 금붕어가 달아나네
035 기분을 말해봐!
036 기억의 풍선

037 기차 ㄱㄴㄷ
038 길 아저씨 손 아저씨
039 길거리 가수 새미
040 깃털 없는 기러기 보르카
041 깊은 밤 부엌에서
042 까막나라에서 온 삽사리
043 까만 아기 양
044 까만 크레파스
045 깜박깜박 도깨비
046 꼬리를 돌려주세요
047 꼬마 구름 파랑이
048 꽃을 선물할게
049 꽃을 좋아하는 소 페르디난드
050 꾸다, 드디어 알을 낳다!
051 꿈을 나르는 책 아주머니

052 나는 기다립니다
053 나는 나의 주인
054 나는 자라요
055 나랑 같이 놀자
056 나무늘보가 사는 숲에서
057 나무를 심은 사람
058 나부댕이!
059 나쁜 씨앗
060 나의 사직동
061 나의 엄마
062 나의 원피스
063 나의 집, 너의 집, 우리의 집
064 난 곰인 채로 있고 싶은데…
065 난 무서운 늑대라구!
066 난 커다란 털북숭이 곰이다
067 난 토마토 절대 안 먹어
068 난 형이니까
069 낱말 공장 나라
070 내 귀는 짝짝이
071 내 꼬리
072 내 사랑 뿌뿌
073 내 인형이야
074 내 탓이 아니야
075 내 토끼 어딨어?
076 내가 아빠를 얼마나 사랑하는지 아세요?
077 너 왜 울어?

078 너는 특별하단다
079 넉 점 반
080 네가 태어나는 날엔 곰도 춤을 추었지
081 노란 우산
082 노를 든 신부
083 눈 오는 날
084 눈물바다
085 눈사람 아저씨
086 눈을 감고 느끼는 색깔여행
087 눈을 감아 보렴!
088 눈이 그치면
089 늑대가 들려주는 아기 돼지 삼형제 이야기

090 다니엘이 시를 만난 날
091 달님 안녕
092 달 사람
093 달을 먹은 아기 고양이
094 당나귀 실베스터와 요술 조약돌
095 당당해라, 몰리 루 멜론
096 대단해, 아담!
097 대추 한 알
098 도깨비를 빨아버린 우리 엄마
099 도대체 그동안 무슨 일이 일어났을까?
100 도서관
101 도서관 생쥐
102 도서관에 간 사자
103 도착
104 돌멩이국
105 동강의 아이들
106 동물원
107 돼지 안 돼지
108 돼지 이야기
109 돼지책
110 두 사람
111 두더지의 고민
112 뒷집 준범이
113 따로 따로 행복하게
114 똑똑해지는 약
115 똥벼락
116 똥자루 굴러간다
117 뛰어라 메뚜기

118 라이카는 말했다
119 레스토랑 Sal
120 로지의 산책
121 루비의 소원
122 리디아의 정원
123 리본

124 마녀 위니
125 마들렌카
126 마법사 압둘 가사지의 정원
127 마법에 걸린 병
128 마음먹기
129 마음샘
130 마음의 집
131 마음이 아플까봐
132 마지막 거인
133 만희네 집
134 말괄량이 기관차 치치
135 망태 할아버지가 온다
136 머나먼 여행
137 멍멍 의사 선생님
138 메두사 엄마
139 메리와 생쥐
140 모자
141 모치모치 나무
142 무릎 딱지
143 무슨 생각하니?
144 무지개 물고기
145 문제가 생겼어요!
146 미스 럼피우스
147 민들레는 민들레

148 바람 부는 날
149 바람이 불었어
150 바삭바삭 갈매기
151 바위나리와 아기별
152 박수 준비!
153 발가락
154 발레리나 벨린다
155 방귀쟁이 며느리
156 백두산 이야기
157 벗지 말걸 그랬어

158 벤의 트럼펫
159 보이지 않는 아이
160 부엉이와 보름달
161 분홍 몬스터
162 불곰에게 잡혀간 우리 아빠
163 브레멘 음악대
164 브레멘 음악대 따라하기
165 브루노를 위한 책
166 블랙 독
167 비 오는 날의 소풍
168 비닐봉지 하나가
169 비둘기에게 버스 운전은 맡기지 마세요!
170 비에도 지지 않고
171 빈 화분
172 빨간 나무
173 빨간 모자
174 빨간 벽
175 빼떼기

176 사과가 쿵!
177 사과나무 위의 죽음
178 사라, 버스를 타다
179 사라진 알을 찾는 가장 공평한 방법
180 사랑하는 고양이가 죽은 날
181 사소한 소원만 들어주는 두꺼비
182 사자와 생쥐
183 산딸기 크림봉봉
184 산타 할아버지
185 새벽
186 샌지와 빵집 주인
187 샘과 데이브가 땅을 팠어요
188 선생님은 몬스터!
189 선인장 호텔
190 세 엄마 이야기
191 세상에서 가장 맛있는 무화과
192 세상에서 가장 멋진 장례식
193 세상에서 가장 용감한 소녀
194 세상에서 가장 큰 여자 아이 안젤리카
195 세상에서 제일 힘 센 수탉
196 세상의 많고 많은 초록들
197 소피가 화나면, 정말 정말 화나면
198 소피의 달빛 담요

199 손 큰 할머니의 만두
200 솔이의 추석 이야기
201 쇠를 먹는 불가사리
202 수박 수영장
203 수박씨를 삼켰어!
204 수탉과 독재자
205 수호의 하얀말
206 숲 속 재봉사
207 슈퍼 거북
208 스갱 아저씨의 염소
209 슬픈 란돌린
210 시간 상자
211 시애틀 추장
212 시작 다음
213 심심해서 그랬어

214 아나톨의 작은 냄비
215 아름다운 실수
216 아모스 할아버지가 아픈 날
217 아모스와 보리스
218 아무도 지나가지 마!
219 아빠, 더 읽어 주세요
220 아씨방 일곱 동무
221 아저씨 우산
222 아주아주 배고픈 애벌레
223 안돼!
224 안 돼, 데이비드!
225 알도
226 알록달록 동물원
227 알사탕
228 앗, 깜깜해
229 애너벨과 신기한 털실
230 앵그리맨
231 앵무새 열 마리
232 야쿠바와 사자 I. 용기
233 어느 개 이야기
234 어처구니 이야기
235 언제까지나 너를 사랑해
236 엄마 마중
237 엄마, 나 사랑해?
238 엄마가 알을 낳았대!
239 엄마의 선물

240 엄마의 의자
241 에드와르도
242 엠마
243 여우
244 여행 가는 날
245 영이의 비닐우산
246 옛날 옛날에 파리 한 마리를 꿀꺽 삼킨 할머니가 살았는데요
247 옛날에는 돼지들이 똑똑했어요
248 오른발, 왼발
249 오리건의 여행
250 오리야? 토끼야?
251 오소리네 집 꽃밭
252 오싹오싹 당근!
253 오필리아의 그림자 극장
254 왓투
255 완두
256 완벽한 아이 팔아요
257 왕이 되고 싶었던 호랑이
258 요셉의 작고 낡은 오버코트가…?
259 욕심쟁이 딸기 아저씨
260 용감한 아이린
261 우리 가족입니다
262 우리 선생님이 최고야!
263 우리는 언제나 다시 만나
264 우체부 아저씨와 크리스마스
265 울었어
266 위를 봐요!
267 유리 아이
268 으리으리한 개집
269 이 세상 최고의 딸기
270 이 작은 책을 펼쳐봐
271 이건 내 모자가 아니야
272 이건 상자가 아니야
273 이게 정말 사과일까?
274 이럴 때 너라면?
275 이름 짓기 좋아하는 할머니
276 이모의 결혼식
277 이빨 사냥꾼
278 이슬이의 첫 심부름
279 이웃사촌
280 인사동 가는 길

281 일곱 마리 눈먼 생쥐
282 잃어버린 동생을 찾아서
283 입이 똥꼬에게
284 작은 집 이야기
285 장갑
286 장수탕 선녀님
287 적
288 적당한 거리
289 전쟁
290 전쟁
291 절대로 실수하지 않는 아이
292 점
293 제가 잡아먹어도 될까요?
294 제랄다와 거인
295 조개맨들
296 조금 부족해도 괜찮아
297 조금만 기다려봐
298 조지프의 마당
299 종이 봉지 공주
300 종이학
301 준치가시
302 줄무늬가 생겼어요
303 중요한 사실
304 지각대장 존
305 지옥탕
306 지혜로운 멧돼지가 되기 위한 지침서
307 진정한 일곱 살
308 짖어봐 조지야
309 짜장 짬뽕 탕수육
310 짝꿍
311 찰리, 샬럿, 금빛 카나리아
312 책벌레 찌르찌르
313 책의 아이
314 처음 이가 빠진 날
315 천둥 케이크
316 철사 코끼리
317 첫 번째 질문
318 초코곰과 젤리곰
319 치과 의사 드소토 선생
320 치킨 마스크

321 친구랑 싸웠어!
322 친구를 모두 잃어버리는 방법

323 커다란 나무
324 커다란 질문
325 컬러 몬스터
326 쿠키 한 입의 인생 수업

327 탁탁 톡톡 음매~ 젖소가 편지를 쓴대요
328 태양으로 날아간 화살
329 터널
330 텅 빈 냉장고
331 토끼들의 섬
332 투발루에게 수영을 가르칠 걸 그랬어
333 틀려도 괜찮아

334 파도야 놀자
335 파란 의자
336 파란파도
337 파랑이와 노랑이
338 팥죽 할멈과 호랑이
339 팬티 입은 늑대
340 페페 가로등을 켜는 아이
341 펠레의 새 옷
342 펭귄 365
343 폭풍우 치는 밤에
344 프레드릭
345 플라스틱 섬
346 피아노 치는 곰
347 피튜니아, 공부를 시작하다

348 하나라도 백 개인 사과
349 하늘을 나는 사자
350 학교 가는 길
351 할머니의 조각보
352 할아버지의 바닷속 집
353 할아버지의 부싯돌 상자
354 할아버지의 이야기 나무
355 할아버지의 천사
356 행복을 나르는 버스
357 행복한 네모 이야기
358 행복한 우리 가족

359 행복한 청소부
360 혼나지 않게 해 주세요
361 황소와 도깨비
362 훨훨 간다
363 흰 고양이 검은 고양이

364 100만 번 산 고양이
365 7년 동안의 잠

그림책 클래식 365

초판 1쇄 발행 2024년 1월 3일

지은이 / 그림책사랑교사모임

발행 / 케렌시아
인쇄 / (주)다해씨앤피
일원화 구입처 / 031-407-6368 (주)태양서적
등록 / 2021년 11월 18일 (제386-2021-000096호)
이메일 / niceheo76@gmail.com

ISBN 979-11-985243-0-0 (03590)

값은 표지에 있습니다.
저작권법에 따라 한국 내에서 보호를 받는 제작물이므로 무단 전재 및 복제를 금합니다.